読書の日記

予言
箱根
お味噌汁

阿久津隆

NUMABOOKS

2月3日（日）

今朝はわりと仕込みがいくつもあってＫＯＨＨを聞きながら昨夜の吉田健一の引用を打っていたら混ざるみたいなところがあった。それから一日、頭の中に流れていた。みんなお金のこと、でもお金は必要、というところがずっと流れていて「そこなのか」と思った。

開店30分前、ふいに思いつき、満席時のウェイティングシートというのか、お名前ご連絡先を記してもらうシートを作ろう、それを今日は満席になったら貼り出そう、となってしまって、仕込みもしながらだったから慌てた。ご予約が開店前の時点で10前後あり、きっと満席になる、今日は一人、対応のやり取りのコストを下げたほうが賢明、そう思ったらしかった。それで作って、それから大慌てで2杯めのコーヒーを淹れ、一口飲み、開店した。

始まりはゆっくりで、開店した時点で仕込みはほとんど終わっていたから今日やることはだいたいなかったからだいたいやることはもうなく、ゆっくりゆっくり、と思いながら佐久間裕美子を開いていた、わりと読んでいた、わりとすぐに満席になったが、静かでゆっくりだった、ドアにマスキングテープで貼り、すぐのところに麻紐でくくったボールペンをやはりマスキングテープで貼るという簡易的なものだったがそれをおこない、そうしたらたいへん便利だった、便利だったし、これまでは満席時に外に出て「でも意外に空きますよ」といったりするその案内というかコミュニケーションが好きだったから紙で済ませるのはなんだかなあと思っていたのだが紙があると、つまり、お客さんが中に入ってこない、中に入ってこないということはつまり、席にいるお客さんが「いま満席でお客さんを断った」という状況に気づく機会が限りなくゼロになるということで、それはどうもいいことだった。僕は中に入ってきて「すいません満席で〜」とか言って外に行ってみたいなことで「ああ、満席なんだな、お客さん帰したんだな、でもこの店はそう明示されているように満席でも気にせずずっといていいんだな」ということが際立ってそこにいるお客さんの守られている感みたいなものの増強というか、に役立つんじゃないか、というようなことを思っていたが、それも僕はないとは思わないが、一方でやはり気になる人はいるだろうし、それより何より扉が開いて入ってきて出て行ってという動きはせわしなさみたいなものを店内に空気として入れることになっていたかもしれない、あまり考えが及んでいないところだった。

だからこの紙は、僕の労力にとってもお客さんの快適さにとってもどうもよさそうだ、と思って、気に入って、佐久間裕美子を読んでいたら「プチ働き方改革」というタイトルのやつでＳＮＳの通知であるとかを切ってルールを決めていろいろやる、みたいなことを、元の題が「Deep Work」で日本語訳されたものが『大事なことに集中する』というタイトルの本を読んでから実践しているみたいなことが書かれていてそうだよなあ、俺もなんかちょっといろいろよくないよな、なにか整えようかな、整えたいな、という気分になる。ついツイッターを開いてしまう、「通知1」みたいなものにいちいち反応して開いて「ふむ、このツイートにいいねがされたか」と見たりして、しまう。それについメールの受信のたびに気を取られてしまう。ついエゴサーチ画面を開いてしまう。そういうひとつひとつの細かい時間でたぶんけっこうな時間が取られていて生産的でないというか生産的とかではなくなんだかいろいろ無意味、いろいろもったいないことになっているはずで、どうしたらいいだろうか。

意志の力では僕の脆弱な意志では意味がないのでちゃんと不便な環境を作らないとたぶんこういうのは改善されない。iPhoneからツイッターとかのアプリを消すとかだろうか。パソコンの場合は、ツイッターとかを見るのは普段使っているChromeではやめてログアウトして、Safariとか他のブラウザをそれ専用にするとかだろうか。とりあえず今、ブックマークバーに「悪癖」というフォルダを作ってＳＮＳとエゴサーチのやつと「プロ野球 スポーツナビ」のブックマークを収納し、表のところからは見えなくし、アクセスまでに3アクション必要な状態にした。それから「Checker Plus for Gmail」というメールの通知の拡張機能を外し、Gmailのブックマークはアカウントごとにやはり「悪癖」に納めた。3アクション必要というのはわりといいかもしれない、これまではほとんど手癖みたいにブックマークバーにあるアイコンを押してしまっていたがこれからはそこに至るまでに時間が掛かるから途中で引き返すことも起きるような気がする。「はっ、気づいたらまた。いけないいけない」というような。

次はiPhoneだが、これはどうしたらいいだろうか。Gmailの通知をオフにするとかは、意味があるだろうか、というか、支障がないものだろうか。ツイッターのアプリを消すというのは、どうなんだろうか、さすがになにか不便だろうか、iPhoneから投稿したいときというのはあっただろうか。また、その必要はあるのだろうか。とりあえず一度消してみたら、どうなるだろうか。でも、でも、昨日の夜中も僕はツイッターで犬の動画を見ていて、黒い柴犬の動画を貪るように見ていて大雪の中を楽しそうに歩いたり飛んだり跳ねたりしていて、とてもよかった、フォローまでしてしまった、そういう機会をなくしてしまうということだ、それにタイムラインを見ていたらやっぱり有用な情報であるとか、有用というか、読めてよかった、というようなものはあるような気がして、気がして。

一番奥、アプリ置き場というのか、壁紙？　とにかくそれの一番奥、6ページ目のところに移した。さらにGmailも移し、二つを重ねて箱というのか、の中に収めた。収めたら「仕事効率化」という名前になったからそうした。まさに仕事とかを効率化するために移したんだが、それを汲んでくれたのかもしれない。

Gmailの通知は切った。急ぎのメールを受け取る機会なんてそうそうないのだから、きっと困らない。

その今は、10時とかの話で、佐久間裕美子を読んでいたのは夕方だった、それからもうひとしきり波があって、6時にはへとへとに疲れていた、はっきりと下肢が重かった、銭湯行きたい、と思いながら働き、それが落ち着いたあとは「「本の読める店」のつくりかた」の原稿をいじることをしていた。当初というかはじまりは、フヅクエをよく知ってもらうぞ、それでファンというか「いいぜ」っていう人を増やすぞ、そしてメルマガ増やすぞ、というメルマガ増やすぞ目的だったわけだけど、それは今ももちろん変わらずあるけれど、それはそれとして、単純にウキウキしているところがある。

遊ちゃんがこの企画というか連載のことを「ただしくパブリック・リレーションズだ

ね」というようなことを言っていて、本当にそうだなあというか、できあがったらこれは本当にフヅクエのことを十全に伝えるものになるよなあと、そう思うととてもウキウキするところがあって、ファン増やすぞ目的だったが、これはとても何か重要な契機になったりするかもしれない、なんの契機なのかはわからない。だからこの目次が全部埋まった光景を見たいと、けっこう強く思っている。だから早く進めていきたいし、この欲望は「書きたい」ではなくあくまで「埋まった光景を見たい」なので書く動機としては弱いのか今日は書こうとしたが進まなくなってすぐ諦めた、ダルくなった。

それでデジタルデトックスと思って思いながら日記を書きながらツイッターをどうこうしたりしていたわけだったが先ほど、なにかが気になってChromeに行ったらやはりツイッターを開こうとしていたらしく開こうとしたら「え、ない！」となって恐慌をきたしかけた。怖いのが、ブックマークバーにないからといってアドレスバーからアクセスすることを覚えることで「twi」とか打ち始めたら困るがそれもしかしアクションの数は多いのでそこまで気にする必要はないかもしれない。

外で煙草を吸いながら、ツイッターを見ていた。6ページ目にも負けずに見ていたのだが休憩しながらツイッターを見るのはなんら悪いことではないと思った。ツイッターはいいものだ。多分、よくないのは通知とかをいちいち気にする性格というか生活だろう、ツイートしたあととかは、特にそうなる。そんなひとついいねがついていたからなんだという話なのに、なんだか見に行ってしまう、それがよくないというか不毛で、それさえしなければというかタイムラインを見ている分にはまったくいいというか、やはりツイッターは楽しい、好き、だから見ていたい。

閉店後、しばらく佐久間裕美子の続きを読み、それからカレーを食べた、食べ終えるとパソコンの前に戻った、パソコンの前に座ってみると、ブラウザの前にいると、相対的にはてブの存在感が増したらしく二度開いていた。これはもしかして、ブックマークバーというものが諸悪の根源なのではないか？　ブックマークバーを使わなくしたほうがいいのではないか？　ブックマークバーを非表示にしてみる。すると、ツイッターを開くまでに4アクションということになった！　これは遠い！　こうなると今度は先ほどの懸念通りアドレスバーから動き出しそうな気がする。懸念というか、それでもアクションはあるからいいのだが。

外に出ると驚いた、あたたかくて、まったく寒くなくて、春のようで、日中に遊ちゃんが「春のにおいがした！」と言っていたが本当だ、と思いながらウイスキーが切れたのでコンビニに寄って買って帰り遊ちゃんに事の次第を話す。それはいいねえ、私もメールをつい見ちゃう、と言っていた。いいでしょう、いいでしょう、と言った。

僕は今日は『夕べの雲』が届いた、家にはオーブンレンジが届いた、冷蔵庫の上に載っていた。これであたためることができるようになった、今日切り干し大根の煮物をたくさん作ったらしく、しかもあたためられる！と言っていた。遊ちゃんは十年ぶりくらいのレンジ生活らしかった。

ウイスキー飲み、読み。大浦一家は梨をたくさん食べる。道端に屋台を出しているおじいさんから買う。この日は梨の品評会があると聞きつけ行ってみた。

「なるほど、赤梨青梨というのは、いい名前だな」

「そうですね。赤鬼青鬼みたいで」

大浦と細君は、実物を見る前にもう感心したような声を出した。赤梨青梨というと、長十郎や二十世紀というよりも、おいしそうだ。八百屋の店先に並んでいる梨でなくて、日が照っている梨畑の枝からぶら下がっている梨を思わせる。

売っている人でなくて、肥料をやって大きくして来た人の感覚がある。

庄野潤三『夕べの雲』（講談社）p.90

肥料をやって大きくして来た人。いい。


「何だか、あの子を見ていると」

と細君が言った。

「ほかのことは何も頭になくて、ただただ梨を食べることばかり考えているらしいわ。学校から帰って来ると、いちばんにいうことは、梨、買って来た。何の勉強をしたとか、先生がどんな話をしたということは、何もいわないの。それで、夜、寝る時まで、梨、食べていい？　いうことは、それしかないみたいなの。大丈夫か知ら」

「大丈夫って、胃か？」

「いいえ、勉強の方です」

「さあ、それは大丈夫か、どうか、分らないな」

大浦は頼りにならない返事をした。

「しかし、梨はいいらしいよ」

「何にですか。頭に？」

「いや、頭にかどうか知らないけど、身体にいいものなら頭にもいいんじゃないかなあ。ずっと前にドーバー海峡の横断競技に出て優勝したエジプト人の陸軍中尉の記事が新聞に出ていただろう」

「ああ、あの四十一歳で子供が六人ある人？」

同前 p.93, 94

次の話で「第三者が聞けば、何をこの夫婦はいっているのだと思うような会話であった」というのがあったけれど本当にこの夫婦のやり取りを見るとどこまでもニコニコした気分になり、いいなあ、こんな夫婦は、いいなあ、と思って布団に入った。

「庄野潤三はいいねえ」

今読んでいる『ザボンの花』もものすごくいい、ということだった。

「梨を、買っていたねえ」

と僕はニコニコした声で言った。

「赤梨青梨」

「いいよねえ」

年末に読んでいるときに遊ちゃんがおかしそうに読んでいて「梨を買うだけなんだけど」と言っていたが、それがよくわかった。おかしくて愛くるしくてニコニコしてしまう。ホカホカといい心地で寝た。

2月4日（月）

ツイッターが悪いわけではない。メールが悪いわけではない。思考しないままいたずらに開いたり、受信の通知に反応したりするそれがいけない。ツイッターを、昨日思ったように何かツイートしたあとに反応が気になって見てしまうというのも自然のことだろう、それをあまり抑制しないほうがいい気がする。抑制していたら、というか通知レスにするとそう思うが開きに行くその能動がいちいち「なにかがあるのではないか」という期待と不安の混ざったものになりそれが心臓によくない、神経によくない、それはきっと慣れる。

ホカホカといい心地で寝たためか起きたら先に出ていた遊ちゃんからＬＩＮＥが来ていて「やったなあうれしいなあ」と寝言で言っていたらしい、たしか昨日だったたかおととといだったかは「すごいなあ、すごいなあ」と言っていたそうで、平和に眠る。

起きると今日だって眠い、あたたかい、今日は18度とかまで上がるという。どういうことだ、2月。週真ん中あたりが寒くなったり雨が降ったりするらしい。

ブックマークバーはすごい。今も日記を打ちながら、特に意味もなく隣の、なんというのだろう、ワークスペース？ググったら「作業スペース」という言葉が出てきた、意外。デスクトップともある、デスクトップかもしれない、隣のデスクトップ、いや、「Mac デスクトップ 複数」で調べたらAppleのサポートのページで「操作スペース」とあった、オフィシャルで「操作」という言葉を、カタカナ言葉ではなく「操作」という言葉を使っているのがなんとなく意外だった、それで日記を打ちながら特に意味もなく隣の操作スペースに4本指で移動してそのたびに「はっ」と止まる、止まっているのはつまりその意味もない移動の先には目線はブックマークバーのあるところに行っていることを意味していてそこにあるはずのものがない、だから意味のないツイッターなりなんなりへの移動を水際でこうやって止めてくれている、これを繰り返しているうちに移動もしなくなるかもしれない、ブックマークバーの不在は偉大なことかもしれない、僕は大発明をしたかもしれない。

しかしなぜ移動するのだろうか。それは例えばこれが紙になにかを書いているときに手を止めて止めたときにふと宙を見る、その動きの代わりなのではないか、「ええと」のそれじゃないか、そう考えると、「ええと」と思って無意味にというか自然にというか手癖で、隣に移動してさらに目の前にはブラウザがあって、そしてそこでまた無意味にというか自然にというか手癖でツイッターなりなんなりを開いてなにかに注意を取られて、ということを絶えず繰り返してきたということだ、それは時間にとって無意味だ、と思うと同時にこれまでずっとそうしてきた、そうやってずっと日記が書かれてきた、と思うとそれはそれで偉大だという思いを抱いた。だいたい大した注意を払わずに日記が書かれてきた。それ自体は、そのままでも構いはしなかった。

今、日記を書くつまりUlyssesを全画面表示にしている操作スペースと1枚めのブラウザなりメモ帳なりが開かれている操作スペースのあいだになんのアプリも開かれていない2枚めの操作スペースを置くことをした。そうすると宙を見るその隣に移動する動きのときにごちゃごちゃしたブラウザとかのある画面ではなく薄暗い沼みたいな湯気の立つ沼みたいな鴨みたいなのがいる沼みたいな壁紙がどんと目に入るだけになってこちらのほうがより宙を見ることに近づく。デスクトップには僕はほとんど何も置いていない、置いているのは２０１６年くらいだったか中田翔の実家でおこなわれた食事会かなにかの写真でそこには私服姿の日ハム選手たちがたくさん揃っている。今は日ハムにはいない選手も何人もいる。大谷もそうだし高梨もそうだった、岡もいた。あとはみんな、日ハムで元気にやっているか？

それから、よくわからない.dmgのファイルがあったので消して、あとは遊ちゃんがいっとき、一週間くらいだったろうか、クレイアニメを作ることにハマった瞬間があってそのときのGIFが2つあってどちらもとても愛くるしい、いいもので、見るとすっかりニコニコしてキュンキュンするあたたかい気持ちになるもので、だったが、開いたら動かない、どうしてだろう、遊ちゃんは元のやつを持っているだろうか。もうひとつあった。「はんざわより」というファイル名のテキストファイルだった。

「あくつさんへ

これってあたらしいパソコンかな

あたらしいパソコンだったばあい

うまくバックアップがとれてて
ふつうにうごくもよう

なので、いままでどおり
dockerうんちゃらをまんまつかってください

ただ、dockerが動いていない場合
アプリケーション>Docker.app　をクリックしてうごかすか
あるいは、アクティビティモニタにてdockerがうごいてるか確認（でなければ強制終了）
してください

gitがうまく動作していない以外は、すでにうごいているので
いままでとどうように
うごかしていただいてかまわないです

半澤
接続を切ります。」

パソコンを新しくしたときにDockerとかが動くのかというか開発環境みたいなものもちゃんと移行されているのかそういうのを確認してもらったときにWebをお願いしている友人であるところのはんぞーがリモートで僕のパソコンの中に入り込みいろいろ確認してくれたそのときの置き手紙だった。

日記に、スクラップした格好で、それで消した。

それから店を開けてとんとんとお客さんのある日で淡々と働いて、カレーをつくったりケーキを焼いたりを粛々とおこなっていった、途中でもう長いことタイのたしかバンコクに駐在していたシラが春に日本に帰ってくるというメッセージをくれて僕はすごく喜んだ、年に一度は会っていたと思っていたらここ数年は会っていなくて風の噂というか母親づてだったかに結婚したと聞いて、シラは小学校の友だちだった、休み時間に殴り合いの遊びをしたという話を僕は保坂さんとのトークのときに完全にはしゃいだ状態になったときにしてそれは誇りを持っている出来事だった、うまくは話せなかった、そのシラが帰ってくる、ずっとハングアウトしていなかったからぜひキャッチアップしよう、とメッセージし、ハングアウトとキャッチアップは佐久間裕美子の日記でしばしば出てくるので使ってみたかったが使ってみたがキャッチアップは「情報の空白を埋める」みたいな意味だろうか、ハングアウトはどこかでしゃべったりすることかなと思っていたがどうだろうか、ともあれ実際にそうメッセージしたわけではなく喜びの旨と帰国したら会おうという旨を伝えた、僕はちょっと意外なほどに強い「うれしい」という気持ちを覚えていた。

それから、働き、仕込みがだいたい済んだらそれからは「「本の読める店」のつくりかた」の原稿を書いていた、原稿という言い方も連載という言い方も自分だけで勝手にやっているとなんだか抵抗が引き続きあるが原稿にはまったく違いなかった、だから原稿を書いていてツイッターの奥深く隠す作戦は完全に機能した、4本指で移動は相変わらず手が止まったときにするのだが移動してふとブックマークバーを表示させようというような動きをしている最中に続きの言葉が思い浮かんで急いで戻って続きが書かれる、というようなことが何度もあった、これは素晴らしい、まさに宙を見て考えをころころ転がして遊んでいるそういう状態がパソコン上で実装された感があった。

夜、遊ちゃんがパウンドケーキを焼いたと写真を送ってくれた、りんごのパウンドケーキということで、とてもおいしそう、と思って食べたい、と思ったらパサパサしたらしくどうしてだろうということだった、混ぜすぎたのだろうか、というから、卵とかバターとかって使っているの？と尋ねると卵は使っていて、バターはなかったからギーを使ったということで、「なんだ？」と思った。この家にはギーがあったのか。

結局忙しい感じの月曜日で明日は山口くんが初めて一日通して入ることになっていて意想外に煮物が減ったから作らねばならないから僕も午前中から行くが、このくらいの忙しさだったらどうだろうか山口くんは対応できるだろうか、まあできるか、できる、だから大丈夫だった、僕は夜は原稿はもういいかなと思ってそれからは佐久間裕美子を読んでいた、ツイッターは一服休憩をしながら読む程度になりメリハリがわりときれいについた感じがあってまったく正しかった、だから佐久間裕美子を読んでいた、東京に行って福岡に行ってバンコクに行ってそれからアメリカに帰っていった、2018年の、4月。

体の疲れは抜けないというか如実にありこれは風呂だというところで間に合う時間に出られたため銭湯に行き、熱いお湯に浸かった、といっても僕はすぐにのぼせるし飽きるからたぶん10分も浸かっていないだろう、これでどれだけ疲れが取れるのかわからない、気持ちよかった、体がふわふわして心地よかった、ふくらはぎが疲れを発している。帰り、遊ちゃんは今日はわりとしっかりと眠くなっていて僕はシラの話やデジタルデトックスが功を奏した話をしてそれはどうにか伝わったがだいたい寝ていた、ソファに座ってウイスキーを飲んでいると淡々とした口調で「どんな感じなんだろ東京、気になるなあ」と言っていて寝言だった、聞かれ、聞く、寝言たち。

庄野潤三を夜は読む、明日は書店に行ってなにか海外の小説を買いたい、読みたい、ここのところ読んでいない、先日B＆Bで見かけてどうも惹かれたベルンハルトになるだろうか、なにか骨太の、それでいてぐいぐい読みたくなってしまうそういう海外文学を読みたい、ベケットはどこに行った？　どうもベケットはもう楽しんだかなというふうに思ったらしかった、しばらく手に取りそうにない。それにしてもプルーストがここのところご無沙汰だ、構わない、人生はきっと長い、プルーストはもっと長い。それで庄野潤三を読む、日中にどうして「大浦」なんだろうと考えていたらわかった、「庄野（小野）」を裏返して「大浦」なのではないか、どうだ。

それで読んでいたら、小さいときにとんぼを捕るときに紐で結んだ石を放り投げてそれでとんぼを捕るということが書かれていて「その話、ごく最近、読んだぞ」と思い、「なんだ?」と思って、わからなかった、「ぎい」という言葉もでてきて、それはなんの名前だったか。

大浦の家族は今日も仲良く、読んでいて不思議な笑い声が出るというかはっきり笑うのだけれどもこのここで生じている笑いとはいったいなんなんだろうか、こんな穏やかでそれでいてはっきりと笑うそんな笑いを他の場面ですることがあったろうか、幸せだった。

2月5日(火)

ツイッターで見かけた柳宗悦の直観についての文章を読んでそれがとてもよくて「常に「知」るよりも「観」ねばならない」とあった、総じてビシビシよかった、それが昨夜の寝る前で今日は起きたら当然眠かった。

店に行ってコーヒーを飲んでから煮物をさてこしらえるか、と思ったあたりで山口くんが来て今日は山口くんだった、初めて見る上着を着ていたから「初めて見る」と言ったら「久しぶりに着ました」と言った、煮物が済んで開店してとんとんとお客さんがあったので少しだけ手伝って、それでいろいろと伝えて、長丁場だから、できるだけ座っていられるようにがんばってね、本読んだり、本に飽きたら掃除してみたり、なんか仕事探してみたり、そういうふうにがんばってね、なんかあったら連絡ください、等々を伝えて出て、いったん家に帰った、セーターを着忘れていた。

そうしたら遊ちゃんはごぼうのおかずを作っていてつまんだりおしゃべりしたりしてダラダラしていたら出るのが億劫になっていって、しかし出るのだ、と奮い立たせて出て、渋谷の方向に自転車を走らせた、まずは昼飯を食べることにして神山町の通り沿いにある魚屋さんの定食を食べたくてそこに行って札を取って二階に上がって相席だった、僕はハーフ&ハーフの定食にして鮭のハラミのやつとタラかなにかのやつだった、あさりの味噌汁が来て大盛りのご飯が来てそれですぐに魚がやってきた、食べて、ご飯をおかわりして、隣の男性は2度おかわりしていた、向かいの若い男女もどちらもおかわりしていた、みんなモリモリ元気の子、僕はそう歌いながらご飯を食べて、ひじきも食べた、お茶を飲んで大満腹の大満足で出て坂を上がって下がった途中のところの無印良品に行ってベルトを買った。

ベルトが切れたのがこの週末だったか先週末だったかでしばらくベルトなしで暮らしていたのだがベルトがないこと自体はそう問題はなかったがズボンのチャックがやや落ちる、というのが僕のズボンのチャックの現況であり、やや下がっている、やや開いている、そういうことになりがちで、そのとき、ベルトの有無が明暗を分かつ。つまり、ベルトをしていたら上がっているからその分、チャックがやや下がっていてもTシャツに隠れて誰からも見えないのだがベルトをしていないと下がっているからその分、Tシャツに隠れない。だからチャックのやや下がりが表に出る、そういう事態が起きていてこれは改善を要した、そのため、しかし服飾に関する知識が一切ないまま30余年生きてきたため「べ、ベルト……⁉」と思い遊ちゃんに昨夜教えを請うたら洋服屋さんのどこでもありそうだし無印とかでもあるんじゃない、ということで調べたらそのとおりで、だから無印に行った、すぐ見つかってすぐ買おうとしたがステーショナリーも同じフロアでボールペンボールペン、僕は無印のなめらかな書き心地のボールペンを愛用していてあれをほしいと思って見ていたら見つからず近くにいたお店の方にリュックから出して「これありますか」と尋ねたら、それからが長かった、何を調べに消えたんだっけな、というのがわからなくなるくらいわりと待って、そのあいだ僕は、自分の持ち物のボールペンを、これを今ポケットとかリュックとかに入れる動きはかなり万引きに似た動きであろうからやめたほうが賢明だよな、お店の方が戻ってきたらお店の方の前で「なるほどなるほど、これはもう作っていないんですね」とか言いながらポケットにしまおう、と思っていたのだが戻ってこないからずっとボールペンを持っていて、変な格好をしながらボールペンとベルトを手に持っていて、そうしたらだんだん肩がいつもどおり気持ち悪くなってきてすぐその場を去りたかったがお店の方がなかなか戻ってこない以上は万引きかもしれないボールペンを持ったままフロアを去ることはよくないことのように思ったしなんせ、勝手に去るのは失礼と思ったのが先にあった、だから待っていて、それで、解決というか、して、買って出た。

なんだか疲れがどっと出てきて、向かいのアップルストアに入ってiPhoneのXRみたいなやつを触ったりした、下取りキャンペーンというものをやっているらしく今使っているものを下取りに出すと僕の6のディスプレイやや割れているやつでも数千円にはなる、とかとのことで、そうか、と思って、それは入り口のところに「下取りキャンペーン」みたいな表示がたしかにあって「iPhoneXRが実質59800円」みたいな表示だったはずで、Appleってこんな金額を出してお得でしょうみたいなそんな売り方ってこれまでもしていたっけな、と思って、どうだったろう、と思った、XRだろうか、きっとこれにするんだろうな、8にしようかなとも思ったが調べてみたら6となんだか見た目はまったく変わらなそうで、それって、せっかく買い換えるなら気分も新しくなるようなやつのほうが、楽しくない!? と、やはり思ってしまって、そうなったら今だったらXRとかなんだろうな、というふうに今、なっているが、どうするだろうか、下取りに出すにはバックアップを済ませていないとだから今日はどのみちしないし今日は買う気はなかった、今日買ったら絶対に一日それに気を取られて終わる、と思っていたからそれはしないと決めていてだから出て丸善ジュンク堂に行った。

うろうろしたが結局トーマス・ベルンハルトの『凍』だけ取ってそれから辞書を探した、先日スズキさんと話していたときに「じゃあ辞書あったら楽しいですね買っときます」となったためで英和辞書、辞典だろうか、どう違うのかわからないが辞書コーナーに行って見慣れない景色でそうか辞書というものは受験生とかが主に買うのかと思いながら考えどれでもよかったが背の見た目の感じで決めたところ三省堂の『ウィズダム』というものになって買って『凍』をフグレンに行って読むことにした、ソファのところがひとつ空いていたのでそこに座ってソファは他の人はグループで韓国語の人だったから聞こえてくるのは韓国語で意味がわからないから音楽で心地いい響きでその中でイヤホンをすることはせずに音楽と韓国語を聞きながら本を読んでいた。寒そうな村に、研修医が到着して、彼に与えられた任務は老画家の様子を観察することだった。陰鬱な村だった。

過剰なくらい医療技術を注ぎ込まれた結果希望がつながり、ついに恢復したと信じられていた患者たちがつぎつぎに意識を失い、いかに人智を尽くしても命を取りとめることはかなわなくなる。塞栓症の発症を促す気候でもある。どこか遠くで謎めいた雲の組み合わせが生じる。犬たちが意味もなく道や中庭を走り回り、人間にも襲いかかる。川が流れの全体から腐臭を放つ。脳髄の形状をしていて頭突きを喰らわすことすらできそうな山々は、昼は見えすぎるほどくっきり見えているのに、夜になると完全にかき消える。見知らぬ者同士が突然四つ辻で話をはじめ、質問しあい、訊かれてもいないことに答える。一瞬みなが肉親のように睦みあい、醜い者と美しい者、向こう見ずな者と弱い者が互いに近づく。時鐘の音が墓地の上に、そして階段状に連なる屋根の上に降りそそぐ。死がたくみに生の中へ紛れこむ。子供たちも急激な衰弱状態におちいる。泣き叫びもせずに旅客列車に身投げする。旅館や滝の近くの駅では男女が関係を持つが長続きせず、友情は結ばれても花開く前に断たれてしまう。隔てのない相手が殺害の意図を疑わせるほどの激しい虐待を加えられ、やがて卑劣な仕方であっさり息の根を止められる。

ヴェングは巨大な氷塊に何百万年もかけてえぐられた窪地の中にある。どの道端もふしだらな行為へと誘っている。

トーマス・ベルンハルト『凍』（池田信雄訳、河出書房新社）p.13, 14

着いたばかりの村のことディスりすぎというか村の描写としてなんなんだよこれはｗｗｗと思って愉快だった。え、なんの話してんの、というような。

それで、読んでいると、老画家が出てきていろいろ話す、店内ではいつものとおりナイスな音楽が流されていてこのときは女性ボーカルの曲で老画家が「性は、何もかもを滅ぼす。性はその本性からしてすべてを麻痺させる病だ」と言って、音楽がちょうど歌詞が女性の声が「ちんちんちん」と歌ったように聞こえた。さらに

老画家「大多数の人間、否すべての人間と同様、性のみにすがって生きている」

歌「ちんちんちん」

というような。

あ〜、おもしろかったね！と言って、言わなかったが、フグレンを出て、靴屋さんに行った、何度も前を通っていたがまったく存在に気がつかなかった、僕がここのところ靴を一度きれいにしたくて靴をきれいにしてくれるところに行きたい、ミスターミニットみたいなところに行けばいいのかな、と言っていたら今日遊ちゃんが「こんなところに靴屋さんがあった！」と送ってくれたそこに行った、ガラス扉を開けると人がいるのかいないのか、と思ったらおじいさんが座っていて靴を磨いていただくみたいなことってやっていますかと聞いたら明るい声でやりますよということで、そこにあるサンダ

ル履いていて、と言われて、靴を脱いでサンダルを履いた、靴を渡した、おじいさんは両腕に年季の入った袖カバーをしていていてそれが目に飛び込んできた。

　僕は丸椅子に座って周囲は靴が並んでいたりガラスケースがあってガラスケースは乱雑で上に靴のクリームが置いてあったり発送伝票が何箇所かにあってインソールが積み重ねられたりもしている。像の置物や貝殻、なんなのかわからない置物が並ぶというよりは置かれていて僕はベルンハルトを取り出して開いた、靴屋さんの匂いが立ち込めていてクリーナーを塗った布で靴を磨く音が小気味よく、高く低く音程を変えながら絶えず鳴っていて続きに部屋があるらしく小さく小さくテレビの音が聞こえてくる、ガラスを隔てた外の道路は行き交う車の音、子供の声、電車が通る音が聞こえる。おじいさんはワンフレーズだけ鼻歌を歌うと一度立ち上がってこちらの側に来て何か塗るものを探し当ててまた元の位置に戻って靴磨きを再開して、本の中では食堂に人がひしめき合っている、土木技師が周囲の人間からの尊敬を集めていて皮剥人はどこまでも寡黙だった。

　ほどなくして終わり、靴のケアのことなどを教えてもらい、前に立ったおじいさんは背が僕よりはずっと低くて禿げ上がった頭、メガネ、黒いエプロンをしていた。かわいいおじいさんで謝意を伝えて出て家に帰るとソファでベルンハルトの続きを読みながらビールを飲んだらもともと重篤に眠かった眠気がさらに強くなってタオルケットを取ってきてかぶってもう少し読んでいったらそのまま寝ていた。

遊ちゃんが帰ってきた音で目が覚めるが僕の眠気はどこにもいかないで僕のところにはっきりととどまっていて僕は休日が音もなく崩れていくような感覚があって悲しかった、今日はなにも予定を入れないでただただ気の赴くままに過ごそうと思っていたらこれだ。眠く、眠く、なにか僕が言ったら

「似てるねえ」

と遊ちゃんが面白く言って、僕はなんの真似もしたつもりがなかったから「え、なんの真似」と聞くと「ウィニー」と言う、「ハッピーデイズ」の女性だった、

「脈絡がない」

と笑うと机の上の腕に頭を潜りこませながら遊ちゃんは「阿久津くんは脈絡はないよ」と言った。そのとおりだった。

僕が眠い眠いと思いながら何をするでもなくしていると遊ちゃんは何かを作り始めてパウンドケーキだった、前回の反省を活かしていくつかのことを変えて作るということだった、途中で座って、それから笑ったので「どうしたの」と聞くと卵を室温に戻そうとしているのだけど室温に戻るのを待つことを時間に任せるというよりは能動的にしよ

うとしていた、つまり、他の何をして時間の経過を待つではなく「今、卵が室温に戻るのを待つ」をし続けている状態というか、もっといえば「卵を室温に戻す」に集中する、集中するといっても具体的に何か動作が伴うではなくただぼーっとする、そういう状態にあったらしく、笑ってからパソコンを開いて仕事をし始めたのだったか。

じゃあスーパーに行こうと、行くことにし、卵は遊ちゃんは今は着ない上着のポケットに入れた。

それでスーパーに行きながら、買いながら、帰りながら、あれやこれやとお話をして、そういう時間の具体は五年後十年後にふと思い出したりするのだろうか、それとも繰り返したそういう動きが総体として抽象化されて思い出されるのだろうか。

帰り、僕は味噌汁を作ることにして米を研いで浸水させているあいだは遊ちゃんがパウンドケーキを作っていてオーブンに入れてオーブンが動くのを僕は初めて見てすぐにパウンドケーキは焼かれつつある様子になっていった。鍋に水を入れて沸かしているあいだにボウルに白菜をちぎって入れてきのこを、きのこパックみたいなやつのきのこ、しめじ、まいたけ、エリンギ、それらを切ったり割ったりし、長ネギ、それから油揚げ、鶏肉を、切って入れた。まだ残っている茅乃舎の出汁のパックを入れて数分出汁を取り、外し、具材を全部入れたら「これで十分でしょう」と使おうとしていた片手鍋では収まらずストウブに全部ひっくり返して移した。

ご飯、味噌汁、それから遊ちゃんが今日作っていたごぼうを薄味に煮たのを味噌やくるみで絡めたやつ、前に作っていた切り干し大根の煮物、それを並べて夕ご飯とした。味噌汁というものはなんとまあ！とまた大いに感動して、そしてごぼうのやつも切り干し大根もとてもよくて、いやあ、この食事、マジでマジでマジでいいな、と思っていたら、フヅクエの定食、これにしてもいいんじゃないか、という考えがやってきた。

今は大根と豚肉の煮物がメインみたいな感じの一汁三菜＋漬物の定食だけれども、これを、味噌汁がメインで、どっかりした煮物は廃止しての一汁三菜＋漬物の定食にするという案。それは、なんだかいいことばかりのような気がした、煮物への愛着はあるけれど、味噌汁メインの形はなんだかとてもワクワクするようだった、僕が長年作りすぎていて今の形に対する敬意みたいなものが弱くなっているというか、今の定食のよさをもしかしたら軽く見ている部分はあるかもしれない、とも思ったが、でもがっつり味噌汁の定食は、魅力的じゃないか？と、考え出し、オペレーションはどうなるんだろうな、それは俺は仕込みはより面倒になったりするのだろうか、等々、実務的なことを想像して、とりあえず近々一度それで試してみようか、という気になってお風呂を沸かして入ったのは体の疲れがどうしても抜けない感じがあったからだった。

それでお風呂に浸かりながら、いつもどおり、遊ちゃんは洗面所で座って、今日は毛布にくるまっていた、それでおしゃべりをして体が温まって出てからは通知を見ると山口くんからで今日が無事に終わったらしくお客さんも平日にしては多かったためよくがんばって、返信すると日記の推敲を始めて今週はA4で13枚あったから60ページ分くらいだろうか、なんだか妙に多かった、引用が多かったせいだった、まったく構わないことだった、長く掛かったが楽しい読書でもあって、終わってから庄野潤三を少し読み、すぐにホカホカしたいい心地になって時間はずいぶん遅くなっていた。

2月6日（水）

起きると「しかし味噌汁の定食というのはインパクトとしてはどうなんだろうか、今は煮物というメインぽいやつがあるから見た目としてもメインという感じがあるが、味噌汁がメインになるとおかずはちょんちょんちょんで、これは一見すると寂しくなるのだろうか」と考えて一度冷静になったらしかった、昨日焼かれたパウンドケーキを一切れ持たせてもらい、雨だったので雨靴を履いて出た。

店着き、コーヒー、日記書き。雨だし寒いし絶対に暇だろうと完全に油断している。それでのそのそと店を開け、働き。ケーキを焼いたり和え物を作ったりピクルスを作ったり。しながら、手が空いたら「「本の読める店」のつくりかた」の原稿を整えるというかだいたい一から書くようなそれをやる。前に書いたのは素材レベルになりつつあるのか、それとも今扱っている箇所がそうであるだけか。後者であってほしい。

一日、暇。夜、ブログの更新も済ませ、日記の推敲の反映も済ませ、それからはベルンハルト。昨日読んでいてちょっとこれはさすがに老画家の陰気な愚痴みたいなものを聞き続けるのはけっこうしんどいかもしれないなと思っていたが、思ったからだろう、今日も営業中だからといって佐久間裕美子に行くでなくベルンハルトに行った、読まないと読まないことになってしまいそうなそんな気がしたらしかった、それで読んでいたら面白くなっていくというか面白かったので安心した。

もしおまえが彼らの一員で、あの鏡の前に立ち、彼らと話を交わしているとしたら、そしておまえがおまえであることが、彼らの一員なのだから、少しも彼らの注意を引かないとしたらどうだろう。そしておまえが、そういう人生を送っていて、それがおまえにとって当然だと思えるとしたらどうだろう。ぼくがもしそうなったとしたら、ぼくはぼくでなくなっているのだろうか、どうやらぼくの考えはその一点へと向かっていくようだった。

トーマス・ベルンハルト『凍』（池田信雄訳、河出書房新社）p.57

夜、天然木の汁椀を調べたりしている、漆器よりも僕は、漆器じゃない木のあの感じはなんというのだろう、漆器じゃない木のあの感じの椀がいいと思っているらしくてそういうのを調べる、大きさの感覚がわからない、どこに行ったら見られるのだろうか、そしてそれなりに値が張る、何個買おうか、そういうことを考える。

それで夕飯は、その予行演習というか三菜のほうの予行演習として前に朝やっていたときに使っていた平たい丸い大きいやつを出してそこにおかずをちょこちょこと盛るそういう盛り方でやって赤がほしくなって赤ではなくオレンジだが人参のラペを急遽こしらえてみるとやはりきれいだった、こうやって細々とおかずを作るということを、やりたいよなと思ったら一年前くらいもそう思っていたような気がしてそれを思い出した。今よりも少量ずつ、常にみたいな感じでおかずをいろいろと作るようなことをやったら楽しいよなと思って、でもそれは本当に楽しいだろうか、大変なだけではないだろうか、いずれにしてもきれいで、汁椀を入手したら始められる、と思ったら楽しくなった。

雨の日だったからだろうか、帰り道は珍しく音楽を聞いていた、PUNPEEの「Rain (Freestyle)」「夢のつづき」をしっとりと聞いて、そこからも愉快に聞いた、こんなふうにして帰った夜が何度かあったなと思い出しながら帰って庄野潤三を読んだら山芋の話から戦争の話になって植木屋の話になる話を読んで、うっとりうっとりとする、この本も気づけば後半に入っている、というか残りそんなに多くない、そう思うともったいなくなってこの一編でおしまいにして今日は白湯を飲んだ。

ベルンハルトに移動して、陰気なじいさんが耳元で呪詛のような言葉をぶつぶつつぶやいているそれを聞きながら眠る。

2月7日（木）

疲れが取れない、体がずっと疲れているしそれにつられて気持ちもどうも重い、運動が必要か、そろそろ運動を開始するときか、そう思いながら服を着ていると遊ちゃんがストレッチというかペタッと手でつま先をつかむような動きをやっていて驚いたことを示すとヨガを始める前はここまでで始めてからここまで行けるようになった、てきめんに柔らかくなった。

店にて粛々。仕込みしつつ、働きつつ、のんびりで、山口くんが来るまでのところにやれるところまでやるぞ、というやる気はあってやっていて、山口くんが来てバトンタッチかなというあたりでどうしたのか一気にグッと忙しくなって平日の夕方、「なんだ？」と思いながら二人で精一杯でがんばる、そうしたら2時間くらい経った、その2時間で一気に疲弊して外でおとといの感想を聞いたりして「本読めた？」「読めました」「あ、あのくらいお客さんあってかなりいろいろやってもらったけど読めるくらいの余力はあるのかそっかそれはよかった」と言って僕は「読めた？」「読めた」「よかった」ということをよくするがそんなに就業時間中に本を読んでもらいたいのだろうか、「それじゃあよろしく頼んだね」と言って自転車に空気を入れて出たが、疲れたな、このまま家に帰ろうかな、という考えがもたげる、気持ちがとても暗い、このまま帰ったら多分それはダメな日になる、一日をダメにしてしまう、そう思って奮い立たせ、漕ぐ、もうとっくに暗い、漕いでいった先に神泉のあたりに器まるかくがあり入る、そこでうつわを見る、木の椀はなさそうでたしかにうつわ屋さんで見かける印象はなかったから特にがっかりしたふうでもなくぐるぐる見て、そうしたら長方形のプレートで鉄っぽい釉薬というのか、が塗られたかっこいいやつがあって目を奪われ、検討し、買う、買いながら箸置きってないですかと、何度か買ったことのあるかわいい動物のやつがないかと思ってお聞きすると、今買ったプレートの同じ作家の高田志保の作品が、亀岡の方との由、作品が、今日たくさん入ってきたところでその箸置きもまたかっこいいんです、とそれを見せてくださり、それがとてもかっこよかったので二ついただくことにする、それはまだ商品登録が済んでいなかったので一番のりで買わせていただいた格好でその登録作業を待ちながら木の椀みたいなものがほしいのだけれどもどういうところに行ったらいいですかね、とお尋ねすると、二人の方がそれぞれいろいろ教えてくださり、ありがた。高円寺のcotogotoというところを教わり、なんか覚えがある、と思ったら昨日調べたときに筆頭で出てきたお店だった、やはりここということなのだろうか、今度行ってみるか、と思いながら出、もう帰ろうかなと思ったが、ここまで来たらもう一息、と思い進める、代官山の方向に、行ってグッと坂を下りて下りて中目黒、道路の先に川が見えた、ＳＭＬに。

今月はずっと常設展ということで常設展というのはなんというか落ち着いていていいと思ってぐるぐる見て、先日Webで見たこのマグカップってありますかとお店の方に尋ねると場所まで誘導してくださった、それは久保田由貴の作品で、益子の方との由、

作品で、なんだかとてもかっこよかった、特に大皿に目が吸い寄せられてそれはなんだか「ボアダムスみたいな皿だなあ」という感想をもたらすもので、しかしそんな大皿は使わない、マグカップもかっこよく、これ買お、と思った、小さい皿も、この感じきっと遊ちゃんも好きなんじゃないか、家用に買おう、と思って数枚出してくださった中から選び、それで会計をしながらところで木の椀みたいなものがほしいのだけれどもどういうところに行ったらいいですかね、とお尋ねすると、二人の方がそれぞれいろいろ教えてくださり、ありがた。お店ではなく作り手で高橋工芸というところとろくろ舎というところを教えてくださった。

買い物をしたら、なにか少し元気が出てきた感じがあった、ほぼ店の買い物だがそれでも何か買い物というのはそれ自体が報酬となるようなところがあるらしく、元気元気、と思って坂をのぼっていったら知らない道に出た、このまま知らない道を走ってみようと、知らない景色を見ながら走ったら構造がわからなかったがすぐに元の道、蔦屋書店とかに続く通りに出てそれでまた神泉の方向に戻るように走っていったん家に自転車を置いてそれからフグレンに行った。夜のフグレンはとても久しぶりでお客さんは少なかった、こんな人の少ないフグレンは久しぶりに見た、日中とは全然違うものだなと思って、だから日中は本当によそからなんというかわざわざという人たちが集まってくる場所になっているということだろうか、ソファでコーヒーを飲みながらラジオをおこなった、いろいろ書いていたらなんやかんや1時間近くタイピングを続けていて8000字になった。コーヒーを2杯飲んだ。

それから本を読もうと、お酒を飲むことにして何かラムのお酒が飲みたいんですけどと相談したところ作ってくださったのがホワイトラムと梅酒とスーズをステアしたなにかということでネグローニの白い版みたいな感じですね、ということで「ねぐろーにとは」と思って調べてみたらそれはドライ・ジンとカンパリとベルモットのカクテルで、だいぶ違うアレンジということなのかな、それともネグローニというのはかなりいろいろ幅がある、ジンのところがラムになって、カンパリのところがスーズになって、ベルモットのところが梅酒になった、そういうことになるのかな、と思って、これがとてもおいしかった、おいしいお酒というのは本当においしいなあ、と思いながらちびちび飲みながら『凍』を読んだ、ソファで二人で座っている若い男性二人は旅行の相談をしていて「先にメルローズ行ってサンタモニカ」「いいねえ」「スケボーどこで買おう」ということでそれはどこなんだろうと調べるとロサンゼルスに行くようだった、前にもこのソファで旅行のことを相談している、それはわりとずっと紛糾していた、そういう場面を見かけたことがあったがなんというか男たちの旅行、というのはなんだか僕は少しグッとくるところがあった。どうしてだろうか。『凍』を読んでいた。

100ページまで行ったら帰ろうと思っていて10時ごろそこまで行ったので帰ることにして店の外ではわりと大規模な道路工事がおこなわれていて人の歩く幅しか残されていなかった、そこを歩きながら工事の様子を見ていると映画の横移動の映像みたいに見えた。煌々とした光、影になるところ、人、大音響、瓦礫が入っているのだろうかパンパンのガラ袋がたくさん積まれた荷台、ずんぐりと動く重機……

夕飯はどうしようか家でうどんを茹でようかとも思ったが面倒になりスーパーでビールとポテチと惣菜コーナーの唐揚げを買って帰って、遊ちゃんが明日のお弁当用とかでいろいろあるよとおかずを出してくれた、ごぼうのくるみと味噌を絡めたやつ、白菜と鶏胸肉を煮たやつ、芽キャベツと桜えびを和えたやつ、それをつまみながらビールを飲みながら遊ちゃんとおしゃべりをしてどのおかずもすごくおいしくてすぐになくなった、唐揚げはオーブンレンジの説明書を見てあたためなおして10分も加熱するの？　と思ったがそのとおりにしたら最後には唐揚げの匂いがやってきて皿にあけてひとくち食べると「カリッ」という「サクッ」という衣の音がしてそれを聞いて遊ちゃんは大笑いして僕も笑った、「唐揚げだ！」

我が家が突如として文明化していく。

ポテチを貪り、それからウイスキーを飲みながら庄野潤三を今日も一編だけ。ずっとポカポカとあたたかい気持ちで読んでいるそのあたたかさは涙がすぐ近くにあっていつそちらに移行してもおかしくないものだったのだと知った。それはだから『タレンタイム』とかと同じことだった、全部がある、ということだった。

それで、こちらの方からいろんなことを話しかけるだけで、あとは母の表情を見て、自分の話が通じていると思うよりほかない。物足りないといえば、物足りない。しかし、生命を取り戻したのに、贅沢はいえなかった。

庄野潤三『夕べの雲』（講談社）p.231

これは、大阪のおばあちゃんの家へ帰った時にいちばんにいったら、きっとおばあちゃんは笑うだろう。そういい出したのは細君である。みんなで帰省する時、汽車の中で、細君と晴子がかわるがわる、

「家へ着いたら、すぐにいうのよ」

と安雄にいった。

大浦の母が口をきけなくなってから、安雄は一回だけ、大阪へ帰った。この時も、玄関へ出て来たおばあちゃんに向って、

「ただいま、けえりやした」

といった。おばあちゃんは、笑っていた。

春休みに大浦が晴子と帰った時は、母はもう玄関へ出て来なかった。二人は家の中へ入ると、母の寝ている部屋に行った。安雄がいないので、いつもの挨拶はしなかったが、母は笑って二人を見た。

同前 p.232

夕食になると、大浦は兄や弟と一緒に酒を飲んだ。あちらの部屋に母が寝ている。こちらの部屋で、義姉に燗をつけてもらって三人が飲んでいる。これが看病になるとは思わないが、飲んで話している声が母の部屋まで聞えて、ちょっとでも気がまぎれるなら(痛みがおさまっている時のことだが)、飲まないよりはいいかも知れない。いや、大浦としては、こうして酒を飲んでいるよりほかに、何ひとつ自分に出来ることはない、という気がする。実際、そうなのであった。

同前 p.234

2月8日（金）

朝、何度かうつらうつら起きたり寝たりしながらずっと同じことを考えていて体の疲れが抜けていない、これってもしかして、タイピングのしすぎだったりして、というこれまで考えたことのなかったことだった、今週の配信のメルマガの分で言えば日記で2万7千字、ラジオで8000字で、さらに「本の読める店」のつくりかた」で5000字くらいは書いているだろう。一週間で4万字。そのせいだったりするだろうかどうだろうか、とまだ暗い部屋で目を開けたり閉じたりしながら考えていてそれから朝が来たので起きたがどれだけ寝ても眠い。

スーパーでは明日は朝9時の時点で90％の確率で雪予報になっています、お買い物は今日お済ませください、お時間の許す限りお買い物をお楽しみください、と少し上ずった声、しなれないアナウンスへの高揚を隠せないそんな声が流れていて「とは言え今日を越さないとわからない買い物というのがあるんだよなあ」と思いながら、買った、店で、金曜日だった、煮物をこしらえてカレーをやり始めて、それから働いた、のんびり働いていた午後、男性がつかつかと入って来られ、赤ん坊がいるんですが、とのこと。外に出てお話をうかがうと泣いたら出ますから、ということで、どうしても来てみたくて、とのことで、このパターン初めてだな、と思いながら、その物腰というかお話のされ方というか、とか、店内の状況、その感じ、それらを鑑み、なんか大丈夫な気がする、それにちょっと泣くくらいだったら別段そんなに気にならないのではないか、と思ったためお通しすることにするとしばらくすると女性とそれからベビーカーがやってきた、ちびっこは今はぐっすり眠っている、そうすると面白くていつも自分が厨房で鳴らす音には気をつけているけれどその気をつけ方がもっと強くなっていろいろの扱いがとても慎重になった、普段からこのくらい慎重であるべきなのかもしれないとも思ったし、今の慎重さでも十分だろうとも思った、慣れない強度の慎重さは慣れるまではこれは疲れるだろうなというもので、おとなしく過ごした、席に座っているとベビーカーが至近で、途中でちびっこが起きたらしく手がふにふに動いている、中を覗いて、カバーみたいなやつで表情はあまり見えなかった、ご夫婦は一人ずつソファで本を読んでゆっくり過ごしている、なんだこのいい光景は、と思って、それからはっきり起きたらしくちびっこはベビーカーから出され、抱かれた、そのためよく見えて、よく見た。生後五ヶ月というちびっこは目を細くして笑って、僕はそれを見た、目が合った、少し変な顔をして、変な顔で見られた。

最後まで泣くことはなく、泣きそうになりかけてもそこでとどまる、という様子で、これはこの店の穏やかな時間が関係していたりして、とも一瞬思ったがきっと関係はないだろう、それでも彼女にとってかつて体験したことのない家以外での静けさだったのではないかとは思う。ご家族、ゆっくりされ、帰られ、なんだかよかった。

と思ってから考えていたが、これが正しい判断だったのかはわからないというか、僕はお通しする時「ちょっとくらい泣くくらい別に読書を妨げない気がするんだよな、むしろ心地よいノイズくらいになりはしないか」と思ったのだけどそれは赤ん坊の存在を普段感じていない者の考え方かもしれなかった、例えば育児でてんてこまい、というお母さんなりお父さんなりが子供を預けて今日は羽根を伸ばしてどっぷり読書、みたいな感じでフヅクエに来てくださったとして、その方にとってはそこにベビーカーがあるという状況はなにか余計なことを考えさせることになるかもしれない、と思った、僕は「口だけ寛容」みたいなところがあるから「ちょっとくらいの泣き声」と思うけれどというか思うし思うのだがそう思うのがなんか正しさみたいなところあるみたいなそういうところでもそう思うのだろうけれどそういうことではなく羽を伸ばしに来た人にとってどうなのかが設定すべき問いだった。

夜、ゆっくり、だんだん外が寒くなってきた、体がやっぱり疲れていってしかし疲れは下肢に出て、そうだった、疲れは下肢に出るんだった、ということはタイピング関係ないや、と思って安心した、しょんぼりと座って佐久間裕美子を読んでいた、佐久間裕美子の日記を読んでいると本当に毎日毎日いろいろなトピックが繰り出されてすごいなあと思うしアメリカ、とも思う、正しさのコード、みたいなものがどんどん先鋭化というか輪郭がはっきりしていってそこから踏み外したら糾弾されるような窮屈さがありそうだとも感じたりするその感じは僕がついていけない感覚、どうやらまだ身につけていないらしい感覚があるということを、紹介されるニュースとかを見るにつけて知るからだろう。え、それも炎上するの、というような。その少しヒリヒリするギャップはとても面白くてそれで読み続けているというところもあるのだろう、終わろうとしていることに一抹の寂しさを覚えている。

閉店してからお酒を飲みたいなと、閉店する前から何度か思っていて昨日フグレンで飲んだネグローニがおいしかった、ああいうの作ってちびちび飲みたい、飲みながら佐久間裕美子読むとかしたい、と思って、あらためてネグローニとかを調べたりしていて、発覚。僕はベルモットとホワイトキュラソーを混同していた。コアントロのことをベルモットだと思っていたがベルモットはどうやらよく知られたところでいうとチンザノとかああいうやつのようだった、つい数日前、マティーニ作ってくださいと言われ、マティーニマティーニ、とカクテルブックを開いて、なるほど、ジンとベルモット、と思い、あれ、コアントロってベルモットでしたっけ、とか言って、なんか「そうだ」という感じだったのでジンとコアントロでマティーニと思ってマティーニを作ってお出ししてと言ってお出しして、それでお会計のときにうかがったらマティーニだったしおいしかった、ということなのですっかりコアントロはベルモットというところで安心していたが違ったらしかった、チンザノとコアントロはだいぶ違うだろうな、でも、ジンとコアントロとか、おいしそうだな、おいしくないわけがないな、とも思うから、それはそれでよかった。今度僕も作って飲んでみようと思って、それでベルモットベルモットと思い、閉店になったのでご飯を食べたら満腹になってお酒のことは忘れて帰った。

「初めて作りました。全然マティーニじゃなかったら違うの作るので言ってください」

今日の庄野潤三は「期末テスト」というタイトルだった。もうタイトルだけですっかり面白い。それは昨日読んでいたときに次のタイトルが「期末テスト」だと知ったときからニコニコすっかり面白くなっていてだから今日は帰りながら「今日は期末テストだ」と思ったらすっかり面白くなるようなそういう面白がり方をしていて読んだらやっぱり面白かった。

明日は雪ということで、山口くんに「どうする？　なんか、任せる！」と送った。雪はどのくらい降るのだろう。

2月9日（土）

まだ降っていない、え、なにも降っていないの？　降っていないよ。ということで、ラッキー、と思って自転車で店に向かった、途端に雪が降ってきた、顔をしかめて雪から何を守ろうとしているのか、顔をしかめて自転車を漕ぎ、着いた、雪は、服を濡らしはしなかった。

街灯の屋根のところにうっすら雪が積もってきた、完全に油断しきった状態で開店までの時間を過ごす、

完全な油断だった、いつもの休日と変わらない速度で席は埋まっていき1時には満席になっていた、雪はすぐにやんだ、外を見ても傘すらさされていない、ひいひい言いな

がら働き、どうして、こんな、そんなわけは、と、思うががんばるしかないし完全な油断だったとはいえ油断していようがしていまいが同じようにひいひい言った、気持ちは準備不足だったが実際は準備不足というわけではなかった、がんばりながら、山口くん、来るといいな、来てほしい、来てください、と思っていた。そうしたら3時過ぎに連絡が来ており「雪全然なので行きます」ということで安心した。

山口くんが来た頃には疲れ果てていてできるだけ山口くんに任せようと思ってダラダラしたりシャキシャキ働いたりを繰り返した、結局、なんだ、ただの普段通りの休日じゃないか、という日になりつつあるようで、こんな日というかこんな予報の日だったのにありがたい、すごい、でもたしかに雪の日にこもるにはうってつけだよなあ、いい過ごし方だよなあ、と思いながら、夜になると落ち着いて座る時間が多くなり佐久間裕美子を読んでいた、終わってしまう。と思って読んでいたら終わった。「日々、読んでくれる人がいる、という気持ちが、疲れた、書きたくないと思った日のムチになった。きわめて個人的なものを作るにも、自分一人では何もできないということを教えられた。ありがとう」とあり、書きたくないと思う日はないけれど、一人では何もできない、そうなんだよな、と思った、思ってから「そうだっけ?」とも思って、思った。

眠くなっていった。席は大方埋まっていたがやることが僕はなかった、静かな時間が続いた、眠くなって、それでバタバタしたら呼んで、と明確な指示を出してセーターを着て、財布と本を持って外に出た、ドトール。

シナモンロールを食べてコーヒーを飲んで、今日届いた木澤佐登志『ダークウェブ・アンダーグラウンド　社会秩序を逸脱するネット暗部の住人たち』を読み始めた。おといくらいにツイッターで見かけてなんにも知らずただなんか「お、それなんか」と思ったためポチったのが今日届いた、それを読み始めて、ダークウェブというのはTorで暗号化されたしかしオープンではあるなんかそういうところで表層ウェブ、ディープウェブ、ということだった、ディープウェブというのはフェイスブックの中とか会員制のサイトとかGoogleの検索の手が届かないところで、インターネット全体の96%を占める、Googleは4%しか届かない、ダークウェブもその一部ではあるがなんかいろいろ暗号化、ということだった、その暗号化された世界というのはインターネットの思想というか非中央集権的な、監視とかさせないぞ、コントロールさせないぞ、というインターネットの本来の思想みたいなもののひとつの形であってだからピュアなインターネットともいえるけれど現在そこでおこなわれていることはいろいろアンモラルだったりすることだったりする、みたいなことで、シルクロードというダークウェブ界のAmazonみたいなところは様々なドラッグを売ったりしていてその管理人はインターネットは自由の場所であるべきだみたいな、イリーガルなことをやりたいわけじゃなくてインターネットとはというそういう人で、とみんな思っていたら裏でバタバタして依頼殺人を何件もしていて、とかで、ドタバタ劇場感とかがものすごく面白かった。

途中、老年というのかの夫婦が近くの席にやってきて、「おいしかったねえ！」と女性が言って、男性が明朗な感じで「うん」と言った。

どれもおいしかった！

うん。

チャーハンあれで半人前？　多かったねえ。

多かったァ！

そういうやりとりを聞いて僕は、中高年老年なんでもいいけれど長年のあいだ一緒にいるのであろうそういう夫婦っぽい二人が楽しそうにしている様子を見るといつも胸がぎゅっとなる。あんなふうになりたい、という「ぎゅっ」なのだろうか、それもある気もするしただただ、長年連れ添っている二人が楽しそうにしているとか、手をつないで歩いているとか、そういうだけで何か歴史みたいなものが、時間の厚みみたいなものがぐっと感じられてそれでぎゅっとなるのかもしれない。とても、いいものだと思う。とても好き。

それで満足して店に戻ると引き続き席は大方埋まっていて9時で、そのあとまた埋まったりした。この寒い日に、よくぞまあ、と、感嘆する。僕は大してやることはない、座ったり手伝ったり本を読んだりして過ごしていた、途中でなにかイライラするようないくらか暗鬱な心地が芽生えて、心身が疲れていた、ちょっともう、この働き方に疲れてしまったのかもしれない、とここ数日思う。一日の労働時間が長い、とここ数日思う。なんでここ数日突然そう思っているのかわからない。15時間くらい店にいるその15時間がちょっとこれはもう長いなと、ここ数日思っていて疲れた。

閉店後、雪が降っていた、なんでこのタイミングで雪また、と思って山口くんは電車で帰っていった、僕は出そびれて、予報だと今は晴れだ、雪がやんだら帰ろう、そう思って酒を飲むことにしてネグローニみたいなものを作ろうと思ってジンとカンパリとコアントロを同じ量ずつ入れてステアしたそういう飲み物を作ってちびちび飲んでそれがおいしい。コアントロはベルモットじゃない、でも昨日まで僕の中でベルモットだった、チンザノを買おうか。疲れた。

帰って引き続き『ダークウェブ・アンダーグラウンド』を今晩は、庄野潤三ではなく、読むことにして読んだ。

日本のインターネットが思想を欠いてサブカルチャー的なものに飲み込まれていったのと反対に、というか、アメリカはカウンターカルチャーの感じが脈々とある、みたいな話で、アメリカがもともとイギリスから独立した国であることが言われて、

彼らの姿は、政府やリアルワールドからの「独立」を訴えるサイバースペースの思想家と奇妙にダブって見えてこないか。急進的なアナーキズムと、愛国的な保守主義が不思議な一致を見せる地点がここにはある。

サイバースペースの思想家は右なのか左なのか、といったことはさして重要ではない。言いたいのは、建国の理念のうちに「独立」という、ある意味でとても「反国家的」な要素が組み込まれているということ。建国に立ち戻るという、見方によってはもっとも反動的と思える身振りが、しかし必然的に政府からの「独立」という、もっともラディカルな営為を無意識に反復しようとしてしまう、とすれば?

（…）アメリカが生み出した多様なカウンターカルチャーは、往々にしてこの「独立」へのオブセッションとそれに伴うアポリア（二律背反）を孕んでいる。

木澤佐登志『ダークウェブ・アンダーグラウンド　社会秩序を逸脱するネット暗部の住人たち』

（イースト・プレス）p.170

なんだかとても「そうかあ！」と思って、寝た。

2月10日（日）

パドラーズには行けないが昨日遊ちゃんが久しぶりに家にコーヒー豆というかオブスキュラのドリップバッグを取り寄せてそれが届き、という知らせを受け、明日の朝はパドラーズには行けないが朝二人でコーヒー飲もうよ、と昨夜提案し、提案といっても、「だからコーヒー入ったら、起こして」という極めてなんというか無責任というか責任は関係ない、人任せな話ではあったが、提案し、そうしたら朝、声が掛かり、「あ、そうだ、コーヒーだ……」と思って一所懸命起きようとしていたところベケットのなんとかという戯曲がとてもよかった、という声が聞こえてきたような気がした。なんとかという戯曲がとてもよかったという。音読すると特にいいという。遊ちゃんは今日かもめマシーンの公演を見に行く。それでベケットか、と思いながら起き、知らなかっただけで前に言っていた「ベケットは朝にぴったり」ということが習慣化されて毎朝のように読んでいるのかもしれないが、起き、コーヒーがあったので並んで座ってコーヒーを飲んだ、それでいくらか寝ぼけた心地もありつつおしゃべりをして、たちまち、なんだかこれはいい時間だな、と思った。それで出て店に行くと仕込みをして仕込みがいくらか落ち着いたら『ダークウェブ・アンダーグラウンド』を少し読み進め、それから店が開いた。

開店と同時に一気呵成でわわわわとなり、同時に白湯を8つ、用意した。つまり開店の12時に8人の方が入ってこられたということだった。そして12時5分に来られた方に、「すいません満席なんです」と伝えた。

そこからは、もう。9時ごろまで途切れることなく満席の状態が続き、

閉店し、カレーがスープだけがだいぶ残ってしまってペース配分を間違えたのかそういうことになり、なのでそこに豚バラ肉とれんこんと人参を入れてさらに思いつきで花鰹を入れて、それで煮込んで根菜和風カレーみたいに仕立てて、それを夕飯で食べることにした、その前にかっこいいビールを開けて飲んだ、山口くんと「わからなさ」について話して、帰った。

ソファで『ダークウェブ・アンダーグラウンド』を読んでいた、なんだかとにかく面

白い、隣の部屋で眠っている遊ちゃんが「深呼吸」と言った。どんな夢を見ていたの？飲む、これいい時間。昨日のかもめマシーンの演劇のことを聞く。真似してもらう。ハチス企画ウィニーと比べて真似しにくいとのこと。

2月11日（月）

今日も朝、遊ちゃんの「コーヒーだよ」という声で布団から体を引き剥がして起き、店。昨日が開店と同時に満席という異例のことだったのでそれは異例なので昨日起こったということは今日は大丈夫だと思いつつ、緊張感が少しあった、ここ数日はKOHHの新譜を朝は聞いていていて凄い。それで煮物をつくったりショートブレッドを焼いたりして一段落してパソコンの前にいるときに「プロ野球 スポーツナビ」のブックマークは「悪癖」フォルダから取り出して元の位置に戻した。遠い遠い「悪癖」フォルダに入ってしまうと、いざ開きにいこうとしてもそのあいだに「開いてどうするつもりだ？」という余計というかまっとうな疑問が挟まれてしまい結局開かないということがたびたび起こっており野球の記事を見るということはそういうことじゃない。だから戻した。吉田輝星がシート打撃かなにかに登板してなかなかストライクが入らなかった、防球ネットは不慣れだと難しいがコーチたちは口を揃えてこの時期にあれだけ強い球が投げられていればそれでもういいでしょう、という。

それで店が開くと今日は昨日のようではなくて満席になったのは1時になったころだった、ゆとりがあり、途中途中で『ダークウェブ・アンダーグラウンド』を読んでいったところ読み終えた。なんだかものすごく面白かったな。

夕方にはそれで疲れ果てた。

夜はひたすらゆっくりになり今日は仕込みも特にない様子だったので今度は坂口恭平の『cook』を久しぶりに開いた、2018年の夏、と思い、2018年の夏？と思い始まった日付けを見てそれから佐久間裕美子の日記の終わった日付けを見るとどちらも7月でだから佐久間裕美子の日記を読み終えてそこでバトンタッチするように坂口恭平に行ったということは時系列にかなったことだったということだった、するとすぐに、「危機」という文字が書かれたページになりちょっと鬱になりつつある、ということが書かれていた、「料理ができるのかどうか。明日のメニューは考えられてない。それでも翌朝ごはんを炊くイメージだけはした。あとは体調次第」とあり、「さて立て直すことはできるのだろうか。それともぐったりしてしまうのか」でその文章は終わり、ページ下に「明日のメニュ　朝、ごはんを炊く」とあり、なんというか、「大丈夫であってくれ」と、本を読んでいてこんなになにか祈りのような心地になったのは久しぶりだった、そういう心地になった、それから体調はしばらくすぐれず、しかし料理は続けられ、色をもっと入れたほうがいいかもしれない、色は大事だ、と書かれた次の日にパスタの周囲に切ったトマトが散らしてあるそれを見て涙が出そうになった。

それからcookノートは終わって「料理とは何か」という文章のコーナーになった。これが、なんだかハチャメチャによかった。そうか、人間は、ものを食べないと生きていけない、そういえば、そうだった、というか、なんだか考えたことのないことだった、と思ってハッとした。だから料理は生きることだ、ということになる。

料理をするという行為は、手を動かし、そして、人間ではないものたちの対話に包まれ、明日のメニューを考えれば、未来のことに想いをはせ、これをどうつくればいいのかと考えるときは、過去に食べてきた記憶を思い出す。そして、それを今、この今の瞬間に手を動かしてつくる。

坂口恭平『cook』（晶文社）p.122

なんだかずっとパンチラインの連発で震えながら読んでいた、震えてはいない、気持ちは震えていた、それは震えているということでいいのではないか？　それで震えながら読んで、読んだ。

料理をしたくなった。料理をしたくなったから久しぶりに『cook』が開かれたのかもしれない、武田さんが怪我をして以来料理をずっとしていてその写真を見るにつけ羨ましさが募ってそれで僕も料理をしたくなって『cook』だったそんな気がする。いや、料理って日々、してなかったっけ、と思うのだけど、もっといろいろ、ということか。

そう思いながら、そういえば日中にふと「飲食物の持ち込みオッケーにしようかな」という思いがやってきてそれについて検討したことを思い出した。

それは、たぶんコーヒーのカップを持って入ってきた方があって「捨てましょうか？」と受け取り捨てた、そういうときに僕はカップを見てこれってどこのコーヒー屋さんだろう、と思って見たりする、最近だとリトルナップとフグレンのカップを受け取って捨てた、それで今日のはわからなかったがそのときに多分フグレンのことを思い出して先日フグレンでお酒を飲みながら、頼んだときに、ミックスナッツが前あった気がするな、あるかな、とそのあたりを見たときに見当たらなくてだからアテはなくお酒を飲んだわけだったのだけどナッツ持ってきたらいいんだよな、と思って、フグレンは食べ物の持ち込みができる、そう思った記憶がコーヒーのカップを受け取ったときに蘇ったらしくそれでフヅクエも持ち込み可にしたらどうだろうかと思ったらしかった、フヅクエには提供できないものがある、できないというかしていないだけだけどワインとか、あとはなんか例えばこの店のチョコつまみながらのんびりしたいとか、そういうのってあってもいいような気がして、それはここで過ごす時間を豊かにする手伝いになるような気がして、まず金銭的なことで考えたらそれは問題なかった、なんせもともと席料がある店だった、問題ない。それから美しさだった、僕は店の机でたとえばポテチの袋を開けてそのまま皿にして、とか、ケーキの銀紙をそのまま皿にして、とか、そういう様子は見たくなかった、ビニール包装を破き破きとか、そういうのも嫌だった、なんだか僕はそこに美しさを見ないというか抵抗があって、でもこれも解決できる、こっちで皿に移すのでそういう移せるものだけで、みたいなところで大丈夫。たとえば、わからないけど、テイクアウトのカレーとかは無理、みたいなことか。ガパオとか。なんでもいいが。

それはなんだか特に何も損ねずにお客さんの利便と楽しさを増すことになるかもしれないと思うのだがどうだろうか。なにかしら悪手だったりするのだろうか。検討したところ特に悪手要素が見当たらないのだがどうか。365日のパンとかサンデーベイクショップのお菓子とかを人がここで食べる日が来るのだろうか、そのとき、おすそ分けをもらえたりしないだろうか。ひとついります？　というような。いりますいります！　というような。と思ったのを思い出して、夜は本当に暇だった。

11時くらいに、なにもやることがなくなり、お客さんは一人で、僕はベルンハルトの『凍』を読むことにして読んだ、途中で眠くなって、7時くらいから眠かったが、一気に眠くなってこれ寝たらどうしよう、さすがに寝るのはいけない、と思いながら、寝ずに、読んだ、閉店して満腹になるまでご飯を食べるとさらに強烈な眠気がやってきた、猛烈で動けなくなるほどだった、言い過ぎ、それで帰り、遊ちゃんと持ち込みについて話していたらやっぱりやらない方がいい気がしてきた、面倒が起こる気がしてきた、どこまではオッケーでどこからがダメなのかとか、そういう余計な迷いを与えるしこちらも感じるそれはストレスになるだろうと思って庄野潤三を読むと最後の一編だったらしく読み終わった、正次郎が風邪を引いて梅干しとお茶と大根おろしと醤油の飲み物というか食べ物をとってそれが大変おいしいから家族の誰もが好きだった、風邪はそれでは治らずしばらく休んでいた、柚子湯に入れさせてあげられなかったことが残念だったが細君が気を利かせて柚子湯をたっぷり含んだタオルで正次郎の体を拭いてあげるよう晴子に言い、そうしに行ったら正次郎は眠っていたので顔だけ拭いた。

次は『プールサイド小景・静物』にするか『ザボンの花』にするか、水曜に丸善ジュンク堂で考えようと思ったが水曜は行きたいのは税務署とそれから高円寺でどういうふうに動いたらいいのかうまくイメージが湧かないなと思いながら布団に入ると遊ちゃんは『プールサイド小景・静物』もすでにというか最初に読んだらしく、知らなかったと思い、それから寝るまでは吉田のけんちゃんの『時間』。おひさ。相変わらずなんか猛烈に止まらずにしゃべっている。

2月12日（火）

八百屋でほうれん草を買おうとしたら見慣れない葉野菜がありこれはなんですかと尋ねるとかき菜ということで、ほうれん草をもうレジに持っていっていたのだがやっぱりかき菜にしようと思ってやっぱりかき菜にしますと言うとそれがいいよ、季節のものだから、今しかないから、ほうれん草は一年中ほうれん草だから、と八百屋のおじちゃんは大賛成の様子だった。

それでかき菜を買って店に行き準備をしようと思うが疲れていて油断もしていて今日

は平日だった、開けてからでなんでも大丈夫、という油断もしていてそれで開店まではのうのうと過ごしそれから開けた、そうしたら定食がテンポよく減っていって「あれ？」と思い、慌てることはなかったが味噌汁の作成とかき菜の和え物の作成とカレーの作成とセミドライトマトのオイル漬けの作成を同時並行でやりながらそれでオーダーをこなすそういう午後を過ごしていていつもどおり僕の体はよく動く。

かき菜は初めてではなかった感じがいざ使ってみたらあったがちょっと買いすぎた、量が多かった、なので二種類に和え物を分けることにして胡麻和えとナムルにすることにしてその前に湯がいたときにどんな味だったかと思って食べてみたらおいしくて、なんかもうこのままこれで出しちゃいたいよな余計な味付けせずに、と思ったがそのあとに胡麻和えとナムルにした、味付けは薄めにした。

夜に、夜になったら、明日のことを考えていたら、休みだとばかり思っていたけれど休みなんて結局店にいるときではできない仕事をする日というだけじゃないか、と思って、そう思ってしまったら明日がひとつも楽しみな日ではなくなり一気に暗くなった、つまらなくなった、悲しくなった、なにもないなと思った、なんの喜びもない、こんなことしていてもしかたがない、つまらない、ばかみたいだ、死ぬまで馬車馬のように働くだけだ、馬車馬はさぞかし大変だったのだろう、バカみたいな人間たちを乗せたバカみたいな重さのバカみたいな車を四頭とか二頭とかで引いてひたすら走った、人間は途中で喧嘩をして拳銃を取り出して誰かがそのたびに死んだ、窓から落ちてそのたびに一人分軽くなった、落ちてもうもうと立ち込める砂塵の中に消えてそれからは誰からも顧みられなかった、馬車馬は走り続けて、ここに活劇が成立しているとするならば馬車馬のがんばりのおかげだ、だというのに誰も馬車馬をほめない、見分けようともしない、それが馬車馬で俺はだから馬車馬を騙ることはできない、馬車馬に申し訳がない、

全部がくだらない

バカみたいで銭湯に行こうと店を出ると金切り声の強い叫び声が聞こえて「事件か」と思って見たらバカみたいな女がバカみたいな顔をして笑っていて徒党を組んで闊歩していて頼むから死んでくれと思ってぶん殴りたくなって二度と笑えなくなるくらいに顔が潰れるくらいにぶん殴りたくなってそれからタクシーが目の前に割り込んできて止まって客をおろしてこちらは追突しないためにブレーキ等が強いられそうしたら怒りが腹から急激に頭のてっぺんまで上がってタクシーの横を過ぎようとしたときなんでこのバ

カの車のせいでというか運転のプロであるべきにんげんが何をやっているんだよと思ってまじめに働けよと思って自転車を車に横に側面に思い切りたたきつけてそれからそれからドアを本当は窓ガラスを蹴り割って中のバカを引きずり出して全部が終わりになるまで殴打したかったがそれは窓は高く届かないからドアを車の運転席のドアを何度も何度も蹴れば少しは凹んだり傷を負わせることができるだろうかと思いそんなんじゃ何も晴れないのだがと思い何度も何度も蹴り真面目に働けと働くなら真面目に働けと何度も蹴りながらクソみたいな車にそうしたらいくらかの凹みはできたからよろしかったので蹴りながら真面目に働けと、さけび、たかった、そういう全体を我慢してブレーキを掛けて車をよけてにらみつけるだけはしてしかしちょうど運転手は会計のために後ろを振り向いているときでこちらのにらみなど

　ダメだな　うまくいかないな　うまくいくように思ってもすぐにダメになるな　怒りが　その芽は近い過去にあったんだな　暴力の想起は怒りを呼ぶな　怒りの想起は

　やさしい気分になりたいと、帰ったら庄野潤三を読もうと、思って、

でもダメだったな

がんばれ、がんばれと、言い聞かせたな　夜　洗い物ひとつ、最後面倒になって片付けが。がんばれがんばれと、言い聞かせないとできなかった。足がパンパンに疲れていて、なんでこんなに疲れているかな　よろめきさえ起きてフラフラ体が言うことを聞かないで、

こう、「きかない」を「訊かない」に変換させようとされるだけでディスプレイをぶち割りたくなるな、キーボードを破壊でもいいいいいいいいいけれどどちらにせよ怒りが

なにもたのしくないな

2月13日（水）

昨日は、楽しくないから、ひどい荒んだ気持ちだったから、穏やかなやさしいものを読もうと思って遊ちゃんから借りて『プールサイド小景・静物』を読もうと、庄野潤三

のやさしい家族小説を読んで和やかにしてもらおうと思っていた、昨日は本当にひどかった、怒りに全身を飲み込まれそうで、怒りとか、いろいろネガティブな感情に全身を飲み込まれそうでほとんど飲み込まれていた、帰りにビールのロング缶とつまみにチョコレートを二つと柿ピーを買って帰ったが本を読み出す前にそれらはほとんど怒りとかに任せて食べ終えられてしまった、食べれば食べるほど惨めになった、遊ちゃんにも申し訳がなかったが何かがもう外れていた。

それで庄野潤三を開いたが、短編集らしく、始まったそれは勤め人の話で子供は三歳の娘で夫も妻も孤独みたいなものを抱えていて夫は浮気までしていた、妻は必死の思いで手紙を夫に書くがそれを夫は丸めてゴミ箱に捨てて何もなかったように過ごしたし魂が抜けたみたいな顔をして家に帰った、とあり、え、なにこれ、違うじゃん、なんかダメじゃん、今のこの夜に読むのにこんなの全然違うじゃん、となり、すぐに閉じて、ベルンハルトにした、ベルンハルトは辛辣で攻撃的だからこんな夜にはダメだぞと思っての庄野潤三だったわけだけど辛辣で攻撃的な気分のときに読むベルンハルトはむしろ心地よくフィットしてこれまでで一番調子よく読んだ感じすらあった。いろいろな嵌り方というものがある。

それで気分はまったく晴れはしないでそういう暗い重いどす黒い気分のまま寝て寝た

らずっと寝て遊ちゃんに「今日は何時に起きても大丈夫ということなんだよね」と言われて目を覚ましたのは午後2時だった、大丈夫、と答えてそのまま寝て起きたのは2時半くらいだったか、まったく明るくないままだった、煙草を吸おうとベランダに出て室外機に腰掛けて煙草を吸いながら向かいの梅の木を見ると蕾が前よりもぷっくりとして色が明るくなってきている、前は「芽」というものかと思っていたがこうなると「蕾」という言葉がすぐに出てきて僕はこういう描写する言葉を持っていないというかいつもわからない、花は「芽」ではなく「蕾」というのだったか、と思いながら見ていると小鳥が二羽やってきて一羽はすぐにどこかに飛んで行ってしまったがもう一羽は枝の上にとどまって枝をつついている、うぐいす色だなあ、と思って思ったそのあとに、ということはうぐいすということだろうか、と思い、わからないが、そのうぐいす色の鳥は蕾ではなく枝をつついていていてなにか摂取できるものがあるのだろうか、とととととと小刻みにつついていて喉のあたりがごくごく動いている、ちょんと違う枝に移動して頭を伸ばして向こうの枝をつついてまた移動してそれを繰り返して目が丸く白くてその丸い白の中に丸い黒がある簡単な目をしていて枝をつついている。

ダメで、ダメなままで、昨日の庄野潤三で「魂が抜けたみたいな顔をして毎日家に帰ってきて」とあったがそんなのは昨日今日の俺で、色をなくした顔を僕はしているはずでよくないと思って口を引っ張ってみたり目をぎゅっとつぶってみたり表情筋の動きを取り戻そうとするが戻ったかどうか、いや戻らないですぐに生気のない顔が顔に張り付いているのがわかる、ダメで、ダメなままで、2時半、ソファでごろんと横になったり、そのまま床にずり落ちて仰向けで天井を見たり、机に頭を置いてどうしようもない気分を増長させたりしながら時間だけが無意味に過ぎていって4時になろうとしていることに気がついたときは「なんなんだよこれは」と思って、絶望みたいなものに近づくような心地だった。

ダメだ、ダメだ、と思い、今日は僕は高円寺でうつわを買ってカレーを食べて野方でラジオをやって新大久保でスパイスを買って新宿で本を買ってと思っていたがその流れを考えれば考えるほど気が重くどうしようもない、どれを削ろうか、削れるものはあるだろう、野方である必然性はない、野方をパスして、そうしたらどうできるだろうか、高円寺が遠い、高円寺がダルい、でもうつわを買いたい、でも遠い、どうしようか、スパイスは今日買わないとマスタードシードがもうほぼないことに昨日気づいたから今日買わないといけなくて、だから新大久保はマストだ、うつわもやっぱりマストだよ、進まないもん、と思い、それで考えたのが新大久保まで自転車で行って置いてそこから高円寺に電車移動して、であれば楽ではないか、高円寺の距離が問題だったのならばそれでいいではないかと思い、そうしようと思ってしばらくまだ動き出せなくて、どうにか、へばりついている体を引き剥がして、立ち上がった、家を出る、遊ちゃんに昨日今日とこんなんでごめんねと言って、遊ちゃんは「生理前だもんね。今回は重いんだよね」と言った。

それで自転車を漕ぎ出して、新大久保を目指した、走り出してすぐに、ラジオ、電車の移動中にやるとか、いいんじゃないか、これまでにやったことのないシチュエーションだしいいんじゃないか、と思いそう考えたら少し明るくなってきた、そうしたら新大久保に着いたころには「余裕だなこれ」という気持ちになり「これ高円寺とか余裕だなチャリで」という気持ちになりむしろ走りたかった、それで、スパイスを買い、三キロくらいの荷物をリュックに増やして高円寺にチャリで向かった、もう空は暮れかかっていて当初の予定というか前日時点でのつもりより5時間ほど後ろ倒しになっている格好だった、高円寺までの自転車、気持ちよく、着き、それで地図でcotogotoを探して近くに自転車を置いて歩いた、歩きながらこのコンビニには覚えがある、いつだかにフジロックに行った出発した夜に高円寺集合でこのコンビニで何かを買ったんだった、そう思って、あのレンタルＣＤ屋さんとかもこのあたりだったろうか、名前忘れちゃったな、ジャム系のものとか豊富だった気がする、クリッターズバギンとか、懐かしいな、なんで「ジャム」と思って最初に浮かぶのがクリッターズバギンだったんだろうか、そもそもクリッターズバギンってジャムだったろうか、どんなものだったかも思い出せない、なんかわりと激しかった気がする、それですぐにcotogotoがあって木の椀のコーナーに行ってそこで一生懸命考えた、大きいサイズがいい、そうなるとこれ、と、なり、それで桜と樵のやつを一つずつ買うことにした、これはいい椀だなあ、と思った、薗部産業の銘木椀というシリーズだった。

それで高円寺を出、と思ったら、前に山口くんに教わった文禄堂に行ってみようというか庄野潤三と思い、リュックには電車で読むために『プールサイド小景・静物』が入っていて表題作とかは家族小説らしく、いいよ、と遊ちゃんも言っていて読もうと思っていて、だからどんどんプランが変わっていった、新大久保から電車で読書、新大久保から電車でラジオ、新大久保から自転車、それで文禄堂に行って、いくらか見たが何をどうしたらいいかわからなくて不安みたいなものに追いつかれてまた飲み込まれる前に出ようと出て北上して野方に行ってデイリーコーヒースタンドに入るとカフェラテの濃いめを頼んでそれからマフィンを頼んだ、マフィンを今日の日中遊ちゃんが焼いていていて遊ちゃんは買ったオーブンをフル活用している、そのマフィンはチョコレートのものでおいしくて焼けたすぐのときはぶくぶくとなんだかよくわからない泡を出していてすぐに食べたらすぐにおいしかった、今日はまだ固形物はそれだけだった、それでマフィンを頼んでくるみとメープルのもので、メープルってなんだっけ、メープルもくるみみたいなものだったっけ、楓の樹液ということだった、それを食べカフェラテを飲みながらラジオをやってぐんぐん元気になっていくようだった、今日はちゃんと30分で切り上げてそうすると5000文字だった、それで、野方から初台、遠いな、調子乗って来ちゃったけど帰りが面倒だなと思いながら店を出て環七を進んでいった、立正佼成会タウンというのか、学校とか病院とかがあるエリアで信号待ちをしていたら、このタウンを横切ってみようという気持ちが芽生えて左折してそうした、「なんかあるよな」と思っていた建造物は「大聖堂」というものということだった、いくらか迷い、よくわからない、今どこに向かっているのかよくわからない、まあなんでもいいやと鷹揚な気持ちで走っていると中野富士見町だった。

店に寄り、スパイスを置き、今日もわりと忙しい日のようで伝票を見たらたしかにそうだったた、金曜日みたいだった、どこを基準と考えたらいいのだろうか、それが今わからない。それは今思ったことで伝票を見たときは「ほお」と思い「山口くんががんばっている！」と思い冷蔵庫かられんこんと人参を取って外に出た。いくらかオーダーがまだ立て込んでいたが山口くんを呼び調子がどうか話を聞き、ごめんね忙しいときにと何度か言いながら、いえ、落ち着いたんでわりと大丈夫です、ということで、頼もしいなと思い、大丈夫ということだったので買ってきた汁椀を見せて「いいでしょ」と言うと「いいですねえ」ということで、じゃあよろしく頼むねと言った。

スーパーに寄って味噌汁の材料をいくらか買い、帰り、遊ちゃんに「元気になった！」と伝えて、元気になった顔をした、というか勝手にそうなる、無理できない、元気なふりはできない、僕が元気な顔をしているときは元気なときだ、ということだった。

それでお椀を見せて「いいでしょ」と言うと「いいねえ」ということで、味噌汁を作りだした、今日はれんこん、人参、玉ねぎ、エリンギ、お揚げ、木綿豆腐、豚肉で、豆腐はキッチンペーパーにくるみ、豆腐と豚肉以外の材料を切って鍋に入れて煮た、煮て、ご飯が炊けるあたりで豆腐は手で崩して入れて豚肉も入れてそれでしばらく煮て味噌を溶いてお椀によそった、遊ちゃんが冷蔵庫にかぶのおかずとかぼちゃのおかずがあるよというのでそれをいただくことにして先日買った長方形のプレートに盛り、なるほど、かっこいい、様になる、と思い、それで、ご飯にした、最高。

そのあとおいしいお酒を飲みたくなって誘って、遊ちゃんとフグレンにでかけた。僕は庄野潤三を持って、遊ちゃんはベケットの戯曲集を持って。それでとことこと歩きながらいろいろと話し、フグレンに着いてからもいろいろと話していたら結局ふたりとも本は読まなかった。ネグローニを飲み、遊ちゃんはジンジャーダイキリを飲み、それからもう一杯と思い、お店の方にいろいろ教わり、それでダーティハッスルというやつを飲んだ、それはバターとバナナをバーボンに浸ける、仕込みに丸2日掛かる、というそういうお酒を使って作るお酒だそうで、飲んだら、めちゃくちゃにおいしかった。なんだこれという、なんだこれというおいしさで、感激しながら飲んだ。お酒は、楽しい。と思って、それで帰り道もあれこれと話しながら、帰った、いいデートだったねと言って、それから僕は寝る前は庄野潤三を開き、昨日すぐにやめた「舞踏」を読んだ、やっぱりおそろしいさみしいかなしい話で、うわ〜、と思って、そのあと「プールサイド小景」を読み始めて、寝た。

2月14日（木）

店、働く。夕方くらいまでは僕は「今日やるべきことをひたすら済ませていく」というそういう戦闘的なモードにあってガシガシと働く、お客さんの入りは鈍く、暇な日だったが僕自身は忙しく働いていた。それで夕方になり大方やることもなくなり、それからメルマガの配信準備をしたりして、「「本の読める店」のつくりかた」の今日アップする原稿を整えた。そうしたら勢いがついて、その先の原稿を書き直し、書き直し、整え、整え、とやり続けていたら全部で6つ分も済んだ。

以前書いていたものを素材みたいな形で使いながら書き直しているわけだが、前のときよりも文章のつながりが有機的になり、そして多分読みやすい形になっている。いい改稿だった。日記やラジオとは違って読みやすさだとか、要点を伝える努力だとか、そういうことがされていて、いろいろなモードで文章を書いている感じが自分の中でもあってそれは愉快なことだった、それにしても暇な一日だった、昨日の半分にも満たない。山口くん、昨日はババを抜いたね、と思ったが、これだけ暇だったら一日過ごすのもむしろ大変だったりもしただろう、昨日終わってから、いやあ、Squareで取引履歴見たけど、これは大変だったねえ、がんばったねえ、すごいよ山口くん、と送ったところ、「今の俺にはこれが限界だ〜〜〜！と思いました笑」とあって、なんだかかわいらしかった、すごいよ山口くん、と思った。

それでだから、原稿をやり続けていたら一日が終わった感じがあって、途中でポテサラを作った。クミンとベーコンとオリーブと玉ねぎのマリネを入れたポテサラを作って、これは別に作る必要のないものだった。ただなんとなく作りたいなと、ポテサラ作りたいなと思って、それで作ったのが、こういうふうに料理をしたいのだろう、僕は今、味噌汁定食に移行することで、何かそういうふうに料理をできるようになるのではないかと期待しているらしい、今までとは違うおかずを作れるようになるのではないか、そういう遊びの余地ができるのではないかと思っているらしい、遊びなんて最初だけで、どうせすぐに課業になるよ、と思うけれど、楽しみに思っているのなら楽しみに思えばいい、今は、今の定食の作り方だと持ってしまう自分のバランス感覚みたいなもの、緑があって、根菜があって、みたいなそういう制約を、味噌汁メインにしておかずはちょんちょんという形になれば、そういう制約を外せるようになるような気がしていて、今までは煮物以外の二品の一品としてはちょっと置けないなと思うものを、置けるようになるような気がしていて、それを、楽しみに、しているというが、どうなるだろうか、とにかくポテサラを作って、それ以外は原稿をやり続けていたら一日が終わった感じがあって、本を読む暇もなかった、と思った。働くとは、一体なんなんだろうな、と思う。どれが、働きなんだろうな、と思う。

店というものを長くというかしばらくというか、続けていると、お客さんが来て、それに対して何かをお出しして、お金をいただいて、というのがわかりやすく仕事に思えるからそれをやっていなかったら仕事じゃないような後ろ暗さみたいなものを覚えてしまうようなところがあるらしく、でも今日やっていた原稿を書くであるとかは、目の前でお金にはならないけれど未来にお金を生むための完全に必要なというか有効なおこないであってそれを自分で仕事と認められなかったら、健康じゃないことになるのだから、仕事を僕は一日おこなっていたと胸を張って気持ちよく、一日を終えたいと思うのだけど、働くとは、とか、考えないでいたいのだけど、上手に気分を盛り上げたいと思うのだけど、妙な虚しさみたいなものが離れなくてそれはあくまでも妙な虚しさで虚しいことなんて決してしてしていないからな。

帰り、庄野潤三かと思いきやベルンハルト。いつも読み出してもどういう場面を読んでいたのか覚えていないで突然始まる。

突然ぼくは、自分が歌を歌い始めていたことに気づいた、玉蜀黍畑につくまでにまる一曲を歌い終えていた。歌を歌うことで自分の考えを覆い隠そうとしていたのだ。しかし考えとは、動けと命じたからといって動くものでなく、丁重に出口まで案内したからといって出て行くものでもない。その反対だ。そんなことをすればかえって考えは根を下ろし、非難としゃくの種を無限に生み続けることになる。そうした考えの虜になると、破壊的プロセスに巻き込まれ、どこへ向かって歩こうと、どこへ逃げ場を求めようと、歩きながら気を失う目に遭いかねない。

トーマス・ベルンハルト『凍』（池田信雄訳、河出書房新社）p.164

そうかこんなちょうどいいことが書かれている箇所まで読んでいたのか、と思い、うれしくなる、それから老画家の罵詈雑言が激しくなる。そして、面白く読んでいる。馴染んできた感じがある、ここに出てくる人たちに親しみを覚えてきた感じがある、小説を楽しむには一定の時間が必要というか、伴走する一定の時間があって初めて馴染み、親しみ、そういうものが生まれてくるというものもやっぱりある、と、ここのところすぐに諦める読書を続けていた身としては久しぶりにそういうことを感じた。庄野潤三には一瞬の時間しか必要がなかったというかあんなに一瞬で大浦の一家に一気に親しむあれはやっぱり特異なことだった。

2月15日（金）

朝、遊ちゃん先に出、一人で起き、悲しさがはっきりとある。薄暗い顔をして家を出、スーパーでいぶりがっこを買ってみる。何かを作ってみたいのだろう。結構なことだ。

開店。誰も来ない。と思っていたら来た人がわりと大きな声で「お昼やってますか」というので食事はありますけど、という感じで答えて、こちらです、とメニュー渡して、いたら、ホットチョコレートを頼まれ、パラパラとは見ていたから大丈夫かなとは思いつつも念のためと思って「念のためなんですけどお席料のところとか大丈夫ですよね」と、ホットチョコレートを出しながら確認したところ、「は?」「よくわからないんですけど」というので説明すると財布出す、あ、帰るときで、と言うと、帰ります、と言うので、彼の何かが傷ついたのだろう、僕だって傷つく、何しに来たんだよ、なんでそこで即座に帰るというふてくされた子供みたいな選択をするんだよと思って「あ、もういいです」と言って今出したホットチョコレートのカップと白湯のグラスを即座に片付ける、もう見もしない、「よくわかっていなくて」とモゴモゴ言う、なにも返さないし見もしない、片付け、厨房に戻る。僕はそのあとなんだか、惨めで、泣きじゃくりたくなった。

僕は彼の何かを踏みにじったのだろうか。モゴモゴ言っていたところはやり直すチャンスだったのではないか、それを僕は無視した。でも、でも、と思い、泣きじゃくりたくなった。久しぶりにホットチョコレートを飲んだらおいしかった。

それで暇な日で、夕方に山口くんが来たら器まるかくにプレートのやつ買い足しに行こうかな、皮膚科も行かないとな、と思っていたら午後、風邪を引いたという連絡。あ、そうか、と思い、しょうがない、そんなのはしょうがない、と思いながら、悄然とした気分を隠せない、と思っていたら、じゃあ、せっかくだから、と気を取り直して確定申告をやることにして、そうしたら悄然はすぐさまどこかに行ってひたすら数字をポチポチと埋めていった、今日終わらす、という強い意志がそこにはあって、それで進めていった、今年までは自力で、適当だけど、自力でできるけれど、次は税理士さんにお願いする必要があるかもしれない、と思う、消費税の申告のことを僕は何もわかっていないし、お金の出入りがなんというかこれまでみたいなわかりやすいものだけじゃなくなっていくような気がする、頼むんだろうか、でも頼みたいよな、でもお金掛かるんだよな、でも頼んだほうがいいし楽だよな、思いながら、ひとまず今年の確定申告を終わらすぞという強い意志のもとに、数字をポチポチとやっていく、だいたい終わりそう、となったところで夕方5時半だった、突然満席になって、うわ、なんだ、と思って、しばらくバタバタし、7時半くらいで落ち着き、それで確定申告をさらに進め、そうしたら8時を過ぎてからまたバタバタとしていき、どこかで、心身が、限界だな、と思った。泣きじゃくりたかった。怒りのことを考えた。怒りの記憶の想起が、怒りをまるごと体に呼び戻すこと。そのことを考えていた。それは興味深いものだった。『かなわない』を読んでいたときとか『奇跡も語る者がいなければ』のブチ切れシーンを読んだときとかに僕も簡単にブチ切れそうになったことを思い出して、怒りの伝染力はすごいなと思って、それからもう限界かなと思って、こんなことはもうできないかなと思って、でもそれは、一時的なもので、そんなことは知っていて、でも、もう無理かなと思って、僕は店に立っていい人間じゃないな。向いていない。一時的なもの。知ってる。知ってる。もう無理だなと思って、知ってる、でも思っていて、外で煙草を吸いながら、昼間にナンバーガールの再結成を聞いて、そのときは、ライジングサン一夜限りと聞いて、そのときは、まあ、それはなんか、すごいというか、わー、と思うけれど、でも、再結成とかじゃないというか、それで思い出を再消費して、とかそういうことじゃないんだよね、あのときなんだよ、あのとき、あのときが全部で、それは今どうこうというのはなんでもいいんだよな、と思っていたのだけどそのあとツイッターを開いたらトレンドとかにあって写真が、四人の写真があって、それを見た瞬間に一気に涙がこみ上げてきて、ああ、そうか、と思って、涙が、こみ上げてきて、と思って、それをツイートしよ、と思って、思っていたら、全然これ俺まだ限界とかじゃないな、全然無理とかになってないな、なんせ話題に乗ってツイートすることとか考えてるんだからなと思ったら少し軽くなって、よかった。それにしても、トレンドのところでナンバーガールがわんさかと出ていたけれど、ナンバーガールってそんなに人気あったの⁉というのが僕は全然腑に落ちないというか、解散したとき高校3年生だった、そのとき、周りにナンバーガールを聞いている人間なんていなかった、孤独だった、孤独だったし孤独だったのでかっこよかった、そういう自意識だった、そういう記憶しかないから、その「あのナンバーガールが！」というその感じについていけないというか、え、誰がそんなに、というか、僕よりもう少し上の世代にとっては、ということなのだろうか、思い出す、赤坂ブリッツ、ゆりかもめ、乗って、ボアダムスというかアイが表紙のクイックジャパンを読みながら、乗って、赤坂ブリッツ行って、東京最後のライブに行った日、思い出す、宇都宮まで行って、掲示板でチケットを譲ってくれたというか買わせてくれたお姉さんと合流して、宇都宮で、飲み慣れない缶ビールをちびちび飲んでいたら、お茶飲むみたいに飲むねと言われたこと、思い出す。狂う目。フジロック、15歳、ナンバーガールが見たくて永山と行った、苗場、お香の香りなんて嗅いだこともなかった。最初の日の最初はケムリを見た、なんか踏まれて怖いと思った、ヘヴンで渋さ知らズとかＲＯＶＯとかボアダムスとか見た。知らない人が吸いかけの煙草みたいなものを渡してきて吸ってそれはたぶん大麻だった、大麻吸っちゃったのかな～、と思いながら、いた。ナンバーガールは何日目だったのかな。グリーンで昼間で、わー、って思った。わからないけど腕を突き上げたりとかしていた。ライブなんて初めて行った。思い出す。野音。クアトロ。ひさ子、とか、叫んでみたりして、汗だくで、わー、って、がんばって、なんかだんだん、最近、みんな合唱し始めたなってなって、オイオイ言い出すようになったなってなって、ちょっとそれ違くない？って思っていた、あの感じ、思い出す。高校生だった。

高校生だったのか。学ラン来たまま、新宿のロフト。ブルーハーブとダウニーの対バンに行った、それをなんでだか今思い出した。ブルーハーブ全然かっこ悪いと思って、ダウニーだった、その夜を、思い出す。高校生だったんだねえ。

そういう時間を生きていたんだねえ。

そこに生きることでその人間の廻りに世界が拡がる。或はそこから世界が始る。曾て天下国家という言い方が流布して世界がこれに代るもっと新式なものであると見られた為に世界がそれだけ一層に抽象的な観念になった。併しそういう抽象が我々が生きる場所になれないのは生きるということに我々の体が生きることも含まれているからで抽象的な世界、寧ろそうした一つの符牒を自分の周囲に見るよりも頭のどこかに置いて他のこともその種類の符牒に代用させていれば人間と言えないのでなくても人間の世界の味を知らない人間がそこに現れる。その味には早朝に聞く雀の声も言葉というものの働きも入っている。又それがあってどこかにいるというのが生きていることと同じになるのでそれをどう考えるというのでなくてそのことがそこにある。これは納得が行くということでもあって味を知るということの上に詮索することを置くのは実際には何もしたことがない人間がすることなので従ってどういうことに就て詮索すべきかもそれでは解らない。

吉田健一『時間』（講談社）p.174

帰って今日はやっぱり心地が落ちていてそういうときは吉田のけんちゃんの言葉の奔流のなかでくるくるとしたいと思って開いたら途端にこんなことが書かれていて大いに何か救われるようだった、何にどう救われるのかはわからないが救われる、それからも読んでいたがだいたい、読んでいるテキストの上をナンバーガールについての思念が上書きしていくというか「生きることの中に我々の体も含まれているのは我々の体も時間のうちにあってそこでも時間がたって行くからである」というテキストを目は追いながら読まれているのは「周囲でナンバーガールを好きな人なんてほとんど一人も知らなかった高校生だったそのときにのちにこんなにもナンバーガールというワードで世界というかツイッターは盛り上がっているということを知らないで生きられたのは幸せなことだったのかもしれない」というものでだんだんわけがわからなくなって、何度も戻りながら、それでも本を、読み続けた。読んでいるあいだじゅう、腰がはっきりと存在していた、重みで、「ここ、腰がいるよ」とずっと告げてくるそういう状態だった。

2月16日（土）

朝、遊ちゃんとコーヒーを飲み、一緒に出。遊ちゃんは今日は新御徒町との由。店、行き、ナンバーガール。渋谷のライブのアルバムを聞き。「日常に生きる少女」から「我起立唯我一人」「SUPER YOUNG」「OMOIDE IN MY HEAD」の流れがバリヤバいため「我起立」に移るあたりでハラハラというかグスングスンと泣く。やよいちゃんは、今、どうしているんだろうな。やよいちゃんにとってこの夜はマジでなんというかもう、めちゃくちゃな宝物だろうな、そう思ったら涙が止まらなくなった。

ライブに行ったらステージから名前を聞かれて、やよい、と答えたら「やよいちゃん」の物語が語られて、そして「俺はやよいちゃんが好きや、やよいちゃんに捧げます」と言って、「日常に生きる少女」の演奏が始まる。その時間をやよいちゃんはどんな心地で生きたんだろうか、いったいどんな奇跡が起こっているんだろう、と思っただろうか、考えるだけでまた涙がこみ上げてくる。

準備万端で店を開け、ゆるやかに始まった、調子よくこなし、ゆっくりで、この感じで埋まるのかな、と思ってもそうならずに止まる、そんな感じでゆっくりだった、余裕がずいぶんあったので座って本を開くことにした、準備万端なので何もすることがなかったということだった。佐久間裕美子を読み終え、坂口恭平も終わり、営業中にちょうどよく読む感じのものが目の前になくて、うーん、営業中、これ？と思いながら、開いた。外は晴れていて、あたたかで、静かで穏やかだった。

「きみには、人間が実はみな墓地の住人だということが奇異には思われないのか。大都市は大きな墓地、小都市は小さな墓地、村はもっと小さな墓地だということが。ベッドは棺で、服は死装束で、すべては死の準備だということが。人生とは棺台への安置と埋葬のリハーサルなのだ。」

トーマス・ベルンハルト『凍』（池田信雄訳、河出書房新社）p.190

老画家は相変わらずだった。

けっこう長いこと読書をし、楽しく読書し、途中であまりにずいぶん静かなのでレモンシロップをこしらえ始めた。これはわりと、やり始めると作業量というか、工数が多いというか、ちょっとしたもので、どうなのか、と思いながらも、始めた、やりきった。満席になることは結局なく、静かで、でもトータルのお客さん数でいえばまったく十分な数というか、今年設定したバジェットには乗らなかったが、だから「まったく十分な数」というのは経営をする身としては言っていいことではなかったが、それでもそれはこれまでだったら「すっかり忙しい日だった」というような数字だった、今はベースが上がっているということだった、それはいいことだった。

閉店して、なにか、と思い、目の前に積まれている中にあったウィトゲンシュタインの日記を少し読み、帰る。帰り、庄野潤三。「プールサイド小景」を読み、「相客」を読み、「五人の男」を読む。凄い、凄い、なんだこれはｗｗｗという三つで、どれもよいとてもよい、「どこの会社へ行っているにせよ、彼はまことに規則正しい生活を送って居り、夜はいつでも祈っているのである」と書かれる「五人の男」で初めて『夕べの雲』で知ったようなとぼけたユーモアというかやわらかいしかし適切な距離の視線を感じた。でもそういうものではない二つも凄かった、ヒリヒリしていた、庄野潤三はもしかしたらきっと『夕べの雲』から入ると面食らう。

途中、外でその日最後の煙草を吸いながら、山口くんの日記を読む。壁塗りをしてパーティーをする日のやつとナンバーガールのやつ。山口くんの文章は本当に魅力的で、たびたび羨ましくなる。

2月17日（日）

朝、コーヒー、遊ちゃんと話す、ナンバーガールは事件だったねえ、なんせ山口くんの日記でほとんど初めて時事的な話題が出てきたものねえ、という話をし、梅の花が咲いたよ、と教えてくれた、それで見た、「花が咲いたよ」と言ったから、それでASA-CHANG & 巡礼の「花」を思い出し、遊ちゃんはユザーンが好きだから、とってもいいよ、と教えた、それで、バレンタインのチョコレート作った、と言って、ショコラテリーヌのレシピを見て作ったのだというチョコレートを持たせてくれた、朝、コーヒーと一緒に少しいただいた、口に入った瞬間においしかった、ココナツの風味が僕は好きらしい。

店、着き、僕が聞きたくなり、「花」を聞いた、探すのに「花」で検索をしたら「花」がつく曲のリストになって、ASA-CHANG & 巡礼が終わったらはっぴいえんどが流れ、それからLOVE ME TENDERが続き、マイスティースになり、キセルになった。花の曲はどれもよかった。イースタンユースが二つ続けて流れた。

開店前、CDのところを探した、CDは探すの大変、やよいちゃんを探した、あった。「毎日中学生新聞」の1999年10月16日号の、「それゆけ！　毎中音楽部」という新聞記事をそのまま使ったジャケットということなのか、レポートされている。

ライブ終盤、向井さんが言った。

「あのー、ちょっとですね、会場を明るくしてはいただけないでしょうか」。

観客が照らされる。戸惑う人、笑いを浮かべる人、反応はさまざまだ。

「うーん、全員見えますね……」。

向井さんは黙って、場内を見渡す。１人に目を止め、呼び掛けた。「キミ、名前は何とおっしゃるんですか」

「ヤヨイ」

「ヤヨイちゃん、ありがとうございます。ヤヨイちゃんは花店の店員なんですね」。突然、向井さんが言い出した。観客は爆笑だ。

「ヤヨイちゃんは（東京の）北千住に住んでます。花店の仕事は冬場はつらいですね……」。プロフィルを空想し、述べたてる。場内の笑いはおさまらない。

「家に帰るとテレビ見て、ケーキ食べて、ふろ入って寝る。彼女は友達がそんなにいない。でも、日常を受け入れ、普通に生きている。オレはそれが素晴らしいと思う。あるがままを受け入れず、日常から逸脱するのって、どうなんやろな？　オレはヤヨイちゃんが好きや！　ヤヨイちゃんにささげます！」。

そう言って演奏した「日常に生きる少女」で、盛り上がりは最高潮に達した。

NUMBER GIRL『シブヤROCKTRANSFORMED状態』（ＥＭＩミュージック・ジャパン）

「毎日中学生新聞」とは実在の新聞なのだろうかと調べたら実在だった、だった、

2006年に廃刊になっている、主に西日本・関西圏中心に発行された日本で唯一の中学生向けの日刊紙、だった。

トイレで、『Number』の表紙を眺めていた、篠山紀信による大谷翔平の写真で、大谷はチノパンで、白いタートルネックのセーターで、両手を広げて、あいまいな笑顔で、ジャンプしている、という珍妙な写真で、セーターの袖のところがまくられている、今日まで気が付かなかったが右手首から肘の方にかけて手術痕があって、それに気がついたことによってただの珍妙な写真ではないなにかに変わった。それで店を開けた。

虚栄心を捨て去りたい、と私が言うとき、またもやそれを単なる虚栄心から言おうとしているのでないとは言い切れない。私は虚栄心が強い。そして私の虚栄心が強い限り、より善くなりたいという私の願望も虚栄心に満ちている。そんなとき私は、自分の気に入っている虚栄心のない過去の誰々のようになりたいと思うのだが、すでに心の中で虚栄心を「捨て去る」ことから得られそうな利益を計算しているのだ。舞台に立っている限り、何をしようとも人は役者にすぎないのだ。

ルートヴィヒ・ウィトゲンシュタイン『ウィトゲンシュタイン 哲学宗教日記』

（鬼界彰夫訳、講談社）p.92

のんびりの始まりだったのでウィトゲンシュタインの日記を読んで、よかった。すでに得られそうな利益を計算している、というところがなんともいえずいい。ウィトゲンシュタインの自己認識みたいなものがそうだけっこう僕は気持ちがよかったんだった、と思い出した。いい。よくてそれですぐに忙しくなって今日もウェイティングのシートが大活躍でこれ全部口頭で対応していたらと思うとゾッとした。無理な話だったし無理な話を今までやっていた。

夕方山口くん。風邪が治ったようでよかった。二人で黙々とそれぞれフルスロットルで働く。これは大変。体が完全に疲れている。食べるものも減ってきて、今日はラーメン食ってそれで銭湯行くぞ、と思い、がんばる、11時ごろ、座る、経理をやり、それから手持ち無沙汰になったので請求書の作成をする、一通、作らないといけない送らないといけない請求書があったが僕は「請求書を、送る……⁉」というだけで恐慌をきたす、だからずっとやっていなかったがやろうと思ったらそういうサービスがあり無料お試しがあったから登録してポチポチやったらすぐにできた、「封筒に入れて、切手を貼る……⁉」というだけで恐慌をきたすところもあったが、それは今度やることにしてあとは切れたショップカードを作り直すのでイラレが使えなくなったのでInDesignで一から作り出した、前のものとぴったり同じに、「スープとパン」を「サンドイッチ」に変える、それだけであとはぴったり同じに作りたかったらしく、前のやつのスクショを撮ってそれを裏に置いて文字を重ねて、というふうに作っていて、「そんなに前のやつは完璧だったとでも思っているのか」というところでおかしさがあり、閉店したのでその旨を山口くんに伝えて笑ってもらった。

ラーメン食って帰り、庄野潤三、どんどん面白い、イタリア系アメリカ人家族の話、蟹の話。それで「静物」になるところでじゅんちゃんは明日にすることにしてけんちゃん、全然頭に入ってこなくて、眠った。

2月18日（月）

先に遊ちゃんが出る朝で今日はどこに行くのか尋ねたら今日も御徒町で、御徒町はジュエリーを売っているの？　ＫＯＨＨが御徒町でジュエリー買うみたいなこと歌うんだけど、と聞くと、たしかにジュエリー卸しがたくさんある、と教えてくれて、僕は全然御徒町って知らないけれどてっきり高級なそういう宝石を売るお店が実はあるエリアとかなのかと思っていたから、卸しと聞き、KOHHの描く風景が一段とわからなくなった、どういう買い物をしているのだろうか。僕はまた眠り、起きたときから全身が疲れていた。着替えに手間取り苛立って、そうしたらジャケットのジッパーの上げ下げに、つまむところ、なんというのかわからないがあれが取れてしまったのでずっと遊ちゃんのヘアピンをさして使っているのだがあれが落ちて、最初は裸眼だったから眼鏡をすればすぐに見つかるだろうと眼鏡をしたが見つからず、全身が怒りに飲み込まれかけて、危ない、危ない、と思い、諦めてそのまま家を出た、なにか代わるものが店にもあるだろう、というところだった、あるだろうか、細い、弱くない、何か。

　スーパーで、僕は去年の新たな気づき、学び、として得たカートを使うというそういう買い物の方法がありそれをすると腕が疲れない、それでカートを押して、さらに去年まではずっとなぜか忌避していたエレベーターを使うということを今年からたまに解禁するようになって、エレベーターに乗ってみたら想像していたよりも全然嫌なことじゃなかったからエレベーターがタイミングよく開いていたら乗るようになっている、今日も乗り込み、そうしたらご婦人がすいませんといって駆けてきたから待って、扉が閉じて、しばらくして開いてご婦人が出ようとしたら二人とも「あれ?」と思って違和があって、それは地下一階のままで、つまり僕がボタンを押し忘れていた、「押し忘れてました」と笑って、そうしたら「見えるはずの景色じゃなかった」とご婦人が言って、まったくだと思って、二人で大笑いした、朝からよかった。自転車で坂を上がりながら、今日は夕方から山口くん、僕は6時過ぎにはアテネ・フランセにいるので、ということは4時で来た山口くんとできるだけ早くバトンタッチというかできるだけすぐに店を出る、と思ったら4時というのは16時で、今が10時で、あっという間だ、と思ったら「よし、そのあいだ、がんばるぞ」という実に健康的な前向きな気持ちが生まれた。店、着き、コーヒーを淹れた、浅煎り、今はニカラグア、それを淹れたら激烈においしく、安堵、というような心地を覚えた。泣きそうな。

開店前にツイッターを開いたら小学校の運動会の組体操のピラミッドの動画があって再生されて「なんでこんなバカげたことをいつまでやっているんだ、危険だ、怖さと痛みを教師も知れ」というたぐいのツイートで「ほんとだよなあ」と思いながら、積み上がっていく子どもたちの様子を見ながら「奇祭」と思った。なんでこんなことをやっているんだろうか。

これは、文脈上、崩れるやつだよな、失敗して人が怪我をするのを見ることになるやつだよな、停止しなきゃ、停止しなきゃ、と思いながらそのまま流していってしまったところやはり崩れて、崩落の運動というのはいつも思うが思っているよりも速い。人ってこんなふうな速度で落ちたらいけない、という速さで重力というものの強さを感じる。

それで夕方までひたすらがんばることにして煮物、和え物、根菜のおかず、カレーの仕込みとガシガシと進めていった、追加でオンラインで買った汁椀が届いたから煮物はこれが最後の煮物で最後の煮物だと思いながら作ると特に感慨はなく、今日もおいしくできた、コンスタントな入りだったが3時くらいになにか火がついて満席近くまでお客さんがあって、「日曜日かな?」と思ったが平日だった、どうしたのだろうか、山口くんインし、状況が落ち着くところまでやり、「また夜に戻ってくるわ」と伝えて店を出た、健闘を祈った。

それで電車に乗って神保町に向かう、「静物」読む、肩がすでに重い、休みの時間のたびに僕の肩は重くなるのだろうか、ちょっと苦しい重さ、と思いながら神保町、東京堂書店、いくらかフラフラしようと思ったが気力が萎え、一階だけ見ることにして一階を見ていた、入り口のあたりで内田百閒の日記とかとともに庄野潤三の『明夫と良二』が積まれていて奥付を見ると今月発売したものらしかった、取った、それから新潮文庫の棚に行って『プールサイド小景・静物』は今読んでいるのは遊ちゃんから借りているやつなので僕も買おうと買うことにして取り、それから島のところをぐるぐる見て、『うしろめたさの倫理学』と、『私たちにはことばが必要だ　フェミニストは黙らない』を取った、買った。『うしろめたさの倫理学』は遊ちゃんも持っていたがふと読みたくなり買うことにした、うしろめたさというのは僕は自分にとってけっこう大事なキーワードな気がしているというかだいたいいつもうしろめたい人間にとっては読んでみる価値のあるタイトルに思えた、というかこれまで惹かれなかったのはどうしてなのだろうか。韓国のフェミニズムのタバブックスのやつは、フェミニズムみたいなものを僕はもうちょっとちゃんと知ったほうがいい気がしていて、それでおあつらえ向きだろうかどうだろうかと思って、読もうと思った。そういう買い物で、して、アテネ・フランセに向けて歩き出すが肩が重い、空腹で、何かお腹に入れたら軽減されるだろうか（しかしどうして）と思い、コンビニで甘いパンを買って歩きながら食べよう、しかも2個、と思いコンビニに入ろうとすると横にタコベルがあった。

タコベルは僕は行ったことがなくて、いい機会、と思いタコベルにすることにして、入り、レジで、タコベル初めてなんですけど、と言うと親切にいろいろ教えてくださった、歩きながら食べるにはブリトーが食べやすそうだったためブリトーにしてビーフにしてマイルドにした、すぐにできて、出た、それで、食べた、おいしかった、見上げるとまんまるの月が大きく出ていて遊ちゃんに「月が大きい」と送るとスーパームーンとかなんじゃなかったっけ、と教えてくれた、タコベルを食べながら歩いているよ、と言った。遊ちゃんも数日前に初めてタコベルを食べたばっかりだったとのことだった。10分ほど歩くとアテネで、入って階段を上がろうとすると自販機のところに唱くんの姿をみとめ、「お、唱くん」と言った、煙草吸えるところって中にはもうないのかな、と聞いた、煙草が吸いたかった、ずいぶんきれいになったしないかもね、ということで、昔は廊下のところでみんなプカプカやっていたのにねえ、と話し、『スージーの真心』を見たあとにみんな（みんな！）いて、あったねえ、そんなのねえ、もう10年とか前かな、いや大学生ってことは12年は経つんじゃないかな、という話から、もうほんとおじさんだよね、最近『ホリデイ』のことを書いた文章があるんだけど、読んだ、あれとか、俺らの上の人たちが70年代とか80年代の映画を語るのと同じことなんだよねって気づいて、こわってなって、やばいぞおじさんだぞってなって、いやほんとそうだよねえ、俺らも説教とかしたほうがいいのかもね、いやあ、ねえ、今日もバトンタッチしてきた山口くん25歳とかなんだけど、つい、わかるよその感じわかるよとか寄り添う方向で接しちゃうというかわかるような気になっちゃうんだけどこんな年上にわかるとか言われてもわかられた顔されても腹立たしいだけかもしれないよね、いっそ説教とかのほうがしっくりくる接し方だったりすらするかもしれないよね、だってわかられてもなあ、っていうね、欺瞞かもしれないよね、怖い、怖い。そういう話をして唱くんは打ち合わせに行くということでどこかに消えて僕はいったん外に出てどこか煙草吸えるところないかな、と思ってフラフラしたが千代田区にそういうところはもうないのかもしれない、諦めて戻り、上がると、ベンチに人がたくさん座っていて開場待ちの行列ができていた、ワイズマンすごいな、と思って並び、庄野潤三を開いた、イノシシ猟の話が父親から子供になされていてそれから怖い映画の話を父親と娘がしていた、「静物」、とてもいい、静物という感じがとてもする、「静物」というタイトルまったく秀逸。

ひとりだけまだ寝ないでいる父親は、二人が結婚した晩に夜ふけの窓からさし込む月の明りが妻の顔を照らしていたのを覚えている。まるで息をしていないように眠っていた。髪に小さなリボンをつけたままで眠っていた。


「あれが」

と彼は云った。

「二人が一緒に寝るようになった始まりだ」

読んでいた本が、彼の手から落ちる。開いてあった頁《ページ》がどこやら分らなくなってしまう。父親はもう一度、本を取り上げて、もとの頁を探し出す。

ここだ。いや、ここはもう読んだ覚えがある。何が何だか分りやしない。
眠い眼をあけて、父親は続きを読み始める。すぐに眼がふさがる。本が手から落ちる。
庄野潤三『プールサイド小景・静物』(新潮社)p.246

開場し、座り、読み、始まりのチャイムが鳴るとマイクスタンドの前に立つ初老の男性が話し始めて、きっと企画の方なのだろう、その話し方は品のあるもので、なんだかきれいなものを見たと思ったら映画が始まって『チチカット・フォーリーズ』を見た、やはり大学生のとき以来でずっとまた見たいと思っていたがなかなかいい機会がなく今日がその機会だった、それで見て、うーん、凄い、やっぱり凄い、鼻にホースを入れて食べ物を摂取させるところでサブリミナルみたいに違う映像がインサートされて、なんだ、と思ったらそのときに鼻に注入されている人があとで亡くなってその死化粧というのか、遺体をきれいにしているところだと徐々にわかって、その場面はあとでトークでも触れられていたがやっぱり強かった、最初のインサートされたときのなんだかわからない感と、わかっていく感、その流れが強かった、いくつも、美しい場面があった、一年半ずっと収容されていて、僕は正常だ、とアピールし続ける青年を冷ややかに見る医師たちの冷徹な顔、その横顔がさっと白い後ろの光のなかで輪郭が浮き上がって、きれいだった、途中途中で眠く、おや、眠いぞ、しこたま働いたからかな、と思いながら見た、84分でよかったし、そのあとの長大な作品を知っている身としてはやっぱりワイズマンは長くあってほしいなとも思った。途中というか終わりの方で最前列の人がこれまでよりも背筋を伸ばして見始めて、それがスクリーンとかぶってポコンと黒い影がある状態になった、あの人はどうしてあのタイミングで、そして最前列というどれだけべろんとしていても見られるところで、背筋を伸ばしたのだろうか。

映画が終わり、山口くんから連絡とかないかな大丈夫かなとiPhoneを取ってマナーモードを解いて、いじりながら、そのあとのトークを聞いた、三宅唱と高橋洋だった、珍しいことになんとなくメモを取りながら聞いた。

初めてワイズマンを見たとき　見たかった映画があったなと
ロンハワード　アポロ13
たくさんの人が働く
そういうものが見えるものが映画
アルトマン　ショートカッツ

全然ちがう立場の人たちを同時に見ることができる
タイタニック
船を運営する映画

ワイズマン、生まれて初めて見るものが常に映っている

見てる最中にしか思考できない言葉じゃない領域でないと思考できない映画
フッテージモンタージュ
フッテージがはらむ現場の音をぶつけ合わせる

どうすれば説教くさくならないで済むか

チチカットはまだそのスタンスに立てていない
頭でわかるところまででしかやっていない

どのみち

取り逃がす

２０２５年
患者数が頭打ちになり医師の価値が転じる
診察と治療はＡＩでかなりのところまでいけてしまうようになる
医師　コミュニケーションが取れないと話にならなくなる
２０３９年
すべての疾患が治療可能になる世界　の実現を目指す
それは幸せなことなのだろうか
個人の幸せに焦点が当たるというのは人類の進化においてはなんというかなにかの矮小化にはなりはしないだろうか
個人は種を巻いて終わる、実がなるのは見ない、くらいでいいのではないか
世界中にばらまかれた種がのちに実をつける、というのを繰り返して人類は前に進んでいったのではないだろうか、それでいいんじゃないだろうか

「2025年」のところからはそのあとに神保町で飲んだ大地との会話のメモで、トークが終わってもともとは水道橋で飲む予定だったが連絡をしたらいま九段下、これから向かう、ということで、九段下、九段下、それって神保町の隣だっけ、と思って、神保町だと都合悪い？と聞くとむしろいい、ということで、僕もむしろ神保町が帰りがすぐで楽だったからじゃあ神保町にしようということになり、神保町に戻りながら歩きながらふと、すっかりなんでもないこととして見ていたけれども、唱くんがアテネ・フランセで話していたんだよな、と思った、それこそ始まる前に話したように12年前とかにお互い大学生だったときに映画館でよく会っていた彼、まだ何者でもなかったというかきっと「映画を志す若者たち」の一人でしかなかった彼が、それから（いろいろあっただろうが）着実に映画を撮り評価を勝ち取り日本映画の最前線を走る一人としてきっと認知されるそういう存在になって、アテネでトークをする、そういう人になったんだな、と思って少し感慨みたいなものを感じて、

「俺はまだスパイの舌とかのときに興奮してるのを見ても遠巻きで思ってたよ、まだだろ、まだなにもやってないだろって」

と大地にあとで居酒屋で飲んでいるときに話すと

「でも結局それから唱くんはああなり、阿久津さんだってこうなり。俺は人を見る目は

あると思ってるんだよね」

と言った。「阿久津さん」は、どうなったのだろうか。いま僕は、どうなっているのだろうか。これからどうなろうとしているのだろうか。

それにしても大地の特性というかこれはとてもいい性質なのかもしれないと最近ふと思ったのは、目の前の事象を過度に評価する、ということで、いつもいろいろなものに激しく感心しているような気がして、それは僕は真似ができないものだったし、少しうらやましいものでもあった、ずっと変わらない。

大地と駅前で合流し、大衆居酒屋に入り、飲んで、大地たちにいただいた汁椀のおかげで今度定食の内容をリニューアルすることになった、大きな変化のきっかけを与えられた、その話をした、それで汁椀の話になり、それを大地夫妻は好んでいて金沢の喜八工房の樫椀で、行くたびに直営店に行く、この年末も行っていて、それでだけど安いものでもないし、自分たちのはもうあるし、今日はやめとこう、となって、お店の人に誰かが結婚したりしたらお祝いで送るとかいいですよ、と言われて、そうします、となって、阿久津さんはまだ結婚しないかな、どうだろうな、そんなことを言いながら店をあとにした、空港に向かうバスに乗ろうとしていたところ、僕から「結婚するから婚姻届けの証人のやつ書いて」というメッセージが突然来て、「まりな、ちょっと店戻ってもいいかな」「どうしたの」「これ」とメッセージを見せて、戻ろう戻ろう、本当はお寿司を食べるつもりだったがそれは諦めて喜八工房に戻り、こんなことになりました、したがって、買います、といって椪椀をセットで買った、という話をしてくれて、それはすごいタイミングだったなあ、と思った。

気づいたら12時で、帰ろう帰ろう、と帰った。電車の中で僕は眠く、本を開いていたが上滑りしていくようだった、店に戻り、山口くんは洗い物をしていた、伝票を見ると「日曜日だ」という日に結局なっていた。今日はモヤモヤしたことがひとつあった、途中まで本を読んだりしていた方が途中でパソコンを開いてタイピングを始めて、それがすごく大きな音だったから声を掛けに行ったら、声を掛けて離れた瞬間にまた大きな音でタイピングを始めて、え、あれ、あの、読んでますよねこれ、と案内書きを指した、するると不満の声を出した、それで離れて戻ると、その人はだだだだと帰り支度をして2000円をバタンと置いて出て行った。タイピングは長くしてたの？　いえ、すぐに気づいたんで。じゃあよかった、店の治安が守られた、すばらしい！　でも、なんだったんだろうって、なんかモヤモヤしました。本当だよね、俺も手が震える、はっきり手が震えるぞ、ってなる、でもそういう人は、どうしたって現れる。

帰宅して遊ちゃんに今日のあれこれを話し、明日の朝はパドラーズに行こう、めっちゃ早起きして行こう、ということにして、庄野潤三を少し読んでから寝た。

2月19日（火）

めっちゃ早起き、それは7時50分だった、遊ちゃんが9時には今日は出ないといけない日だから、じゃあ早起きパドラーズしよう、ということを僕は昨夜言ったが遊ちゃんは半信半疑だった、「この男がそんな時間に起きられるはずがない！」

しかしその男は起き上がり、わりにすっきりと起き、身支度を整えると二人は家を出た。

この時間に外を歩くことなんてまずないから、まず小学生たちが歩いている、ということが新鮮だった。小学生に続き、中学生の一団もあった、それから勤めに行く人たちもたくさん歩いて、人がたくさんだった、違う町みたいだ、二人は物珍しそうに人々を見ながら歩いた。人の動きに限らず、時間が違うと光の差し具合なのか、見える景色も違って見える。あれ、こんな建物あったっけ、ということが歩くたびにある。

パドラーズでカフェラテを頼んでいつもどおりにテラスに出ると、お店の方がすぐにやってきて「テラスは9時からなんです」と教えてくださった、まったく知らなかった、たしかに、上はマンションだし周囲は家だし、あまり早朝から人がぺちゃくちゃ喋っているのはよくないことだろう、そりゃそうだ、と思い中に入り、座った、店内は珍しく、というか中の普段の状態はめったに知らないからめったに知らないのだけれども珍しい気がした、日本語の歌が流れていて坂本慎太郎かな、と思ったら今掛かっているレコードが展示というか置かれていて坂本慎太郎だった、そのあとなにかにかわり、そのあと、曲が流れ始めた瞬間に「あ」と思ったらナチュラルカラミティだった、なんというなつかしさ、と思った。好きでよく聞いていた時期があった、森俊二の仕事において一番好きだったのはナチュラルカラミティではなくUMA UMAだった、今夜は少し歩こうか、という曲名をとてもいいものとして記憶し続けている。

遊ちゃんが出るところで僕は残って日記を書こうかとも思ったが店に行くことにして一緒に出て僕は店に遊ちゃんは仕事に行って僕は味噌汁を作って「これが具沢山じゃないラスト味噌汁か」とは特には思わず味噌汁を作って、つまり白菜としめじを切って出汁に入れて、煮た。コーヒーを淹れ、日記を書いた。

山口くん、来、いくらかあれこれと話したりして、それで出、帰る、もう眠い、起きたときから眠いのだからしかたがない。

うどんを食べることにして、その前に「静物」を開いたら読み終わった、それでうどんを食べることにしてお湯が沸くのを待ちながら日記の推敲を始め、今日もかけうどんみたいにすることにして具に白菜と豚肉を入れることにして、完成して、推敲をしながらうどんをすすった、大量に食べ、満足して、コーヒーを淹れ、昨日買った『うしろめたさの人類学』を読み始めた、開くまで『うしろめたさの倫理学』だと思っていて昨日もそう書いていた、それを読み出して、交換のモード、と思って、そうだな、と思った、贈与のモードで僕らはお金を授受できないか。僕ら。誰だ。僕は。二つの章を読んだら眠くなりタオルケットを持ってきて頭まですっぽりかぶって目を閉じた。寝た。遊ちゃんが帰ってくるので目を覚まして遊ちゃんは仕事の電話をしながら入ってきてしばらく電話が続いたのか僕は途中でまた寝ていて、電話が終わる気配のところで目を覚まして、おはよう、おかえり、ただいま。

家を出、バス、渋谷。雨はほんの少しだけ。傘もまだほとんど要らない。でも夜は降るような予報だったからバスだった。下車して歩いていたら映画館があった、TOHOシネマズの渋谷は僕は初めて入る、一階にクリスピークリームドーナツがあり、食べたくなったが食べたくなったと気づいたときにはエレベーターの中で、まあ、いいか、というか外で買った食べ物は持ち込みダメか、というところで4階、二人ともなにか甘いものを食べたくなったらしい、アイスクリームをそれぞれ買って、スクリーンいくつかに入ると予告編はもう終わりのほうというかひとつも見ないで済んだ、カメラ男が踊っているところで、ほどなくして『ファースト・マン』の上映が始まった。

デイミアン・チャゼルのこれは3作目ということなのだろうか、昨日大地と飲んでいるときに『アポロ13』の題名を出したときだったかこの映画を教えてくれてデイミアン・チャゼルは85年生まれなんだよ、同い年なんだよ、すごいよね、ということを言っていて僕は最初「お、宇宙開発の映画！　それは見たい！」と思って前のめりになったがそれが監督がデイミアン・チャゼルと聞き「そうかあ」と思ったが大地は好きだということだった、それで見ることにして見に来た、始まりからガガガガガと画面が揺れまくるそれは飛行機の中で、こんな飛行機でそんなところまで上がれるんだ、というところから始まった、それはあまり見たことのない揺れでよかった、目が離せない、と思いながら、アイスクリームを進めないと溶けてしまうから一生懸命だった。小さいスプーンがたよりなくアイスを掘削した。

それで、その、そういう、飛んだり、ガガガガとなったりするところは僕は好きだった、ライアン・ゴズリングの顔も妻の顔もよかった、ただなんだかやっぱりずっと小さな違和というか微妙な心地があって、終わって遊ちゃんと遊ちゃんが前に行きそびれた同窓会がおこなわれた岩手料理を出すお店に入って、そこは百軒店の中にあって最初なかなか見つからず、あれ、これは風俗の何かだよな、あれ、これはストリップのところだよな、とうろうろして、座っているおじちゃんが「何探してんの」と言ってくれたので岩手のやつ、と伝えると「そこのとこじゃねえかな」と教えてくれ、そっちに行ったらあった、そこに入ってビールを飲んで三陸のわかめを食べた、わかめがすごくおいしくて、わかめ素晴らしいなと思った、思いながらその違和について話した、子どものことがよくわからなかった、隣人のことも同僚のこともよくわからなかった。この感じはなにか覚えがあると思ったら『ラ・ラ・ランド』で、そういうなにかわからなさがあったのだけれどもこれはそういう人間の関係の機微みたいなことをこの監督は描けない人なんだと思う、と僕は『ラ・ラ・ランド』のときに思って、でもそのときはそれが「描けない」なのか「描く気がない」なのかわからなかった、今回も同じで、え、全然描けてなくない、と思い、これはやっぱり徹底的に描けない人なんじゃないか、と思った、そう言った。たくさん、雑だった。娘の死とか記憶とかの扱い方が、『ラ・ラ・ランド』のときもまったくそうだったけれどまったく雑だとやはり思った、あっち向いてあの記憶、こっち向いてこの記憶とか、笑わせたいのかな、というような。記憶とか時間とか、そこに宿る機微とか、親密さとか、そういうことに興味がまったくないのかもしれないし、でもそれは『セッション』のときからきっとそうだしそういうことに興味のある作家ではないのだろう、むしろ痛みとか、痛みをどう画面に定着させるかとか、そういうことなのかもしれない。あの激しい揺れや嘔吐の感覚とか、そういうことなのかもしれない。

一番感動したのは宇宙船に乗り込むときにめちゃくちゃ高いところまでエレベーターで上がっていって橋みたいなところを渡っていくところで、この高さのエレベーター作るだけで（俺が指揮を執ったら）五十年くらい掛かりそう、と思い、人間はすごい、と思った。

岩手のお店は岩手のものをいろいろと頼んでどれもおいしくて、お店の方が遊ちゃんに「岩手の方なんですか」と聞いてそこから岩手の話がされ、名前を書くリストみたいなのが途中で渡され、名前と年齢と出身高校となにかコメントみたいなものが書かれた紙の束で、すごいぞ、個人情報、と思いながら、遊ちゃんは見ながら「あっ」であるとかを言っていた、知った名前をいくつか見つけたし、その名を言うとお店の方は「よく来てくださいます、わりと近所に住んでいるんですよね、今はどこどこにお勤めとか」というようなことを言っていて、狭いぞ、岩手、と思いながら、岩手は立派だと思った、栃木でも埼玉でも、こんなふうにはならないとしか思えない。

遊ちゃんの仕事の話をたくさん聞き、「ほお」であるとか「いやあそれは」であるとかを言いながら、聞き、楽しく長いこと話して、たくさん飲み食いして満足して出た、歩いたらすぐのところがミッケラーだから、一杯飲んでいこう、と、ミッケラーに入って散々迷ったあげく一番オーソドックスなものと思しきミッケラーのピルスナーを、つまり1番のビールを僕は頼んだ、遊ちゃんは13番のやつを頼んでいた。ふいに腹痛みたいなものを感じて、おや、と思った。

出て、雨はもうない、ゆっくり散歩して帰ろう、と歩いた、神山町のあたりを歩いているところで僕は「お腹がさ」と言って腹痛の存在を知らせた、冷えたのかもしれない、でも大丈夫、まだ余裕ある、散歩しよう、と言うが、って言っても20分30分歩いたら掛かるでしょう、危ないでしょう、ということでタクシーに乗ろうよ、ということになり、馬鹿野郎！　タクシーなんて贅沢者が乗る乗り物だ！と僕は激昂して頬を叩いたりはせず、でも乗らないで済む乗り物に乗ってお金を払うことを僕は無駄に思うことには変わりないからもったいないなと思いながらも、でも安全策、と思ってタクシーを拾って帰った、１０００円も掛からず、タクシーは便利だなあ、と思って家に帰ったら腹痛がはっきりやってきて上着も脱がないまま急いでトイレにこもってそれで野球の記事をひたすら読み漁りながら、トイレにいた。そうすると日ハムの白村が野手転向をしたという記事にぶつかりびっくりした。白村はなんともいえないいい顔をした選手だった。白村と井口はなんともいえないいい顔をした選手選手権で僕の中で1位と2位だった。

ずいぶん長いことトイレに入っており、ずいぶんな腹痛だな、と思い、うーん、と思い、なかなか終わらないな、と思った、いったん切り上げて部屋に戻ったあとも、「あ、いけないいいけない」と言いながらいそいそとトイレに戻り（遊ちゃんは布団にくるまって本を開いて「つつじの花が咲いている。赤が殆どで、白も少しまじっている」と朗々と言っていた）、野球の記事をやはり読みながら腰掛けて、ということを繰り返した末に治ってというか終わって寝る前は庄野潤三の『明夫と良二』を読み始めた、すると「つつじの花が咲いている。赤が殆どで、白も少しまじっている」というのが書き出しで、『明夫と良二』は図らずも遊ちゃんも数日前にポチっていたところで今日帰りしなにポストに入っていた郵便物を取って「もしやもしや」と言っていたがそのもしやだったらしくさっきは音読していたということだった、『明夫と良二』は『夕べの雲』と同じ家族構成でそれぞれ年齢が上がった面々の姿があって長女は今週末に結婚する。一家の名字は今度は「井村」というようでつまり井口と白村がここでつながったわけだ。

2月20日（水）

夜中、僕は全身が汗だくで一度起きて全部着替えた、遊ちゃんは朝は先に出ていった、起き上がるとお腹のあたりがまだ不穏で、その不穏さは「胃？」という疑問を僕に与えた、胃腸の不調みたいなそんな感じがした、何かを飲んでおこうか。

それでスーパーで、定食のことを考えながら、しかしどうやって移行することになるかな、ちょっとやってみないと感覚が想像できないな、とりあえずなんかいろいろを買おうかな、と思ってよくわからない調子で買い物をして、その調子のまま八百屋さんに行ってやはりよくわからない買い物をして、店に行ってコーヒーを淹れた。

外ではスズメが鳴き狂っていて電柱にいる。よじ登るときに手がかりにする「出る杭」みたいなところを上下しながら、あっちに行ったりこっちに行ったりしながら5羽くらいのスズメが鳴き狂っている。見事なものだった。

昨日『明夫と良二』を読み始めるときにカバーのそでというのか、のところの著者紹介のところを見たら1921年生まれで2009年まで生きていた、55年に芥川賞受賞だから34歳のときだった、『夕べの雲』は45歳のときの作品だった、ふむふむと思いながら見ていたら「80歳以降も毎年刊行された一家の年代記的作品は」とあり、つまりこの家族もの的なものがずーっと書かれていったのか、と思うと、楽しみな心地がずっと遠くまでいくようだった。ありがたい。それを思い出しながら日記を書き、準備をした、昨日もそこそこに忙しかったというか、平日としてははっきりと忙しかったようで、今日も身構えるところがあった。それで開けたら誰も来ないから日記を書き続けた。

営業、暇、読書、少し『うしろめたさの人類学』を読み、それから『私たちにはことばが必要だ　フェミニストは黙らない』を始める。すると何もしていないのに体中が疲れてきて、もしかしたら働いたらというか動いたら疲れが取れたりしてと思い、おかずをいろいろ作ろうと思い、人参と糸こんにゃくのきんぴらをこしらえ、さつまいものポテサラをつくる。それから紫キャベツを千切りにして塩もみして、思ったよりも量があったので、二つに分ける。黒酢のくるみのマリネと、あたためたマスタードとクミンとガラムマサラとかでスパイス和えみたいなものに。疲れは全然変わらずそりゃそうだよなと笑って、それからベルンハルトに移行。夜、お腹の具合を変に感じる、胃のあたりがモヤっとする、水があるみたいなモヤッとした感じになり、それを感知したらおでこのあたりがボヤッとした、これは風邪かもしれないぞ、と思い、帰ったら熱を測ることを考えたら楽しみな予定ができた。状態の数値化、それは僕の好みだった。外で休憩しながら山口くんの日記を読むと山口慎太朗が登場してそれからタナカイズミが出てきてさらに花ちゃんも出てきて鳥肌が立ってたちまち泣きそうになっていた、そして花ちゃんがステージで、タナカイズミがライブハウスのフロアで、その横には山口慎太朗で、彼らは「デリケート」を歌っていた。ずるい、と思う間もなく涙が出た。

昨日のちょうど半分というまったくの凄惨な日を終え、定食を盛ってみる。長方形のプレートに、おかずを5種類ちょんちょんちょんちょんと盛り、買った椀に味噌汁、そしてご飯、で、新定食、と思うが、どうも見た目に締まりがない。これまではお盆にのせてまとめていたのがお盆から解き放たれると茫洋とした感じになるということだろうか、茫洋は使い方合っていただろうか。そもそも調子に乗って5種類盛ったが5は多すぎやしないか。こんなに作るのか。

帰り、夜は楽しみにしていた庄野潤三。がぶがぶ白湯を飲みながら読む。ひたすらいい。

「ぼく、ほんとに毛虫って恐い」

と明夫はいった。

「でも、このごろ、ひとつだけ恐くないのが出来た」

「なに?」

と細君がいった。

「もくもく毛虫」

みんな、笑った。

「前は恐かったけど。あれだけ、恐くなくなった。あれ、なにか滑稽というか」

確かにそうだ。桜毛虫や松毛虫とは違ったところが、もくもく毛虫にはある。

「あれ」

と明夫がいった。

「よく道を歩いている」

「そうだ」

と良二がいった。

「いつでも道を横切っている。車なんか通る道を」

「どうしてかしら」

と、笑いながら和子がいった。

「それも、急いで通っているの」

「ほんとうにそうね」

と細君がいった。

「ほかの毛虫は」

と明夫はいった。

「そんなところ通らないのに、あのもくもく毛虫だけ通る。だから、よく車に轢かれて、つぶされたのを見るよ」

「うん、よく見る」

と良二がいった。

「どうしてあんなところ、通るんだろう」

みんな、不思議がる。


庄野潤三『明夫と良二』（講談社）p.54-57

お酒を飲まないせいか眠くならないし眠くなりそうな気配もなく、しかし寝ようと思いいったん電気を消すも眠気訪れず、吉田のけんちゃんの力を借りようとまた電気をつけて『時間』を開く、すると、2ページほどでうとうと、夢を見て、電気再び消す。遊ちゃんは眠れないようだった。眠れるといいなあ、と少し心配に思いながら、僕は簡単に寝る。

2月21日（木）

起きながら、定食のことを考える。何を考えたかはすぐ忘れる。

八百屋さんで野菜を買い、店に着くとすぐにコーヒーを淹れて飲み、開店前にもう一杯淹れる。

働きながら、なにか茫洋とした不安に見舞われる。茫洋はそれにしても使い方僕はこれは合っているのだろうか、僕は「ぼうよう」と「ぼんやり」をごっちゃにしてはいないか。だとしたらとんでもないことだ。「広々として限りのないさま。広くて見当のつかないさま」。ふむ。間違ってそう。茫漠だったらいいよね?

それで茫漠とした不安に見舞われる。なんだか胸騒ぎみたいなものが小さい規模でずっとあるようなそういう状態でいる。たくさん、食べ物をつくる。チーズケーキをつくりカレーをつくりピクルスをつくり小松菜と舞茸の和え物をつくりごぼうを煮て味噌とかゆずとかをからめたやつをつくり、絶え間なく食べ物をつくっていた。定食。定食が気がかりなのだろうか。昨日の夜に盛り付けてみて、おや、なんだかしまりがないぞ、と思って、朝も考えたくらいで、定食の不確定さ、確信の持てなさ、それが不安なのか。それとも出していないだけだけど確定申告が終わっていないこと？　あるいはひとつ書かないといけない原稿？　会話のない読書会をやろうやろうとしていてツイッターで予告までしておいて告知できていないこと？　済んでいない宿題みたいなもの、それがあることが気を重くさせているだけだろうか。それとも今日も昨日も店が暇なこと？　どういうつもりでいたらいいのか全然わからないって？　なんだろうか。不安がちらちらといる。考える。料理をしながら考えている。僕の仕事っていったいどれになるんだっけ。そう考えている。料理をつくることなんだろうか。お店に立つことなんだろうか。お店のことを考えることなんだろうか。文章を書くことなんだろうか。全部はとてもじゃないができないな。全部はとてもじゃないができない、今、ちょっと、めいっぱいな感じがある、そういう気分がずっと続いている。人が、もっと必要？

今日は、日曜日だったかに山口くんと今週のシフトを決めたときに山口くんは今週は月曜と火曜でその次が日曜で、だから水木金土と4日間いない、そうわかったとき、4日連続でフルで入るのちょっと今きついな、と思い、それで木曜の夜を閉めることにした、今月から山口くんが週一日フルで入ってくれるようになったのでこれで無休でできるぞと思って今月はここまでは店は休みはなかった、でもただでさえ疲れているし、疲れはどうやっても抜けないし、半日ここは休んでおいたほうがヘルシーだろう、そう思ってそうすることにした、すぐに家帰ってラジオやって配信の準備をしたらあとはもうダラっと過ごそうと思っていたが、どうやら明日から味噌汁の定食になる、昨日今日とこまごまと作っていたのはその布石というか予行演習みたいなところがある、それで、しかし昨日盛り付けてみてしっくりこない、きれいな定食の見栄えってどういうことなんだ、と思ってインスタでハッシュタグで定食とかランチプレートとかで調べてみた、みんなおいしそう、やっぱりこれらと比べたら貧相。見ていて、やはりお盆が必要だ、となった、お盆に収まればきっと収まる、となった。今使っているお盆だと置けなくて諦めていたが、ふと気づいた、お盆がもうひと回り大きければ置けるじゃないか！　お盆は無印のやつを使っている、なので、というか無印と書いた瞬間に無印じゃないものを探したいなと思ったのだけど、途端に無印がいやになったのだけど、今は思いつかないから、なので、無印を調べてみる、すると、もうひと回り大きいのがある！　渋谷店の在庫を確認するとあった、一枚しかなかったらことなので電話で何枚あるかお聞きするとたくさんあるようで5枚取り置きをお願いした。予定は変更で今日は閉めたらまず無印、即店に戻って盛り付けチャレンジ&実食、それからそのまま店でラジオ等。たくさん働くことができて今日もいい一日になりそう。

this
is
going
to
be
a
happy
day
遊ちゃんはすっかりベケットの「ハッピーデイズ」を大好きになっていて僕もあれはそれは原文はどんなセリフなのかと気になって調べてみるとたぶんこうだった。

それで閉店になり、よっしゃ無印行くぞ、となり、無印だ、向かいはアップルストアだ、勢いでiPhoneも買っちゃおうか、と思ってそれで僕は次はiPhoneは買うなら首から下げられるようにしたい、首から下げられる状態がいちばん落下のリスクを軽減させるんじゃないかとどうしてだか思い込んでいてだからそうしたい、それで少し調べて、わからなくて、だから今日はきっと勢いでiPhoneを買っちゃうということはしないだろう、それに何ギガのやつを買うのかもわかっていない、ＸＲというのはもう既定路線のようだ。それで、こうやって、iPhoneを新しくするのが一日また一日と遅くなる。そうなるとどうなるかというと少しずつ安くなるということだ。つまり、今、使っているiPhoneが、安くなるということだ。つまり、いくらで買ったのか覚えていないがたとえば今使っている6が8だったとしよう、「8」というのはもちろん「8万円」の意味だ。それで、いつ買ったのか定かではないが２０１４年っぽいぞといつだかに思ったから２０１４年だとして、今は２０１9年だから、4年経ったとしよう、今日でまる4年だとしよう、4年というのは、３６５日を4回やったことになるから、１２００の、２４０の、20だから、１４６０、１４６０日ということだ、今のiPhoneの値段はこうだ、8万割る１４６０だから、暗算は諦めよう、54円だ、今のiPhoneは54円だ、それが明日になったらこうなる、8万割る１４６１だから、54円だ、54・7円だ、さっきは54・79円だから54・8円だから、やっぱり安くなったということだ、そうやって一日、一日を大事に過ごしていく、そうしたら限りなくiPhoneは0円に近づくだろう、今はそのフェーズだ、それで自転車にまたがって渋谷にゴーした、悄然とはしていた、無印良品にインして、それでバイした、買ったということだ、いいかね、私はお盆を買ったのだ、それでとんぼ返りで店に戻ってきたのだよ、そうだ、この谷底に横たわった惨めな村全体はもう何十年も前から死の気配に覆われている、いいかね、すべてが腐り、死にかけているのだよ、いや、もうとっくに死に絶えている！　女たちは誰とも知らない男の子どもを腹に抱え、それで生まれたてなし子たちは空腹と病におかされうつろな目をして黙り込んでいるだろう、男たちだってなんの違いもない、夜な夜な飲んだくれ、そこらの女をつかまえてまた孕ませるのだ、そこに愛情などというものは期待してはいかんのだよ、君、いいかね、この村が死臭で満ち満ちていることに君はどうして気がつかない！　いかんいかん、憤怒するベルンハルトが降臨してきて僕はビールを飲んだ。

ビールを飲み、それから買ってきたお盆を用い、定食の盛り付けをしてみた、いいんじゃないか、少なくともグッとまとまった、やはり枠組みは大事なのかもしれない。ベストなのかはわからない、そのあたりはお客さんのご意見とかを仰いだりしながらやっていけばいいかというふうに考えつつ、自転車で戻ってくるときに僕は盛り付けの試しをやったら虚しさを覚えるのではないか、虚しくなって、いつもそうだ、何かを始めようとしてその準備が十分になるとすぐに虚しくなる、それと同じ虚しさを覚えて「でも待てよ、定食に関してはマジでまだ始まってすらないぞ」と思って笑う、という光景を想像していたのだけど虚しさを覚えなかった、それは準備が足りていないということだろうか。

準備といえば今日の日中、下北沢のお店のことを考えていて合否みたいなものは改めて探してみたら3月の末には入居区画の正式決定とあったのでたぶん3月の末には出るのだろう。それはそれとして日中に下北沢のお店のことを考えていてそれは食べ物をいろいろ作っているときで、なにも一階のその場で全部をこしらえられなくてもいいのではないか、セントラルキッチン？　オープンとかは二階でも？　というかその時に使っていない野菜とか野菜に限らずその日に使わないものは全部二階を使うとかそういう運用でもいいのではないか、そうしたらもしかしたらキッチンはものすごく小さくできる、そうしたら客席を確保できる、これはわりともしかしたら名案ではないかと思いいっときは二階を何か貸し切りスペース的な、オープンブックスに前に行ったときに二階は5000円だかを払ったらいけるそういう貸切スペース的なものだということを聞いてなるほどと思ってそういう使い方をしたらどうだろうかと思ったこともあったが、それは草津から帰った日の夜で浅草のフグレンで考えたのだった、でももしかしたら二階はそういうバックヤードとしてフル活用というのが正しい姿かもしれない、と思って、3月末に正式に決定したらそこから逆算して人の雇用も始めないといけないし下北沢店に注力というか正しい量の力を注ぐためには今の僕の勤務のあり方では無理で、だから下北沢店に限らず人の雇用を強化しないといけない、準備は少しずつは進めているというかうつわとかは買い始めていて買って買ったまま開封すらしていないうつわがありつつあってそれは次の店舗か次の店舗に今使っているものを回して今の店舗でもいいがそういうふうにとりあえずうつわの準備は始めたが準備はそんなものではないから準備を来年の、2020年の4月のオープンとかに向けて始めていかないといけないしそれが終わったとき虚しさは来るだろうか。

少なくとも言えるのは「オープンおめでとう」という言葉はまったく無意味なもので掛ける言葉があるならば「オープンひとまずお疲れ様、そして健闘を祈る」で、もちろん「オープンおめでとう」という言葉のうちにそれらを含めている人もいるだろうけれどもオープンするためにオープンするんじゃない、続けて、そしてたくさんの人に幸福になってもらうために、そして働いて幸福になるために、オープンする。オープンはひとつの切れ目というかわかりやすい点でしかない。

終わり、あとは今日はラジオをやって配信準備を整えて、というところでかっこいいビールを取り出してそれは先日も飲んだIndustrial Arts Brewing Companyのもうひとつのビールでこれには「METRIC」と書いてある、それを飲みながらOneohtrix Point

Neverを大きな音で掛けながらラジオをやった、ラジオの時間は始まるまでは気の重さがあるが始まるとただ愉快で今日も愉快だった。10時ごろ、済んで、余っていたおしゃんなジンを飲み、それからアイリッシュウィスキーを飲み、ながら、日記とラジオを配信用に体裁を整え、疲れた、11時だ、今日は夜は休みなんじゃなかったっけ、僕の働きとはなんなのかまた考えた、暗くはなっていないが少なくともこれは「休み」というものではない、7時に店を閉めてそれから必要な買い物に出て戻って試作というか盛り付け合戦をしてそれからラジオをした、それが今日でそれはその7時からの4時間とかは休みとかではまったくない、遊ちゃんは今日は尾道に出張で新幹線で行った、さっき、品川、ということを言っていた、飽きたらしく「しんかんせんあきたーーーーーーーー」「秋田ーーーー」「安慶田ーーーーー」「齶田ーーーーーーー」「やっぱり遠いねえ」「愛来愢」「あきたはいろいろあるねえ最後のなんだ!」「璃夕」「射葱長」「蛙姫食」「それ全部あきた?」「呀奇它」「そう」「あきた」「蛙姫食は浮かぶねえ光景」「両几沱」「蛙が姫をなのか蛙を姫がなのか蛙姫なのかは分かれるが」「蛙姫をなのか蛙姫がなのかも分かれるが」「会着立」「ね、蛙と姫と食べるはストーリー性あるとおもった」「遊びすぎて、飽きたって変換したら　璃愢　ってまずでるようになった」

「you are fuzkue

You are in fuzkue
I am in Shinkansen
I got bored with a Shinkansen.
what should I do?
I am between Yokohama and Tokyo
A KI TA」
遊ちゃんは北海道も博多も新幹線で済ませるからそういうことになる。

11時過ぎて家に帰り、遊ちゃんも帰ってきていた、シャワーを浴びて引き続き酒を飲みながら遊ちゃんとフェミニズムの話をする。僕は『私たちにはことばが必要だ　フェミニストは黙らない』を読みながらこれは俺はもしかしたらその前に学ぶべきものがある読むべき本があるその後に読む本なのではないか、と思ったりしていて、どう受け取ったらいいかわからないというか男というだけで攻撃されているように感じてしまうこの感じ方がたぶん理解の弱さを物語っていて今、女性としてこの社会を生きるその生きづらさみたいなものは具体的にどういうことになっているのかを僕は知っていなくて、知ってから読むべきだと思って、というようなところで遊ちゃんとああだこうだとしゃべっていた。
それから庄野潤三を少し読み、眠る。お酒を飲みすぎた。

2月22日（金）

「眠っていたい」と言いながら起きて、店、コーヒー。ぼやぼやしているうちに出汁が取れたので野菜を切り、というあたりで両親がやってきてショーゾーで取り置きをお願いしていたティーコゼーを受け取ってもらったそのティーコゼーを受け取って代金を払い、母は壁のドライフラワーがゆるんで広がっているのが気になり父の協力を得ながら麻紐で締め直す。紅花は母がいつだかに突然持ってきて壁に飾ったものだった。もうひとつのほうは施工管理屋さんに開店祝いにいただいたものだった。中央の真ん中の本棚に置いてあるのは姉の結婚式のときに持たされたものだった。入り口至近のはお客さんにいただいたものだった。奥のカウンターのサボテンは友人にもらったものでその隣のはやはり友人というか知人というかの方からどうしてだったかいただいたものだった。もらいものばかりでできている。そしてそれが功を奏しているからすごいというかありがたいドライ。

それで、両親とあれこれ話しながら味噌汁をこしらえ、二人分のコーヒーを淹れて差し出し、時間が迫ってきて掃除機は母に任せて僕は他の準備をして、それで開店時間になって二人は出て行った。今朝栃木を出てきてここに来た、これから浅草に行ってうなぎを食べ、それからどこだかで万年筆のインクとかを買う、夜は姉の家というかむしろ姪っ子のいる家という感覚なのだろう、そこに泊まる。明日は三兄弟で新年会。いい過ごし方だなと思い、見送った。それから働いた。

昼に来られた月一とかで来てくださる方に今さっき味噌汁が完成したところで今は煮物の定食と具だくさん味噌汁の定食とどっちも用意できますがどっちにしますかと問うたところ煮物納めに、というところで煮物のほうを選ばれ、煮物納め、いいな、と思った。年末も思うことだったが納めてもらえるというのは幸せなことだった。

味噌汁を完成させてから冷蔵庫を見て、あ、きのこ入れ忘れた、となって、それから、あ、たまねぎ入れ忘れた、となって、しかし具だくさん味噌汁はこれといった決まりはなかったからそれで特に問題はなかったし十分に具だくさんだった、むしろどこまで具だくさんにするのかがこれから問われるというか調整していくところだろう。やることはたくさんあり、ひとつひとつやっていった、チーズケーキを焼きトマトソースをつくり鶏ハムをつくりきのことひじきとお揚げの煮物をつくり、終わりが見えないな、と思いながらやっていくが気分は明るかった。夜になり、煮物が終わり、味噌汁の定食に移行した。夜は定食を頼んでくださる方率が高く、だから何度もリニューアル後の定食を出した、ソワソワしながら出してまるで店を始めた直後のような感覚で新鮮だった、楽しかった、そして定食を食べた方全員に帰り際に外に出て「すいませんちょっとお聞きしたいんですが」と言って煮物の感想を教えていただくという鬱陶しいことをした、それでいろいろ聞き、総じて、この感じでいいってことだな、と思い、よかった。

夜、手がすき、懸案というか書かないといと思っていた原稿を書いた。そんなものが望まれているかどうかは知らないがおかしな文章が書けて満足した、明らかに吉田健一の文章の影響を受けた文章になったがそれでいい。そのときどきの文章。

帰り、庄野潤三を読もうとするが見当たらず、それで吉田健一。今日もけんちゃんは調子よさそう。

2月23日（土）

朝、一緒にコーヒーを飲んでいると遊ちゃんが今日のラジオよかったねえ、と言った、読んでいて「これ書いてるひと好き」と思ったと言った、朝から自己肯定感が高まり、

「いってきます！」と調子よく家を出た、それで店で和え物をこしらえた、先日小松菜と舞茸の和え物にしてこれまでは和え物パートできのこを使うことはなかったがどうしてだか使う気になりそしてそれが気に入ったらしく今日はちぢみほうれん草としめじでラー油とか花椒とかを使って味付けをした、味噌汁の定食はけっきょくおかずは4品ということに落ち着き、一汁四菜＋漬物ということになっていてそうなるとどうしてそうなるのか細々とつくるということが選択されていてスープのときに使っていたスープをやめてからずっと使わなくなっていた野田琺瑯の容器に入れたりしている、このつくりかたはどうなんだろう、なぜ細々なんだろう、なぜ4品だと細々という選択になるのだろう、わからないと思いながら店を開けて昨日のように定食を出すたびにソワソワするということはなく落ち着いて出した。

夜になり、それまでの4品が人参と糸こんにゃくのきんぴら、さつまいものポテサラ、小松菜と舞茸の和え物、紫キャベツのスパイスのマリネ、だったが人参のやつとさつまいものやつがなくなり代わってひじきと揚げときのこの煮物とごぼうを煮て柚子とか味噌とかを絡めたやつになり、そうしたら色が、オレンジと黄色が消えて、そうしたらわかったのはオレンジが必要だ、ということだった、ひじきとごぼうと緑と紫では暗い。

たぶん4品のうち緑とオレンジあるいは赤という2色は必須で、それで急いでカボチャのサラダをこしらえることにしてよくやるなと思いながら忙しい中で隙間を見つけてというかこじ開けてカボチャを茹でて粉吹にしてポテサラと同じ要領でポテサラみたいなカボチャサラダを作った、ベーコンを刻んだやつ、オリーブ、玉ねぎのマリネ、それからマヨネーズと生クリームと胡椒、そういうカボチャサラダだった、出番はなかったができたら安心した。9時にはへとへとになり、そうしたら9時半にはお客さんがゼロになった、不思議な土曜日でお客さんの数としては十分というか及第点というところでヘトヘトだった、残っていたやるべきことを必死でというふうではなく飄々とというか疲れてはいるが気分は明るいままでやっていた、そうしたら12時になった、肩がひたすらに重いが明るいままではあって、先日というか先週くらいのあの気分の重さはなんだったのだろう、変わらず疲れているはずなのにどうしてこう違うのか、と思いながらでも明るいことは助かることだった。

夕飯はおかずをぽちぽちプレートに6種類くらい置いて、それで食べた、楽しく、店を出る前におかずのバリエーションについて考えるというかスプレッドシートに具材・調理法・うんぬん・というところでリストを作っていったら何かのときに参照できるいいリストができるのではないかとそういうものを作り始め、そうしたらぐんぐん気分が楽しい。料理が、楽しい、と思いながら家に帰った、あれを作ろう、今度はこれも、そしたらあれを、というようなことが頭を巡っていて料理が上手になりたいわけではなくて今はいろいろ作りたいというそういうことらしかった、僕のできることなんて限られていてそれを拡張したいということではないらしい、その向上心のなさはどうなのかと思いながらベルンハルトを読もうとソファに座ってツイッターを開いたら動物の動画につかまってそれから30分くらい延々と動物の動画を見て面白がったりかわいく思ったりしていてベルンハルトは老画家がどういう文脈だったかとうとうなにか前向きなことを言ってそれまで白と黒のモノトーンだった世界がパッと色を持ったように見えてそれはおかずのことを考えていたせいかもしれないし世界の様々な動物を見たせいかもしれない。

2月24日（日）

集合住宅だと思っていた建物を前にガイドをしてくれているらしい人がこれは「パーソナルなんとか住宅」というもので、と説明してくれた、それによると一見集合住宅のこれは一戸建てであり、その「パーソナルなんとか住宅」の建築の法律の上での定義では一階部分だけは歯科医が入居していても構わない、というもので「限定」と思って、それにしてもこれが一戸建てだったとはなあ、とんだ金持ちだわ、と思って訪問すると扉が開くと真紅のセーターを着たご婦人が同じ色のバラを、それは平たい感じのなにかに植わっていてそれを両手で抱えてちょうど歩いているところで「あら、今さっき前の方がちょうど帰られたところで」という感じで、ああ、これが金持ちの婦人の話し方か、と思うような品のいい感じの話し方で話してきて息子さんはどこかに打ち合わせに出ているということだった、なにを打ち合わせているのだろうと思ってそれから時間を見たら予定より20分早く着いていたことがわかり同行の友人と目配せをして「出直したほうがいいですか？」と聞こうかと思っていたところで目を覚まして喉が激烈に痛かった。それは夢を見ている最中から夢の外側で感じていた気もした。

強い痛みを感じた瞬間に思ったのは「せっかく作りたいおかずあったのにこんな喉で作っても食べることが面白くないのだから楽しみを潰された。読むものは、ベルンハルト、庄野潤三、十分だ。ベルンハルトをがっつり読むというのもまたよかろう。夕方から山口くんで早く来てもらうことは可能だろうか、ひきちゃんは今日は空いていたりはしないだろうか。でもどうであれパソコンは店だから店には一度行かないといけない」ということで横を見ると遊ちゃんはいなくてもぬけの殻で、「遊ちゃん」と言うと隣の部屋にいて「喉が、痛い」と言うと大笑いしながらこっちに来た、水をもらって、喉が痛い、飲み込むのが痛い。喉の痛みにききそうな薬とかあるかなと聞くとイブがあるということで、見たら咽喉痛とあったので飲むことにしたら空腹時に飲むものではないのでは、と言われ、それで「はちみつ食べる？」と言われたので「まぬか」と答えてもらうことにしてはちみつをすくったスプーンを差し出されたので口を出したらスプーンを渡されて、口に入れて飲み込むことをおそれながら、ごろごろと顔を動かしていたら勝手にはちみつが通っていかないかな、と思ったがやはり嚥下の運動は必要だった。ごくりと飲み込むとはちみつがやわらかに喉を通っていった。はっきりしゃべるとしゃべりづらいので喉にやさしいしゃべりかたをして、これ大丈夫かな、と思い、こんにちは、こんにちは、お好きなお席にどうぞ、と店で使う言葉集を頭の中から取り出して発声した、まごまごと発声した。熱とかはない。だから風邪ではない。なにか要るかと言われたが風邪ではないからなにも要らなかった。遊ちゃんは今日は早い時間から予定があり8時半くらいに出ていって僕はもう一度眠った。

9時半に起きたら喉の痛みは軽減されていて「元気！」と思って家を出て、店に着き、コーヒーを飲み、煙草を吸った。朝、コーヒーも煙草もダメだよ、と言われたそれは、喉が痛かった場合であり、喉の痛みが軽くなった今はもうダメではなかった。元気だった。もしかしたら僕は早退させてもらって山口くんにがんばってもらおう。

はたら、く。はた、らいた。は、たらい、てはたらいた。

喉のことなど忘れ、今日も今日とて働いて、パズルみたいなご予約をぷよぷよみたいにこなしていった。今日もいい時間が流れていた、少し前にイタリアの、なんだったっけか、パオロ、的な、クレスト・ブックスの、『帰れない山』を読んでいる方があってちょうど『帰れない山』が頭上の棚にある席で読んでいる方があってそのときに「いいな」と思ったのだが今日はオペラシティのアートギャラリーのギャラリーショップで買ってこられたっぽいレヴィ＝ストロースの『野生の思考』が読まれていてその真上に『野生の思考』があってそれを見て「いいな」と思った、愉快だった。

それで夜になり夜になってスローペースになった気もしながらもほぼ満席みたいな状態は続いたり、ほどけたり、またそうなったり、して、オーダーはわりと山口くんに任せる格好で味噌汁をつくったり、それからチーズケーキを焼き、それからなすのおかずをつくったりしていた。途中山口くんが長袖のシャツを脱いでTシャツ姿になったのがなんだか妙に面白くなって「本気出すの?」と聞いて笑って、でも僕は半袖がやっぱり働きいいとはずっと思っているんだよな、と思って夜になって喉に痛みを感じたこともありヘトヘトになったこともあり今日は早く休みたいと思い10時過ぎ、仕込み等は済んだこともあり店も半分くらいで落ち着いたこともあり、悪いけど早引きさせてもらうねと言って早引きさせてもらうことにして夕飯は食べないとならないから味噌汁を食べることにして味噌汁を椀に盛って外階段に出て腰掛けて、食べた。寒いというほどではないにしても2月の夜の屋外で食べる熱々の具だくさんの味噌汁はなんというか「すごい」という感想だった、めちゃくちゃにおいしく、そしてめちゃくちゃにいいものだった、外の味噌汁、すごいよ、と言って、それから先日の日記のタナカイズミと花ちゃんが出てきた日の感想というか安易な方法だけどめちゃくちゃに感動した、と伝えた。必殺技ですよね、疲れた日用というか、と言っていた。

帰って11時前だった、11時前の道は人がそれなりに往来があって普段とは別の道みたいだった、帰り、酒を飲んだ。煙草は吸わなかった。ベルンハルトを読んで、朦朧とした。

2月25日（月）

起きるとやや喉痛し。遊ちゃんが花粉症がいい加減に大変なので「腸内環境サプリみたいな粉販みたいの買ったので明日から一緒にヨーグルトバナナとかに混ぜて朝飲もうね！」と昨日言っていて「コーヒーが入ったよ」という言葉で起きるとバナナとナッツにはちみつが掛かっていてその中にどうやらそのサプリみたいな粉が入っているらしいそれがあり食べた、とてもおいしく、毎朝これ食べられるとかとてもいいな、と思った。そういうサプリみたいなものを遊ちゃんは敬遠していたがどうも聞くにつけそう変なものでもないということらしく（たぶん成分とかが）、それでじゃあいいか、なんせ花粉症しんどい、と思ってそうすることにしたらしかった。

店行き、のんびり準備する。昨日は夜はゆっくりだった印象があるが結局はお客さんの数でいえば今年3番くらいに忙しい日だったがゆっくりだった印象の夜におかずを作ったりしていたこともあって今朝はその激しい週末の翌日だとは思えないのんびりした心地で準備して小松菜を湯がくだけ湯がいた。

川上弘美の日記というものがあるということを武田さんの日記を読んだら知って武田さんは笹塚の日記を読んでいた。川上弘美の日記はそれで検索するとタイトルが巻ごとに付けられていて副題くらいの感じで「東京日記5」とかあるそういう感じだった、タイトルは、と思ってあらためて調べに行ったらそうでもなくて普通にというか『東京日記5　赤いゾンビ、青いゾンビ。』というようなそういう感じだった。ただ表紙では「不良になりました。」とか「ナマズの幸運。」とかそういうやつが大きくあって「東京日記」は小さく、それを見て『読書の日記』のこれからのやつはどういう見え方が正しいのだろうなあと思った。ナンバリングは、あるといいと思うけれども、ひとつも読んだことのないときに『読書の日記 16』とかあったら、けっこうどうしていいかわからなくなるような気もしていて、だから考えるべきところではあるのだろう、というかそういう話は一回出て言われて「たしかにそうだ」と思ってそう思うようになった。『読書の日記　2017年10月〜2018年3月』とかそういうのだとどうだろうか。

と、明日内沼さんと打ち合わせがあることもあってそういうことを考えていた。

それから、店が開き、のんびりとした心地で働く、小松菜を湯がいたけれどどうしようかと決め兼ねたままそのままにして今のひじきときのこのやつの後釜としてれんこんと舞茸のきんぴらみたいなのを作って鰹節をまぶした、それから昨日おかかの佃煮を作ったときの煮汁というか醤油と砂糖とみりんと酒と鰹節といりこの濃縮された液体みたいなそれを取っておいていてそれを少し垂らしたりした。そうなると人参がスパイスのラペで麻婆の茄子でれんこんのそれで、となってもう一つということになる小松菜はもともとはキムチ和えみたいにしようかな赤を見たい、とか思っていたがそこにキムチをいってしまうとちょっと麻婆でスパイスでキムチでというのは過剰かなと思い味噌と柚子とくるみとかで和えた。

それで一段落してそれからは事務的なことというかフードのメニューのページを差し替えようとInDesignをイジイジするのやスタッフとも共有できるようにというのと僕もさっきのおかずの組み合わせが目に見えたほうがわかりやすいというのでスプレッドシートでそのときのおかず表みたいなものを作ってそういうことをしていた、いろいろと細かく仕事をし続けていたが気持ちはのんびりしたものだったが忙しいと言って差し支えのない日で2月は忙しい月として終わろうとしている。もうこのあと残り3日間がどれだけ暇であってもそうなることになった。いいことだったしこれはなんだろうと思う、どれだろう。年末の『すばる』『ソトコト』とかの影響がここらへんで具体的な行動として出るのか、それとも数日前の『ことりっぷ』のやつがもう影響になるのか、それとも年明けからわりとアグレッシブにブログとかを書いているそういうことが功を奏しているのか、どれもが組み合わさってのこれなのか、わからないけれどいいことだし対応し続けるためには考えないといけないことがあるけれど差し当たってはなすの麻婆のやつの後釜としてカボチャがまだ残っていたから煮物にすることにしてカボチャの煮物なんて本当に久しぶりに作った、これは本当にこんなにおいしいなあと思った、作業している時間なんて3分くらいじゃないか。切って、鍋に入れて、水と調味料を入れてアルミホイルをかぶせて火に掛けて様子見て、というそれだけでこうおいしい、と思ってうれしかった。カボチャの黄色は必要だった。

でも夜に、夜の段階では今日はだからほうれん草としめじの和え物、カボチャサラダ、ひじきときのこのやつ、麻婆の茄子、という4つだったが盛り付けながら、いや、やはり、これであるならばひじきのところには人参が入っているべきだ、と思った。必須なのはオレンジと緑なのではないか。カボチャのところは黄色パートというよりはもしかしたら黄色・白パート、みたいなものかもしれない。そうなるとどうなるのだろうか、緑、オレンジ、黄色・白、その他、ということだろうか。というようなことを考えながら一日、おだやかな心地で過ごしていた、忙しかった、楽しかった、料理が妙に楽しい。していているときも考えているときもいま僕は妙に楽しくてしかし決して長続きはしない。

11時過ぎにはどなたもおられなくなって、それからいろいろを印刷したり、氷を砕いたり、そういうことをしてからビールを飲んでご飯を食べた、味噌汁、それからおかずを8種類。目が楽しい。

今日お昼に最初に来られた方が、定食を頼まれ、お客さんがまだ他にいなかったこともあり下げるときに少し話をして料理の色のことになり最近弁当を開けたときに忘れていたため不覚にも鮮やかな色が目に入ってきたときに「わ」となりそれだけで少し元気が出たと言われていて『cook』も読まれていた、それは本当にありますよねえ、色はすごいところありますよねえ、ということを言った。色は楽しい。トマト。トマトはどこに使えるのか。トマトでなにができるのか。日持ちのことをまず考えるようになっていて、トマト、トマト。

帰り、ミックスナッツのことを考えてそれから料理のことを考えながらベルンハルトを読むも読んでいても「肉味噌」とかそういうことばかりに邪魔されて進まず、寝る。

2月26日（火）

朝、パドラーズに行こうと言っていたが起きられず、寝。昨日遊ちゃんは僕が蝶々を捕っている夢を見た。それで昨日帰ったときに寝ぼけながら「あれ、蝶々は？　阿久津くん蝶々捕ろうとしてなかった？」と言ったのだとわかった。11時、店行き。ショートブレッド焼き、今日から変わったいくつかのことについて山口くんにしゃべりまくる。口が疲れて、そうしたら開店時間になって僕はいったん出て銀行に行ったりして戻ったらなんだかワタワタしている、手伝う、それから「あれ、カレーこれ、今日だ」となり急遽カレーの仕込みを始める、そういうことをしていたら3時になり愕然とする。12時半には出るつもりだった。出る前、外で山口くんと話す、猛烈にしゃべりまくる。「時間を采配するんだよ。時間に支配されないで、こちらが時間を支配するんだよ」とそういう話をして指示はどんどん抽象化していく。

もう3時かよ、どうしたものかと思いながら駅前のそば屋さんに入りかき揚げ丼セットみたいなおそばを食べて「満足満足」と思っていたらかすかに聞こえてくるラジオから□□□の曲が流れてきた、トーキョートーキョー、というやつだった、四谷渋谷浅草九段下、みたいなやつで、このアルバムを聞いていたのは岡山に住んでいたときでだからそのとき僕の聴取する認識する東京の町、駅名、そういうのはもっとぼんやりしたもので「田町千駄木吉祥寺？」みたいな感覚だったろう、東京に暮らすようになって5年とかで、もしかしたら今聞いたらその聞く感覚は変わっていたりするのだろうか、と思って自転車ですいすいと下北沢に行った、B&Bに入り、時間に余裕があったので余裕を持った気分でうろうろしようと入ると入り口の『ヒロインズ』のコーナーのところで一度止まり、そこには『ヒロインズ』で言及されたフィッツジェラルドの小説であるとかもあり『ヒロインズ』からのフィッツジェラルドってどんなものだろう、あれだけこき下ろされるというかいろいろ言われていたのを見たあとに読んだら、なんだかモヤモヤしながら読むことになりそう、と思ってそれから「これはだから先週俺はフェミニズムみたいなものをもっと知りたい」と思ったその回答があるかもしれないという気になり見ていたらレベッカ・ソルニットの『説教したがる男たち』があり「これだ」と思ってそれで次の扉を開いた。

入ると面識のあるお店の方の姿がありこんにちはと言ってそれから今日はこれを買いに来たんだという、今日教わった山口くんの今月の福利厚生本の近藤聡乃のエッセイ集を、ありますか、と尋ねたところないということで、お礼を言って、その場でAmazonのアプリを開いて注文したので明日届く、それからうろ、うろ、として、普段見ない棚も見ていて、そうしたら「東京」の棚があって目が吸い寄せられた、トーキョートーキョー、とまた□□□の音楽が頭の中に流れてそこからまたぐるりと回ると料理本のところに行き着きいろいろと見ていたらけっきょくワタナベマキの『旬菜ごよみ365日』

がなにかとよさそうで手に取られた、買って、まだちょっと時間があったので入り口のほうの壁向きの席に座って丸善ジュンク堂のブックカバーの巻かれたベルンハルトを出して読んでいると内沼さんが来られ、お久しぶりです、と言った。近くの喫茶店に移動していろいろご近況とかをうかがい、ほうほう、と言ったりして、それから『読書の日記』の話をした、表紙のこと、そこから派生というか自然の連なりとしてのタイトルのこと。タイトルのことを、後半はひたすら話していた。猫とか犬とか動物名たとえば『読書の日記　熊』とか、なんかゆかりのありそうな漢字一文字たとえば『読書の日記　暇』とか、本文から一文とか、その時期のなにか出来事たとえば『読書の日記　山口くんが入った』とか、その時期に行った地名たとえば『読書の日記　箱根』とか、表紙のイラストレーターの方にお願いするイラストのタイトルとか、もはやイラストレーターの方の名前たとえば『読書の日記　唐仁原多里』とか、とかとか、考えるもひとつひとつに一長一短があり、一短しかないものもあった、昨日思っていた『読書の日記　2017』とかは、そういう年数がわかるタイトルの本を見せてもらったときに「ああもう、まったくそうだ」となったが、近過去のものなんて手に取る気がまったく驚くほど起きなくなる。完全に却下だった。決め手なく、ふーむと言いながら、時間になり、出、もうしばらく歩いていると内沼さんから「色」という言葉が出て、ああ、色は、フラットで、バリエーションもあって、いいかもしれない、となり、その方向かもしれないですね、色考えてみましょうか、というところで別れる、歩き、夜になった住宅街は下北沢から至近とはいえ静かで静けさを感じながら歩いていた、気持ちのいい気候の日だった。

トロワ・シャンブルのところにちょうど出たしもともとトロワ・シャンブルに入るつもりだったので入り、それでトーストとカフェオレを注文し、ベルンハルトを開いた。

耳を澄ませたら、まだ叫びが聞こえるはずだ。きみにはまだ叫びが聞こえる、叫びを発した器は死んで、とっくに切り刻まれ、細かく砕かれ、ばらばらに引き裂かれてしまったにもかかわらずだ。声帯はすでにつぶされてしまったが、声はまだ残っているのだ！　声帯はすでに打ち裂かれ、打ち破かれ切り刻まれたにもかかわらず、叫びはまだ残っているのを確認することは、恐ろしい経験だ。叫びはいまだにとどまっている。声帯のすべて、世界の声帯のすべて、あらゆる世界の声帯のすべて、あらゆる表象能力、あらゆる存在の声帯のすべてが、打ち破かれ切り刻まれ死んでいるのに、叫びは消えずに、いつまでも残っている。叫びは打ち砕かれも切り刻まれもしない。叫びは唯一永遠で、唯一果てしがなく、唯一根絶やしにされず、唯一永続する……

トーマス・ベルンハルト『凍』（池田信雄訳、河出書房新社）p.285, 286

300ページに入り終わりが見えてきて、「終わりがいよいよ見えてきた」と思って、いやでもそんな、終わりとか、そういうこと、ダメだよ、といくらか戒める気が起きた、そういうふうに気にするんだったらもうしばらく放置してそういうの忘れたときに読むとかにするよ、と自分に向けた脅しみたいなことをした。読んでいて初めて気がついたがこれは日記だった。具体的な日付けがあるわけではないが一日一日が枠組みとして機能していてそれは読む助けにもなった。この日が終わるまで、今日は読もう、というような。残り数日というところだ。

それで家に帰り、遊ちゃんが晩ごはんはどうしようねというところでそれだったら何か作ろう食べようカレーを作ろう食べようスーパーに行こう、とスーパーに一緒に行った、その道の行き帰りが今日も好きだった、今日の話を報告して、それからタイトルの話になった、「箱根・プルースト」が今日も好きだった、というのではなく、内沼さんと話しているときも「箱根・葬式」とかがいいんじゃない、ということになり、「箱根・プルースト」までは出ていた、でもたしかに三つ並べると、それも地名、人名なり作品名なり、それから何かしら出来事、みたいな三つを並べると、地名だけのときのダメさ、つまり「箱根のことが書いてあるんだよねと思って取ったら2日分だけじゃないか！」みたいな裏切る感、人名とかのときのダメさ、つまり「プルースト論が書かれるということだよねと思って取ったらただ読んでるというだけじゃないか！」みたいな裏切る感、それを全部緩和というかほとんど生じないようにさせられる気がして、一気にこれじゃないかと思った、それでその時期を見てみてというか遊ちゃんが日記を追い始めた、『読書の日記　箱根・ピンチョン・スープ』、『読書の日記　山口・プルースト・葬式』、そういうことで、それは『読書の日記　青灰色』とか『読書の日記　モスグリーン』とかよりずっとぐっとしっかり馴染むものに見えて、これかもしれない！と思って勢い込んで内沼さんにそういう旨を送った。今これを打っていて最初打ち間違えて『読書の日記　箱根、ピンチョン、スープ』としたのだが読点かもしれない、「ピンチョン・スープ」はダメだな、と思って、でもなんだろう、と思ったときに滝口悠生の『高架線』を二度読んで演劇も見てそこでいろいろ思って、ということをしているから「箱根・ピンチョン・高架線」じゃないかと思ってそう思ったのだが、スープは何がいけなかったって中黒だったのがいけなかったのかもしれない、「ピンチョン・スープ」が何かそういった得体の知れない食べ物に見えてしまうのかもしれない、これが読点だったら「ピンチョン、スープ」だから別の項目だと直観できるからそれでいいのかもしれない。どうか。

それでひとしきり、そういうこととかいろいろ生活のこととか僕たちは本当によくわかりあえる二人ですばらしくいいねという話をして、そのあいだにビールを2缶それぞれ飲んで、それからやっと腰を上げてカレーを作り始めた、今日はクタクタブロッコリーカレー、ということにしてスパイスをあたためて玉ねぎにんにく生姜を入れて塩をまぶしてしばらく蒸して、パウダー、今日はカレーパウダーで簡単、パウダーを入れて混ぜてミニトマトを数個入れて潰して、ひき肉ブロッコリーしめじを投入して蓋をして蒸して、ちょっとは水分があったほうがいいかなと途中でなったのでライスミルクが冷蔵庫にあり「ライスミルクってなんなの」と思いながらそれを入れて、もうしばらく煮ていったらまったくクタクタのブロッコリーのカレーができあがった、ご飯をよそい、カレーを盛り、ピクルスでもなんでもないが塩をまぶしてビネガーと絡めていたミニトマトを添えて、それで食べた、激烈においしかった。

その食べている途中で遊ちゃんが、どういう話の流れだったかとらやのインスタがめっちゃきれいだということを教えてくれて見たら、それがめっちゃきれいで、これ、フヅクエのインスタアカウントでやれないかな、と思った、つまり、本と食べ物が交互に、等価に、投稿される、白バック、中央にちょこんと、というひたすらそれだけが投稿されれる、そういうアカウントになったらこれけっこうなんか知らないけれどなにか強いものになるんじゃないか、と思ったらむくむくと猛烈にそれをやりたくなってそれでさっちゃんに連絡をして「こういうことをしたいんだけどどうしたらいいかな」と聞いたら唐突な相談にその場でのってくれてわりと長々とやりとりをした。来週日が合えば必要な機材等の購入と撮影のレクチャーをお願いするということになり、僕はそれを本当は今やりたい。というくらいだった、いつもそうだ、欲望はたちまち叶えないと気が済まない。それは僕は長所ということにしておきたい。

2月27日（水）

いぶりがっこを刻んで入れたポテトサラダと菜の花とキムチの和え物をこしらえて、どちらもこれまで使わない材料を使ったので楽しかった、昨日の夜にさっちゃんに相談していたことは一晩経って少し落ち着いて、それ、大変じゃないかな、大丈夫かな、という気持ちが占める割合が高くなった。どうなんだろうか。いい環境設定ができたら、いいのだろうが。

なんだか昨日よりも今日のほうが休みだったという感覚が妙にせり出してきて妙だ。錯誤する。今日が一日休みだった気がしてくる。

今日は、夕方までにやることをどんどんやるぞ、と思いながら、淡々と働いた。今日もお客さんがコンスタントで、忙しいというふうではなかったがコンスタントで、日曜が終わった時点で2月は残り4日、その4日をこれだけの数字でいったらアンタッチャブルレコードだなという数字になるところだったがさすがに水準としては高い、難しいだろう、と思っていたら昨日、おとといとちょうどその数字になった、もっぱらお客さん数だけで考えている、それで、あと2日、どうなる、と思っての今日の夕方までは好調で、そういう話を外で山口くんにして、そうなんだよ、おかしいんだよ、今月からは平日も全部営業しているからこれまでは数字の押し下げ要因である平日の日数がどこかで一日は休んでいたから一日少なかったからのその平均だったのが今度はその平日の割合が高まった中でのこれだから、いよいよおかしなこれは数字なんだよ、じゃ、と言って出た。いや、その前に昨日の思いつきを話した、インスタグラムを見せながら、これ唐突にやりたくなって、やろうと思ってるんだよね。会話の中で「クッソおしゃれなアカウントｗｗｗ」という言葉が僕の口から出た。大概にしたほうがいい。

それで今日は腹をくくってアップルストアの日で、一路でアップルストアに向かい、近くにいたお店の方に「買いたいんですけど」と言ったところ対応をしてくださった。使っていた6は下取りに出すということでそれを査定したら4800円だった、貼っていたフィルムがすごくがんばっていて割れているとばかり思っていたが割れているのはもっぱらフィルムで剥がしたらほとんどきれいで驚いた、が、一箇所だけ小さな破損が見つかり、もしそれがなかったら1万5000円だったということだった、6のくせに立派だな！　そう思った！　それでけっこう時間がかかるもので！　「けっこう時間かかるものだな」と思った！　それで買っててんあーるのぶらっくのろくじゅうよんぎが、買って、ヤマダ電機に直行してスマホのアクセサリー売り場的なところに直行してお店の人の姿があったから「あの、iPhoneの、ケースとかのカバーとかの、首からさげられるような」というと「あいふぉん、てん？」と言われて、「えっと、てんあーる」「？」「てん、あーる？」「ソーリー」「えー、と」と、え、iPhoneXRすら通じないの？と思いながら、見ると「研修中」みたいな腕章みたいなものをしていて、いや研修中だろうとなんだろうとこの場に立ちながらiPhoneXRを知らない状態を維持できるって逆にすごくない？と思った、見るとその研修中の腕章みたいなものとは別に「話せませんと」という何かも貼られていて、おそらく「日本語は話せません」だったのだろう、あいにくはっきり見えなかったから僕はこうやって話しかけてしまったわけで、もっとよく見える位置にあったほうがいいですよ、そのほうがお互いにとってきっと幸福ですよ、と伝えた。伝わったと思う。言わなかったから伝わらなかっただろうか。言わなくても伝わっているかもしれない。ともかく諦め、探したところそんな感じのものが見つかっていろいろとあるのかと思っていたらわりと一択感のあるあり方で、それを取って、しかしサイズが心配だったのでソフトバンクのiPhoneのコーナーに行ってサイズを知ろうとしていたところ売り場の方が近寄ってきて「ご検討ですか」ということでさっき買ってきちゃったんですけど、これつくかどうか、サイズだけ確認したくて、と言ったところその場でサイズを調べてくださったので感謝をした。

もうとっくに夜で、フグレンに行くとソファは埋まっていたので円卓にして円卓では明治神宮なんていうのはものすごく最近の神社で、という話をこぎれいな老年の男性と何十歳も年下の感じの溌剌とした女性が話していてどういう間柄だろうか、教師と生徒、くらいの感じに見えるが、しかし女性はわりとタメ口を使う。タメ口がなければカルチャーセンターの講師をしている老作家と、そこでひときわ目立つ生徒、くらいの感じだろうか、知らないが、知らないから考えているのだが、と思いながら二人は縄文時代の話とかをしていて僕はパソコンとiPhoneとを出して昨日取ったバックアップをもとに復元をしようとしたがパスワードを求められた！　パスワードを設定した記憶なんて一切ない、どういうことだ、と、Apple IDのパスワードを入力するもエラーで、どういうことだ、と思っていくらやっても埒が明かないからiTunesからの復元でなくiCloudからの復元でやったところ「できたか」と思ったらそれはそうなるよなというところでiCloudに全部がバックアップされているわけではなく写真等、まったくないiPhoneが完成して、初期化した。どうにかiTunesから復元せねば、しかしパスワードはわからない、パスワードがわからないとどうやら無理みたいだ、それにしたって設定なんてしていないぞ、と思いいろいろ調べると大昔に設定している可能性がある、昔使っていた可能性のあるパスワードを、というのが一番役に立ったアドバイスで、それでいくつかのパターンを書き出して順番に試していったところ3つめのやつで通った。安堵し、今日はフグレンではバックアップのあいだにのんびり日記の推敲を済ませようと思って印刷したそれと赤ペンを出していたのだがなかなかのんびりというわけにはいかなくて、やっとそういう待ち状態になったのでいくらか推敲をやっていたらわりにすぐに復元は終わった、それから夜は今日はこの席はギターの演奏があるということでソファに移動し、それからもう少しiPhoneだった、ＬＩＮＥを開くと、電話番号の入力を求められ、入力するとこの番号にSMSのあれで認証コードを通知しましたね、というのだが、いくらやってもそれがメッセージアプリに来ない、試しにメッセージアプリで遊ちゃんに「やあ！」と送ると返信も来て、だからメッセージアプリ自体の問題ではないのだろう、ではなんなんだろう、と思うが、全然わからない、ふーむ、ふーむ、と言っていたら外を歩いている人が傘をさしているのが見えて「しまった！」と思う。

夜から降るというのは少し知っていたがすっかり忘れていた、それでスーパーに寄って「今日は冷蔵庫にたしか白菜があったから人参があったから冷凍庫に鶏肉があったからそれじゃあ白菜と鶏肉と厚揚げのカレーにしよう」と思って必要な材料を買い、帰った。スパイスをあたため始め、野菜を切り、日記の推敲とカレーの作成を交互というか一緒の時間でやった、ココナツオイルを使ってココナツの香りがする厚揚げのカレーを目指した、推敲が済んだくらいでカレーはだいたい終わっていてすぐには食べないで今度はラジオをおこなった、推敲をしていたらUMA UMAのことが書かれていてそれで聞きたくなってUMA UMAを聞いた、何年ぶりに聞いたか、好きだった、それからナチュラルカラミティをいろいろ聞いた、ラジオが終わり、少ししたくらいのところで遊ちゃんが帰ってきた、11時過ぎだったか、遅い帰宅だった、今日は大阪への出張だった、長丁場だった。

それで、12時くらいだろうか、カレーをやっと食べることにしてLINEのことを言ったりしていると、遊ちゃんが僕に電話をかけた、それは通じなかった、あれ、あれ、あれ、つまりこれ、今、電話ができないフォンということ？ということが知れ、そうなると問題はわかりやすかった、つまりSIMだった、そういえば僕はなにも考えずにSIMフリーのiPhoneを買ったわけだったけれどももともとは、今日これはアップルストアで確認してもらって「へえ」と思ったが買ったのは2015年の8月20日だった、これは僕は最初はauで買っている、それで途中でUQモバイルにキャリアを替えた、そういうものだった、つまり、au版のiPhoneみたいなやつがもともとのものだった、今度のはSIMフリー版のiPhoneということで、これはSIMが違う可能性がけっこうこれ高いんじゃないか、ということで、調べたがよくわからなかったので明朝カスタマーサービス的なところに電話してみることにして、気が収まった。

LINEと電話ができなくなったフォンなわけだが電話はともかくLINEはパソコンでできるからほとんど生活に支障はなかった、あるとしたら働いている山口くんからの緊急を要し気味の質問とか、そこだった、それはメッセージアプリでできるだろう、簡単な問題だった。いや、LINEの、履歴の、引き継ぎみたいなことだけはちゃんとできてほしいが、どうなるだろうか、それだけ懸念ではあった。
それで、いろいろ済み、やっと本、というところでレベッカ・ソルニットを読み始めた。「欲望を抱えて女に近づく男は、同時にその欲望がはねつけられるかもしれない可能性を思って、あらかじめキレている」とあり、あらかじめキレている、というのはとてもいいいな、と思った。

女性の解放はしばしば男性の領域を侵犯し、権力と特権を奪うことを意図した運動として描かれてきたけれど、それはまるで暗澹たるゼロサム・ゲームのようなもので、一度にひとつのジェンダーだけが自由でパワフルになれると言っているようなものだった。でもみんなで自由になるか、みんなで奴隷になるか、ふたつにひとつだ。もちろん他人に勝ち、支配し、罰を与え、至高の存在としてあらねば気が済まないような者の心理はおそろしく、自由とはほど遠い。だが、達成できもしない目標を追い求めるのをやめさえすれば、みんな解放されるのだ。

レベッカ・ソルニット『説教したがる男たち』（ハーン小路恭子訳、左右社）p.47, 48

それで2章読み、ベルンハルト。「僕」がとうとう限界に近づいてきた。後半になるにつれて雪景色に血と火の色が飛び散るというか、白いものに覆われながら同時に赤いものに、赤黒いものに覆われているようなそういう景色が見える。

2月28日（木）

起きて、コーヒーと腸内環境をよくするバナナを食べ、それで遊ちゃんに電話を借りてUQモバイルのカスタマーのサービスのセンターに電話をすると状況を伝えるとしばしお待ちをということになり待ちそうだったのでベランダに出て煙草を吸った、目の前の梅の木は花盛りでまた小さいうぐいす色の鳥が二羽いて、ちょんちょん、ちょんちょん、と前よりももっと落ち着きなく場所を変え続けてなにかつついていた。いい角度でなにをつついているのかが見えてそれは花の蜜というのかとにかく花の中央をつついていて、一度つつくともうなくなるのか次に飛び移り、つつき、飛び移り、を繰り返した。移動のたびに枝がわっさと揺れて、だから花も揺れた。これは花がたくさんついたことによって枝の先のほうが重くなっているということのあらわれなのだろうか、それとも鳥が前よりも重くなったのか。通話が再開され、やはりSIMが違うということで新しいのを送ってくださるということだった、早くて二日、通常一週間くらい、ということで、中に入る前にもう一度梅の木を見るとふたまわりくらい大きいくすんだ鈍い色をした鳥が来ていて小さい二羽の姿はもうなかった。

雨がしとしとと降っていて歩いて店に行った、電話が思いのほか時間が掛かったので少しだけ焦ったが焦ったところで早く歩けるわけでもなかったから歩いた、店についてだ出汁の鍋を火に掛けて、昨日、昨日だったかおとといだったか、このことをどうしてだかよく思い出すよな、この場面を、ということを思い出したことを思い出して、しかしそれがなんのことだったのかは思い出せなかったがしばしば思い出すということであればきっとまた思い出す。

店を開けて今日で二月も終わりで、雨だった、開店までに味噌汁と切り干し大根ときのこの煮物をつくった、切り干し大根の煮物はずっとつくりたいものだった、しかし煮物がずっと大根だったから残りの一品として置くわけにはいかなかったからずっとつくっていないものだった、それでつくることができてうれしかった、人参を買い忘れたことが痛恨の極みでオレンジがなくなってしまうと思った、明日別で炒めたりして合流させるという荒技が発動される可能性がある、と思った。それからごぼうと舞茸を炒めて山椒の実の佃煮のやつを入れて味付けをして煮詰めたものをつくった。

雨で、ゆっくり働いた、ゆっくりだったが、常に働いた、と思ったが、途中でレベッカ・ソルニットを開いたりワタナベマキを開いたりしていた、「自家製マスタード」と思ったりした。今日で二月が終わりでメルマガの配信の準備をしていて目標は一日一人増ということにしていたが今月新たに登録してくださった方は14人だった、今月で配信を停止する方は5人だった、5人で済んでいる、と見るべきなのか、そうではないのか、わからないが、わかったところで僕がやることは変わらないだろう、好きに日記を書き、好きにラジオをやる。いや、日記はそうだが、ラジオは「好きに」というところである必要はない、なにか打ち手はあるのだろうか。そんなに興味が湧かない。

11時、やることもなくなりというか済み、よし、俺も読むぞ、めっちゃ読むぞ、と思って『凍』を開こうとしたら最後のお客さんが帰られた、ありゃ、と思い、それじゃ、と思い、看板は上げて、ソファに腰掛けて本を読んだ。そうしたら、ちょっと久しく経験していなかったような、ぐんと入り込んだ読書になり、一行一行が、一語一語が、はっきりとくっきりと頭に入ってくるようだった、そしてそれは佳境というかもう最後で、画家は、いいかね、君には知っておいてもらわなければならない、というフレーズを何度も何度もリフレインしながら、リフレインするごとにこちらの頭のもう少し奥に入る手続きを踏むようなそういう呪文のような調子で最後の言葉を投げ続けてそれを僕は受け取り続けた、終わったあとにシュトラウホ下級医に宛てて手紙を書いた、言葉が勝手にあふれていってしかし自分で何を書いているのかはまったくクリアに理解しているつもりだがちゃんと受け取ってもらえるだろうか。

読み終えて本を置くと2月がちょうど終わったところだった、1時間、じっくり本を読めたわけだった、これは幸せな時間だった、ここで過ごす人たちもこんなふうに耽るような状態になって読んでいるのだろうか、毎回というわけにはいかないかもしれないがそういう確率が高くなっているだろうか、だとしたらそれは「うらやましいぞ」というところだった、いい時間だった。

それで飯食い帰り、帰り道、金について考えていた。2月が終わって、2月の売上が出て、2019年2月、と思い、長く思い出していなかったかつて作った皮算用のExcelファイルを開いてみた、これは2017年の1月から2020年にかけて、売上がどう推移して人件費がどう推移して金の蓄えがどうなるのかをいろいろなパターンでシミュレーションしてみたものだった、シミュレーションなんて役には立たないというか皮算用でしかないが見てみると悪くないパターンと同期するような数字に今のところなっているようだった。シミュレーションなんて役に立たない。状況はあまりにもその都度というか時間の進むたびに変わっていく。どのくらいの売上だったらどのくらいの労働力を投下したら済むのか、それが一番わからない。今の売上というか今の売上をヘルシーにつくり続けるための労働力はもっと必要で、つまりもっと人件費を掛けなければいけなくて、そうしたらシミュレーションしていたよりも利益は薄くなる、だからもっと売上が必要になる、そうするともっと人件費を掛けなくてはつらくなる、そうやっていくといつまで経っても疲れは溜まり利益は薄くなり続ける。シミュレーションはしかし役には立つというか思い描いてみることはたぶん悪くない。思い描いたものと現時点のギャップやその過程で起きた思ってもみなかった変化を見るのはきっとなにかだ。具体的にそれに思い描くことが手を伸ばすことにもなろうし宣言というのは行動を誘う。それにそれに向けて何をしてきたのかといえばそれに向けていないのだがそれでもきっとなにかだ。

帰り、遊ちゃんはコートを着たまま布団のところで丸まっていて黒い丸まりがだからあって、眠いらしかった。今日は酒は飲まないでシャワーを浴びるとすぐに布団に入り庄野潤三を読み、相変わらずよく、あまりによかった。居間で野球中継が流されていて良二と一緒に見ていた井村は眠くなった。

どのくらい眠ったのだろう。今度、目をあけてみると、時計の針は十時をまわっていた。良二は、いなかった。

片附けを終って、洗濯物にアイロンをかけていた細君が、

「レコード、ききましょうか」

といった。

「もう済みますから」

井村は、返事をしておいて、子供の部屋へ行ってみた。


庄野潤三『明夫と良二』(講談社) p.148

この、レコード、ききましょうか、がやたらによかった。夫婦の長年かどうかはわからないが習慣が、二人が過ごしてきた時間が、親密さが、わっとやってくるようで、わっとなった。

満足して、それから『エコラリアス』を久しぶりに開くもやっぱりすぐに興味の持ち方がわからなくなる、それで『クラフツマン』を久しぶりに開いた、画家が最後の怒涛の言葉のなかで「手仕事」という言葉を一度使っていてそれでそれを読んだときに思い

出して、読みたくなったらしかった、読んだら、開いたときは過剰なルビの振り方に「うげ」と思ってやはりダメかと思ったがもう少し読んでいったら面白く、おや、これは今なら面白く読めるのか？と思っていた矢先に眠くなったので寝た。

3月1日（金）

遊ちゃんが朝から「ぽっぽー」と歌っていて僕は遊ちゃんが歌っているのは自然のノイズなのでいつもほとんどそのまま流れていくがふと立ち止まって「ぽっぽー」のことを考えて、「ぽっぽー？」と思った、それで自然だったためほとんど後ろに流れていったものを手繰り寄せて頭から歌ってみると「なんとかかんとかなんとかかんとか（忘れた）、ぽっぽー」となり、「ぽっぽー、か」と思い、バナナとナッツを食べて腸内環境を整えた。風邪だろうか？

店に着くなりにんじんしりしりをこしらえる、ラペのやつでにんじんをしりしりし、フライパンの上で直接しりしりし、ごま油、炒め、しんなりしたら薄口醤油と酒とみりんと粉々にした鰹節を投下し、煮詰め、煮詰まったら溶き卵を投下し、絡め。簡単できれいでおいしくていい。

店が始まり定食が出て盛り付けると今日もきれいで満足した、手がすいたのでうずらの卵を煮卵にした、一からやるのはさすがに大変だろうと思って水煮を買ってきたら水煮の卵で煮玉子をつくるのは赤子の手にひねられるよりも簡単なことのようだった、おいしくなるのかはまた別の話で、そのあと春菊を湯がき、何和えにしようか考える、先日買ってみたかんずりをまだ使っていない、かんずりを使えるかもしれない、そう思うが、いぶりがっこであるとか山椒であるとか、キムチもそうだ、新しく買ってみた調味料を使うことに身を任せすぎるのはなんというか、この楽しい料理みたいな時間の余命を短くすることのように思い、シンプルに胡麻和えにすることにした。

新しいSIMが届いた、早くて二日、通常一週間、ということだったが一日で届いた、この迅速さというか、余裕の持たせ方はいいことに思えた。

と思って、回線切替のために「my UQ mobile」というページに行ったら「ただいまメンテナンス中です。ご迷惑おかけして申し訳ございません。」とあってなんというか間の悪さに顎が震えた。別にいいのだが。こんな日中にやるものなのだろうか。

それは杞憂だったというか手違いというか再度ログインしたらそういう表示はなかった、すぐに回線切替が完了した、するとこれまで届かなかったSMSのやつが届いた、それでこれでＬＩＮＥも解決かと思ったら「認証が一時的に制限されています。しばらく経ってからもう一度お試しください」のエラーが出て、それでしばらく経ってからもう一度試しても同じエラーが出る、だいぶ待ってみよう、ということになる。

それで、夜になる、コンスタントな日で、バジェットには乗るようだった、安心安心、と思いながら働いていたら夜になるにつれてどんどん詰まっていって、後手、後手、となっていった、なすのおかずをつくろうと着手しようとするも、できない、後手、後手、となって、結局閉店してからなすと椎茸を炒めて味噌と辛子と大葉のタレみたいなもので絡めるみたいなそういうやつを作った、その頃にはもうヘトヘトというかヘロヘロで、数字を見たら大忙しの金曜日ということで間違いなかった、1時、仕事が終わる。椅子に座ったら、立てないでぼーっと野球の記事等を見ていたら1時半になる。夕飯を食べなくてはならない。

そして夕飯は色とりどりで幸福であり、2時過ぎにやっと家に帰って今日は『クラフツマン』。喉のところに咳がいる感じがあり、鼻が少しぐずつく感じがあり、ということでそんなことを言ったら「花粉症では」ということになり、そんな気は、していたんだよね、と思った。去年も少しそういう気配あったよね、と言われてそれはまったく覚えていなかったし思い出せもしなかった。

『クラフツマン』を、それで読んだ。「英国の偉大な煉瓦史家アレック・クリフトン＝テイラー」とあり、なにか感動した。偉大な煉瓦史家。

手を動かすこと、思考すること。動かし続けること、論理を鍛えていくこと。

3月2日（土）

昨日の夜に帰り際のスズキさんとナンバーガールの話をしてナンバーガールに限った話ではまったくないしナンバーガールの再結成をネガティブに思う気持ちはないけれども思い出を聞くだけになる。あのイントロ、それが求められてしまいそうでそれは鳴った瞬間に大喜びを絶対にするけれどもそれが今鳴る必然性はどこにあるのか。そもそもライブというもの全体に対して僕はわからなさがある。その音を今、鳴らしたいのか。その言葉を今、発したいのか。それがわからない。ただのファンに対する褒美以上のものではない、という「ただの」は言い過ぎだけれども、ライブというのはどこまで演奏者たちにとって今なんだろう、というのがずっとわからない。今の音しか鳴らさない人たちだってもちろんたくさんいるだろう、デレク・ベイリーとか、そうだろうけれど、特殊なケースで、大体のというか普通のライブというのは「聞きたかったあの曲」をたいていやってくれる。ありがたい。ありがたいと思う。それはつまり施しなのか？

朝、「朝なのか」と思いながら起きると遊ちゃんの腸内環境のバナナとナッツとそれからコーヒーで食べながら話した、遊ちゃんの仕事の話を聞きながらゲラゲラ笑った、のびのびすいすい働いている様子を感じたためそう言った、「だって、広報大臣とか、普通の打ち合わせで言えないでしょ」と言って、出た。晴れていてもう3月で数日前からベン・ラーナーの『10:04』の再読熱というか再読欲求が高まっていると自転車を漕ぎながらまた思ってそれで店に行ったらコーヒーを淹れた。コーヒーを飲み終わった瞬間に「コーヒーを飲みたい」と思う、開店前にもう一杯淹れるだろう、余裕があれば。

開店し、カレーを出しているときに、

「ピクルス」

と思った。そろそろピクルスの仕込みだな、と思ったときに、面倒というか、身構えが生じるんだよな、と思って、これを解決できないか、と思った。今、おかずをつくることがとてもなんというか自然な流れのものという感じができつつあって、それが心地よかった。前よりも少量ずつのため、取り掛かるときに心理的な負担というか障壁がない感じがあり、お、減ってきたな、つくるか、という感じで、つくれている。けっきょく野菜を切ったりという下ごしらえが料理の中で多分いちばん僕は面倒というか「がんばるぞ」というところで、少量ということはそれが少ない、それでさっくりと始めて、さっくりと終える、楽ちんだった。この感じでピクルスもつくれないか。それこそ、今はというかずっと、きゅうりと人参とカブと野菜は固定しているけれどその必要も全然ない。れんこんとか大根とかセロリとかパプリカとかカリフラワーとかなんでも使っていい、適当にある野菜でぱっぱとつくれたら楽しいし楽ちんでいいのではないかと思って、壁は、どこだ、と思ったときにピクルス液だった。スパイスを取り出すことが面倒、とかそういうレベルだった、ではもっとすぐのところ、直接取れる状態でスパイスがあれば、と思い、こうあれば、できる気がする、という様子を想像した、それでわかったため夕方からの山口くんに買い物をお願いすることにして連絡した。

それで今日は、度し難いほどに驚くほどに暇で驚いた。こんな週末はいつ以来だろうというゆっくりした週末で、れんこんと人参のクミンのきんぴらをこしらえるとやることもなくなったので座ってレベッカ・ソルニットを開いていた。読んでいたらまた、『10:04』のことが思い出された、「著名な女性作家」のことを思い出した、「とにかく全部やってみて、とにかく全部、とにかく全部」、それを思い出していたところ「自分のスタイルを作ったのは、実際的な手仕事だと知っていたからだ。糸を紡ぐことや、なんであれ手作りすること。子どもの頃に家に来た煉瓦職人が働くのを見たときから、ものを積み上げる作業にも魅入られていた」とあって『クラフツマン』とつながった。それからヴァージニア・ウルフの話がでてきて、魅力的な文章で、このエッセイ集は、というかレベッカ・ソルニットの文章、いいな、と思いながら読んでいた。

夕方、山口くんがインしたところからいったん、とんとことんとこ、という時間がありここから忙しくなったりするのだろうか、と思ったりしながら、僕はもう今日はゆっくりした気分で働く気もなかなか立ち上げられない、夜になり、大丈夫、と思いドトールに退避して『クラフツマン』を読んだ。1時間ほど過ごし、それで戻り、それからクソおしゃれインスタ大作戦のことを考えたりしていた。

クソおしゃれインスタ大作戦のことを僕は変に楽しみにしているけれど、水曜日にさっちゃんに会って必要な機材の調達、撮影方法のレクチャーを受けることになった、楽しみにしているけれど、これはしかしなんのためなんだろうか。それがなにかいいことになるとして、間違った対象に訴求することにはならないだろうか。それがちょっと迷いなんだよね、他のことは、それこそ「『本の読める店』のつくりかた」とかなんかは、まったく正しい場所に向けられているし響く人がいるとしたらそれは正しい響きだし、迷いとかないんだけど、なんか、人に多く知られるとか、ファンみたいな人が増えるとかって、どこまでそのままでよしとしていいことなんだろうな、と夜、夕飯を食べながら山口くんと話した。

食後、その話の流れでもあって下北沢店の話をした、前にもしたことがあった気がしたが初耳ということだったので話して、聞かないのも失礼かなというところでいちおう聞いておくけど下北で店長みたいなのやる気ってないよね、山口くんはそうじゃないほうがいいよね、と聞いたところ意想外なリアクションで、ありかもしれない、ということだった、それはそれがどうなってもこちらはそうなったところでやっていくだけだけれども今の段階で「それもありなのかも」と思ってもらえるということはうれしいことだなと思った。いやいや働いていたらそうは思わない。

それでわりといろいろ話したあと帰って、遊ちゃんにインスタの話と山口くんの話をして、遊ちゃんの仕事の話をして、ずいぶん話した、途中でインスタの話で僕がうまく通らないというか噛み合わないところがあったときに「あれ、全然理解してもらえてなかったんだな……」と言ったら「その言われ方は悲しいからやめて」と言われ、そのとおりだなと思った、謝った。話し続けていたら4時近くになっていて困って、『クラフツマン』を数ページ読んで寝た。

3月3日（日）

あれ⁉　おはよう⁉
と言って起きたが家には誰もいなかったし一時間前に遊ちゃんが仕事に出て行って僕もいってらっしゃいと言ったからそれはそのとおりで、雨が降っていて歩いていると歩きながら考え事をしていると歩くことはけっこう考えることに向いているなと昨日のソルニットの影響をもろに受けて思って、考えていた。店に近づいたところで声が聞こえて見るとお花屋さんのおじさんであいさつをして「今日は歩きなんだ」と言われて「雨なので」と答えて店の建物に着くと一階の床屋のおばちゃんと目が合っておばちゃんは扉を開けて顔を出して「今日は歩きなのね」と言われて「雨なので」と答えて店に着いた。

味噌汁をこしらえることをコーヒーを淹れるよりも先におこなった。大根人参白菜、このあたりはベースだろうか、白菜はわからない、最初はキャベツだったし、わからないが今回は鶏肉とタラ、きのこいろいろその他、そういう味噌汁だった。

ショートブレッドも焼こうかと思ったがやると慌てそうだからそれは山口くんが来てからにすることにしてぼーっとしていると鈴木さんから連絡があり店の仮オープンが10日に決まったこと、相談したいことがあるのだが今週どこか時間がないかということが言われ「今週」と思い「ないな」と思い、そのあと、「今日とか？　今晩とか？」と思った。というのは今日は夕方から山口くんだ、週末は基本的には僕も店を離れない、それは忙しい確率が極めて高いからだ、しかし今日は違うかもしれない、雨だ、そして昨日が暇だったからだ。まったく困ったものだと思うが体感として参照できるものを僕は引き続き前日しか持たない。昨日のことでしか考えられない。おとといが今年一番忙しい金曜日で昨日が今年一番暇な土曜日だった、じゃあ今日も暇な日曜日になってしまうのだろう、という。

それで、今晩もし抜けられそうだったら今晩行けるんですけれどもさすがに急ですかと聞いたところ夜も作業をしているから大丈夫ということで「そうだよな」と思って、オープンまで一週間だもんな、と思って、僕は店が始まろうとしているところを見るのを単純に楽しみに思っていてどうやらずいぶん見てみたいらしかった、そうじゃなきゃわざわざ行かないし行きたいと思わないしずいぶん行きたいと思っている。

それでゆっくりで、やっぱりゆっくり、と思って1時半頃に「今日は（昨日も）暇なので眠りそうなのでそういうわけにはいかないので今日の具だくさんのお味噌汁の定食のおかずのちょんちょんちょんを紹介いたしますと今のところは人参しりしりみたいなやつ、うずらの黒酢の煮玉子、春菊胡麻和え、ごぼうと舞茸の山椒の実とかで炒めたやつといった面々です。」とツイートして直後に「わっ」となっていったん満席になった。1時半で見定めるな、ということでもあるがしかしスタートとしては暇だったことは間違いないから仕方がなかったが満席といっても忙しいということでもなく淡々と手と足とを動かして頭ももちろん動いていて山口くんが来た。

山口くんの動きを見ていると次の動きについての意識が希薄に見えてあとでそのことを話そうと思いながら業務を遂行していて僕はじゃあ何をどう意識しているのだろうと思ったらたとえばサンドイッチをつくっているときはサンドイッチのことは考えていないで次の動きのことを考えているしたぶん5手先くらいまでは頭にプールさせている。同時に店の状況を周辺視野とかで見ながらメニューの紙をパラパラと見ている人がいたりしたらオーダーがこのあとある可能性というかこちらを向いて「気づいて」ということが起きる可能性が高まるので周辺視野ヒートマップのなかでもそのあたりが赤くなる、そして鳴っている音を聞いている、あたためなおす小鍋の中の味噌汁の音や回っている電子レンジの音に注意が行っている。つまり注意をひたすら分散させて集中しているみたいなそういう状態が僕が立っている状態でそれはもっぱら目の前の手の思考は手に任せていることによっているということだろうしそれはただ繰り返しがそうさせる。雨が降り続いていて屋上にあがって煙草を吸う。

夜で、ドコモタワーが紫色に光っていて周辺にも高いビルがあるが電気はほとんどついていなくて景色全体が白っぽくけぶっていた。

8時を過ぎてお客さんも減っていくような状態になり落ち着いて、よかった、悪くない日曜日になった、と安堵し、そして落ち着いたので出ることにして、しかしちゃんと働いたので体がもう疲れている、行く前から後悔している、今からときわ台に行ってとか、バカなのか、というような。それでも、行ったらきっと「あー楽しかった」と思うと思っているから行く。それで電車に乗って『クラフツマン』を開くと面白い。ここ数日はもっぱら『クラフツマン』になっていて楽器演奏者、料理人、ガラス吹き工の話が書かれている、体を高度にコントロールすること。

高度にコントロールされた僕の体はときわ台で下りて人の流れになんとなく任せたところ「あれ、こんな駅だったかな」というところに出た、北口に出るつもりが南口に出たらしく、北口とか南口というものがあることをほとんど認識していないで動いていた、それで踏切を越えて北側に出ようと踏切待ちをしていると雨が降っていてテールライトをともした車が何台かあって寒くて息も白くても春になりそうな気配はなにか感じられるその光景全体が突然「大学時代の何か」を喚起させた。それがなにかはわからなかったし湘南台に渡るべき踏切があったかどうかも定かではない。でもこの中のなにかがあるいは組み合わせのなにかが大学時代の何かの記憶と結びついたらしくて見慣れない町というのは現在よりもむしろ過去とか記憶とかと近しい。

それでビールを買って鈴木さんの物件のところに入っていく、本棚や椅子やテーブルがたくさん並んでいてたしかにそれはもうほとんど店だった。よくやったなあ、とセルフビルドの数々を見ながら思った。それで、そのあれこれを見させてもらいながら勝手なことをあれこれと言い、相談したいことは内装とかのことではなかったし立ち話もなんだったし鈴木さんの今日の作業もまあ終わりにしてオッケーということだったのでお腹も減っていたからどこかに入ることにして鳥貴族がすぐ近くとのことで、行ったことないし面白そうだし鳥貴族にしましょう、となり入る。ビールをお願いしてからしばらくひたすら話していた。一時間くらいしてから食べ物を頼んだ、一時間は言い過ぎか、タッチパネルは愉快、ぽんぽんぽん。ポテトフライと唐揚げと、みたいな感じでぽんぽんぽん。それで鈴木さんの店の話をひたすらしていた。考えないといけないことが山ほどあって当事者は大変だろうが第三者はただ楽しいしどうかうまいこといってほしい。うまいことといくためには本当にお金は大事だなと改めて思った。事業にとってお金が生命だった。元気であればこそできることがある。オープンまでにどうなるのかオープンしたあとどうなるのか楽しみで終電の時間も近づいたので12時になるところで散会し、帰った、眠かった、『クラフツマン』を続けた、行き帰りの電車の時間の読書が僕は楽しくうれしい。眠気が深まっていって、そば食って帰った。ふと「野球の記事を切らすことなく読み続けたい」と思った時に、「週刊ベースボールonline」に登録すればいいのでは、と思い、そうしようとしたが登録のところでつまずき、諦めて家に帰った。

遊ちゃんと鈴木さんの店の話、遊ちゃんの仕事の話をし、その流れで遊ちゃんにマーケティングの基本を教わった。遊ちゃんは最近教わった。パワポの資料を見ながらいろいろ説明してくれて、きれいな資料で游明朝だった。とても楽しく、マーケティングミックス、4つの「P」、コアターゲット、STP。フヅクエの場合はこうだねとかこうなのかなとか、ああだこうだと、やたらに楽しかった。

3月4日（月）

引き続き雨で雨靴で家を出て八百屋さんで根三つ葉が目に入ったので買った。えのきと一緒に湯がいてわさびとかで和えるつもりになって店に着くとコーヒーを飲んだ。今の、浅煎りの、ニカラグアの、ラス・デリシャス農園の、豆がやたら好きで、ひとくち飲むごとに「好きだな」と思って「週刊ベースボールonline」の登録をパソコンからおこなったところ完了し、iPhoneでもログインできたためこれで野球の記事をひたすら読み続けることができるようになった。僕は野球は「Number Web」と「web Sportiva」と「文春オンライン」の野球コラムコーナーで、でも読むものが切れるときがあって課題だった。それを解決した感があった。課題を見つけ、ひとつずつ潰していく、それが俺のスタイル。

それで開店10分前にトイレ掃除を終えて出ると扉の外に人影がありいつも開店前の時間は扉は開けてシャッターを下ろしている。人影があり、ごめんなさいね〜あと10分待ってね〜というつもりで外階段に出て煙草を吸って、戻ると扉のところに紙袋がある、人影はもうない。なんだろう、と思って見るとミニトマトとお菓子で、差出人がわかるものはない、誰だろう、と思っているとメッセンジャーにメッセージがあり一平さんで岡山時代の知人で最後に会ったのはトーマス・ルフの展示を見に行った国立近代美術館で「あら、一平さんじゃないですか」と言った、その日は岡山づいていて夜は小田くんと会って有楽町で飲んだ。２０１６年の11月だろう。行き帰りの電車では最果タヒのエッセイを読んでいて夕方に父が通っていた絵画教室の展示を見に京橋のギャラリーに行ったのもこの日かもしれない、日記に書いたから覚えている、京橋から歩く宵の口の時間の大通りの感触が今ずっと背後で流れていた。

だから一平さんがミニトマトとお菓子を持ってきてくれて一平さんのことを僕はよく知らないままでいるが整体の人でクレイジーケンバンドのツアーとかに同行して整体をしているという印象だが正しいのかもよくわからない。ミニトマトはそれにしてもありがたいところでちょうどミニトマトの和風ピクルスをつくりたいと思っていたところだったから開店してさっそくそうした。赤いのと黄色いのだった。ピクルス液が少し余ったから別容器で大根も漬けてみた、漬かるのだろうか。

順調に「週刊ベースボールonline」を読んでいると先日思い出して忘れたどうしてだかしばしば思い出すことを思い出してそれは広島に移籍した長野が自主トレの時期だったと思うが居残りで特打とかをしたという知らせを聞いた巨人の陽岱鋼が大笑いをしたという記事のことというか陽岱鋼のことでYahooの記事で見て悪癖でついヤフコメを見

に行ってしまうのだが案の定で「笑っている場合ではない」というような退屈なものが上から三つ並び陽岱鋼の笑いはそういうことじゃない。どういうことかはわからないが僕にとってそれはなんだかどうやらとてもいいものに思ったらしくたぶん長野の記事を見るたびに思い出していたのだろうそのことを思い出した。

雨は降っていて根三つ葉は和え物にしてそれからごぼうを煮て味噌とかんずりを絡めたり人参と切り干し大根としめじを煮物にしたりしながら休憩のたびに僕はiPhoneを首から下げて外に出て煙草を吸ってネックストラップのありがたいところは「落とさない」ということで外階段は体よりも大きな穴が空いているからいつかここにするりと落とすのではないかと思っていたその懸念をなくすことができる。それはいいのだがぶらぶらはする。やりかねないとすぐにわかったのはぶらぶらした状態で体を動かしたときに硬いところに画面をぶつけるということで容易に想像がつく。だから店内に戻るときはiPhoneを胸のところでそっと抑えて手の中に小鳥がいるようなそういう感じでそれはお客さんに見られたくない姿だった。「後生大事にiPhone抱えてw」と笑われそうに思うからで夕方はレベッカ・ソルニットをいくらか読んでいてそれからクソおしゃれインスタグラム大作戦は軌道修正をしておかずの写真はやはり要らない、こぎれいな食べ物の写真を載せたところで誰に訴求したいというのか、と考えたら全然違うと思ったためだった、そこでカフェ好きみたいな人に「いいね」と思ってもらっても仕方がない。カフェ好き兼読書好きだったらそれは間違った出会いじゃないがカフェだけが好きな人に来てもらいたいとは全然思っていない。カフェだけが好きで3分とか5分とかかけて写真を撮ってからでないと食べ始めることがどうしてもできない人たちに来てもらいたいとは全然思っていないというか読書だ。写真を撮ってもらうことにはひとつの抵抗もないし写真がインスタ等にアップされたものを見るのもうれしいことだがそういうパシャリと「絶対にこれをインスタで」という意志を感じるアングルを考えまくるうつわの配置も調整してみる3分経った5分経ったそういうパシャリは決定的に違うものに思われる。その執念を僕はここで別に見たくなくてフヅクエが訴求すべきはそういうところでは当然ないはずでそこに届いても仕方がないしやはり読書だ。だから本だ。ということで食べ物の写真はやめることにして本を撮って「今日の読書」みたいなハッシュタグで「ぴっかぴか〜w」みたいなきれいなアカウントにしようかと思っていてきれいなアカウントにしてみたいのは多分ただの好奇心ではある。

とにかくそういうことでその準備作業としてすべての過去の読書の記録を一元管理することで2017年までのものはエバーノートにあるそれらをスプレッドシートに統一してそうすると2015年の3月4日はこれを読み終えたらしい、2016年の3月4

日はこうらしい、そういうことがぱっとわかってその日付けの本を投稿する理由ができる。それをやっていた。２０１４年の秋までは済んだ。オープン直前、10月17日がオープン日だったから3日前の14日はカルペンティエルの『失われた足跡』を読み終えていて店作りの最後の最後の時期はカルペンティエルだったのかと知った。昨日鈴木さんと話したこともあって「店の始まり」というものに対する意識が今強まっているのだろう。工事真っ盛りの夏真っ盛りは『ドン・キホーテ』をひたすら読んでいた。

夜、すっかり暇な夜で夜、コーヒーを飲んだりしながらレベッカ・ソルニットを読んでいたら最後まで行ったので改めて最初のやつを読んで、閉店になって日記を印刷したらふと「推敲今日やっちゃおう」という気が起きてそのまま赤ペンを入れていった、そうしたら気づいたら1時過ぎて「いけない」と思って晩ごはんを食べて今日も今日とて「いったい何種類のおかずを食べるというのだろう」という色とりどりで嬉しい。雨がまだ降っていて長い雨だった、帰ると遊ちゃんは眠っていて起きなかった、『クラフツマン』をいくらか読んでそれで寝た。

3月5日（火）

スーパーで前に並ぶ男性のカゴの中を見るとチョコレートとクリームの長い菓子パンを2つと1リットルの紙パックのカフェオレともうひとつが箱ごと買っているふりかけみたいなものでなんだろうかと思って見るとキャットフードで猫にあげる。その、自分に与える食事の雑さと、猫への慈しみみたいなものの共存のあらわれに「わ」と思い、なにか臭うと思ったらその男性で見るとたしかにズボンや足元の感じがずいぶんすり減っているようなもので外で暮らしているのかそういうわけではないのかはわからないが勝手な想像が進んだ先のその生活と猫とのふれあいに何か貴重なものを見たような気になって近隣の住民は野良猫に餌をやらないでほしいと思うが汚れたものを見るような目でしか見てこない遠巻きでしか見てこない決して直接注意してはこないそんな人間たちの意見に意味はなくてお腹をすかして近づいてくる猫の鳴き声のほうが彼にとっては圧倒的に本当だった。もしかしたら家猫を飼っているのかもしれずどこまでも勝手で貧しい想像ではあった。

どうも気持ちにゆとりがありすぎるのか開店前の時間に昨夜赤入れをしたものをエディタに反映させる作業をやっていて「今やるべきことは本当にそれか?」と思って、開店前にほうれん草を湯がくだけ湯がいたが開店して「あれ?　和え物急いだほうがよくない？」となり「あれ？　味噌汁もわりと喫緊じゃない？」となり、わりに慌ただしい気持ちで仕込みをしながら営業活動をおこなった。それからチーズケーキを焼いてカレーの仕込みを始めてレモンシロップの仕込みも着手して、夕方までバタバタとせわしなかった。

「時間を彩るための本」ではなく「読書の時間を彩る」なんだよなと、それがフヅクエなんだよなと、ふと思った。

今日もゆっくりで夕方頃まで一時間だか二時間だか誰もいない時間があって確定申告書類の印刷をしたから明日税務署に持っていったら終わる。来年はどうするのだろうか。税理士さんにお願いするとしたら誰に頼んだらいいのだろうか、頼りがいのある税理士さんを知りたいと思うがそんな人をどうやって見つけたらいいのかわからないし夕方にははっきりと疲れていてチョコレートを立て続けに何枚か食べた。これは今日の疲れとはとても思えないから疲れが溜まっているらしかった。『10:04』が読みたい、と思った。あるいはfreeeとかで十分なんだろうか。

夕方、悄然。それにしても「週刊ベースボールonline」は捗る。

夜、インスタグラム大作戦というかでもインスタとかやっぱりあんまり興味が湧かないんだよな、試しにタイムラインというのか、久しぶりに見ていたけれどやっぱりあんまり面白くない、と思ってやっぱりツイッターが楽しいなと思って、なにができるんだろうか、なにかをやる必要がどれだけあるのだろうか、というかなにかはやる必要はいつだってあるだろうけれどそれはSNSなのか。いやでも僕はSNSは大事で多分この数字を増やすことがいろいろにつながるというかメルマガの購読者を1000人を目指すとなったときにそれは目指し方というかその手前はSNSのフォロワー数が指標になるだろうと思っていて少なくとも10000人は必要だろうと思っていてというか10000行かなくては話にならないだろうと思っていて10000は遠いがしかしフォロワーが10000行かずにメルマガに1000人という状況はとてもじゃないけれど想像ができないからだからひとまずの目標は10000人だと思っているからだからSNSは大事だった。でもなにをしたら楽しいのか、そして意味があるのか。

そういうことを考えていたら考えが浮かんでそれはわりに愉快な考えでその感じをInDesignでイメージで作って僕はけっこうすぐにそういうなんというのだろうか試しに

作るみたいなことをして見てみて「ふむふむ」とやって考えを進めていくそういう感じがある。頭の中だけでは何も考えられない。

それで、そうしていたらいよいよベン・ラーナーの『10:04』が読みたくなって、本棚から抜いてきた、2017年の3月5日は読み終えた日だった、それで読みたくなって、カリフラワーを茹でてスパイスで和えた。一日、暇で、昨日今日と暇な日が続いた、夜は完膚無きまでというほどではなかったがそれでも暇だった、すぐに「もう終わったのか?」と思うようになっているため

「もう終わったのか?」

と思った。思うだけ思って、それで閉店を迎えた。帰って、ベン・ラーナー読むぞ、と思ったら楽しみになりすぎて緊張してきた。片付けて店を出ると男の声が聞こえて女のうめき声のようなものも聞こえてドラッグストアの前にタクシーが止まっていてその横のドラッグストアのおろされたシャッターのところに女がへたりこんでいて男が介抱している。なにか甘やかす声で男は女の肩をさするようなそういう動きをしているが泥酔していると思しき女は鈍い反応しかなくて、それを横目に自転車にまたがると「こっちを見ないで」という女の声が耳元で聞こえてとても泥酔している女の声とは思われなかった、距離が違った、マンションのベランダかと思って頭上を見ても特になにもなく

それならばやはりへたりこんでいる女のはずだがあの声がこの距離で聞こえるだろうか。大きく、そしてどこかくぐもった声でスピーカーを通して割れて聞こえる声のようでそれは二重三重の声のようなそういう響き方で耳のすぐのところで声が聞こえてあれはいったいなんだったのか、と思いながらそのまま進み、いつも煙草を買うコンビニに寄って今日はビールとつまみだけで煙草を買うつもりはなかったがいつもいる東南アジアのどこかの感じの男性店員はいつも本当につーんとした顔をしていてつまらなそうな顔で対応し続けて僕は自分を楽しませるように仕向けたほうがいいのではないかと思うが夜中のコンビニの仕事というのはそういうわけにはいかないものもあるのかもしれないとも思うから仕方がないのかもしれないとも思うがつまらないよりは楽しいほうがいいだろうになと思うその男性が「あれ、煙草は？」という感じで後ろの煙草のアメスピのコーナーのところに半身を向けて、妙にその態度が柔らかい。なにかほだされるような心地になってそれなら買おうと見ると黄色のアメスピはなくて「黄色はない感じですか？」と聞くと「あ」という反応で「今日はこれで大丈夫です」と僕はなにか妙に笑顔で言ってそれでレジを進めようとしたが男性は途中で止まって、「ちょっと裏見てきます」と裏に行った、しばらくして戻ってきて戻ってきながら「やっぱり今日はなかった」と言って「ありがとうございます」と僕は言ってにこやかに会計をしてにこやかな顔で彼も会計をしてうっすら笑みを優しい笑みをたたえていて声も柔らかく、僕は感動した。

コンビニ店員にコミュニケーションみたいなものを求めるなんて行き過ぎているというのもわかるけれども人と人がかかわる以上は人と人としてかかわりたいと僕はどうしても思う。

帰って、その感動を遊ちゃんに伝えたのち、少し話したのち、ビール、つまみ、ウイスキー、つまみ、ベン・ラーナー。すぐに、たちまち、親密な心地になる。このなんというかとても親しい人が目の前で話しているようなこの感覚は本当になんだろうと思う。

僕は突然、奇妙な感覚に襲われた。イヤホンを差していない耳に、ラジオ音声の反響がかすかに聞こえてきたのだ。そして、しばらくしてからようやく、階下の住人が同じ局の放送を聴いていることに気付いた。僕はアレックスの方を向いて、眠っている彼女の体の上に映画の色が揺らめくのを見た。彼女はいつもと同じ金《ゴールド》のネックレスを身に付けていた。僕は彼女の乱れた髪の房を耳に掛け、そのまま指先から首、そしてゆっくりとした一つの動きの中で——たまたまそんなふうになっただけだと、漠然と自分に言い聞かせながら——胸からみぞおちへと這わせた。そして手を髪に戻そうとしたとき、ふと、彼女の目が開いていることに気付いた。そこで目を逸らして自分がまずいことをしていたのを認めるのでなく、しっかりと視線を合わせておくには相当な意志の力が必要だった。彼女の表情にはどうしてそんなことをしているのかという好奇心だけが浮かんでいて、警戒心は感じられなかった。数秒後、もしも何かおかしなことがあったとしたらそれは酔いのせいだと言わんばかりに、僕はワインを入れたジャム瓶に手を伸ばした。視線を彼女の顔に戻したときには、既にその目は閉じられていた。僕はワインを飲まずにジャム瓶を戻し、彼女と並んで横になり、しばらくの間、彼女を見詰めてから、手のひらで髪をなでた。彼女は手を伸ばして――もしかすると無意識に――僕の手をつかみ、自分の胸に押し当てた。それが僕を止めるためなのか、促すためなのかは分からなかった。僕たちはその格好のまま、ハリケーンを待った。

ベン・ラーナー『10:04』(木原善彦訳、白水社)p.29

前に読んでいたときも読んでいて思うのは「いい」「いい」ということばかりで今回も「いい」「いい」と思いながら読んでいてやっぱり僕はこの小説が大好きでずっととにかく心地がいいらしかった。

3時過ぎまで読み、そろそろ寝ようと思って本を持って布団に移って、いつもそうするように遊ちゃんの掛け布団を剥がし、それからどこかにくるまっている毛布とタオルケットを順番にかぶせて最後に掛け布団をかぶせる、その運動がいつもそうだがいつも以上に親密な愛情を感じるそういう運動に感じて僕は胸がいっぱいになるような心地で、僕は僕のタオルケットと掛け布団の半分をもらい、それでもう少し読んだ。

3月6日（水）

リトルナップに着いたのは起きてまだ30分も経っていないときでいくらか寝ぼけが残っていてカフェラテを飲むかコーヒーにするか迷った末にコーヒーをいただき外で、飲んだ。遊ちゃんはカプチーノで鈴木さんの店の話とかをしながらあれやこれやと話して道路をスズメがちょんちょんと歩いていてスズメというものはよくできているなと思った。かわいい。あとひと月もしたら目の前の今はまだ枯れ木でしかない木もめいっぱいに桜の花を咲かす。

朝のおしゃべりを終えて遊ちゃんは家に帰り僕は税務署に行って入ると順番待ちの列はできておらず三つの窓口に一人ずつが立っているだけでだから最前で待ったらすぐだった、それで提出し、提出するとマイナンバーを確認できる書類とかカードとかはありますか、と言われ、あれ、そんなの必要だったか、すっかりうっかりしていた、と思ったところ、次回からは持ってきてくださいねと言われ、「ええと、今年は」と聞くとまあ大丈夫ということで「いいのか」と思いながらとにかくこれで確定申告が無事というか簡単に済んでそれで来年からは税理士だろうかfreeeなのだろうか。こういう選択が可能ということが税理士にとっては大いに脅威だろうと初めて思った。もうそんなフェーズではないだろうか。でもとにかく、ただ確定申告が済めばいいだけだったら税理士先生にお願いするメリットはきっとほとんどないのだろう、特に僕のような小さな個人事業にとっては、と思うのだが実際はどうか。

それで意想外の速さで終わりすぐに帰り、それから家を出て駅で電車を待ちながら『10:04』を開いた。

「真夏」というウィリアム・ブロンクという詩人の詩が引かれていて「そして今、ここに／その場所がある。緑の光景／青の加わった深い緑が。私たちの呼吸する／空気はベリーが混じっているかのように／新鮮で甘く暖かだ。私たちはここにいる。私たちはここにいる。／そのことをしっかりと書き記せ。／残虐行為が起きたとき、そしてそれを目撃したときと同様に。／地球はあらゆる変化を超越した美しさを放っている。」とあって私たちがここにいるというそのこと緑のこの光景の美しさを残虐行為が起きたときと同じようにしっかりと書き記せというその命令を僕はその命令は僕を撃ち抜いた。

それからバーナードの入院する病院から外に出てきたときの描写が、「病院内の明るい照明にもかかわらず、僕は外に出た途端、夜から昼に歩み出たように感じた」から始まる描写がそれは52ページで上も下もたくさんの折り目のついた二回の読書ではスルーされていたのか折り目のないページでそのときの描写が今日というか今回はとても響いてきて読むごとに折り目が増えていくということだった。

悲しさも喜びもおかしさもなにか直接触れてくるようなそういう感触がこの小説にはずっとあってタコが全身で味を味わうそういうことに似ているのかもしれなかったし冒頭で高級レストランでタコを食べてそれが初めてタコを食べたときだったとあり、滝口悠生の「アイオワ日記」でもタコを、食べた！　食べてしまった！という場面があったけれどもあれはどこの人だったか忘れたけれどもタコを食べる地域というのはわりとけっこう限られているのだろうか。


新宿駅に着いて駅前で待ち合わせていたさっちゃんはすぐに見つかって西口のすぐのところは喫煙所の煙草の煙と原爆のなにかを訴える人たちのスピーカーを通した大声で満たされているようだった、どこかでコーヒーでも飲みながら、ということになりポール・バセットに向かった、遠回りをした、入って、お腹が空いていたのでホットサンドとカフェラテを頼んで隣のイタリアンのレストランかなにかもあってここも相当なにぎやかさではあった。

それで確定申告のことであるとかをいくらか話してから写真の話になって今日は写真のことをさっちゃんに相談して必要なものを買って家で撮影のレクチャーを受けるというそういう日でまずは相談だった、話していくと、二転三転としながら、途中でもう一杯コーヒーを飲んで、二転三転としながら、白い紙と自然光、撮影もiPhoneで、というそれでいいかもしれない、というところに落ち着いた。一眼レフは僕はWiFiでつなぐことができないことが問題で今日は少なくとも一眼レフを下取りに出した上でWiFi機能付きのやつに買い換えるということはするだろうと思っていたがどうも、iPhoneでも十分かもしれない、さっちゃんはカメラマンとしてやはり見えるものというか解像度が違うからそれで本当にいいのかと懐疑的だが試してみる価値はある、そういうことになり、ということは今日はあれか、白い紙を買うだけか、ということになってヨドバシカメラで白いケント紙とレフ板を買ってヨドバシカメラというのがカメラに強いというかもともとはカメラ屋さんであるという認識を生まれて初めて得た気がした。そういえば「カメラ」と付いている、というような。それでうちに行き、春であたたかで、窓は開けて網戸だけにしてちょうどいいという感覚だった、次第に寒くなったので閉めて暖房をかけたが。それで窓際の床にケント紙を敷いて本を置いてレフ板を当てて撮影をした、最初は一眼レフを用い、それからiPhoneを用い。そうしたらiPhoneでいいかもしれないということになりでもレタッチは大事ということでLightroom CCのモバイルのやつをインストールしてそれからパソコンでも入れてそれで歪みを直したりコントラストや露出や明瞭度を触ってきれいな写真ができてスクエアで。うむ、これで、十分かもしれない。もともとは一眼レフを買い替えてストロボを買って無線を買ってというそういうところが出発点というかたたき台というか「必要なところかもね」というところだったのが最終的にはiPhoneで自然光でオッケー、というところに落ち着いたのだとしたらお金の面でも機動力の面でもあきらかにありがたい。それで次第におしゃべりの時間になってさっちゃんはさっちゃんでブランディングみたいなものをどうやってやったらいいのかわからない、遊ちゃんが帰ってきて遊ちゃんは最近はブランディングだからその話を三人でするというか僕は相槌の係になって特に話さず二人が話しているのを見ている。

暮れて、さっちゃんが帰り、今日は夕飯はどうしようか、遊ちゃんは焼き鳥が食べたい、じゃあミヤザキ商店リベンジをしようと予約をして行く前に小一時間を作ってそこで僕は昨日と今日の途中までの日記を書いた。

出、ミヤザキ商店、なにを食べてもおいしい、僕は焼き鳥はいつも「なんでもいい」としか思わないで決めるのも盛り合わせでいいし決めないといけないとしたら僕じゃない人が決めたらいいという部位の名前とかを覚える気がない僕は今日はいくらか覚えようと思ってハツ、ハツ、これがハツ、と覚えたがこうやって思い出して打とうとしてもハツしか思い出せないからけっきょく今日はハツだけを覚えたしハツはとてもおいしい食べ物です。私はハツが好きです。習得して、さっちゃん不在でさっちゃんのというかカメラマンのブランディングとはという話をひとしきりしてそれからいろいろ話したあとでフヅクエのSNS運用の話に着地した、どうしたらいいか。それを考えていろいろが一長で一短だったけれどインスタ、ツイッター、noteの三本立てでメインのハッシュタグは「#今日の一冊」ということだろうか。メインタグがそれでサブタグに「#読書の日記アーカイブ」あるいは「#読書日記アーカイブ」とか「#好きな本の一節」とか「#現在の読書」とか「#福利厚生本」とかやりようがあってアーカイブはつまり去年か一昨年の同日の日記を貼りつけるし好きな本の一節の場合はただ引用を貼りつける。遊ちゃんが突然「だけどどうして最近フェミニズムなの」と言ってそれでどうしてだろうな、ただ知りたいと思ったんだよな、といくらか考えていたら遊ちゃんが問いを発したのは要は自分の何かが起因しているのではないかということでそれがわかったあたりで僕は思い出してそれは佐久間裕美子の日記だった、かなりの頻度で言及されて一番言及される話題は「#metoo」でだからそういう話題に多く触れてその節々で「おや？　俺はこれの問題をちゃんと理解しているか？」と思ったその「おや？」であり齟齬のようなものを埋めたくなってというか埋めないとまずい気になってそれでフェミニズムだった。何か私のせいなのではないかという不安がよぎっていたからそれを聞いて私は安心しました。最後にお味噌汁をいただいて帰った、お味噌汁は隣の人たちが頼んでいてそれがおいしそうだということに遊ちゃんが気づいて言われてたしかにそうだと思って頼んでみたところ普段はないんですけれども、ということだった、お隣のを見たら飲みたくなって、と僕らは言った。ものすごくおいしかった。味噌汁というものは本当にいい。

出ると雨が降っていて、というか外を傘をさしている人を見て「しまったね」と言って出たわけだがだから雨が降っていて、小雨なので問題ないかと思っていたらお店の方が「傘は」と言うので「持って来るの忘れちゃいました」と言うと「持っていきます？」と言って「余ってるんですか」と言うと「たくさん」ということで一本いただいてありがたかった。店というものはどうしたって傘が溜まるものなのだろうか。

帰ってシャワーを浴びると遊ちゃんはソファで座りながら眠っていて僕はこの日記を書いたり「佐久間裕美子」と打った流れで「Sakumag」を読んだりしながら過ごしていると「ふんふふんふ」と遊ちゃんが眠りながら歌っていて何度か「ふんふふんふ」と歌っていて「歌っているな」と思っていると「ここまでは光」と言ったので横を見るとやはり寝ていた。

がぶがぶと水を飲み続け、いったん重い眠気がやってきたが12時ごろに「あ、インスタのアカウント」と思ってあたらしいアカウントをつくって、いろいろプロフィールをいじったりグリッドの投稿をしたり、そういうことをしていたらバカみたいでそして僕はこういうことが楽しい。遅い時間になり、布団に移ってベン・ラーナーを読みながら眠りに入る。

3月7日（木）

雨だという。雨がずいぶん降る。今日は『読書の日記』の店の在庫がひとつになったのでいい加減持っていかないとということでリュックに重い本を5冊入れないといけないからそれを背負って歩くことを考えると嫌だなと思ったが外を見るともう大丈夫そうだし予報を見てももうやみそうだしと思って自転車に乗るつもりで外に出てみるとまだ降っていたが構わず自転車で行った。

店についてケント紙は今日は持ってこられなかったのでA4の紙を床に置いてそれで本を自然光で撮ってみた、そうしたらいい光でいい影でもうこれはオッケーだろうという感じでうれしい。昨日遊ちゃんと飲みながらどうやって運用していくかという話でこれはもう山口くんに新しい仕事を振るということでしょう、去年おととしの日記をさかのぼりながらひと月分の本を洗い出してリスト化してそれを出してもらって、足りない日にちのところはそこは僕が引用する本を選んで、引用部分も渡して山口くんに入力してもらおうか、それから各種SNSへの投稿の形をつくっていき、日毎に更新する、そういうフヅクエリブランディングというか「リ」じゃないか、プロジェクトを山口くんに任せたいから明日話して聞いてみようと思って結局メルマガの事務局仕事みたいなことはひきちゃんにお願いしようかと思っていたがひきちゃんが2月が休みだったこともあったしメルマガの事務仕事ってそんなにやっぱりないなということにもなり僕がやっていて登録者数は相変わらず一進一退だ、おととい2人の方が新たに登録があって「お」と思っていたらここ2日で2人の方が購読停止の手続きをされて「あ」となった、そういうふうに一進一退だ。

開け、ゆっくり、順繰りに、仕込み。さつまいものポテサラ、ほうれん草の白和え、人参とセロリとエリンギをなんか中華風というのか炒めたやつ、ごぼうと椎茸を炒めて甘酢で煮詰めたやつ、をつくる。買ってくる野菜を間違えたというか、ほうれん草↓ほうれん草、ごぼう↓ごぼうになってしまってだからやっぱり買ってくる野菜を間違えた。淡々と時間が進み、次第にどうにもやりきれない心細い気持ちになっていった。暇だった。雨がずっと降っていて夕方、お客さんは誰もいなかった。

どうも心細い、寂しい、そう思ってそれでお客さんが誰もいないということでじゃあラジオの時間にしようかなとラジオをやったら少し元気になった感があってそれにしても誰もいない時間が続いた。

夜はいくらか取り戻した感はあったが心細い気持ちはどうも変わらなかった、「「本の読める店」のつくりかた」の原稿を書いてアップしようと思ったがどうもしっくり来ずに立ち止まったそのことも関係あるのかもしれなかった。無力感であるとか。隙間の時間ができてそこで『10:04』を開いて数ページ読んだ、主人公というか語り手は33歳でだから僕は『10:04』の語り手の年齢に追いついた。

最初の章というか第一部というのか、最初の区切りが終わってその次が小説内小説で、よーしこれは家に帰ったら読むぞ、と思ったらワクワクと楽しみだったが夜は夜で心細い情けない頼りない寄る辺ない気持ちがまたやってきてだからけっきょく一日ダメだった。

鬱々とした気持ちになって、やけになっちゃいけないぞと思いながら、帰り、それでなんだか重苦しい心地で、ウイスキーを飲んで本を読んだらそういう気持ちは雲散した。ありがたい。しかし頼りない。

3月8日（金）

晴れていて、起きつつあるときに「今日も雨なのか」と思って鬱陶しい気持ちになって起きたら晴れていて、ケント紙をリュックに詰めるというよりは挿して、その形でいくつかの場所で買い物をして動きづらかった。着いたらすぐにケント紙を広げてそれで試しに写真を撮ってみた。『10:04』、『マイタの物語』『傷跡』『北壁の死闘』の4冊を撮った。それは2017年あるいは2018年の3月8日から12日あたりに開いていた本だった。

コーヒーを飲みながら、朝ごはんを食べながら、まさに摂取という感覚で「週刊ベースボール online」を読み漁っていた。レアードのインタビューであるとか。寿司よりも焼き肉の方にご執心と聞いたのですが、という問いが記者から発せられていてよかった。どちらも好きだったしキャンプ地の石垣島は石垣牛が有名だろう、とてもおいしいよね、そんなことを言っていた。寿司、焼き肉、焼き鳥がジャパニーズのフードの中でお気に入りだった。先日読んだ菊池雄星のインタビューかなにかでウルフと仲良くしていた、ウルフは日本文化を理解吸収しようとする姿勢の強い選手だった、それでいろいろ仲良くしていたら、雄星、アメリカに行ったらこういうのばっかりだから、先に知っておくといい、といってハードロックカフェであったりHUBであったりに連れて行かれたという話があってとてもよかった。ハードロックカフェというのはどういうものなんだろうか。

トマトをオーブンで焼きながらふと頭の中が『10:04』を巡っていることに気がつき、やはり本当に好きというかぴったり来るんだろうな、と思った。こういう小説を読み続けていたいと思い、夕方に山口くんが来るまでにやれるところまでやるぞ、と、がんばった、がんばってがんばってがんばりながら、無尽蔵に働きながら、ハッシュタグのことを考えていた。「このタグ」というタグを作ること。それを育てること。そんなふうに教わった。なるほど、と思う。「今日の読書」とか「今日の一冊」とかはきっとめちゃくちゃに弱いのだろう、フヅクエが体現したいものは、日々、本を読む、好きなので、本を読む、楽しいから、本を読むしすぐ眠くなる、みたいなそういう態度で、それが表現されたようなタグがきっといいのだろう、と思ってなんだろうと思うと「食べるように読む」とかそういうことなんだろうな、と思うがやや恥ずかしい。「eatsleepreadrepeat」、これは可読性が悪すぎる。「日々是読書」というのも思いついた。もっと恥ずかしい。「楽しい読書」。これはなんだかのんきでいい。ただやはり「食べるように読む」なんだろうか、ここで感じた恥ずかしさは「自分で名乗る恥ずかしさ」というもので、それは乗り越え可能なものだった。つまり、名乗っちゃえば、というものだった。どうするだろうか、そしてそれでいったい何になるというのだろうか。

夕方、山口くんイン。ちょうどいろいろ済んだくらいで、「ちょっとこれだけ洗っちゃって」とお願いして僕はコーヒーを淹れた。二人分を淹れ、それでそれを持ってそれからiPadとかを持って外に出て階段で、飲み飲み、今日の話とか前回の話とかをしてそれから今日撮った写真を見せたら、きれいで驚いたらしく、いつもよりもずっと強い、珍しいような強さのリアクションがあって、「よほどきれいに思ったのだろうな」と思った。

それで「俺はだから今日はドトール行くから」と言って、しばらくしてその宣言どおりにドトールに行くその前にドラッグストアでハンドクリームを買った。手がまた壊れている。ドトールで、パソコンを開き、写真の編集をして、Lightroomのアプリで RAWで撮っていてそれをいじっているわけだけどやはり違うものなんだろうか、俺にわかる程度に違うものなんだろうか、と思いながら、コントラストや露光量とかを触って、とかをしていた。

そのあとハッシュタグ探検をしてみた。そうしたら面白くて「読書好きと繋がりたい」とかそういうタグとかを見てみると付くいいねの数とフォロワー数の関係がなんというかアンバランスで、フォロワーの数のわりに何百といいねが付く、そういう感じが多く見られ、なんなんだろう、と思うとつまりそういうタグを使う人はきっとそういうタグを使う他の人の写真にいいねをして自分のところに誘い出すというそういうことをしている。つまり「いいね」はこの場では「おい」という「ちょっとちょっと」という「こっち見て」という純然たるメンションでえげつない。

よし、見切り発車、とインスタとWebとツイッターをそれぞれ更新して、「ふう」と思ったちょうどそのタイミングで山口くんからヘルプのメッセージが来て、「戻ります！」と戻った、それはたしかにヘルプを呼ぶわなという状況で、ぐぐぐと固まってオーダーがあった、二人で効率よくこなし（イメージは先日行ったミヤザキ商店だった。すごい連携だ！と思いながら見ていた）、がんばる。昼も焼いたチーズケーキをまた焼いた。カレーを、山口くんが始めから終わりまで担当した。それは初めてのこと。成長というかできることが増えていく。

終わって、飯を食い、珍しく二人とも最後まで無言で食べた。そのあとに洗い物等を済ませてから今日の一冊大作戦を山口くん新業務としてやってはもらえんか、という相談をした、「やってはもらえんか」もなにも、断れないだろう、卑劣な提案だ、ちゃんと指示として出せ、と、彼は思ったかどうかは知らないがその前に「事務的な仕事って、どう、得意？　苦手？」から話を始めたんだった。それで、でもこちらの段取りがまだ固まっていない、3月分は俺がやるから、4月分から任せる、ということになった。それからこのプロジェクトは「本の紹介ってこんなことでいいのかよ」というそういうダメなというか適当なというか「うん、こういうのがあってもいいと思うんだ」というそういう態度を見せるものだ。上手な感想とか見事な着眼点とかそんなものは、できる人がやったらいい、読書を課業にしないこと、楽しみ続けながらそれを発すること、そういうことをやりたい。みっともない読書、役に立たない読書を肯定していく、後押ししていく。そういう話を始めたらずいぶんしゃべった。

家に帰ってからも遊ちゃんとずいぶんしゃべって、また遅くなってしまった、寝よう寝よう、と布団に入ったのが3時で、やっと本を開いた。語り手はヌールと話していて、そのあと、公園でドライマンゴーをかじりながら涙を流した。少しであっという間に満たされて、眠気ではなく、もう眠る、という寝方というか本の閉じ方をした。僕にとって「寝る」とは「本を閉じる」なんだな、と今思った。

3月9日（土）

昨日ＬＩＮＥが復活してこれまで認証番号を入力しても「一時的に制限されています、時間を置いて試してみてください」みたいなメッセージでそれ以上いけず、サポートセンターのようなところに問い合わせたところ翌日には対応してくださって「もう行けるようになったはずなので試してみてね」となり試してみると認証番号の入力の次に進めた！　これで万事解決かと思って「それじゃ復元しますか？　最後のバックアップは２０１８年2月14日です」となり、一か月分の履歴が消えるのはまあしょうがない、と思いながら進めると「復元に失敗しました」と出る。もう一度やろうと思ってよく見ると「2018年」とありなんでだ！となり、ここでいったんやめておく、再度サポートセンターに問い合わせようと思い、そのままにしていた、それで昨日の夜に遊ちゃんと話している最中にふとLINEアプリを立ち上げたところ、そうしたらトークの画面が出てくる、「おおお⁉」と思って、しかもトークの順序というか、誰それとのトーク、というのが目まぐるしく変わっていってつまり2018年2月から現在に至るまでのトークの変遷を早送りで進めるようなそういう状態になり、「お、お〜！」となって「無事復活した！」と思ったら見慣れない並びで、よく見ると3月2日以降にやり取りしていたものについては完全に復元され、それ以前のものは去年の2月14日で止まっている、というそういうものができた。まあいいというか遊ちゃんとの履歴だけ残っていればもうまったくそれで問題なかったというか再インストールとかに踏み切れなかったのはそれだけだったから、だから万事解決した。

それで朝に遊ちゃんの淹れたコーヒーと花粉症のバナナを食べて朝から愉快に笑い家を出て店。今日はレフ板を持っていった。それでポテトサラダをつくってから向こう数日で使いそうな本の写真をパシャパシャと撮った、それをパソコンでLightroomで前の設定をコピーしてペーした、昨日さっちゃんに教わったのは色温度は5300を基準に考えるということで「そうなんだ」と思った、それを従順に実行した。

開けて、のんびりした日で、特に仕込みもなく、それで山口くんにやってもらえるようにというか作業がやりやすくなるようにどういうふうに整えようと検討した結果「全部スプレッドシートで」というのがいいように思ったし可能そうだった。ブヒブヒ言いながらつくっていた。つまり、快適ということだった。

そうやっていたら夕方で、山口くん来、それからものんびりと働いた。どう考えても「のんびり」という言葉を使えるお客さん数ではなかったのだけれども体感はどこまでものんびりとしたものでだからのんびりしていた。うどを買ったのできんぴらと甘酢漬けにした。

「今日の一冊」の先々のをつくっていこうと作業をしていた、どの日に何を持ってくるか、それをパズルみたいにして決めるのがけっこう難しい。やっていたら、欠けた日が近くにいくつか現れて、そこに何を入れるのか。いくつか考えているハッシュタグはあって好きな本の引用とかそういうのでいけるだろうと思っているがそれではじゃあなんの本から引用しようかと思い、ふと見たときにメカスの『フローズン・フィルム・フレームズ』が目に入って（近くなので）、大好きな一冊なので、それで取ってきてペラペラとするも、どこを引用したらいいのかわからない、ということになる、折り目もないから探す手がかりもない、これは大変かもしれない、と思う、思って、夜にツイッターを見ていたらplateau booksという本屋さんからフォローされて3月16日がオープンということで場所は文京区白山ということで「文京区白山」ってきれいだなと思ってWebを見に行くと一日一冊紹介みたいなことがされていて写真がきれいだった。鈴木さんの本屋イトマイは3月10日オープンで今日からツイッターが始められて朝見たときにフォロワーが16だったのが夜に見たら292まで増えていて「すごい」と思った。僕は本屋さんのことはよく知らないが先月だったかもほんやのほがオープンしたりと、インディペンデントの本屋さんがどんどん生まれていっているというところなのだろうか、ちょっとそれはなんだかグッとくる話だった。

閉店までの一時間ぐらい、ゆっくりで、僕は本でも読もうかな、ベン・ラーナー開こうかな、と思うもどうしてだか開けず、だらだらとしていたら閉店した。山口くんと飯食い、おかずの順番としてはまだだったけれど次に山口くんが入るまでにはなくなっていそうだったからうども食べた。おいしかった。Lucy Dacusという音楽の人を教えてもらった。

帰り、髪を切る。すっきり。ベランダで煙草を吸いながら「週刊ベースボール

online」を開いて読んでいると野村克也のコラムがあって読んでいたら「思えば私に〝平常心〟などなかったのではないか。平常心とはどういう状態かも、分からない。とにかく「負けたくない」思いだけで、グラウンドに立っていた」とあって寝る前に酒を飲みながらやっとベン・ラーナー。素晴らしい講演、「いかに無神経なものとはいえ、一種の弔いでした」、それから食事の席での著名な女性作家との親密なやり取り、「僕がさらにその上を行く真剣な表情で「僕は以前から、あなたの作品を愛読しています」と返答すると、著名な女性作家はこらえきれない笑いを咳でごまかした」、その夜のアレックスとのやり取り、「もう寝なさい、この馬鹿。セックスなんてしませんから」。ずっと最高すぎて全部のページを引用して一冊の本にしたいぐらいだった。

3月10日（日）

今日は開店前の仕込みがなかったからパドラーズ行こうよと言ったが遊ちゃんは今日は朝早くから仕事のようで早くに出て行ったからいつもの時間まで寝た。

店に行ってLucy Dacusを流しながらコーヒーを飲んだり「今日の一冊」の今日の分を更新したりしてぼんやり過ごして開店を迎えると今日は怒涛でお客さんの机に「これはあきらかに水声社の本だ」という本を見かけて出したり下げたりしに行くたびにチラ

チラ見てどうやら『トランジット』という作品で「アフリカ」とあったからアフリカのシリーズなのだろうか、読んでみたいなと思いながら怒涛でうわこれ大変うわこれ大変と思いながらどうにかこうにかこなして、ふう、と思うと暇になっていた。それで「今日の一冊」のことを考えていて「#与太話」というハッシュタグでそれは日記からでも引用でもなく何かしらを書くというそういうタグになるはずでまずは『風の歌を聴け』について書くことにして「2015年の3月17日に読んでいたらしくそのあとも2017年の夏に読んでいてこの小説を初めて手に取ったのはおそらく2002年とか2003年でだから高校生のときだったし国語の授業のテキストとして買った。つまりクラスみんなが『風の歌を聴け』を持っていたということだろうか。10人前後の選択科目のクラスでだったろうか。こちらの気がする。中地先生の授業だった。2年の時は泉鏡花や『となりのトトロ』や『めぞん一刻』が題材で僕は極端に成績がよくて半ば笑われ呆れられながら「ナカチスト」と言われていてだから「当然取りますよ僕は」と選択科目として選択してそれで村上春樹で『風の歌を聴け』だった。

テキストを追いながらナパーム爆弾(bomb)でしょ、古墳(tomb)でしょ、ほら子宮(womb)、えっへっへ、いいですねえ。そんな授業だった。その後何度となく読み返されてずいぶんボロボロになった文庫本を開けば、「母胎的記憶」「産婆として鼠を生み出した僕」「未分化な死」「肛門期的几帳面さ」といったメモがいろいろと書き込まれている。

つい先日どういった経緯でだったか高校のホームページにアクセスする機会があって教員紹介のところから中地先生の文章を見つけたので読むと「（1）メイのくしゃみの意味が理解できること。（2）カオナシは「私」であると思えること。（3）千尋の髪留めの輝きに感動できること。」とあってわかりやすくご健在のようで嬉しくそして笑った。」と書いた。この短いさらっとした感じはなんというかとてもいいのじゃないかと思うけれど『風の歌を聴け』はやはり特別な一冊でこんなふうに何かを書ける本というのはたぶん僕はそんなにないというか能力の問題だった。どうなるか。

夜、「誰かにとって最高に居心地のいい、でも自分にとっては取るに足らない空間へのリスペクトを欠いたバカ、その場のルールを守れないバカにどうしたらこちらがバカを見ることなくバカと言えるのか」というツイートとそれに伴うブログを読んでフヅクエという店をやっている以上は当然そうなるけれどそういうことは頻繁に考えることでだからとても「まったくなあ」と思った、「どうしてそうやって、想像力のないバカの想像力のないバカな振る舞いのために、こちらが損なわれなきゃいけないのか。損なわれないための努力を、こちらがしなければならないのか」ともツイートにはあって本当に「まったくなあ」と思ってそれはゴミ出しの話だったけれど僕が思い出したのは多分いくらかピントの外れたことで「バカをどうしたらいいのか」ということだけだったが先日Googleの口コミについた星1つの口コミで、満席で追い返された、外は寒かったのできつかった、みたいな、そういうものでそれで星1つで、「こんな無意味な投稿をさせる権利を人に与える必要がどこにあるのだろうか」と思ったそれを思い出していた。そしてこんなただの不機嫌の吐き出しで身勝手な攻撃がツイッターやブログならまだしもずっと残る口コミという場所でしかもそれが数字に反映されるそんなところに、ええと、日本語がわからなくなった、主語とか述語の話で、「身勝手な攻撃が」をなにで受けたらいいのかわからなくなった。身勝手な攻撃が、なんだろうか、まあいいか。まあ、バカみたいな無意味なネガティブな攻撃が無関係になるくらいにポジティブな口コミを大量に呼びなさいよということそれが目指すというかそういう場所だろうけれども、そして現状はわりとそうなっていると言ってもいいとは思うけれども、でももっと圧倒したいというか、ネガティブな口コミとポジティブな口コミだったらネガティブな口コミのほうが投稿するインセンティブはずっと高いから、しょうがないといえばしょうがない。口コミというものはなんというかいびつだ。関係ない人たち率がきっとものすごく高い。関係ないというのは訴求対象じゃない人たちということだ。町に暮らす人たちに向けてやっている店によそから一回行って何かわかったようなことを書くとか、バカかと。「お前じゃないんだよ」とただ言いたい。フヅクエは町に暮らす人たちに向けてやっているわけではまったくないから違う店の話だ。

町に暮らす人たちに向けてと書いていたら思い出したというか思い出していたから書いたのかもしれないけれど鈴木さんというか本屋イトマイのことが気になって一日に何回かツイッターを見に行っていて、なんというか昨日、ツイートを始めて、僕はそれがとてもいいなと思ったのだけどいいツイートと思うと同時に「鈴木さんがとつぜん店主になった!」となんだか強く感じてそれで感動している。今日からプレオープンでどんな日だったろうか。

6時に僕は空腹と疲れがピークになって「ピークだな」と感じながらピークなのでこれは時間を置くと下降というか軽減するそういうものだなと経験的に知っていたからチョコレートを食べたりしてやり過ごしたが立っているだけで苦しいような、と書いてそれは言いすぎだった、ふくらはぎつらい、くらいの感じだったか、腰つらい、とか、そういうようで、でもだから夜は暇でゆっくりでなすの甘酢浸しと里芋を薄味で煮てネギ味噌に絡めるものをつくってそれが妙に楽しかった。

10時ごろになってやることもなくなり、「「本の読める店」のつくりかた」の原稿を書こうかと思ったが、書こうというか手入れをしようかと思ったが、進まない。どうも今書いているところがしっくりこない感じがあり一週間くらい前に進めていない。しっくりこないならしっくりこないままで別に更新してしまっても構わないとも思うのだけど、あとで書き直せばいいのだからそれでもいいとも思うのだけど、でもやっぱり抵抗もあって、そしてそもそも文章に注意が働かない。「今日の一冊」を始めて思ったがこれによって「「本の読める店」のつくりかた」がないがしろにされなければいいのだがと思うのだがどうか。

すぐに諦めて、その直後くらいにお客さんがゼロになった、雨が降り始めて、予報によればこれから強くなる。11時になって看板を上げて、ソファに座ってベン・ラーナーを読むことにした。いい。とにかくいい。読んでいたあたりの原文を原書で確認して、「俺には読めるぞ!」と思う。読んだばかりだったので。

12時になってカレーを食べて帰り、靴が濡れた。シャワーを浴びるとまた読む。ずっとよすぎて酒を飲みすぎる。もうずっといい。途中、ジョン・チェンバレンの彫刻作品のことが出てきて、それで画像検索をしたらぐしゃっとした硬そうなやつが出てきてこれは前にも見たな、と思った。取りたくなる行動が変わらない。それからホイットマンの作品集を、英語のやつ、それを、変な勢いでポチりそうになったが、どれがそれなのかAmazonを見ても判然としなかったためやめた。「僕」が読んでいるものと同じじゃないと意味がない。遅くなり、いい加減寝ることにして寝た。放っておいたらどこまでも読み続けそうだった。そうしたかった。

3月11日（月）

朝、靴がまだ全然濡れていて靴というかインソールの先が濡れていて外して紙の上に置いていたのに全然濡れていて「え？」と思ったためビルケンのサンダルで行くことにした。

歩きながら今朝見ていたおびただしい数の夢のことを考えていた、起きたときに遊ちゃんに「おびただしい夢を見た」と言ったら「私も見た」ということでそれぞれたくさん夢を見ていたらしく僕は小さいスーパーの店先で堀江貴文が不機嫌そうな顔で実演販売をしていてその横を抜けてなにか買うものがあったらしくて入って棚にはジオラマみたいなものが並んでいてそれではなかった。それから何かのライブ会場に行って友だちからTシャツを受け取る目的らしくだからチケットは持っていなくて会場の中に入るつもりはなかったけれどつかつか歩いていたらもうチケットなしで入っていていいエリアではないところだったらしく警備員が近づいてきて引き返したところ友だちがいてTシャツを着ていてそれは光文社の古典新訳文庫シリーズの何かのTシャツだった。別の場所でこれから僕はどこかキャンプ的な遠出的なことをするらしく拾ってくれるはずの車が来るのを待っていたんだろうか、山口くんも立っていた。

「今日は歩きですね」と声が聞こえて、ええと、俺だよな、と思って見ると小さな自転車を押している見知らぬおじさんで、面長で眼鏡でおだやかな顔つきのおじさんで、誰かわからないが今日はたしかに歩きだったため「そうなんです」みたいなことを言うと「いつも自転車でぴゅーっと行く」と言って、ああ、よく見かけられているということか、と思い、昨日雨だったんで足がなくて、というようなことを言った。「どこでやってるんですか」と、丁寧語だったかタメ口だったか忘れたが聞かれて床屋さんの上で、と言うと「ああ、角っこの、カフェの」とご存知だったようで、それでなにか今度行ってみようかなみたいなことを言ったので知らせておいたほうがよかろうと思い「なんかすごい変な店で、しゃべっちゃいけなくて」「じゃあ大人数で行っちゃいけない」「もう本当に一人でゆっくり本を読みにという」「ほうほうほう」「よかったらいつか」「またいつか」みたいなやり取りを経ておじさんはセブンのところで曲がっていった。

出るのが遅くなったためそして歩きのため着くのも遅くなって急いでコーヒーを淹れた。特に仕込みはない気でいて、「今日の一冊」のことを考えていて、追加でジュノ・ディアスの『オスカー・ワオの短く凄まじい人生』の写真を撮ってついでに『読書の日記』の写真も撮って、ということをしていたら時間が迫ってきて愚かだった。

開店してから、のんびりと、というか「あ、そうか、今日か」となったため味噌汁をこしらえ、それからセリと舞茸とお揚げの和え物をつくった、これがとてもよかった、幸せな味だった。薄味で十分という主張を素材たちがしていた。それで、また今日も「#与太話」として今日は『オスカー・ワオ』の文章を書いて「会社に行くのが嫌になってしばらくのあいだ休んでいた。最初は風邪とでも言ったのだろう。昼間、5階の部屋の窓際に置いたソファに包まれるように座って呆然としながら過ごしていたような記憶もあるがそれはでっちあげた「陰鬱な日々」の像なのかもしれなくて実際は「こんなことをしていても意外に元気なものだな」と思っていたかもしれないしさらに「でもせめてポーズくらいは取らねば」と思ってそういう顔をしていたかもしれない。そしてそれにがんじがらめになって身動きの取り方がわからなくなっていたかもしれない。

職場放棄をしていた日々で覚えている夜は「いつ死ぬか本当にわからないし今死んだ

ら本当に後悔する」と焦燥しながら家から一番近かった啓文社の岡山本店に行って駐輪場に原付きを停めていたその場面だけで、並んだたくさんの自転車が店内からあふれる光によって照らされていた。その時に買ったのが『オスカー・ワオの短く凄まじい人生』だったのだろうか。読んだ記憶はもちろんあるがこの時期の記憶とは何も結びつかない。読書の記録によれば同時期に読んでいたのは羽生善治の『大局観』でこの夜に買ったのはこちらかもしれないしありそうな選択だ。

「短く凄まじい人生」だったか「大局観」だったか、あるいは一緒に買ったのか。ともあれひと月後の4月には退職を申し出て6月には店を始めていた。「2011年のこと。」と書いた。書かなかったこともあって啓文社の夜が3月11日だったということだった。期せずしてというか図らずも、このシリーズは蓄積されていったらけっこうよいテキスト群になるのではないかと思ったがどうか。

それでこれが済んでそれから「「本の読める店」のつくりかた」に取り組んだ。書いてばかりいて自分でも驚くというか今年になっていったいどうなっているのだろうと思う。日記、ラジオ、本の読める店、与太話。誰から依頼されることなく複数のシリーズを並行して書き続けている書き続けていこうとしているというのはなんというか、すごいことに思えた。でも今日も本の読める店は書けなくて断念した。なにかひとつ前に進んだ感じはあったから、なにかは進んだのだろうけど一気にはいけない。なんの産みの苦しみなのか。そんな大層なものじゃないはずだった。

夜、暇で、今日はつまらない気分になるようなところがいくらかあった。そういう中で、ナイスな読書時間を過ごしてくださる方を見るのは救いだった。それで金曜日から「今日の一冊」を始めたわけだけど土曜日からの3日間でメルマガの新規のご購読が4人あって、それはここのところはないペースだった、だから短絡して「これは！」と思い「効果か！」と思い、それから「ではこのペースで増えていくとしたら」と思ってというか、そもそもどういうペースでどうなったらどうなるのか、ということを思いスプレッドシートで皮算用をした、月の増加数を変えると全部の数字が変わるそういう表をこしらえて10年分の推移を出した、その数字を30という当初のというか2月に思った目標の値にしてみたところ10年後には毎月300万円の売上になっていて累計の売上も2億近くになっていたのでそうなったら僕はどんな気分で生きるのだろう、虚しくなっていたりするのだろうか、と余計な心配までしてもしこのペースで増やせたとして最初の次の店舗は2021年の頭とかそういうふうなんだろう、というふうだった、つまり毎月30人増えていったら2021年の頭に累計の売上が1000万円に達して

1000万あれば店は作れると僕は思っているらしくだから2021年の頭ということだった。原価というか献本の仕入れ値を考えていないからこれはおかしな計算だがそれはそれで今度は「700万あれば作れると思うんだよね」と言い出せばゴールポストは動くしいずれにしてもペースを変えずにずっと増え続ければ購読者数はいつかは日本の総人口を超える。そのとき僕が生きているかもう死んでいるか死んでいても膨大に残された文章を学習した人工知能が毎日ヘトヘトになりながら日記を紡ぎ続けているかそれは僕の知るところではないがその頃には兆単位の金が動いているし兆どころじゃない。

『きみの鳥はうたえる』で「僕」がトイレで同僚というか先輩に「んー、なんかお前わかってないんだよな」と苦笑いをしてから殴る蹴る。その感じはよく思い出す。それをまた思い出す。

それから先週の日記を印刷して、まだ12時になっていなかった、先週もそうだったが火曜のタスクとして入れている日記の推敲を一日早く終わらせたがる。それでやっていた。本当は明日が休みで早く帰って読書と思っていたが、それよりも今日推敲を終わらせたら明日の休みは休みとして一日仕事をしないで済む、というそれが優先されたということだろうか。1時を過ぎ、赤入れを終えた。

それで帰って、ウイスキーを飲みながら、チョコレートでコーティングされたマカダミアナッツをつまみながら、メープルを絡められたカシューナッツをつまみながら、さらにウイスキーを飲みながら、歯を磨きながら、うっとりとうっとりと『10:04』を読んでいて、口をゆすぎに洗面所に向かいながらほとんど悄然とした気持ちになってうつむきながら、どうしてこんなにいいんだろう、なにがこんなにも僕に響くんだろう、と考えていた。取り消す身振りというか書き直す身振りというか描いた未来が現在になる瞬間にたちまちに違った過去にしていく身振りというか、要は思ったことと実際に起こった行動が乖離するそれにほとんど事後的に気づくというようなそれは僕はウディ・アレンで、同じことで、それは僕はいつも好みだった。あった出来事はなかった。それを繰り返しながら生きてきたし生きていく。やさしさ。卑屈さ。不真面目さと真面目さ。とにかく全部。

マーファに行く、僕もいつかきっとマーファに行く、そう思った。遊ちゃん、僕たちはいつかマーファに行こう、と言った。ニューヨークに行って、そしてマーファに行こう。そう言うと、寝ぼけながら「行こうね〜」と返ってきた。

3月12日（火）

自転車で店の建物に着いたら向かいから赤いジャンパーを着た自転車が近づいてきて山口くんで鉢合わせた。

コーヒーを二人分淹れ、それからショートブレッド焼き。前回見せながらやったから、今回は山口くんにやってもらってそれを僕が見守る、アドバイスを送る、そういうことをやった、気を抜くとすぐに僕は見守るのをやめて他のことをしていていつもすぐに見なくなるなと思った。焼けた。もう一回くらいこれをやれば山口くんは一人でショートブレッドを生地をつくるところから焼くところまでできるようになる、それは成長、よかった。

それから「今日の一冊」の段取りの話をして、書いたふたつの「#与太話」を見せて、なんかどう、さらっとしててよくない？と、書いたものを直接目の前で読ませることをしながらなんというかずいぶん厚顔無恥になったものだなと思ってそう言って笑って、それからこういうのよかったら山口くんも書いてよ、と言った。一本あたりいくらみたいな微々たる額だけど原稿料みたいなものを払ってやる形と払わないで営業中限定でやる形どっちがいいかね、となり、払わないほうで、ということを彼は選んだ。時給内で文章を書くというのはさせておいてなんだがなんというかどれだけ健全なことなのか僕はよくわからない。

ほんの少しだけ手伝い、それから出た。そのまま本屋に行こうかと思ったが今日はイヤホンを持っていたくてイヤホンをiPhoneを新しくしてそれに付属していたものを箱から出していなくてそれを取る必要があったので家にいったん帰って、帰りながら、今日の予定というか行動の組み立てを考えたがわからない。ほうとうが冷蔵庫にあるよと今朝遊ちゃんに教わり、だから昼飯の候補1はほうとうだった、候補2は神山町の魚屋さんの定食で、では今日で終わることになりそうなベン・ラーナーはどこで読むのかいつ読むのか、丸善ジュンク堂で本を買ってそれをフグレンで読みたいというのがあったが、定食、本屋、フグレン、だった場合、本を買っておいてまず読むのは『10:04』ということになりそれは気分としてどうなのか、読み終えることを焦りそうな気がする、買った本に行くために焦りそうな気がする、では家でほうとうと『10:04』、本屋、フグレン、はどうなのかと考えたけれどなんでだか「時間がない」という意識が強迫的にある。つまり「家でほうとうを茹でている場合ではない」というような。だから僕の昼の候補の筆頭は魚屋さんの定食で、ではその場合はベン・ラーナーは？というのが難しい。こういうのはありうる。フグレンで『10:04』、定食、本屋、フグレン、でもそれもどうなんだ、そう思いながらまだ決め兼ねながら家に着いてソファに座ってあとどれくらいで終わってしまうんだろうな、早く読み終わりたいしいつまでも読み終わりたくない、と思って本を取ると昨日のところから読み始めていて、上着を着たまま読み始めていて、ベランダに出て煙草を吸いながら謝辞と訳者あとがきを読んで、部屋の中に戻るいて、そのまま読み進んでいて、そして読み終わっていた。満足と寂しさでため息をつと外の日光の強烈な白い光の中から急に屋内に入ったことで目が慣れるまでしばらくのあいだ部屋の中が暗く、目をしばたたかせていると次第に元の部屋に戻った。元の部屋と思いながら、しかしどれが元なのかわからない。暗い部屋もたしかに存在していて、同時に明るい部屋も存在していた、どちらが元ということではなかった、見方を変えれば、見る目を変えれば、それは暗い部屋としてあり、明るい部屋としてあった、そういうことで、「で？」と思ってから家を出た。今日はパソコンを持ち歩かない、ということがけっこうポイントだと思っていた。やれることを制限すること。読書しかやることがない状態を作ること。

しばらく行って、イヤホンを持ってくるのを忘れたことに気づき、イヤホンを取るために家に帰ったのに本を開いてしまって読んでいるうちにすっかり忘れていた、やりそうなことだった。しばらく考えた、普段だったらどちらでもいいかという気にもなりそうだったが今日はフグレンでは気持ちよく本を読みたいからイヤホンは必須で家に戻った。イヤホンは僕はあたらしいiPhoneはイヤホンジャックがなくなったと聞いていたから付属されているのはきっとBluetoothのものなんだろうと思っていて、Bluetoothのイヤホンを使うことは始めてだったので何度かシミュレーションすらしていた、場所はフグレン、ソファに座り、まずはイヤホンはしない、音量を小さくしていることを確認、そして音楽再生、たしかにイヤホンから音が流れていることを確認したのち、装着、そして音量アップ。そういうシミュレーションを一度ならずしていたが、家に戻ってイヤホンを箱から取り出そうとすると細いケーブルがつながっていてだからBluetoothではなさそうだ、ではどこに挿すんだろう、と思ったら充電とかと同じところだった。たしかに、と思って、それで家をまた出て魚屋さんに入った。入る前から「なめろう」と今日は思っていて、入ると今日のハーフの内容がなめろうと鮭のハラミで、これでしょ、と思ってそれにした。

ご飯を大盛りで2杯食べてなめろうは期待通りにおいしくてもっとなめろうを食べていたいと思いながらお腹は膨れて満腹満足でヤマダ電機でiPhoneのケースを買った、

首から下げるのに買ったやつは下げる分にはいいのだけれどもディスプレイの四隅に邪魔が入って、四隅というのはけっこう使う場所でわりと不便で、だから違うものにする必要があった、パカパカするやつでかつ下げるのを取り付けられるやつにした。こういう買い物はなにもうれしくないよなと思いながら、丸善ジュンク堂に行った、久しぶりな気がした、メモパッドを何冊か買うのは決まっていたので珍しくカゴを取って、それでプラプラとしていた。店のトイレが長いこと大谷翔平が表紙の『Number』でそろそろ別の雑誌にと思っていたからスポーツコーナーで雑誌を当たったがピンとこないというか根尾が表紙の見たこともなかったやつでもよかったのだけれども付録で選手名鑑がついていたせいか1000円してどうも1000円をそれに払う気がしなかった、それにしても写真が、紙媒体ではとても見たことがないレベルで全然きれいでない写真が全体に使われていて、どうなっているんだろうと思った。野球雑誌は諦めた、なんとなくその棚のところを奥に進むと『POPEYE』があって仕事特集でこれは読みたかった、それでカゴに入れた。『POPEYE』はつくりが重いというか立てて置くと左上からへナっと曲がってくるイメージがあってトイレに置くのに向いている雑誌ではないとは思って、だからもうしばらく大谷翔平の時代が続く。

それから、小説のほうに行き、最初は日本の小説のところを見ていた、そうしたら

「そういえば」と思い出し、名前が思い出せない、それで「野間文芸新人賞」で検索するとすぐにわかって乗代雄介、その『本物の読書家』を探したらあった。そういえば、丸善ジュンク堂は元々こうだったろうか、男性作家と女性作家に分かれていたような記憶があって「ここで分けることでどういう利便性があるんだろう」と常々思っていたが一緒になっていて、丸善ジュンク堂は前からそうだったろうか。とにかくそれはいいことというかどこの本屋でもそうしてほしい。柴崎友香を読みたい時「女性作家」だから読みたいわけではなくて「柴崎友香」だから読みたいわけだからただ「し」で探したい。

それからラテンアメリカのところを見、そこにはなかった、それで回り込んで英米仏のところを見、それから『トランジット』と思いアフリカのところを見ていたらフランスのところにそれはあってジブチ。ジブチはどこだろうか、フランス領とかのところなんだろうか、わからないが、どうするかな、と思いながら、少し開いた、前にお客さんが読まれていてそれでお帰りの際に「あれは」と聞いた、そのときに「かくかくしかじか。それで誤植がいきなり見つかって」と言われていてなんだか笑ったのだけど僕も開いたらすぐに誤植を見つけた。「あサン」みたいなものがあった。「あ」が余計か「ア」であるべきかのどちらかというそういう誤植で余計な感じだった。それはともかく今これを読みたいだろうかと思ったらそうじゃない気になり戻して、それでまあ今日は別に乗代雄介だけでもいいんだよなと思っていたらふと『ガルヴェイアスの犬』が目に入った、「あ、今だ」と感じたためカゴに入れた。それで会計をした。

エレベーターを待ちながらなんとなくiPhoneを取り出して見たら時計が4時を指していて、「うわ……もう4時なの……」と思って軽い絶望感のようなものを覚え、でも店を出たのが1時前、それから『10:04』を読み、定食を食べ、のんびりと本を探したのだから、と考えても、いやそれにしても4時？　3時くらいでもよさそうじゃない？とは思って覆せなかった。なかなか来なかったエレベーターがやっと来て開くと6人くらいの「一族」みたいな人たちがいて下は4歳上は80歳みたいな「一族」みたいな人たちがいて「ここらあたりもうんぬんかんぬん」と町の移り変わりを話していた。それでエレベーターから出てから後ろで「エルメス大丈夫？　かずくんエルメス行かなくて大丈夫？」と、声の感じからしておじいちゃんが孫に、という感じで、そしてネタで、という感じで、だからかつてそういう笑いがあったそれを再利用するそういうものを発していて一族は笑って、でもそれが異質に響いたのは「この一族はガチでエルメスに用事がある人たちである可能性がたしかにある」と思ったからで、エルメスに用のない人たちで言って笑う「エルメス大丈夫？」とガチでエルメスに用のある人たちで言って笑う「エルメス大丈夫？」は全然別物だった。

フグレンに着くとフグレンは今日も人がたくさんいて今日はいつも以上に人がたくさんいる気がして、円卓がひとつ空いていたのだけれどもどうしてだか、どうしてそうしたのだろう、ここのところ円卓に座ることもあったのに今日はどうしてそれを選ばなかったのだろう、今日の混み具合を見て、今日はあまり読まずに家に帰るということをするのではないかと思ったそれが影響したのか、とにかくコーヒーを受け取ると縁側に出て、縁側で過ごすことにしたらしかった。庄野潤三を取り出して久しぶりに読み始めた。こんな場面をよく切り取ろうと思うよな、そこだよな、という日常の本当に些細な一場面を、変わらず描いていていてよくて、向かいの遊歩道の自転車対策というのか、「U」を逆にして地面に埋まっているあれのひとつに腰掛けてもう一つに足を乗せてその太もものあたりにノートを置いてメモを取りながら英語で話している女性がいて、縁側で左に座っている女性はスペイン語で電話で話していて、建物に沿って右のところにいるらしい二人の女性は韓国語で話していて聞こえる言葉は全部日本語以外だった。気づいたら左の人は変わっていて韓国語で電話をする人になっていた。その人はセルフィー棒で対面しながら話しているみたいだった。電話が終わると立ち上がってドリンクの写真を何枚か撮って、それからその棒は三脚にもなるらしく三脚仕様にして少し向こうに置いて上着を脱いで座ったと思うと、遠隔操作のボタンがあるらしく、それで何回も位置を変えながら写真を撮った。僕は庄野潤三を読んでいた。

親の墓参りに子供をちっとも連れて行かないでいると、いま時分になって、こんな段取りを教えなくてはいけない。

次に、そこは広い墓地であって、どこから入ってどういうふうに通り抜けて行くかは、兄の家族に教えてもらうとして、目印は大きな楠だといい、バケツに水を汲むのはどこで、枯れた花を捨てるごみ入れはこの辺にある。お盆ではあるし、まわりはきれいになっていると思うが、もし小さな草でも生えていたら抜くようにと話した。

また、線香を立てる穴がきっと詰まっていると思うから、何か尖ったものを探して、前の線香のあとをほじくってから立てる。それでも真直には立たないが、それは構わない。バケツの水は墓石に静かに注ぎかけるのだが、かけすぎてあたりを水びたしにしないように。黒御影の石の天辺にたまった水を見るのを忘れるな、空の雲がそこに映っているから（もし雲が浮かんでいたとすれば）。うらに刻まれている言葉は、井村のいちばん上の兄が、義姉と二人の小さな姪（下の方は生まれたばかりの赤ん坊であった）を残して死んだ時に、お前のお祖父さんが書いたもので、是非それを読むように言った。

庄野潤三『明夫と良二』(講談社)p.204

線香がまっすぐに立たない、というあたりで何か読んでいる意識が変わったというか、一段ぐっと語りに寄せられた感じがあって、そうか、線香はまっすぐには立たないのだな、と思っていたらそこから御影石の雲が映るところになり「わあ」となったというか鮮やかだった、なんと素敵な指示なんだろうかと思い、隣の女性は三脚での撮影が済むと三脚部分は畳んで、棒を持って数分のあいだ自分にレンズを向けていた。しかしシャッター音はなかった。その時間が終わるともっと近づけて、だからほとんど手で持つのと変わらない距離でやはり自分に向けた状態で、しかしやはりシャッター音はなかった。良二は風邪を引いたり下痢をしたりして、明夫は墓参りから帰ってきた。

15分くらいだったろうか、なにも変化がない状態で穏やかに読んでいたところまた棒を伸ばしたのが見えたから「また棒を伸ばしたぞ」と思って、そうしたかと思うと三脚仕様にしてまた向かいに置いた。「また三脚撮影だ!」と思って、三脚の位置はさっきよりも遠かった。しかし念入りになにかの準備をしているのだろうか。撮らない。なかなか撮らない。と思っていたら結局シャッター音が聞こえることはなくまた手元に戻した。無音でも撮れるのか。だとしたら有音で撮るときはなんなのだろうか。何度も「撮りましょうか？」と言いたくなったが、セルフィー族に撮ることを提案するのは侮辱行為になるだろうか、とも思った。

寒くなってきて、帰り支度をしてカップを持って中に入って、もしソファが空いていたらおかわりをして乗代雄介を少し読んでから帰ろう、もし空いていなかったら帰ろう、と思って、空いていなかったのでカップを渡してごちそうさまですを言って帰った。自転車に乗ったくらいで5時のチャイムが鳴って、一時間もいなかったのか、と知った。

それでカカオストアに寄ってから帰ると扉を開けるといい匂いがして遊ちゃんがいた。二人分のコーヒーを淹れて飲み飲み、遊ちゃんは仕事の手を止めながら話した、つい話しちゃうね、というところで遊ちゃんは仕事に、僕は読書に専心することにしてそれで乗代雄介を開いた。

3月13日（水）

夜、日記を書いていたらバッテリーの残りが5%となって電源も持ってきていなかったのでおとなしくパソコンを閉じたのだが一時間も書いていて夕方までしか辿り着かなかったことにいくらか暗然とした気持ちになった、なにをやっているのか、というような。それで昨日の続きはこうなる。

こうなると、わたしも言い返さないわけにはいかなかった。じゃあ、そう言うあなたはご自分の大叔父さまの誕生日を知ってるんですか？　もちろんおられればの話ですけれども。

「大正八年の一月一日、御年九十七歳ですわ」

返す刀に驚きながらも、こんな時にすぐさま和暦と西暦を対応させてしまうのが、わたしの中学受験以来の特技というか習慣だった。一九一九年一月一日。サリンジャーと同じ生年月日ですねとわたしは思わず、日頃の会話では決して出さない名を口走った。するとと男が、今までにない性急な首の動きでわたしを見返した。土気色の肌に走った細い切り口のような目の奥から、まじまじと見つめる。やがて分厚い唇をつり上げて、にやりと笑った。

わたしは気味悪くなって、なんですかと訊いた。

「いやいや、まいりましたわ」と男はわたしの顔から目を離さない。「ご覧の通り、わしはハッタリの多い人間ですが、その淵を覗きこんできた方には、余さず白状することにしとるんですわ。せやからあんさんにも白状しますわ」

わけがわからない。わたしは憮然とした表情で相手を見つめて返答とした。

「わしにも大叔父はいるんやけども、あんさんの疑った通り、誕生日までは覚えとりませんのや。だから、Jerome David Salinger の生年月日を言うたんですわ」

流暢な英語の発音をこてこての大阪弁に混ぜて発する奇妙さについて指摘するのは憚られた。


乗代雄介『本物の読書家』（講談社）p.14, 15

夕方に読み出した乗代雄介がすぐさまに面白くなって、これは、と思ってそれで一時間くらいだろうか、そんなに読んでいないだろうか、眠くなってソファでタオルケットをかぶって寝た。途中で寝まくる僕を心配したのか遊ちゃんが「起こしたりしなくていいんだよね」と確認をしてきて僕は圧倒的な眠気の中にいて「うん」とだけ答えてまた寝る。起きたら9時前で、時間の表示とともにＬＩＮＥの通知がひとつあり20分前に山口くんからで「くらま山椒」と書かれたラベルの貼られた瓶の写真とともに「これケッパーですよね？」とあったので「それくらま山椒」と返した。それがあとで見たらなんとも間抜けなやり取りで愉快で、しかし9時だった。なかなか絶望的な気持ちになって、遊ちゃんも眠っていたらしかった、泥のように眠い、と言いながら起き上がって、僕は暗鬱とした気持ちで「休日をうまく休めない」と悄然とした口ぶりで言った、そうしたら「体力は休んだから大丈夫。いい日だったよ。いっぱい寝てたよ」と言われ、たしかに疲れを取る日としては機能したのかもしれない、と思ったら元気づけられるところがありありがたかった。

それでも、うまく休めない。夕飯も食べていない。どうしよう、と言った。僕には今3つのタスクがある。本を読む、日記を書く、ご飯を食べる。これを、どうしたらいいのだろう。遊ちゃんは今日は夜ご飯はいいみたいだった、この時間からは食べたくないということだった。そうしたら、と遊ちゃんは言った、どこかに行って、フライドポテトを食べながら、日記を書いたらいいのではないか。それは、考えてもみなかったことだった。僕は3つのタスク、タスクと呼ぶな、タスクとか呼ぶなよ、と思う3つのことを、順番にやるしかないと思っていた。単線で、3本。しかしたしかに夕飯というものを外で、そしてフライドポテトで済ませるという作戦を取れば、2つの線を同時に走らせることができる。これは考えてもみなかった。そうしたらこれはタラモアだろうか。いいねいいね、それはきっと楽しいよ、と遊ちゃんはどこまでも応援してくれる。そうしよタラモアでポテト食ってビール飲んでそれで日記を書く。書き終えたら本を読む。いいうかな、でも、外でそういう、それってつまり2000円から3000円くらいは掛けることになると思うんだけど、僕はいつもわからなくなる、自分のその時間はその課金に値するものなのだろうか、ということが。自分に、自分の時間に、そういう価値はあるのか、と。遊ちゃんはそういうことを考えることはある？　あるよ。俺はさ、500円のうどん食うだけでも逡巡するからさ、つまらない食事に500円を出していいのか、家で茹でたらいいじゃないか、どっちが得なんだ、とか考えてしまう。でも、今から過ごそうとしている時間は阿久津くんにとって楽しいものなんじゃない？　たしかに。だったら、それが阿久津くんにとっていくらの価値かは知らないけれど、休日をいいものにするというのはいいことなんじゃないかな。たしかに、俺は今、フライドポテトを食いながら日記を書きたい！　そしてそれをタラモアでおこなうのはきっと楽しいことだ！　そして楽しい時間であればその出費はとってもありだ！　ということで行ってくることにしてリュックにパソコンと本を入れて出た。なんの念のためだったのか『ガルヴェイアスの犬』も入れた。

それで、11時20分くらいだったろうか、閉店は1時とかのはずだから、1時間半は楽しめる、それは十分に楽しいありがたい時間だ、と思いながら向かい、タラモアのある路地に入ると見えていいはずの明かりが見えず、「ええと」と思いながら店の前に着くころには今日はもう休みだということは確信していたが扉の張り紙を見ると今日は休みで明日は通常通りに営業します。しょうがない。店はときに休むものだ。そういうものだ。それで踵を返し、他の選択肢は持っていなかった、コンビニでビールを2缶とポテトチップスを買ったら500円くらいで、やった、500円で済んだ、と思いながら家に帰り、それでビールを飲みながら日記を書き始めたのが11時45分だった、電池が5%になって警告を発してきて、なんか減りが早くないだろうか、なんだろうか、とアクティビティモニタを見るとUlyssesが31ギガのメモリを使っているのか本来使いたがっているのかとにかく31ギガとあってこういうことによって消耗が早くなるのだろうか、と思いながらもうやめることにしてUlyssesは落として、それで時間を見ると1時前で、日記はまだ夕方までしか書かれていなかった。なんでこんなに時間がかかっているんだ……? どうしてこうなっているんだ……? と思いながらパソコンを閉じて、激しく貧乏ゆすりをしたくなるようないらだちがあった、うまく休日を過ごせなすぎるし、うまく生きられなすぎる、同時に、肩が猛烈に重かった、気持ち悪かった、肩をごりごり回して首を伸ばしたりしていると遊ちゃんがマッサージしようか？ と言ってきて、え、マジで、めちゃくちゃしてもらいたい、と思ってお願いし、阿久津くんの肩や首はカチカチに硬くなっていた。もともと骨と皮みたいな体だから普段と比べてどれだけ硬いのかはわからなかったが、それでも尋常ではないように思った。一度整体とか鍼灸とか行ってみたら？　と言うと、でも自分の体のメンテナンスに５００円とか、俺の体にそんな価値があるのだろうか、とさっきと同じことを言った。あるよ、阿久津くんの体にそれだけの価値は全然あるよ、と私は言った。

遊ちゃんにマッサージをしてもらいながら、ああだこうだといろいろ話して、シャムキャッツのこととかを話した、ちょうど昼に山口くんとバンドの話をしているときにも思い出していて、話していたら聞きたくなって明日の朝聞こうと思ったけれど翌日にはすっかり忘れていて聞くことはない。ずいぶんとほぐしてもらい、楽になった、とってもありがとう、そしてシャワーを浴び、２缶目のビールを開けて読書を再開した。

寝る前に読んでいたときもすっかり面白かったがずっとすっかりびっくりするほど面白くて、これは、「ベン・ラーナー直後の読書」という難しい問題に面していた僕を救ったというか、『トランジット』を選ばなかったのはベン・ラーナーのあとではなにかいろいろが短絡に見えてしまうのではないか、鼻白むのではないか、となんとなく思ったからだったのだけど、乗代雄介のこれはもうまったく素晴らしく面白いぞ、と思って、うわ〜、と思いながら読み進めた。目次を見てしまっていたので表題作は１１１ページには終わって、というか109ページくらいには終わるということだろう、終わる、それが惜しいしどこらへんで終わるかも知りたくないから、途中から本を持つ左手の親指でページを隠してページ数がわからないようにしていた。それでも終わりはやってきて、いやー、おもしろかったぞ、次のやつもめちゃくちゃ楽しみ、と思って、今日はでもそこまでにした。

途中、友だちから「ピエール瀧が逮捕された」と連絡というか他の連絡ついでで教えられて、なんだか嫌な予感というか暴力沙汰とかを想像したのだろうか、「え」と返信してからツイッターを開いてみたらコカインでと知れ、朗らかな気持ちになった。そのあとツイッターを見ていたら多くリアクションのツイートが見られて、わりと衝撃みたいなものを与えている事件なのだろうか、けっこう沈痛なものも多く見かけた。「ロールモデルだと思っていたのに」というものもあった。逮捕されてしまうということは馬鹿げたことだとは思うけれど、コカインなんて、やりそうなものだけどな、としか思えないというか前夜に読んでいたベン・ラーナーで語り手がパーティーでコカインを摂取して朦朧とするそしてバッドトリップをした若い青年を介抱する優しい親密な場面を読んだばかりだったから、特にそう思うのだろう。倫理的に悪いというふうにはまったく思えなくて、もちろん大麻の使用もそうで、思えなくて、ただまあ、日本でやっちゃいけないし、日本でやって逮捕されたら馬鹿げたことではあるしちゃんと逮捕されるべきというかまったく仕方がないよね、くらいで、このとき僕はそういったものの供給源のことを考えていないからそこのところを考えたら倫理的にもダメだぞ、と思うかもしれないけれども、でも僕はだからピエール瀧のことを知らないで適当なイメージで勝手に思うけれど、ピエール瀧がまったくのクリーンだったほうがよほど驚くしむしろ畏怖するかもしれない。

と書いていてわからなくなったのは、これが常用していて依存症になっていた場合で、だとしたら暗い話だった。享楽的な使い方であってほしい。享楽的な使い方であっても、非難したり悲嘆を表したりする人は、ダメなんだろうか。たとえばハリウッドとかのセレブとかがパーティーでコカインをやって、とかも、同じように非難したり悲嘆を表したりするのだろうか。

とにかく「本物の読書家」は期待していた以上によくて、引用が散りばめられた本というだけで僕はときめくけれどそれだけじゃなくずっと面白かった。それで寝床に移り、3時だった、しばらく庄野潤三を読んで寝た。結局ポテチは開かれず、だから夕飯は食べなかった。

それでそこまでが昨日で今日は起きたら羽織るやつが見つからずに、なんで見つからないんだろう、と愉快な気分になって諦めて家を出た、店では半袖姿、ということで、春めいてきてもうそれでよかった。

「今日の一冊」を始めてからツイッターやインスタにアクセスする機会が増えた感じがあってそれで気づいたらアドレスバーの使用を解禁していてツイッターなら「t」でインスタなら「i」でフェイスブックはほとんどアクセスしないが行くなら「f」で、即座に飛べる。iPhoneでも、6枚目の壁紙とかにアプリを収納しているが今はもうスワイプダウンで「よく使う項目」みたいなやつでツイッターもインスタも出るからそれですぐにそこを押すようになってもう意味はない。なんというか構わないしそれにしてもiPhoneを新しくして「iPhoneというのはこんなにスルスルと挙動するのか！」と感動している。それは6からXRになって動きが速くなったことが一番だがそれからホームボタンがなくなったことはけっこう大きくてボタンなんてなんと古臭いものを使っていたのだろうな、と思う。店のiPadを立ち上げるときにホームボタンを押すのがいくらかバカバカしいとすら感じる。なんでこんなものいるの？というような。

それで店でしゃっきり働くぞと思うも暇で、スティックセニョールを茹でて胡麻和えにして、それからうずらの煮卵をこしらえた、日記を激しく書き続け、それからピクルスを漬けた。
夜は今日は読書会で、だから18時の閉店までにどこまで、という感じだったが激烈に暇で16時の段階で来られたのはおふたりだけで、このまま今日は終わるだろう。16時、やっと日記が現在に追いついた。

現在はすぐに過去になって、何を語りたいのか、何を切り取りたいのか、わからないが、人はつねに愛するものについて語りそこなう。17時過ぎに最後の方が帰られる直前に『旬菜ごよみ365日』の3月13日のところを開いたらホワイトデーのおかえしチョコレートみたいなのが載っていてそれは著者の息子がお返しになにかつくりたいと言ってそれでつくったものらしくホワイトチョコレートを溶かして上にピスタチオやドライストロベリーとかをまぶした簡単なチョコレート菓子でちょうど僕も「明日はホワイトデーだなあ」と気づいていたところだったので「これをつくろう」という気になって17時過ぎに最後の方が帰られてそれで皮膚科に行くことにした。歩道橋を渡って歩いているとバス停にさっきの方がおられて「あらあら」と笑って、バスなんですねと話して、これはどこ行きのバスなんだろうと見ると渋谷・新宿みたいな書き方で、これからアップリンクに映画を見に行くのだという。僕は皮膚科行ってきます、と言い、ではでは、と挨拶をし、それで皮膚科・薬局で薬を手に入れ店に戻ろうと思ったが空腹が激しく、甘いパンを食べたい、と思ってコンビニに行ってチョコレートデニッシュみたいなやつとチュロスみたいなやつ、どちらもベタベタに甘くあってくれていいぞ、と思いながら買って店に戻ってそれらをバクバクと食った。満足し、それでナッツ、バナナチップをフードプロセッサーで砕き、砕き過ぎた感があった、ドライフルーツを刻み、それからチョコレートをテンパリングして溶かしてさっきの細かいやつを半量くらい混ぜて、クッキングシートを敷いた型と思ったが型はなかったのでホーローの容器に、敷いて、流して、上から残り半量の細かいやつをまぶして、冷蔵庫にやった。夜の読書会のオープンは19時半で、開けるまでに一時間以上があった。

二人がけのソファに久しぶりに座って、それで乗代雄介を開いた。「未熟な同感者」を読み始めた。もうすぐさま面白い。僕はこれからこの人の小説を読み続けることになるかもしれない、と予感しながら、読んだ。それで眠くなったのでアラームを掛けて寝た。泥のように眠く、30分くらい寝た。

それで読書会。今日は6人の方があって、はじまりの挨拶をしていたら途中で声が緊張した。いつもこうなる気がする。話しているうちに緊張していくような感じがある。いい時間で、6冊のあの巨大な本がひとところに集まってそして同時に読まれていた。これは本当にヤバい光景という感じがしてこれが見たかったと思ってうれしかった。オーダーをわーっとこなして落ち着いたら、読書会の日というのは静かな日で、それは出入りがないからなのだろうか、僕も腰掛けて本を読むことに。しかし『JR』ではない。今回初めて自分は読んでいない本で読書会をやった、それでいいと思っているのだけど、その中で、みなさんが同じ本を読んでいる中で違う本を開くというのはなんというか授業中に教科書じゃない本を読んでいるようないくらかの後ろめたさがあってそれに気がついたとき面白かった。「未熟な同感者」を読んでいた。おもしろく、おもしろく、「真に迫るとは、いつも煮え切らない言い方の継続を指す」とあって「同感」と思い「痺れるほど醜悪な卒業という言葉」とあって「痺れるほど醜悪ｗｗｗ」と思ってから「同感」と思った。

では、文章を読んでいる時、実際に今ここで体験可能なものはなんであろうか？　それは、目下にある文字の並びしかありえないのだ。そして、それだけで十分なのだ。建築物に誰かが打ち込んだ釘を見るように、絵画に誰かがそれを描いた筆の運びがあるように、そこに残された人間の行動の痕跡として捉えられた文章だけが、読者の体験しうる現象であるという、至極当たり前の事実まで立ち返ったらどうだろうか。

乗代雄介『本物の読書家』（講談社）p.134

二葉亭が翻訳の際に、ツルゲーネフが書く時の心持と同様に神聖でなければならないと意識したということは、読む行為のうちに書く行為を体験しようとしたということに他ならない。読むことで、書かれていることを体験するのではない。読むことで、書くことを体験するのである。その同一性こそが「神聖」なのだ。それは小説を書くよりも、よほど空想の余地がない、切実なものと感じられたはずである。

同前 p.149, 150

だから、サリンジャーについて知ったからと言って、彼の小説をより良く読めるようにはならない。書いた読んだの関係における「完全な同感者」とは、そこに書くという体験の産物すなわち文字しか存在しない限り、作者のことを忘れて「読む」ことで、自動詞の「書く」を同じ強度で体験する者でしかないのだから。

同前 p.157

終わりの時間になってもみな動かず読み続け、いいね、いいね、と思って、最初に帰った方が荷物をまとめているのが目に入ってふと見ると、本が屹立している。手提げの袋に入れる前に机に立てたらしく、それは屹立していた。そんな置き方おかしいよｗｗｗと思って大喜びした。

終え、チョコレートを切り、袋というかコーヒー豆の販売に使っている袋に詰めて、機械で圧着させた。帰るまで冷蔵庫に入れておいた。それで店を出て家に向かっていると持って帰るのを忘れたことに気づいて自分の不用意さを残念に思った。

帰り、僕は本を読む、遊ちゃんは眠っている。「ローストビーフもそうだよね」と遊ちゃんが言って、「ん?」と僕は言って「ローストビーフの夢見てたの?」と言うと、「ローストビーフも、なんか、結婚とか、妊婦さんとか、そういうのを」と言ってから少し起きたのか、「どうしてローストビーフの夢見てたんだろ」と言ってそれからまた寝息が聞こえた。「未熟な同感者」が終わり、だから『本物の読書家』が終わった、最後がぐんぐん行って、振り切られた感じがした、つまりついていけなくなった、もう一度読もう、と思った。

寝床に移って『明夫と良二』。和子と腕相撲。

3月14日（木）

夕方で山口くんとバトンタッチでそれまでにやることをとにかくやるぞと思っていたがやることがなく、やることがないな、と思って止まったりしていた。それから気を取り直して「ごぼうのおかずを今日つくっちゃうか」と思ってささがきをした。いつもは包丁でやるのを先日うどのきんぴらをつくったときに細くそしてヘナヘナとなるきんぴらというのはきんぴららしくていいなと思ったらしくごぼうもそうしたい。それでピーラーをつかったところそういう、「そうそう、ささがきって、そうそう」というものになってふんわりとささがきになっていった。しかし細いということはそれだけ手数が違うということでありなかなか一本が終わらない。いつまでもピーラーを動かしている。これはスライサーみたいなものを買ったら便利なのだろうか、そしてそれはごぼうみたいなわりと固そうな野菜でもスライスしてくれるのだろうか。とにかくがんばったところきれいなささがきができあがり舞茸と椎茸、それからひじきで煮物というか炒め煮にした。なんだか満足度がやたらに高かった。

昼間につくったのは里芋のポテサラだった。里芋だからやはりそうなのだな、というようなところで、ねっとりとした。くらま山椒を刻んで入れた。

夕方、バトンタッチの時間、今日はもうできるだけ早く出ようとわりにすぐに荷物をまとめて外に出て、一緒にチョコレートを入れたタッパーを持って外に出て「これ、ホワイトデー」と言って取らせて僕も取って食べた、おいしいでしょう、おいしいですね、まあ今日はこれでもつまみつつやってちょうだい、と言って、それからいくつか引き継ぎなど、一息でたくさん話して話し疲れて、それで帰った。

家に用事ってなんかあったっけ、と思ったらそれは昨日持って帰りそこねたチョコレートを持って帰ってきたそれを冷蔵庫に入れておくということでそうして、「遊ちゃんが無事見つけますように」と念じ、また家を出た。

電車は小田急線のどこかで発生した人身事故の影響らしく遅れたりしていて僕は庄野潤三を開いて読んでいた、池袋へ着くまでに読み終わった。娘、今村夏子さんの文章があった。

夕食後はいったん解散して、再び食後のお茶やお菓子を食べに集合します。その時はトランプや将棋などゲームをするのです。中でも一番熱中したのは百人一首でした。小さい頃は遊びだったのが、大きくなって実力が伯仲してくると、絶対に負けられない真剣勝負になりました。札が残り少なくなってくると、読み手の母が緊張して声が震える程張りつめた空気になります。一勝負終ると、みんな力を使い果たしてくたくたになってひっくり返ります。あんなに夢中になった楽しい百人一首は、あの時、あのメンバーでしかできなかった事でしょう。

『明夫と良二』のページをめくる度に、かけがえのない家族との日々がよみがえり、懐かしさで胸がいっぱいになります。

消える事のない思い出を残してくれた父と母と弟に、心からの感謝の気持ちを伝えたいです。

「みんなで暮らしたあの頃の事は忘れません。本当にありがとうございます。」

庄野潤三『明夫と良二』（講談社）p.287, 288

あのメンバー。胸がいっぱいになった。

最後を読んでいてずっと気づかないままだったことに気がついてこの小説では語りは

家の中から一歩も出ない。家の中というか家の敷地か。家の外で起きたことは伝聞か回想の形でしか書かれないからレイヤーがひとつ違ってカメラは常に家の中にとどまる。それに気がついたときなんだか「おお」と思い、それでエソラ、というところに行こうとするも池袋駅は馴染みのない人間から見たら迷宮で到底一人でたどり着ける気がしないから早々に駅によくいそうな人に道を伺い、言われたとおりに歩いたら着いた。

その4階だったかにエスカレーターで上がると梟書茶房で入り口の前には二人組みたいな人たちがてんでばらばらにいてこれは、きっと待っているんだ、しかしどういう待ち方なんだ？ と思って戸惑ったのちお店の人が見えたので教わった、紙に名を書けばいいとのこと。それで書いて、ふむ、どの程度待つだろうかな、と思いながらその入り口の手前のスペースになんとなく戻ったところ一人で立っている方があったので「一人でもけっこう待ってます？」と聞いてみたのは一人用のスペースがあってそこはけっこう空席があったからだった。待っているのはほとんどが二人組で、だから一人客しか通さないそのスペースに一人客を通すのは何も何かに反することではなかったから、可能性があるのではないかと思ってのことだった。それで聞いてみると「私も今書いたところで」ということで「そうですか」と言ったら「さっき一人の方が通されていました」と教えてくださった。それは希望が持てるかもしれない、と思いながら、立っていたら、二人組が通されて、それによって入り口至近のところにある待つためのソファが空いたのが見えて、特に先着順で座る場所というふうでもなさそうなのでそこに座った、座り、上着を脱ぎ、リュックからパソコンを出し、フヅクエラジオを始めた。これは快適だな、というソファでいい調子で、少しずつ名前が呼ばれ、それよりもきっと増えていく名前のほうが多かった。一人席が空いていても一人客を通すということはしないみたいであくまで順番ということらしかった。非効率に思うがそう決めて運用されているのだろうから仕方がなかった。

40分、ラジオをやり、ふむ、終了、となり、遊ちゃんもそろそろ池袋にきっと着くんだよな、もう時間ないんだよな、という時間になったため出ることにした。なんだか結果として、入りたかったから入れなかったということではあったが、結果としてはただ座り心地のいいソファで仕事をさせていただいたという格好になり、なんだか悪い気がした。しかし待ち時間を極端に有効活用してしまったからそう思っただけで実際に僕は入りたくて待っていたのだから悪い気がする必要はなかった。

それで出て、近くにコーヒー屋さんがあったので入ってコーヒーを頼んだ、このあとコーヒーを飲むから飲まなくてもよかったがではコーヒー以外に何か飲みたいものがあるかといえば特になく、遊ちゃんは20分くらいで着くようだった、コーヒーがこれがまずく、焦げた味がした。客が出入りする扉が勢いがすごく、バタン、バタン、と大きな音と振動があった。店の人たちはいろいろなものをガチャンガチャンと乱暴というか何も気をつけない状態で動いていた。僕はどうでもいい気分になった。それでラジオを少し続けて終えて、それから遊ちゃんと東上線の南口改札のところで落ち合った。梟書茶房の話をした。店が人気になることは本当に大変なことだろうなあ、ということを思っていた。幸せになる人の数はもしかしたら大して増えないだろうし下手をしたら減りするだろう。働いている人もきっと大変だろうというか、あれだけ人気だととにかくさばくというふうにどうしたってなるだろう。考えていたら切ない気持ちになってきた。人気になって、そして店が幸せにしたい人、コアターゲットの人がたくさん増えるなら、それが一番いいが、人気になるということはそうきれいに行くものでもない。それに僕だってきっとコアターゲットじゃないわけでただただ仕事ができたらよかった。店に対するどんな興味もなかった。コアターゲットだけで成立させること。それが本当に幸福なことなのかはわからないけれど、そうさせたいならば、そのひとつは用途を制限してあげること。無関係の人に不便な思いをちゃんとさせてあげること。無関係な人にとって魅力のない作りにすること。フヅクエもお客さんの数は少しずつきっと増えていると言っていいと思うけれどフヅクエがおおむね幸せでいられるのはそれが機能しているからだろう。守らないといけない。

ときわ台に着き、二人ともお腹が減っていた。定食屋みたいなところをいくつか見かけた記憶があったから南口に出て、それでいくらかうろうろしたらとんかつ屋さんがあってヒレカツ定食750円みたいなそういう様子だった。いくらかぐるっと飲み屋のあるエリアを歩いたのちそのお店に入って僕はヒレカツとコロッケのミックスの定食で遊ちゃんはカツ煮の定食を頼んだ、お店を切り盛りしているのはちゃきちゃきしたおばあちゃんでキッチンは快活な老年の男性がやっていた。モディリアーニみたいな絵があった。絵がいろいろ飾ってあった。他のお客さんは一人の中高年の男性で新聞を読んだりとりあえず瓶ビールを頼んでそれから定食を頼んだりしていた。定食と納豆という人もいた。僕の背中の高いところに設えられたテレビでは笑点が放送されていてテレビの音は注意を全部取っていく。しばらくすると野球中継に変わって巨人とソフトバンクのオープン戦で菅野と千賀が投げていて二人とも7回くらいまで投げていたみたいで開幕が近づいてきたんだな、と思った。どちらも無失点で千賀に至っては7回に初めてヒットを打たれたくらいだった、そのヒットは丸によるものでショートへの内野安打で打ち損じだった。

定食はとてもおいしくて、僕は暮らしの中にこういう店があったらいいだろうなと思った。町に向けてやるということはきっとこういう店で人気とか評価とかそんなものとは関係のないところで存在し続けるこういう店で、遊ちゃんが最近見た「マツコの知らない世界」は箱根の回で箱根の住民が行く町営温泉が紹介されていた。それを見て僕らを含め町とは関係のない人たちが行くようになったらいろいろが違うことになる。場にとっての幸せな均衡とはどんな状態か。

ご飯を大盛りにしてもらった僕は遊ちゃんからもご飯を少しもらい、もらいというかもうお腹いっぱいのように見えたから「食べようか」と言って手伝ってあげたわけだが、もらい、それで満腹で満足で線路を渡って北側に出た。線路は今日は大学時代のことを思い出させはしなかった。

それで本屋イトマイの扉を開けて階段を上がると鈴木さんが顔を出して「こんにちは」だったかなんだったか言ったときにその顔を見たときに僕はなんというか感動して「店主だ」と思った。作ったものということでも不自然ということでもなくでもその顔つきは「店に立っている人」の顔でそれで僕は感動して、それから挨拶をしてからコーヒーをいただいてから本をうろうろと見た。

今のところ3000冊弱らしい本は、こういうくらいの量ってちょうどいい量だな、全部見ることができそうだ、という量で、だからいつになくじっくりじっくりゆっくりゆっくり本を見て回った。長い時間そうしていた。途中で遊ちゃんと「ああだ」とか「こうだ」とか話しながら、だいたいそれぞれで本棚を見ていた。お腹が埋まって眠かった。遊ちゃんもそうだった。それでジョイスの『ダブリンの人びと』というかその中の「死者たち」はしばしば「あ、なんか今、読みたい」となる本でしかしいつかになくしたらしくないので「こういうときに買うやつだ」と思って買うことにしてそれから『Number』の新しいやつが表紙がイチローで大谷翔平の表紙の『Number』の時期があまりに長く続いていたからイチローの登場は僥倖で『Number』も買っていくことにしてそれから『本の未来を探す旅 台北』も、いつも買おう買おうと思いながら書店に行くときっと行くコーナーが僕が違うというか僕がいるコーナーで見かけないから意識から抜けて買い忘れていたそれを取って、それから東京コーナーみたいなところを見ていたら吉田健一の『東京の昔』というのがあって開いたらもうすごくよさそう、と思ったのでそれも取った。遊ちゃんは「千葉雅也のお友達のやつ買うんだ」と言っていてなんだろうと思っていたら三浦哲哉の『食べたくなる本』だった。あといくつか持っていた。それで買って、帰った。

遊ちゃんは極度に眠そうで、眠そうだけど眠ろうとせずに目を開けていたから「寝たら?」と言ったら少し寝た。その前に東上線に乗っているときに夜の車の道を見かけたときの切なさを話していてオレンジ色の光がぽつんぽつんと向こうに流れていく道路を電車に乗っていて見かけると切なくなる。子供のときの車に乗って帰省してそれで帰っていく日曜日の夜のそういう情景があるのではないか、二人とも、ということになった。非日常とまでは言わないまでも日常とは違う場所に週末に行ってそして帰り道でそして明日から学校で、疲れていて、眠くて、夜だ、その感じの全体が夜の道路の切なさなんじゃないか。いま隣でコクリコクリとしている遊ちゃんを見たり見なかったりしながら今の遊ちゃんと20年前とかの小学生だったときの後部座席で外を見たりウトウトしたりする遊ちゃんが二重写しになって僕は胸がいっぱいになった。

少し寝たらいくらか目が覚めたようで乗り換えで、昨日だったかおとといだったか遊ちゃんはワインが飲みたいと言っていた、おいしいワインが飲みたいと言っていて、帰りにワインのお店寄って少し飲んでいく?と提案してみると「素敵な提案」ということで採択されてそうした。外から中を見るときの様子から立ち飲みとかなのかな、そういうざっくりとした感じでワイン一杯二杯飲んで帰れたらそれはいいな、と思っていたら上の階に通されてそれで着席した。二杯、飲んだ白ワインはどちらもとてもおいしくて遊ちゃんの飲んだ二杯もどちらもおいしくて「おいしいねえ」と言って話しているのは遊ちゃんの仕事の話で僕はほとんどしかめ面をしながら聞いていた、真剣に考えていたということだった、そうしたらブレイクスルーというか「あー！　これだ！」ということが遊ちゃんにやってきてよかった。それで帰った。

山口くんから今日の伝票の写真が送られてきて激烈に暇だったようだった。二日連続激烈に暇で、三月は全体に低調というか二月と比べたらはっきりと鈍い。なんだろうな、なにがどう影響するんだろうな、というか二月がなんであんなによかったのかわからない、それにしても心配だ、と、本当に簡単にこうなる。少し落ち込みすらした。

遊ちゃんとフヅクエの数字について話しながらなんだかお腹がさみしくて先日開けなかったポテチを開けてウイスキーを飲んだ。途中でテーブルにチョコレートが置かれているのが見えて、それはカカオ分92%のチョコで遊ちゃんのチョコの好みはハードコアだった、それにしても遊ちゃんは明日の朝に冷蔵庫を開けるのだろうか、冷蔵庫に入った僕からのチョコレートに気づいてくれるだろうか、と思っていたところだったのでもう寝床に移って寝ていた遊ちゃんに「チョコ、ここで大丈夫？　冷蔵庫入れておかなくて大丈夫？」と聞き、大丈夫ということで、「え、チョコって冷蔵庫じゃなくていいの？

溶けたりしない？」と聞き、大丈夫だよということで、そうか、と思って、それならと思って冷蔵庫に入れておいたチョコをテーブルに置いておくことにした。これならさすがに気づいてもらえる。

寝るまでは『東京の昔』で『東京の昔』は吉田健一の若かりし日に自転車屋のなんとかさんという青年とおでん屋でたくさんお酒を飲んでそれから神楽坂のバーに移ってまた飲むそういうことが書かれていてそれに何か乗せられたのか僕もずいぶんお酒を飲んだ。

3月15日（金）

先入観や思い込みというものは人の目を素晴らしく曇らせるものでニュースアプリを開いていたら野球の記事が目に入って「球児の筋トレいつから」というタイトルで僕は藤川球児の話だと思ったことで僕に見えていたタイトルは「球児の球筋いつから」というものになっていた。藤川球児の火の玉ストレート、なぜ今それを取り上げるのかはわからないながらもたしかに藤川球児があの全盛期のストレートを投げられるようになった時期やきっかけはどういうものだったのだろうということは気になって開こうとしたときに違うことに気がついた。

そのせいではないが、というかそのせいではまったくなく、朝、店に着いてからどうにもイライラしていた。イライラして自分の鳴らす音のひとつひとつにイライラが増長して、うーん、と思った。味噌汁をつくって、それから切り干し大根と人参の煮物をつくっていたら落ち着いた。手仕事というものの大切さ。

夕方に山口くんが来るまでは、あれこれと働き、昨日のラジオの推敲をして、配信の準備をして、夕方になって余裕があったらドトールに行ったら日記を書いてそれからずっと止まっている「『本の読める店』のつくりかた」の原稿をやりたいと思っていた。なんでかずっと進められない。ぽん、と、コルクの栓が抜けるようなそういう瞬間の到来がほしい。到来というか、ぽん、と、コルクを抜きたい、そうしたらどぼどぼと進むんじゃないかと期待しているからだから進めたい、と思いながら夕方までがんばって、山口くん来て、あれこれとしゃべり、ドトール行ってきます、と言ってドトールに行った。それで日記を書いた、書いている、Lucy Dacusを聞きながら日記を書いている。

日記を書き終え、原稿に移り、そうしたらどうしてだかAnimal Collectiveを久しぶりに聞きたくなって、それにしてもどうしてだろうか、それで聞いた。最初は一番最初に出てきたおそらく最新アルバムであろうものを聞き、それから2009年とかのそれ2011年の岡山の部屋とかで大きな音で聞いていたものだった。これはそれこ『Merriweather Post Pavilion』を聞いた。懐かしい。大好きなアルバムで、これはそれこ2009年とか、そういう頃に大きな音で聞いていた。この時期はやたら現代音楽とかノイズとかを聞いていてEMCだっけ、レーベル、のものとかをよく買ったりしていた、グリーンハウス、というCD屋さんだったっけか。メレディス・モンクとか、この時期だった。悪夢みたいだな、と思いながら聞いていた。夜寝るとき、ノイズを大きめの音で流しながら寝る、ということをよくやっていた。暴風雨の中で眠る、みたいな、それは心地よい入眠をもたらした。そういう中でアニマル・コレクティヴもよく聞いていた。このアルバムが大好きだった。フジロックで見たとき、本当になんというか、宇宙だ、と思った。

宇宙。原稿を早々に、しかし一歩は進んだ感もあって諦めて、それで『ガルヴェイアスの犬』を開くと宇宙を名のない物が飛行して一路ガルヴェイアス、という夜が描かれていた。そしてガルヴェイアスは爆発して、誰も死ななかったので明るかった。爆発のときは恐かった。

これは面白いぞと思いながらいくらか読んでまた原稿に戻って書こうと進めたしいくらかたしかに進んだが肩がまた気持ち悪くなってやめた。昨日、遊ちゃんと電車に乗りながら、遊ちゃんはうとうとしながら、僕は小さい頃の夜を思い出しながら、ずっと肩が気持ち悪く重く、鎖骨のあたりのリンパとかのあたりとかをずっとゴリゴリと押していたことを思い出した。ゴリッ、ゴリッ、と動くそこをずっと押していた。今日は金曜日で夜で、いつヘルプに呼ばれてもいいぞ、と思っているのだけど夜の8時で、音沙汰がない。元気にやっているんだろうか、それとも今日も暇なのだろうか……

併し仮にそういうことがあってもそれでそのこれからの時代がどうにもなるものじゃないだろう。やはり負けても何でも戦争が終ればこっちは胸を撫で降ろすだろうし、そういうことになって時代なんていうことを思うかね。そしてそれを思わないのがどうかしてるんじゃないんだ。貴方だって、誰だってきっとそうだよ。その胸を撫で降ろすんだって自分がもと通りの人間だからじゃないか。それで自分はもと通りでこれからの時代なんていうことを考えたって何の足しになるのか。それよりもこれから自分がどうするかで自分の一生は時代じゃない。

吉田健一『東京の昔』(筑摩書房)p.34

自分の一生は時代じゃない。

9時前、店に戻ると半分ほどで、ゆったりしていた、ふーむ、と思い、僕も客席で本を読むことにした、コーヒーを淹れて『ガルヴェイアスの犬』と吉田健一を持って入口側の一番端っこのカウンターに座って読んでいた、ポルトガルでは猟で仕留めたウサギの皮を剥いだり硬いパンを不揃いの歯で食べたりしていて雨が降っている、昔の東京では銀座の紀伊國屋書店に行って新橋にも丸善があった、資生堂のカフェみたいなところでウイスキー入りの紅茶を飲みながら話している、次第次第に眠気がやってきて「店主、眠る」と思ってそれはまずいと思ったため一度外に出て屋上に行ってふらふら歩行しながら煙草を吸った、西新宿のビルが見える、明かりはまだまだついている。白菜のことを考えていた。あたたかいものが食べたいと。そして白菜を使いたいと。

それで戻るとルクルーゼに切った白菜とにんにくとベーコンとオリーブオイルと塩を入れて蓋をして蒸し煮にして、また席に戻って読書を続けた、3日連続暇なのか、と思い、ふーむ、と思い、思うだけ思うけれどそれ以上は何も考えないから思っても意味がない。「今日の一冊」を始めて愉快だったのが着々とインスタのフォロワーが減ることでそれは笑いを誘った。期待されていない投稿。

12時前、メルマガの配信設定をした。月曜日にここ数日とんとんと新規のご登録があると思って「このペースで増えたら」と皮算用したらその日以来ぴったり止まって笑ったというかそういうものだった。それでそのまま閉店して夕飯を食べた、白菜は一時間半くらいそのままにしていたらスープになっていて最高のスープだった。明日もつくりたいというようなおいしさで、食べ終わったあとに山口くんと小説の話をしていて新人賞以外のデビューというのはよくなかったりするのかな、ということを話した。どこかで賞を取っていないというコンプレックスが残り続けるような気もしたりして、と言ったから、

「でもそのあとに野間文芸新人賞取ればいいじゃん」

と言ったら
「あそうですよね、そうですよね」

と納得顔で言って、その取っていない狸について云々するのんきなやり取りに笑った。

帰る前に「今日の一冊」の18日分が空きがあったので「#現在の読書」でやることにして『本物の読書家』を取り上げることにして、これは厳密には「現在」ではないがいつが現在かなど誰も知らないから少しずれていても大丈夫とそう思ってそれで書いたら

「保坂和志のインスタで『群像』での対談のページの一部がアップされていてそれを読んだら引用がどうこうとあって「引用」と思いそれからその投稿に貼られたＵＲＬを(インスタなので直接は飛べないので)コピーしてSafariでペーストして飛んで、行ってブログを読んだところ面白くがぜん読みたくなってその次に書店に行く機会に探したが見つからなかったので小山田浩子の『庭』とかを買った。それが1月の半ばでそれからずっと特に思い出すことなく、だからもう探されることもなく、ふた月が過ぎた。先日ベン・ラーナーの『10:04』を読み終えた日に「こんな小説のあとにはいったいどんな小説が楽しく読めるというのだろうか」と思いながら丸善ジュンク堂をうろうろとしていてそのときに「そうだ」と思いだしてしかし名前が思い出せなかった。しょうがないから「野間文芸新人賞」で検索したらすぐに出てきてそれで本棚で「の、の、の」と探したらすぐに見つかった。」と書かれて僕はこの短文のさらっとしたなんの特に紹介もしないどころかこれに至っては読んですらいないそういう本の紹介を今とても心地よく思っていて気に入った。帰った。

今日はお酒を飲まない日にして水をがぶがぶと飲み、お酒を飲まないと私は早くから床についた。それで吉田健一を読み、それにしても『時間』は読まないでこちらを読むのね、と思って、『時間』は止まったままだった。

3月16日（土）

八百屋さんに僕が行く時間はまだ荷出しというのか、市場から仕入れてきた野菜を並べている途中でいつも申し訳ないなと思いながらもしょうがないから申し訳なさそうな顔をしたりしなかったりして買う。これから並べられていく野菜が入ったケースが積み重ねられたりしていてその中を覗くと「おや？」と思ってどうやら木の芽だった。

おとといい庄野潤三を読んでいたときに夕食時に「細君」が息子たちに「取ってきてちょうだい」と言うと明夫だか良二だかが庭の山椒の木のところに行って小さい葉っぱというか木の芽を取ってきてそれを受け取るとパンと手で叩いて魚に乗せたりして食卓に出すそういう場面が描かれていたこともあって木の芽に反応して、値段を聞いたらけっこういい値段がするけれど「季節のものは格別だから」という八百屋のおとうさんの言葉に押されて買ってきた。さてどうするかと思うがわからないままで、木の芽味噌にするのが一番いいだろうか。調べたら刻んだりするとすぐに変色するとあるしそうかもしれない。

それで準備をして開けて、ゆっくりな始まりだった。胸がゾワゾワしてきた。どうしたんだ？ というような。

それで、やることも見当たらないので『本の未来を探す旅 台北』を開いて読み始めた、序文がとてもかっこよく、そのあとの朋丁の方の話がよくて、「この広い世界に制限というものは存在しない」とあって、そうだよね、と思った。そう思う。たしかにそう思えるときがたしかにある。

時間、が大事だと思います。その場所で長く続けていれば自ずと経験も蓄積されますし、時間をかけてはじめてできることもある。半年、1年という短期間ではできなかったことが、継続して可能になる場合もあると思います。おそらくお二人がほかにインタビューする書店の方たちは私たちよりもずっと長く続けている先輩たちでしょう。そうなると正直、苦労話や小さな問題みたいなものは、長い実践の積み上げによって掴んだものの背後に引っ込んで、副次的な話題になっていく。

内沼晋太郎、綾女欣伸『本の未来を探す旅 台北』（朝日出版社）p.23

苦労話や小さな問題みたいなものは長い実践の積み上げによって掴んだものの背後に

引っ込んで副次的な話題になっていく。

韓国のときもそうだったけれど僕は書店の本として読んでいなくて自分たちで仕事を立ち上げた人たちの物語として読んでいてそれで僕は朋丁の方の話を読みながら感動していった。


そのまま低調な一日。夜、気持ちも低調になる。サンドイッチやトーストの皿を割って拍車がかかる。嫌なこともある。どうしてこんな失礼なことをする人がいるのかな、と思うこともある。

人を許せない気持ちになることがある。どうしてこんな人を許す必要があるのかな、と思うことがある。

ダウナーな心地になり、不機嫌なまま帰る。店というものはあっけなく簡単にダメになってそして終わるのだろうなと思う。酒を今夜も飲まない気でいたが晴れずウイスキーを飲む。それで吉田健一を開く。ふと、90年前、と思った。この本に描かれているのは戦前の時期のことのようでだからたぶん90年とか前で90年前に人はたしかに生きていて東京の本郷のおでん屋で熱燗をひたすら飲みながらしゃべっている。あれこれを論じている。そう思ったらそこにあった時間とそこから続く時間のことが思われて僕には長すぎて今の不機嫌がどうでもいいものになるような心地があった。
「それはそうだけれど、だって船って長い間乗っているうちに酔うのじゃないのか、」と先天的に船に酔わない質に生れ付いた男が無邪気に聞いた。又それはいいことだった。それで何かこっちの顔が荒れ模様になり掛けていたのが静ってそこは甚兵衛の土間で勘さんと古木君と三人で飲んでいた。それは春の晩で土間が冷えているのが気持がよかった。そんな町一つが血で洗われるようなことがあったらばたまったものではない。又序でに言って置くとこれは剣で一人一人を刺して血を流すという手間が掛ったことをしたのでそれだけ血もよく流れた。併しこれは今になって付け加えているので甚兵衛の土間では春の晩だった。

吉田健一『東京の昔』(筑摩書房)p.105

3月17日(日)

なんとなく、おかずは今日の分はあるようで、特別急いでやることもないようで、それでダラダラと開店前の時間を過ごして開店したら最初はとんとんとんと来られて「お!」と思ったがすぐに止まって長い時間『本の未来を探す旅 台北』を読んでいた。

元気が出る。元気がほしかったのか貪るように読んでいた。それにしてもここまで連日こうだとフヅクエは小休止のときを迎えたと言わざるを得ない。それでずっと本を読んでいた。そうしたら読書に飽きたので木の芽味噌をこしらえた。砂糖と酒と味醂を火に掛けてそこに白味噌を混ぜておいて、それからすり鉢で木の芽をすり潰す。この小さい枝というのか軸というのかこういうのはどうなるんだろうな、取るのとか面倒だな、と思ってそのまますり潰したところその枝だか軸だけ繊維みたいな様子で残るのでそれを箸で取った。葉がまだ残っているやつはこそげた。この順番が簡単な気がした。すり鉢は普段はハーブティーがジュニパーベリーのときに実を潰すのに使うだけでそれ以外は使わないから新鮮で、そしてすり潰すとああいう様子で残るのか、というのが新鮮だった。濃い緑が底に残って、絵の具をつくっているみたいな気になった。それでそこに白味噌を合流させつつぐりぐりとやっていくと木の芽味噌の色になっていき、全部混ぜて味見をすると驚いたことに木の芽味噌で、だからまず驚いた。

「え!?　これは木の芽味噌だ!」

そうしたら突然暇な時間が終わって恐ろしいまでのスピードと技術を駆使して僕は働き抜いた。途中で考え事をしていた。店が、個人店が、なんだか次第次第に怖くなっていくというか頑固になっていくようなそういう変化みたいなものは簡単に想像がつくんだよな、と思った。やっている人間が大事にしたいものを大事にしてくれない人を受け入れていくのがしんどくなってバカらしくなっていくというのは簡単に想像がつくんだよな、と思った。

でもそちらに振るのはもしかしたら簡単で安易で、腕を広げて笑顔で迎えながら戦うその戦いが一番やりがいのある戦いなのかもしれない。直接は関係しないけれど『本の未来を探す旅 台北』で雑誌がというのか雑誌社がというのかが雑貨とかを売るリアルの店舗を始めたことに対して抵抗感を示す読者もいたという話でしかし「でも雑誌を存続させるためには、あえて一歩を踏み出さなければならない、と私は決意しました。そういう手段としての商業化は悪いことではないのですが、気をつけるべきは、醜くなってしまったら間違いだということです」と『小日子』の方が言っていて「そうだ」と思ったそれを今思い出した。「君は美を目的にするんだよ」と、言った男はどうなったのだったか。言われた男は、どうしたのだったか。

結局今月では一番いい数字の日になってそれが読書と木の芽味噌というのんびりした時間を経てそうなったということはつまりそれだけギュッと働いたということでめまいがするような働き方をして「銭湯、銭湯」と思った。それで9時を過ぎたくらいでいろいろがなくなっていったためチーズケーキを焼いて人参と糸こんにゃくのきんぴらをつくってれんこんときのこを炒めて煮て刻んだネギと味噌で絡めたやつをつくった。れんこんの切り方は試行錯誤しているらしく先日はれんこんの断面を活かさない関係ない向きに棒状というのか、に切るようなこともやって今日はずいぶん薄く切った。どうしたら盛り付けやすいか、どうしたら盛り付けたときにきれいか、ということでごぼうを先日初めてピーラーでささがきにしたらそれがよかったその影響でれんこんも薄くしたのだろう。ごぼうのやつはピーラーというのは偉大でだからエアリーに盛り付けられる。かさも妙に多くなるような気がする。つまり、見た目変わらず量が減る、みたいなことになるのだろうか。量をけちりたくてそうしているわけではなくてきれいに盛り付けたいだけなのでそれはどちらでもいいのだけどエアリーに盛り付けたときつまり私たちは霞を食べているということか？

それでしかしピーラーの使用は疲れることが今回わかったためスライサーというのか名称がわからないが調べたがいまいちどういう基準で考えたらいいのかわからないしごぼうもいけるのかがはっきりしない。そうやっていたら閉店して閉店してから一時間くらいはパソコンの前から動けずぼんやりしていたが夕食にすることにして賞味期限を一日過ぎてしまった豆腐に木の芽味噌をぺったり塗ったのと、それからおかずを6品くらい食べた。お米もたくさん食べた。幸せだった。

3月18日（月）

スーパーで後ろから「うっ、うっ、うーれーしー」という声が聞こえてそれが繰り返されて小さな男の子だった。納豆とかを取っていたら横並びになってまだ「うっ、うっ、うーれーしー」と歌うように言っているから「どんなうれしいことがあったの？」と聞きたくなったけれど聞かなかったしわけを聞かなくても声を聞いているだけで満ち足りるようだった。

そんな朝だったから気分もよくて長芋を出汁とか薄口醬油とかお酢とかで和風ピクルスのようにしてみたがはたして漬かるか。昨日までの一週間の日記がやけに長くて3万字にも及んだ。これは推敲が大変だろうなと思って印刷をして今日の営業中にもし推敲を終えられたら一日得をする、というそれを今週もやった、先週先々週と違うのは朝の時点で印刷できる状態にあったということで営業中にできるかもしれないという点で先週先々週は閉店後の時間だった。

それで開店してなんとなくいい調子にお客さんが来られてここのところは日中のお客さん数がたぶん二月と比べたら減っていてそれが全体の低調な感じをもたらしているよ

うな気がなんとなくしていたからそれは嬉しいことで春菊を湯がいてナムルにした。長芋は薄味にしたつもりでそこに木の芽味噌を掛けて提供するつもりで夜になって味見をすることが楽しみで、仕込みも特に見当たらなかったので日記の赤入れを始めたがやはり3万字は長くていつもより1万字くらいは多かった。でも読んでみたら特別くどいわけではないというか何かタガが外れた感じになっているというふうでもないしダラダラしすぎているというふうでもないから構わなくてそれにもしくどかったりタガが外れていたりダラダラしていたとしても構わないというか構いようがなかった、自己検閲みたいなことをし始めたら退屈で「この時期はくどいな」というそれ自体が日記という方法が見せる物語だからこちらの意図は超えていく。超えるというか意図は無効化される。それでいい。

やっと推敲が終わったと思ったらもう暗くなっていてお客さんは一人だけになっていてその方も帰っていったから誰もいない時間が少しのあいだ発生してシナモントーストをこしらえて食べていたらお客さんがいらした。僕は今日も『本の未来を探す旅 台北』を読んでいて推敲を始める前の時間に「今日の一冊」の「#現在の読書」でこの本を明日取り上げることにして「シリーズ前作の「韓国」を僕はもっぱら自分で仕事を立ち上げた人たちの物語として読んでいて海を超えて隣の国の同じような世代の人たちが楽しくストラグルする様子に何度も感動して一人出版社の方が言った「すべての決定に淋しさがあります」という言葉がずっと残ってときどき思い出す。だから「台北」が出たのを知って読もうと思っていたが大きな書店に行っても小説コーナーに行くくらいですぐにレジに行ってしまうから忘れていることも忘れて買いそびれてあとで気づくということを繰り返していた。

それでプレオープンを知らせる看板を見て扉を開けて階段を上がると上がりきらないところで顔が覗いて鈴木さんで本屋イトマイに来た。鈴木さんは友人で店の話は何度も聞いていたし勝手な意見もたくさん言っていてその店がとうとう始まって店が始まったときに僕は「おめでとうございます」という言葉を思わないから言わない。店を始めることが夢でそれが実現したらおめでたいのであれば実現した途端に終わりに向かうしかなくて実際はそうではなくて店は始まったときからようやく始まるし先のことを考えると途方もない気分になるその気分を抱えながら楽しくなったり面倒になったり悲しくなったり疲れたり希望を覚えたりそうやって日々を生きていくのがきっと店でだから店というものには「おめでとう」というタイミングなんてどこにもない。どこにもないなら始まりのときに言ってもいいかもしれないと今思ったがそれは今思ったのでありその夜は思わなかったので言わないでコーヒーを片手に持ったり棚に置いたりしながら本を見ていた。小さい書店は全部の本を見られるような気にさせてそれは普段は近寄りもしないジャンルの棚も見られるということでそうやってぐるぐるとしていたら時間が経っていって疲れてきた。そろそろ帰ろうと思っていると本の本のコーナーで「台北」を見つけてそうだそうだと思い出してきっとこの本も自分で仕事を立ち上げた人たちの物語でそれをちょうどその物語の始まりにいる人から買うことになった。」と書いた。

僕はこのサラッとした1000字にも満たない文章を気持ちよく清々しく思っていて一筆書きと思っていて遊ちゃんに送ってそういうことを言ったら「スループット」という言葉を教えてくれた。教えてくれたというか「インプットとアウトプットの間くらいの気軽なアウトプットのことをそういうふうに言っている人がいた」というようなことで調べてみたら「スループットとは、機器や通信路などの性能を表す特性の一つで、単位時間あたりに処理できる量のこと。ITの分野では、コンピュータシステムが単位時間に実行できる処理の件数や、通信回線の単位時間あたりの実効伝送量などを意味することが多い。」とあるけれどどこれを「インプット　アウトプット　スループット」で検索するとなんだかそんな感じがありそうな検索結果になったけれど本当のことはよくわからない。とにかく気軽なアウトプットというのはいい、僕はスケッチという感覚がある、それから手遊びというのでもいい。三宅唱が「無言日記」を始めた時に「手遊び」という言葉を使っていたような記憶があるがでっち上げかもしれない。
それで夜になって推敲で疲れたのかいろいろとやる気がもう出ない様子があり肩も気がつけば重くなっている。銭湯に行きたい、昨日はぼーっとしていたら時間が更けていって行けなかった、風呂にゆっくり浸かれば何かが変わるとでも思っているのか、血行はよくなるかもしれない。

引き続き『本の未来を探す旅 台北』を読んでいて田園城市の店内の階段というか段差というか二段の階段に腰掛けて座り読みする人の写真が見えて、そういうのはとてもいいよなあ、と思って胸がキュンとしたあとだろうか、突然「本屋やりたい！」という気が起きて簡単に影響を受ける。この本のこともあるし鈴木さんのこともある。本屋イトマイに行ったときに暮らしの中にこの本屋があったらいいだろうなと思ったそれがこの本を読んでいて自分のこととして思ったらしかった。ときわ台のとんかつ屋さんの体験もそれを支えた。暮らしの中に、ということがとにかく大事というかかけがえがなくてそれはどこかから観光で来た人には体感としては絶対に感じられない価値で日々の中にあるから輝くそういうものはかけがえがない。

ぴょっと入れる本屋があってコーヒーとビールがあってそのどちらが目的でも構わないけれど電車に乗る前に本を眺めるということあるいは電車に乗る前にコーヒーを買っていくということがQOLを上げるということがあってコーヒーのことで言えばそれは代々木八幡駅前のスイッチーコーヒーはまさにそうでそれが日々に溶けるということはもしかしたら気がつかないレベルでたしかに生活を豊かにする。そういうものを初台でやれたらと思ったというか初台にあったらと思ったけれど初台にそこまでの思い入れがある気もしないしこれは今日だけの欲望できっとやらないだろうけれど屋号はどうなるのだろうか、フヅクエという名前は使ったほうがいいのだろうか、それとも使うとフヅクエという概念がぼやけることになるのだろうか。考えるだけはタダなので考えるのは楽しいし有料であっても考えるのは楽しいから2000円くらいなら払っても楽しい。

11時前にはどなたもおられなくなって「そうか」と思い、片付けて帰ろうかな、どこかで何か読みながらお酒を飲むなんていうことをしちゃおうかな、と思ってとりあえず看板を上げるついでに資源ごみを捨てようとダンボールをどうこうしていたら扉が開いて二人の方だった、それで迷った、しゃべれない店であること、しかし他に人がいないならば別段なんでもいいこと、この時間から新たな他の方が来る可能性は経験上は非常に低いこと、しかし仮に来たときにはしゃべることは一切できなくなること、それを伝えてお通しして、そこからは判断は任せた、案内書きを読んで席料とかを知ってどうするかは任せた、安い高いはこちらが勝手に判断することではない、呼ばれ、行くとお二人ともコーヒーだった、お二人とも席料の説明のページを開いていたからちゃんと認識をしたというふうに判断してコーヒーを入れながらこのプラス2は大きいな、と思って「ラッキー！」と思った、この金でどこかに飲みに行こうかなと思ったがそれはわからなかった、二人がキーボードを付けたタブレットを出して画面を見ながら何やら相談事をしていて人が話しているこの感じは新鮮でそしてドギマギしてだから音楽を変えて以前定食屋をやっていたときに流していたプレイリストに変えた。話すにも静かなドローンよりはボーカルもののほうがきっとしやすいだろうということもあった。それで一時間弱おられて帰っていかれてなんだかいい人たちだったというかただあぶくの金をもらったというより気分もあたたかいものをもらってありがたかった。カレーを食った。

　ここのところ肉の配分を間違えるのかスープだけが残るようなことが多くそれで今回もそうなったのでそこに人参とじゃがいもと白菜とベーコンと玉ねぎを入れてコトコトと煮ていた、水分が変に出そうだなとも思ったし実際そうなったが塩を入れたら問題ないことになった、ベーコンのせいなのかポトフみたいな味だな、と思って大量に食べて半分食べたときに皿に残っている量を見たらこれから食事を始める人の皿みたいに見えて俺はいったいどれだけを食べるというのだろうかと思ったし今日はさすがに多かったと帰ってからも満腹感が強かったこともあり思った。その帰る直前、店を出る直前、ふ、と僕がなにかを口ずさんでいて懐かしいメロディーを口ずさんでいてそれはさかなで今ちょうどさかなの「ジプシー」が流れているところでじ〜ぷし〜〜〜〜、いいいい〜、と歌ってから出た。

帰宅後は『ガルヴェイアスの犬』をいくらか読んでキャットファイトがおこなわれていた。

3月19日（火）

11時過ぎに起きて今日はパドラーズコーヒーにコーヒーを飲みに行こうと前日から言っていて起きると遊ちゃんがご飯も食べよう、青い鳥かな、と言うけれど僕は頭がぼんやりしていてうまくリアクションをできないし何かが引っ掛かったらしかった、外でポカポカした日らしい光を感じながら煙草を吸って「11時」と思って、遊ちゃんは午後1

時くらいにはどこかに向けて出る必要があると言っていて青い鳥に行ったらいくらか忙しくなりそうで僕はそれは嫌だったのと歩きたかったらしかった、それで名案が見つかって外に出て歩いた。僕は初めて入る遊ちゃんは何度か入ったことのあるカタネベーカリーに入って後ろで待っている人たちと向かいでパンをトレイに取ってくださっているお店の人たちのあいだで「早く決めないと」といくらか焦りながら、どれもおいしそうで困る、四つ選んだ、遊ちゃんは三つ選んだ、それで買って出てパドラーズで僕はカフェラテを遊ちゃんはコーヒーをテイクアウトしてそれで歩いた。

公園みたいなものがなかったっけ、と幼稚園のところを曲がってスポーツセンターのところを過ぎてもう少し行くと老人ホームかなにかの施設の中に公園があって中国との友好とかの証とかであるらしい萼が緑の梅が植わっていてたしかに緑でそれがきれいだったし低いところからブワッと頭上に広がるように咲くのであろう桜の木々が何本もあってお花見の時期になったらきっと人がたくさんあるのだろう。

いいベンチがあったので座って、目の前はまだ特に葉を付けたりはしていない感じのつつじかなにかで茶色であたたかくて二人とも上着を脱いでカタネベーカリーのパンをひとつずつ食べていった。どれもおいしくて、おいしい、これもおいしい、それもおいしい、あれもおいしそう、と言いながら食べて目の前は芝生で広場で最初3組6人くらいの幼稚園児とお母さんがやってきてシートを広げて座って、そこに少しずつ少しずつ人が加わっていってどのくらいだろうか、10組は言い過ぎだろうか、そのくらいあっただろうか、勢力はとにかく拡大していった。僕らはその様子が目の前なのでずっと見ながらベンチに並んで座って「どの人が一番金持ちかな」「実はあのベストの人とかかな」「イケアの青い袋を持ってるってことはイケアに行ったっていうことは車を持っている人っていうことかな」「青い袋が実は車の暗喩だったりして」「スカーフしているとやっぱり一段階金持ちっぽく見えるね」「ボーダーとサングラスの人はなんだか態度に余裕あるよねえ」「サングラスする人っていまだにかっこいいって思っちゃうんだよね」「融合した！　まさかの展開！」「すごい人があらわれた！」ととにかく楽しんでいてゲラゲラ大笑いをしていて僕はウディ・アレンとダイアン・キートンを思い出していてその全体が幸せだった。

「すごい人」というのは違うグループなのか別の場所に行った2組4人があり、そこに加わったかに見えた人で大所帯の方に近寄ってきたと思うと「こっち入れてもらえる？私たち誰もシート持ってきてないの」みたいなことを言ってつまり大所帯に仲間入りするというそういうことを見事な胆力で実行した者で、たぶん大所帯のほうがいくらか年上グループで加入してきた人たちはもう少し若そうだったその断絶だったのだろうか、とにかく胆力の強い者はその溝を埋めてみせた。寄せさせながら、私たち立ち見、わっはっは、みたいなそんな様子でその人も黒いサングラスをしていただろうか。僕が小さいとき、誰かのお母さんが黒いサングラスをしているのなんて見たことがなかったしそういう人がいたら「震えおののくほどかっこいい……」と子ども心にきっと思っただろうが今の子どもたちはもう思わないのだろうかそれともやはりかっこいいのか。

家に帰った、帰って、それで本を読んでいた。晴れていて、静かで、平日の午後だった。倦怠した気持ちがお腹にずっとあってそれで本を読んでいた。『ガルヴェイアスの犬』でおもしろかった。老人と老人が鉢合わせてしまった。ツイッターをダラダラ見ていた。眠くなり、30分のアラームを掛けてタオルケットをかぶって目をつむるとシリコンのヘラでゆっくり底から焦げ付かないようにかき混ぜられているような心地になってきてそれはだから入眠だった、芯まで眠ってアラームで起きて、それからツイッターをダラダラ見ていた。夕方で、休日は全然ダメだなと思った。意識がずっとぼやっと膜が張っているみたいになっていて全然明晰じゃない状態で一日が過ぎていく、なんのやる気も起きないで一日が過ぎていく、動かないことには体はまったく動かないようにできている、僕には一日休みなんて贅沢なのかもしれない、贅沢というか過剰なのかもしれない。少し働いて、それからオフに入るようなそういうほうがずっと休みにできるのかもしれない。

そういうことを思いながらボヤボヤと時間が過ぎて約束は8時で僕は本を読みたいししたい考え事もあった。新宿だった。いくつか思い浮かぶ喫茶店はあったけれどどうも違うと思っていた。条件は2つあって「おいしいコーヒーが飲める」「ゆっくり過ごせる」で、静かな場所なんて存在しないからそれは除外した。それで考えていたが、「ゆっくり過ごせる」は心当たりがある、放っておいてもらえてなんというか、楽な場所はいくらかある、しかし僕の思い浮かべるそれらは僕にとっておいしいと思うコーヒーが飲めるところではない、苦い、焦げただけの、黒い液体、そういうものが供されるそういう場所でそういう飲料を口にしたい気分ではなかった。一方で「おいしいコーヒーが飲める」のほうは今度はスペースがとても狭いというか基本的にテイクアウトのお店で席は申し訳程度にあるというたぐいに記憶していてそれは「ゆっくり過ごせる」場所ではなかった。二律背反で困って、そのときに、というかその前からだがぼんやりと思ったのは「これはフヅクエなんじゃないか……」ということでフヅクエしか浮かばない。フヅクエならばさらに「静か」というところも担保されている……。困って、どうしたものかなと思った、僕もフヅクエで過ごすということに慣れていってもいいかもしれない、とも思った。うんうんと悩んでいて出る時間はどんどん遅くなっていく。本当にぼんやりしていてそれで出て、フヅクエに寄った、覗くとお一人だけ見えて山口くんは席に座っていたので手を振って呼んで、階段のところで少し話した。今日は極端に暇な日のようで、彼の今日の一番のタスクは「今日の一冊」のリストを洗い出すことだったからそれを粛々と進めているところらしかった。休みの日ってなんかダメだわ、という嘆きを話してそれで初台を出て西新宿五丁目のほうに向かった。

会社帰りの人たちが交差点にたくさんいて歩いていた、家に帰る人も飲みに行く人も映画を見に行く人もいた。高いビルがあり見上げると「NTT東日本」とありだからNTT東日本のビルで、出てくる人を見ながら「こんな立派なビルで働いていたら誇りみたいなものを持ちやすかったりするのだろうか」と思った。信号待ちで止まっているると横に止まった自転車のお母さんが後ろを振り向いて座っている子どもに向かって「ぶあーーーあーーーあっぷっぷ」「ゔあーーーー」とけっこう大きなよく通る伸びやかな明るい声で言っていて僕がニコニコしていてあやされているような優しい気持ちになりもう少し気を抜いたら真似をしそうだった。

坂をくだっていくと下校の高校生たちとすれ違ってそれぞれに悩みや不安を抱えていたし喜びや楽しみもまた抱えていた。清水橋の交差点のところにあるカウンターパートコーヒーギャラリーに入ると前の方のカフェラテかなにかをつくっているところで僕は教わったとおりに並ぶコーヒーの5銘柄の味の説明とかを読んでいてグアテマラに「グアバ」とあったので「グアバ」と思いグアテマラにすることに決めていてお店の人、カフェラテを待っている人、僕、という三人でどうしてだか、特に僕と待っている人は直接口をきいたわけでもないのに三人で、どうしてだか和気藹々とした空気が生じたような気がした。カフェラテを待っている人はカフェラテができるとカフェラテとお菓子かなにかを受け取って「あと4時間、がんばります」みたいなことをお店の人に言って出ていった、仕事の途中のようだった。

僕はグアテマラのコーヒーとパンオショコラを受け取って上の階に行って静かで、家を出る直前に天啓のように思いついたのがこのお店でおいしいコーヒーとゆっくり過ごせる感じというのが両方あってこれはとても正解という気がした。それでまずは吉田健一に気持ちをほぐしてもらおうと本を開いて読み始めた。

その頃それでは自分一人でいる時に何をしていたか努めて思い出して見ると結局は町中を歩き廻っていたということになりそうである。これは稼ぐ場合は別で稼ぐのは金と差しでいるようなものであるから一人でいることにならない。又そうして歩き廻って時が過せたことは何かを探してはそれを得ていたのだと結論する他なくて今になってその何かの正体を追うならばそれは変化だった。少しずつ凡てが変って行くのが感じられた。それは過ぎて行くのでもよくて、ただそれは交代による推移だった。何かが生れて来ていることは間違いないことでそれがその前からあったものの中でだったからこれが突然そうなったのでないことは確実であり、又それ故にこの新しいものはそれまであったものの一部に取り入れられてこの推移には脈打つものがあった。その頃に銀座があってそれがその周囲の町に対して別なものだったのではない。そこと同じ掘り割りの水が築地にも京橋にも、又もっと遠く山谷にも流れていてその一部である銀座に外国の匂いがした。

吉田健一『東京の昔』（筑摩書房）p.133, 134

少しずつすべてが変わっていく。

ちょうどいいところまで読んだのか適当なところで切り上げたのか家から持ってきたA4の紙とペンを出して僕は理想の一日みたいなものを書き始めた。これは昨日ツイッターで見かけて理想の一日を書き出してみると現在との距離が確認できていいし何をどうすればいいのかも考える取っ掛かりになっていいみたいなそういうツイートでそこにあった書き出されたものを読んだら「朝、コーランの音で目が覚める」とあって「ふぁ？」となってプロフィールを見るとバンコクに住んでいる方ということだった。バンコクではコーランの音が町に流れているということを僕は知らなかった。アレッポにいたときにコーランだったかアザーンだったかその違いを僕はわかってもいないけれどモスクから聞こえて空が紺色でオレンジ色の光が建物の輪郭を縁取っていて車がたくさん流れているそういう「夕餉」という感じの時間帯を思い出したが「夕餉」を僕は「夕暮れ時」みたいな意味だと思って使ったが怪しく思い検索をしたら「夕飯」だった。

　だから紙にそういうものを書き付けていった。そうしたら、本当にそうありたいのかわからないものになっていった。毎日1時間、日記を書きたい。毎日1時間半から2時間、本を読みたい。週2日30分、走りたい。週3日1時間、日記以外の文章を書きたいというかこれは欲求というよりはそういう必要がある（自分で始めた連載等のために）というものでだから仕事だった。日記も仕事でもあるというか仕事として捉えても間違っていない。そういうあたりをベースにして考えていたら、朝8時半起きで夜1時には眠るそういう時間割になっていた。これで僕は幸せなのかはわからないけれどこれは考えてみる甲斐はあることではあった。遅かれ早かれこれから働き方も変わってこざるをえないだろう。をえないし、そうしたい。今のままでは苦しい。苦しいというか、詰まっている。不健康。なにが僕を幸せにするのか全然わからない。

途中でコーヒーをおかわりしてそれでそうやっていたら時間になって出て、もう完全な夜で、西新宿のビルに囲まれていると奇妙に高揚する気持ちになった。ビルがそびえ立っていて荘厳だった。それももっと先に進んでビルと空の境界がなくなってただビルになってしまったら薄れて、少し見上げたときにビルと空の境界があってそれはオレンジ色に縁取られたモスクと同じで境界があってだから空があって、というときに力を最大化させていた。

ブックファーストに入って時間もないのでと思っていたらたくさん積まれた『サブスクリプション』という本が目に入って「サブスクリプション」と思ったが買うのはよして時間もないので小説とかのところに直行した、今月の山口くんの福利厚生本として今日教えてもらったカポーティの初期の短編集みたいなものを取って、それから庄野潤三の『ザボンの花』を取った。

買って、地下を駅の方に向かってまた迷いながらどこから上がったらいいのかわからなくなりながら歩いていると見覚えのあるところにいて小田急のビルか何かだった、上がって言われたあたりを見当をつけて行こうとするとすぐに武田さんの姿があった。大ガードのほうに歩いていってどこに行こうかと言いながら歩いていって西新宿のお店がいろいろとあるエリアに行った、お金をおろすと言ってコンビニに入った武田さんを待っているあいだ、っていると外で電話をしている人が予約の電話でもしているのか名前を伝えていて「斎藤佑樹の佑に」と言っていて「にんべんに右」のほうがずっと確かではないか。

店がなかなか決まらずに埋まっていたり決め手に欠けたりして「決まりませんね」と言いながら歩いていると加賀屋があったから加賀屋に入った。見える範囲全員がスーツの男性で店の内装の雰囲気もあって何か、言葉がわからなくなった、なんというのだったか、あの、オーディエンスじゃなくて、配役の名前とかなくて、群衆役というか、アメリカだとそういうプロがいるとかいないとか、レストランとかで他のテーブルとか、駅とかで群衆とか、そういうやつ、言葉がわからなくなった、「映画　傍観者」とかで検索していて傍観者ではない、今そうか群衆かと思ってこれはいけそうだと思って「映画　群衆」でいったがフランク・キャプラの映画のタイトルらしくてそういうことではない。それで「フランク・キャプラ」を除外する検索をしてそうしたらキング・ヴィダーという監督の作品が出てきたから「キング」を除外した、それから「叫ぶ」も除外した、まだ辿り着かないから諦めたしこういうことをやっているうちに思い出してもよさそうなものではないかと思ったがさっぱり思い出さない。オーディエンス。違う。

それでだから店内はそうでそれでビールを飲みながら武田さんの怪我の話を聞いてiPadの話を聞いてこれは遊ちゃんに見せてあげたいなと思ったため「さっきのやつもう一度説明してください」と言って同じ説明をしてもらってそれを動画に撮った。

吉田健一を飲んでいたら間違えた読んでいたら日本酒を飲みたくなってそれで日本酒を頼んだ、今日はワインか日本酒が飲みたいと思っていてワインは先日飲んだからその勢いだった、しかし加賀屋だったから日本酒を飲んだ、それぞれの書いている文章のことであるとかを話して読書会の話とかをしていつか僕も通常の読書会というものを経験する日が来るかもしれないしそれはもしかしたら楽しかったりもするのかもしれない、と先日初めて読書会というものを経験した武田さんの話を聞きながら思った。僕が身構えすぎているだけなのかもしれない、と。

そうしていたら10時を過ぎてやっと優くんがやってきて今日はずいぶん遅かった、日本酒が終わろうとしているところで僕は「もう遅いお〜〜〜」と言った。そのあたりで僕は十分に酔っ払ってしまったみたいで酔いというか眠いだった、うつらうつらしながら落ちてくるまぶたをどうにか持ち上げて目を開いているつもりではいた、「もう眠いんでしょ」と言われたから「そんなわけないじゃんなんでだお〜〜〜」と言った。いろいろ聞きたい話があったのだけれどもすっかりどうしても眠くなってしまったので11時過ぎて会計を済ませると散会の運びとなった。

別れて一人になり、歩いていると見上げると、電気の消えたコクーンタワーが頭上ずっとにそびえ、その横に明るい丸い月があった。暗いコクーンタワーはまったく巣で、湾曲してせり出してこちらに倒れてきそうだった。「うわあ」と思いながら夜気が心地よく顔をさらっていくようで、ふわふわと歩いた。それで、そうだ、山口くんの顔を見てから帰ろうか、と思い、12時を回ったところだったので店に寄った、そうしたらキッチンの照明だけ落としたという見慣れないというか見たことのないライティングの店内で店員席に座っている山口くんの顔が目の前のパソコンのディスプレイのあかりに照らされて白っぽく緑っぽくなっていて扉を開けたら女性の話し声がパソコンから聞こえたから誰かとスカイプでもしているところをお邪魔しちゃったかな、と思って「スカイプ?」と声を潜めて聞いたらカネコアヤノのYouTubeのやつを見ていたところということだった。そういえば山口くんのパソコンにはステッカーがペタペタと貼られているがそのひとつがカネコアヤノの何かだった。

伝票を見たら終日まったくの暇な日だったようで長かったでしょうと言ったらパソコン仕事をしていたら眠気がすごかった、大変な日だった、ということだった。いい塩梅の労働というのが一番いいがいい塩梅というのは難しいものだった。じゃ、と言って出て、帰った。

遊ちゃんにさっき撮ったiPadの動画を見せてシャワーを浴びに行ったところ遠くから「すごーい」という感嘆の声が聞こえてきて撮ってよかったと思って、それで吉田健一を開いたらすぐに眠った。

3月20日（水）

薄暗いこわばった気持ちで朝からいてあとで遊ちゃんに「どうもぼやっとしていてダメだ今日は」と言ったら朝の顔もそんなだった、ということだった。今朝も遊ちゃんの用意したコーヒーと花粉症バナナをいただいてから出た。

元気が出ず、なにもかもが崩壊したような気分だった、秩序みたいなものがない、かつてはそうじゃなかった、どこがデフォルトなのか設定してほしい、そうしないとどうしていいかわからない、云々。ダメで、表情筋が固まっているような感覚があった、顔が動かない、だから「いー」とか「えー」とか「あー」とか「おー」とか「うー」とか声を出して口を広げたり丸めたりして緩めさせた。緩んだか？

それで味噌汁をこしらえて店を開けて茄子を木の芽味噌で絡めた。

今日ものんびりとした日でやはりこの低調な感じというのは続くのだろうか。お客さんの入りというのは何がいつどう影響してそれが実態として現れるのか。全然わからない。ここのところ本当にわからない気持ちになる。だからレモンが届いたからシロップにする作業をしてもへっちゃらだったし日記をひたすら書いていてもへっちゃらだった。それはできるべきなのかできないべきなのか、それすらわからない。混乱している。オーディエンス。やっぱり思い出せない。サーキュレーター。なんだろうか。

イチローのことを何回か考えていたというかイチローのことを何回か思っていた。

すべての決定に淋しさがあります。その言葉がずっとついてまわる。すべてに淋しさがあります。どちらかというとこっちだった。そういう気分だった、そういう気分で一日が経っていった。暇だったことも影響しているというか半分くらいはそれだ。それで『本の未来を探す旅 台北』をまたずっと読んでいた。驚いたのが松本大洋の『ピンポン』の表記で「乒乓」で、大喜びして最後の『ＬＩＰ』の田中佑典さんのやつを読んだら「同年代だとのちにウェブメディア「KAI-YOU」を創設する武田俊さんが大学で『界遊』という雑誌を作っていたような時代」とあって『界遊』というのは時代の説明にもなるようなものだったのだなあと、その当時の空気感を僕は知らないので「ほ〜」と思って、そうやって最後まで面白く読んでいてだから最後まで読まれた。あとがきで僕は前作をタイトルを勘違いしていて「韓国」ではなくて「ソウル」だった、そうだった。

読み終えるあたりから、というか閉店時間が近づくあたりから、自己嫌悪みたいな感情に包まれていくような感じがあって、いやになった。なにもできない。できていない。なにも、と思ったら「決してそんなことはないでしょう」と言う声も聞こえるがなにもできていないという声のほうがずっと強くてなにもできていないと思って自己嫌悪だった。ダメだな、と思った。

店をやるということは人間として人間を相手にするということは傷つくことを引き受けることだけれど傷がつけばひとつひとつが痛い。と、思うが、そんなのはどんな仕事だろうがそうだろう。甘ったれたことを言っている。

無意味。

3月21日（木）

右目。ものもらいか何かなんだろうか、腫れぼったい感じがして頬。顔の右全体がなんとなくこわばっている感じがする。重病だったらどうしようと思ったら一気に暗澹とした気持ちになって店。朝ごはんを食べようとしていると母と伯母がやってきてコーヒーを淹れて出す。栃木から新幹線でやってきたとの由。一時間に一本だから逃したら遅くなっちゃうから早くなっちゃった。

しゃらしゃらと二人は楽しそうに話しまくっていて僕はご飯と納豆を食べてそれから準備をした。渋谷に行って講演かコンサートか何かを聞くらしい。

帰り際、伯母がトーマス・ベルンハルトの『凍』を見て「トーマス・マン」と言った。

「トーマス・マンじゃないね」

「とう」

「いて」

「とうってこんな字だったっけ」

「いて」

「とうってほら、あったでしょ」

「あの山の人でしょ」

「そう、名前なんだっけ、はしもと、じゃなくて」

「なんだっけね」


「いて」が母の発言で二人はオペラシティでお昼ご飯を食べるとのことで出て行って12時になったので店を開けた。

なんとなく暗い気持ち。

のち、幸福感。とんとんと来られ、大方埋まった店内を見渡すとみな一様にじっくりと本を読んでいる人たちで、本を読んでいる人たちに囲まれて仕事ができる幸福になにかジンとして幸福だった。それで僕も本を開いていてひさしぶりに『うしろめたさの人類学』を開いていた。エチオピアは戸籍とかのシステムがすごく適当だから名前とかもとてもいろいろで、出生や死亡や婚姻の記録も整備されていない、そういう話で日本は公的なものを強く内面化していくそういう社会で「たしかになあ」と思って、どこかで「五官」という言葉が出てきてそこで「官能」と「官僚」は同じ「官」なんだなあと思ったらそれは意外だった。

夕方から山口くんでなんとなく忙しいふうの調子で夜になったらぱったりと暇になったためコーヒーを淹れてパソコンを持って屋上に上がってラジオの時間にした。日中からずっと強く吹いていた風が相変わらず強く吹いていてキーボードカバーを何度かめくれ上がらせた。寒さもあり、途中で屋上はやめて階段に移動してラジオを続けた。今週はここのところの感じよりもいくらか読みやすさを意識してそれはおたよりの紹介時にカギカッコを使うというのと途中途中で改行をするという形を取った。それで11時ごろに終えて店に戻ると山口くんしかいなかった。

ご飯にしてご飯を食べながら山口くんが椎名誠のなんとかという小説を先日近藤聡乃のエッセイで知って近藤聡乃は高校時代はとにかくそれを読んでいた。それで買ってみたところ会う人会う人にいま喧伝していてだから僕にも喧伝した、聞くとなにか覚えのあるふうの説明で始まりが「編集者に言われてこれから書こうとしている」というようなそういう自己言及的なものというところでぴったりそうだったと確信したが以前あれはいつだったかおととしの年末だったか新宿三丁目の台湾料理屋さんで目の前の厨房の棚に紹興酒の赤い瓶が並ぶその前に座っているときに武田さんがその本のことを言っていたそれだった。武田さんは今日はイチローの最後の試合を見に東京ドームに行っていて僕が山口くんと話しているときはちょうどぼろぼろ泣きながら歩いていた。それで山口くんのその口ぶりに押されたというか乗って僕も読むことにして箱根で読みたいと思って買おうとしたら下巻は版が切れているらしくマーケットプレイスだけだった。これ上巻読んで「うおー」ってなったときに困るなと思ったがKindleでは読めるようでいざとなったらKindleだと思い上巻をポチッとして、ご飯が終わってもうしばらく話していて店にとって幸せな均衡状態なんてあるのだろうかというここのところ考えていることを話して山口くんは始まりのときに僕が話した「フヅクエにおいていちばん偉いのは我々でもないしお客さんでもなくてフヅクエだ」という言葉がここで働くときのひとつの指針というかその言葉に引っ張ってもらっているということを言っていて言った甲斐がこんなにあることもそうそうなかった。それはだからうれしかった。それで山口くんの小説がそろそろできあがりそうだということでもし間に合えば印刷して持ってきてくれるという。俺はそれをこそ箱根で読みたい。

帰って右目はあいかわらず腫れぼったくて、遊ちゃんに見せるとたしかにそうだから明日病院に行くようにということでたしかにそうだと思いつつも面倒な気でいたが遊ちゃんは少し前にものもらいを放っていたところ眼科に行ったときには切って膿を出さないといけないことになって切るところで意識が遠のいて失神したそういう苦い記憶があったので早めの処置を望んだ。それもそうだと思ってから吉田健一を開いた、勘さんの自転車が首尾よくいって川本さんと話していたら「それよりも詩でしょう、」と言って「併し詩でも小説でもそれがフランスに行けばその辺に転がっているわけじゃない。日本と同じ具合に誰かがそれを書くんだ」と言ってそして古木君の洋行まで決まった。古木君はプルーストの研究をしている大学生でフランスに行きたいフランスに行きたいとずっと言っていたのを見ていたからでもそれはフランスに行くのに船で40日かかる時代できっと難しいのだろうと思っていたからその展開に僕もうれしくなった。行くのだろうか。

3月22日（金）

起きる気になかなかならなくて起きたら普段と大して変わらない時間で遊ちゃんとグーグルマップを見てから眼科に行った。

こんなところに眼科があったんだな、というところで待っている人は数人だったからそんなに時間も掛からなそうだった。受付の女性は常連客らしい人に「そうなの〜ちょっとうちはずれるからね、よろしく」とゴールデンウィークの休みのことを言っていて

「おかあさん」という雰囲気で診療室から出てきた患者を呼ぶ女性は「おかわりはございませんか？　今日は検査がございますので」とやたら上品な話し方をする方で「淑女」という雰囲気で僕は待ちながら持ってきた『うしろめたさの人類学』を読んでいてエチオピアで内戦があった。

呼ばれたので入ると思ったよりも広々とした空間が広がっていて薄暗くてどうしてなのかファスビンダーの映画を思い出した。それで目を見せると膿があるらしくそして固まっているらしく切って出してしまうパターンと薬で消していくパターンとを言われて切る処置をする方の所要時間を聞いて大した時間ではなかったが開店前の身にとっては大した時間だったので薬を処方してもらうことにした。僕は眼圧がやや高めらしい。

それで薬局を経て店に戻り準備をして、バタバタと店を開けたところ少しして経理をやろうとレシートを入力したところ目の前にクレジットカードの明細票があってそろそろ入力しないとなと思ったときに「freee」と思った。それでやっぱりfreeeだと思ってそのページに行くと、知らなかったがいろいろあって確定申告とかができるようになるみたいなそういうサービスだけだと思っていたらそれは「会計フリー」というサービスで他に「人事労務フリー」というものもあって僕にもいつか必要になるのだろうかと思いながら会計フリーに登録をしてそうしたら「今日はフリーだ」という気分になった、クレジットと銀行口座とSquareとを同期させて、フリーを現在の今年の状態を完全に作るためにはここまでのレシートの入力というか現金出納帳に付けていたものをひとつひとつ登録していく必要があってだから今日はフリーだという気分になって、なりながらもしないといけないことは目の前にコツコツとあって菜の花を辛子酢味噌和えにした。白味噌を使って辛子酢味噌を作ったところ見慣れない辛子酢味噌になってそして正しい辛子酢味噌というふうに見えて辛子酢味噌というのは白味噌であるべきだったのかもしれないと思った。それからピクルスもこしらえた。

フリーどころではなくて忙しい金曜日になって快哉を叫んだ。夜はどんどん詰まっていった感じがあって途中で「これはまずいぞ」と思ったががんばった。チーズケーキを焼いてやるべきことは全部やれた。立派だった。へとへとで、日中はポカポカとしていたが夜になると寒くて足が疲れていて風呂にゆっくり入りたかった。帰るのが遅くなったため風呂は諦めて吉田健一を読んだ。

従って本郷の町を歩いていてそれが自分の故郷でもないのに自分が住んでいる町にいる感じがした。それは人間は何が目的で生きているのかと言った愚劣な考えを斥るに足りて夕闇が早く町を包んでその中に付く明りが懐かしい色をしているからそれが見える所にいるのだった。又そのことが確かだったから季節の変化に応じて浴衣が単衣に変り、単衣がもっと厚い地の単衣になってそのうちに冬が来た。もし或る場所がその場所であることで他のどういう所も思わせるならば一つの季節は後の三つでもあって秋で日差しが和いだことに冬に縁側で日向ぼっこをする聯想も誘い出されて又それだけ秋が秋に感じられる。そしてそれは電車通りを走る電車の音を聞いてそれをいつまでも聞いていられる気になるのを妨げなかった。これは本郷の電車通りに立っている或る一瞬間があってそれがいつまでもあることになったことだろうか。そういう現在の連続のうちに我々は一生を終る。

吉田健一『東京の昔』（筑摩書房）p.201

3月23日（土）

今日からフリーにレシートを入力する。今日は「仕入高　ラ・セゾン　518」「仕入高　三光青果　1728」。

あとは今年のこれまでの、今が23日で昨日が22日だから30＋30＋22から7を引くくらいだろうか、そうしたら75くらいだろうか、75日分のレシートをちょっとずつ入力していったらフリーが完成というか完全体に近づくということで少しずつやっていけたらいいと思うけれどこういうとき一気にやりたくなるだろうから困る。

しかし朝はそれではない。出汁を取って味噌汁をつくって、それからごぼうを、先日買ってみたスライサーで、4種類あって、どれを使ったらいいのかと思って最初千切りみたいなやつを使ってみたらたしかに千切りになって今ほしいのはこういう形ではない。やはりピーラーなのか、と思ったら普通のというか、スライスをするやつ、それでやったらそういう形でスライスされてそれだった。それで舞茸と炒めてクミンと、あとは砂糖とか醤油とか、それで味付けをしたものをつくったらあっという間に開店の時間でせわしなかった。

それで開けてとんとんとした様子で手が特に埋まるふうでもなかったからフリーの作業をした。ここのところタブキーの調子が悪くとても押下しづらくストレスフルでキーボードの割当というのか、を、「¥」のところを押すとタブキーになるようにしてそれから右矢印を高い頻度で使うようなので近くにほしくて「F12」を右矢印にしたところずいぶんストレスフリーなものになった。

それにしてもフリーは、何年か前に一度試したときに動きがたらたらしすぎていて全然ダメだわと思ってやめていたけれどそれから何年か経って今があるわけだけれどもスラスラした動きになっていてこれならば問題なく使えてフリーは、動きのなめらかさとは関係ないけれども銀行口座とかクレジットカードとかの出入の明細を「これこの勘定科目では？」とサジェストしてくれていて、なるほど、こういうものは自動学習？　深層学習？　わからないがAI的なやつ、をさせる甲斐がとてもある分野なのだろうなととても感じた。レシートの写真を撮ると自動的に日にちと金額を登録してくれる機能はまだ使っていないけれどどこういうところで「取引先の名前これでしょ？　あなたの普段のあれとか多くのユーザーのあれだと勘定科目これでしょ？」というふうになっていったらそれはいよいよ楽ちんになる。

そういうことをしながらだんだんと動き続けるような状態になっていってしかし静かではあって穏やかで人は本を読んでいて僕は働いていて来られた年配の男性が「読書の日記、読了しました」と言われて僕は「わ、ありがとうございます」と言ってヘラヘラしていて次に「いやあお疲れ様でした」と言おうかと思ったら「素晴らしかった」と言われて、そこで僕はお疲れ様でしたは引っ込めたが出てくる言葉がなかったからまた同じようにヘラヘラしながら「ありがとうございます」と言っただけになったが、内心というかその「素晴らしかった」という端的な言葉が胸にすっととというか「すっ」と「どん」のあいだくらいの強さで胸に置かれた感じがあって「わあ」と思っていた。僕も誰かに何かを伝えるとき、こういう言い方をできるような人になりたいと思ってそれでうれしい心強いありがたい気持ちでいながら働いて夜になったら下半身が重すぎて風呂に入らないといけない、と思った。

傷つくことを引き受けることを諦めたら終わりなんだろうなと、特に傷つくような局面はなかったが考えていた。傷つく状態というか傷つきうる状態の中にしか美みたいなものが宿る余地はないのではないか。傷つかない場所には交換とか指示とか効率とかそういうものしか残らないのではないか。傷つかない場所はきっと楽で、でもその楽には、楽なだけで美しさや感動みたいなものはないのではないか、なくなるのではないか。

なにをきっかけにしたのだか忘れたがそういうことが考えられていて夜はだから体が完全に疲れていた。次第にゆっくりしていってそれでケーキを焼いて人参とひじきと椎茸を炒め煮にして人参はスライスのやつを使って試しにと思ってやってみたがこの場合はやはり短冊切りのほうがきれいに思えて、それからさつまいもだった。何にしようか、と考えていてポテサラでは代わり映えがないし、と思っていたらこうなった。にんにくを一緒に入れて茹でて、柔らかくなったら水を捨てて粉ふきにしながらにんにくは細かく潰して、そこにみりんと白味噌を加えてアルコールを飛ばしつつ混ぜて絡めてこれが抜群においしくて、どうも白味噌というものがずいぶんよいものに思えているらしくて白味噌でつくるといろいろなものが白くなる。

夕飯にも白味噌でおかずはたくさんあるけれど肉も食べたいと思って味噌汁がほとんど具がない汁だけになって余ったものがあってそこに豚バラ肉を入れてそれで味噌汁で肉を摂取すればいいかと思っていたが肉をしゃぶしゃぶとさせて火を通したらこれはこれでおかずとして食べたくなって別のお椀に肉を取ってお椀のふちのところに白味噌とかんずりをやって、それを付けながら食べる、ということをしたらそれはとてもおいしい食べ方だった。豪勢な食事となった感があった。しかし家に帰れなかった。フリーに移行することに伴ったのか伝票の入力のやり方を今よりも簡略化させられないかと考えてExcelを触りだした、金額だけならSquareで勝手に入るからいいのだけれども知りたいのはそれだけではない、しかし今は知りたい以上の情報を入力している、入力し続けているけれど活用されていないことがいくらもあって、定食なのかカレーなのかサンドイッチなのかコーヒーなのかそれは浅煎りなのか深煎りなのかカフェオレなのかアイリッシュコーヒーなのか紅茶なのかそのときどきの紅茶なのかハーブティーなのかホットチョコレートなのかビールなのかそのときどきのビールなのかカクテルなのかそのときどきのジンなのかそういう情報は入れていても使う機会がなかった。使う気があればいくらでも使えることだが僕は使う気が起きることがほとんどなかった、二年に一回くらいしか起きない使う気でだからもはやこれは要らないのではないかと思ってご飯、パン、甘い物、飲み物、アルコール、つまみ、その分け方で十分だと思ってそういう入力の形を作って他にもいくつか簡単にしたりして終わって疲れて、風呂に入りたいから早く帰りたいと思いながらソファに腰掛けたらずんと動けなくなり、あそうだフリー、と思ってiPhoneに入れたフリーのアプリを立ち上げて何かを確認して、ツイッターを開いたらドラムの動画があってその動画を見たらドラムというのはものすごくたくさん動きがあるのだなと感心して他の動画も見ていたら2時近くになってやっと帰った。

それで吉田健一の『東京の昔』を読んでいったら終わって古木君が船に乗った。じんわりと余韻というのか船が出ていった感じがあってじんわりとあたたかさとさびしさが胸にあって島内裕子による解説に「皆が皆、自分らしく振る舞うことによって、お互いの親しみを増してゆき、そのことを読者もまた、喜ぶ」とあって本当にそうで読者も喜んだ。

これは吉田健一の長編小説群のひとつらしくてそうか、小説だったのか、いや小説だったよな、でも小説も小説じゃないものも同じなんだよなと思って、小説とも小説じゃないとも思わないで読んでいる小説というのはなにより贅沢なものの気がしてその群には他にも『金沢』とか名前を見た覚えのあるものがあって他のそれらも読みたいととても思って今年は吉田健一と庄野潤三というふうになりつつあってずいぶんと「日本文学」という感じがして二人の時期をよくわかっていないので生年を改めて調べてみると吉田健一は1912年で1977年が没年で庄野潤三は1921年で2009年に亡くなっていて10ほど違った。この10ほどの違いというのはなにか大きそうに思った、僕から見た1975年生まれの人との10の違いとは違う違いなのではないか、どうか。戦争の時に何歳だった、その違いは大きそうだと思った、ところで戦争というのはいつ始まったのか僕は知らなかった、終わりは1945年なんだろうけれどいつから暮らしの中に戦争が始まったのか僕は知らなかった。とにかく吉田健一は1912年生まれでそれで朝に『Number』の表紙を見ていたら「2019」という数字が「20」と「19」で成り立っていることを知って「19」が「20」になろうとうんうん一生懸命ふんばっている様子に見えてそれは初めてのことだった。それを思い出して『時間』を久しぶりに開いたのは寝床に移ってからで数ページで寝ていた。

3月24日（日）

店に着いて菜の花を湯がいてご飯を炊いて、それから20分は使えるようだったのでタイマーをセットして日記を書いた。朝はいいなと思った。朝の日記はいい。朝に日記を書く暮らしをしたい。生活を僕はしたい。

店を開けてなんとなく始まって調子よく働いて途中で座ってフリーを触り始めて振替がどうのこうのというところでつまずいてこれは僕はよくわからない。けっこうわかるようになるまで全然わからないかもしれない、今ポチポチ悩んでもしかたがないと思って本を開いた、『うしろめたさの人類学』を開いて、開いて次の刹那でお客さんが来られたかと思ったらそこから一気呵成に忙しくなった。

途中、ちょっと久しぶりな感覚という感覚の猛烈な嵐のようなその強い風をまともに受けるようなそういう状態になり洗い物は溜まる、オーダーは溜まる、まずい、まずいぞこれはまずいぞ、というそういう状態になって泣くかと思った。しかし泣かずにどうにか踏ん張ってそういうものに近いことが何度かあった。入れ替わる時間帯というのがとにかく危ない。

6時には腰がまたパンパンに重くなって疲労困憊でこれはどうなるだろうかと思った

ら夜は暇になっていろいろと済ませると明日のことを考えていた、二日間店を離れるという初めてのことで何をどう準備したらいいか。どれだけ準備したらいいか。考えだしたらやるべきことがものすごい量であるような気になって「あれ、どうしよう、なにもかもが追いつかない」と思ってパニックになるかと思った。それから次の一週間のことを考えていたらおそろしい。「あれ？　時間過ぎるの刻々とし過ぎじゃない？　あまりに順調に時間過ぎ過ぎじゃない？」となってまたパニックになるかと思った。外に出て深呼吸をした。立っていても座っていても腰がずっとじわじわと重さをアピールしてきたから黙れと言った。

少しして落ち着いた。時間に追い詰められると思ったそのひとつの理由は「今日の一冊」でこれはやっぱり「今日の読書」のほうがふさわしいのではないかと昨日牟田都子さんのツイートを見たときに思ったのだけれども変えるかどうか。そのツイートは「一冊の本を最初から最後まで通読することだけが「読書」ではなくて、本屋さんで目にとまった本を手にして「どうしてもこの本が読みたい」という衝動のままにお財布をとりだし、わくわくする気持ちと一緒に抱えて家に帰る、その一連の時間だって「読書」としてもいいのじゃないかな。」というもので「そうだ」と思ってだからあれらは読書で、それに「一冊」ということではなくて僕がそこでやりたいのは「読む」という動きを伴った時間を伴ったそういうものでそれはだから「一冊」というよりは「読書」だ。それでだから明日から「今日の読書」に変えようかどうしようか考えているところだけれどもとにかくそれがあって、去年一昨年の日記で読まれている本のピックアップと使う日にちの決定とテンプレートへの流し込み作業は山口くんにお願いしていて4月の頭までできているのだけれども去年は僕は『夜のみだらな鳥』で一昨年は『オン・ザ・ロード』でわりとひとつの本をずっと読んでいる感じあってだからスケジュールに穴がたくさんある、見てみると今日の日曜日から月曜火曜が穴になっていてそこは『ガルヴェイアスの犬』『ここから世界が始まる　トルーマン・カポーティ初期短篇集』『ザボンの花』でテキストも用意してあってしばらく安泰かと思っていたら見てみたら金土日の三日間も穴になっていてつまり明日が月曜日で火曜水曜と旅行に行っていて木曜があってその次が金土日だと思うとそこで慌てた。近さに。なんで毎日やらないといけないというルールにしたのかわからないがなんでかそうするようになっていてしかし今日の『ガルヴェイアスの犬』なんかはひどかったけれどツイートしてみたもののいいねも何もつかないし昨日もそうだった。こんなに求められていないものをどうしてそうするのか。でもそれはもしかしたらツイッターはツイートの文面が悪いということは考えられる。

工夫が必要だろうか。しかしなんのために？　そもそも全部、なんのために？
それで、なんのためになのかはわからないけれど金土日のことを考えてそれで気が塞いだがすぐに開いて三冊は決まった。『東京の昔』と『POPEYE』と椎名誠で買った理由を書けばいい。あっというまに『東京の昔』を書いた。そうしたらだいぶ気が落ち着いた。しかし時間がない。銭湯に行こうかと思っていたがどうもそういうわけにはいかない。日記を今日の分まで書いて今日印刷してしまいたい。そうしたら明日が少し楽になる。それで日記を書いている？　いや待てよ。待てよ。待てって。どうしてそんなに切羽詰まっているんだよ、と書きながらもこれを書かなければ銭湯に行けたのかもしれないと思っているし頭の片隅で「本当に銭湯に行くことはできないのだろうか？」とも考えている。夕飯を端折れば行ける。夕飯を端折る？　いや待てよ。ちょっと待てよ。頼むから待ってって。なんでそんなことになっている？

ちょっともうよくわからない。

一呼吸を置こうとツイッターを開いて、どうしてツイッターなのかわからないが開いたらカンガルーが犬を撫でている動画が見られた。いくつかかわいい犬猫の動画を見せてくれるアカウントをフォローしているが動物同士が同種であっても異種であっても脚であれ舌であれ撫でるそういう運動はよく見られて愛撫というものは原初的なものなのだなと思って、見ているだけで心地いい、とたしかに思うのだけど触覚の本を読んだときにそういうことが書かれていた気がした。つまりある範囲内の速度で皮膚の上を動く運動つまり撫でることはその運動を見ることだけでも快感物質というのか知らないがそういうものが分泌されるというような。だからカンガルーと犬の愛撫の光景に快感物質というのか知らないがそういうものが分泌されて落ち着いてそれで銭湯はすっぱり諦めるということをちゃんと決めたら気持ちがだいぶ落ち着いた。今やるべきことは今日のTODOをとにかく完遂することで銭湯のことを思うことではない。

3月25日（月）

八百屋さんはもう少し昼に近い時間になったほうが野菜がちゃんと陳列されていてそれがいい。だから八百屋さんとパン屋さんはあとで行くことにして先に店に着いてそれで朝のうちにやるべきことをやった。「今日の一冊」あらため「今日の読書」の本の撮影と読書日記の本の撮影と朝食と掃除等が今朝やっておくべきことでそれらを済ませると八百屋さんとパン屋さんに行って野菜とパンを調達することになるだろう。

そうしていたらギリギリの時間になって少しだけ慌てながら店を開けてさて始めよう、というところだった。今日は明日明後日に向けての仕込みややることがとにかくたくさんある、それをひとつひとつ片付けていこう、というところだった。それでやり始めてチーズケーキを焼いてカレーを始めてそれからブロッコリーを湯がいて人参を切って里芋を茹でてから薄味で煮てうどを切って舞茸をほぐして、ということをやっていったところブロッコリーの白和えと人参と切干大根の煮物と煮っころがした感じの里芋を木の芽味噌で絡めたものとうどと舞茸のきんぴらができてつくっている最中は「これは今お客さんが誰も来ないという不幸によって成り立っていてそうあってほしいようにお客さんがとんとこと来ていたらこうはできていなくてつまりこんな形でしか仕事を成立させられないなんて完全に仕事として破綻しているし俺は完全に無能」と思っていたがどこからか気付いたときには僕は多幸感の中にいた。躁的な多幸感の中にいた。それはたぶん白和えに白味噌を使ったところ満足のいくきれいな白和えができたこと（それは昨夜から予定していたことで予定するだけで嬉しくなるようなことでここのところ白味噌にときめきを感じている）、木の芽味噌に絡めた里芋が見た目も味もすばらしかったこと、そしてうどがやっぱりよかったことそういうことによっていてとにかく幸せだった。

それが済んで一段落と思って、それにしても誰も来ない、と、開店から2時間近くが経っていた、思いながらコーヒーを淹れることにしてコーヒーを僕はほとんど体を踊らせながら淹れていたがそれが疲れているシグナルであることにそのときは気付いていなかった。コーヒーを淹れた途端にお客さんがありすばらしいタイミングと思いそれからとんとことお客さんがあり結局日中の数字としてはまったく十分な数字になってオーダーをこなしながらもう少し仕込みをいろいろと進めながら気持ちが落ち着くと体の疲れが一気に来た。腰や脚だけでなく肩と腕も極度に重く、明日は温泉に結局短時間で上がることになるとしてもゆっくり浸かるという気持ちを持って臨むぞと思ってそれから味噌汁の仕込みをやっていたところ喜び、つまり慶事というものは怒涛のようにやってくるもので大根の新しい切り方を発見した。これまでは一本を三等分くらいにしてぐるっと皮を剥くということをやっていたがふと、あれ、ピーラーでもいいのかな、と思って一本の状態からピーラーで人参と同じ要領でぴー、ぴー、と剥いたところその速さに驚き、また、一本の裸の状態ができると今度はそれを縦半分に割って長い長い半月状にして、それをまた縦半分に割り、そしてとんとんとんと切っていった、そうしたら一気呵成で、これは速さがまったく違って驚いた。

気が至ればそれはそれ以外のやり方を選ぶのがバカバカしくなるようなことはいくらでもあるが至らなければ永遠に至らない。効率みたいなものをひたすら追求することはいくらかバカバカしいことに見えやすいことかもしれないが効率というものそれ自体はバカにはできない。用意された効率のシステムの中で頭を動かすことなく漫然と動くことはもしかしたらいくらかバカみたいになりかねないものだとしても効率のシステムを用意することは頭を稼働させて認識を眼差していない限り起こらない。だから大根の新たな切る方法の発見は慶事でそれもあってまた躁的に幸福だった。体は悲鳴を上げていた。

夜になれば空は暗くなるし窓を通して聞こえてくる音の質も変わる。コーヒーをまた淹れて座ってあとは遅い時間になったら味噌汁をつくってそれの他は机上でのおこないがだいたいだった。

それで「今日の一冊」改め、というところで今日考えていたらぽんとでてきたコーナーの名前が白眉で「今日も読書」だった。出てきた瞬間に「わっはっは!」と思って「これだ!」と思って「今日も読書」は一人称で完結しない広がりがあった。僕は僕らは今日も読書をするよ、あなたもどうです? という提案のような誘い込むようなそういう運動があってそれはきっとおあつらえむきだった、フヅクエという店のアカウントでやることとしても本というスタティックなものではなくてダイナミックでそして「だから来て」というそういうことにもつながりやすいように思ったし読書だ。読書はいい。読書は楽しい。それを全部言えているような気がした。

それで遊ちゃんに「思いついた！」とＬＩＮＥをしてだから僕はいくらか興奮していたのだけれどもこういう興奮は大事で興奮して滑って興奮して滑ってを繰り返してきっとものごとの輪郭は鮮明になっていく。だから「今日の一冊」改め「今日も読書」の文章をあと２つ用意しておくことが必要というよりは安心でそれで『POPEYE』と椎名誠でさっさか書いたらあっという間だった。夜はひたすらに暇でだから座っていた。椅子に座り階段に座り、煙草を吸う外階段は足元のところを人が往来する。いくらか特権的な位置というかそこに人がいるとは歩いている人は思っていないそういう位置でだからほとんど視線は一方通行で窃視の様相を呈する。

だから煙草を吸いながら往来の人を見る、往来とそれからマンションのエントランスがあってだから横の行き来と縦の行き来があってマンションのどこかのところがドラッグストアのバックヤードか倉庫かになっているらしくドラッグストアの人が縦に行き来することがあって今日そういう人を見た。その人はドラッグストアのエプロンをつけて商品とかを入れる灰色のカゴを持ってそれを右に左にぶんぶんと振りながら踊るように歩いていて誰かに見られているとは思っていないからそういう動きになるしそういう動きは本当は誰かに見られていようとしていいものだった。

夜になってそれで味噌汁をこしらえて、早い時間にお客さんの姿はなくなった。大きなダンボールがいくつかあってそれらを畳んで資源ごみを出したりして今日はもう終わりだろうと思っていたら10時半、今日もまた二人組の方があってしゃべる気満々の二人組の方があって先週と同じ説明をした。リスクを伴うよと。オーケーだということなのでお通ししてそれにしても珍しいことが立て続けに起きたもので、それで頼まれたコーヒー等をつくって出したらやっと目薬をさした。目の膿のやつで出された目薬は2種類でひとつさして5分以上置いてもうひとつさす、それを4度する。一日で4度という回数は朝昼晩の3度と言われるよりも「本気」という感じがするというか「本当」という感じがしてだから僕は「4度なんだな」というふうに思うけれどそれにしても4度もさすことは難しい。初日から3度しかさせなかった。次の日も3度だった。昨日は2度だったか。今日は夜の11時近くなってやっと最初の点眼で、目薬にまで手が回らない、というのが正直なところで4度は達成困難な目標だった。

そうしていると山口くんがやってきて書き上がった小説を持ってきてくれた。受け取って、宝物をかかえるような気持ちになって明日さてじゃあいつ読もう、電車の中かな旅館でかな、と考え出すと楽しみでならなくて感想を伝えるねと伝えてそれから明日の事務連絡とかをして山口くんは帰っていった。

寝る前、本を読もうかなと思っていると武田さんといくらかＬＩＮＥのやり取りがあって、今からラジオに出るという。東京ＦＭの「オン・ザ・プラネット」という番組で来週から週一のパーソナリティというのかＤＪというのかに武田さんはなって今週は「来週からよろしくお願いします」の挨拶みたいなそういう登場で「じゃあ聞いてみよう」とradikoを急いでインストールして遊ちゃんに「武田さんがラジオだよ」と言ってそうしたらその時間になって二人で聞いた。それで少しだけ吉田健一を読みながら寝た。

3月26日（火）

普段と同じくらいの時間に起きてルヴァンでパンを買ってどれもおいしそうだった、横のリトルナップのロースタリーのところに初めて行ってコーヒーを買って飲み飲み、新宿に行った。時間が少しあったので薬局に行った。絆創膏を買った。１００枚２００円みたいな激安でいくらでも使い捨てていい気のできるものだけを買おうと思っていたら遊ちゃんが「こういうのも試してみたら」ととてもあかぎれとかの対策として有効そうなものを指して「なるほど」と思ったためそれも買って、薬局は入り口のところがたくさんの異常な感じの音で溢れていてカオティックでそれだけで酔っ払いそうでロマンスカーの乗り場に行って桜のシーズンということなのか春休みということなのか外国からの旅行者という感じの人がものすごくやはりたくさんいたから春休みは関係ないのかもしれないがとにかく人が多くて一本前のロマンスカーは満席で僕らのロマンスカーは満席ではなかったが人が多くてそれで乗った。

電車が出てからパンを広げてそれでパンを食べた。どれもじっくりとおいしくて、通路を挟んで隣の席はおばあさんと中国人留学生で話したり話さなかったりしていてその隣り合ったもの同士のいい温度のコミュニケーションというか交友が横で気持ちよかった。おばあさんは秦野で下りて中国人留学生は小田原で下りた。

海老名を過ぎたあたりから景色が少しずつ山っぽくなっていくようで海老名を過ぎたときに視界の開け方に「わ」と思ったのはそれはおととしの秋に箱根に行ったときもそうで同じだった。どこかで線路沿いに住宅街があってそのひとつが普請中で玄関のすぐ前に木材や道具やガラ袋とかがたくさん積まれていてそのひとつのなにかに腰掛けている作業着のおじさんがあって恰幅がよくて腕を組んで前を見据えていて缶コーヒーを飲んでいてそこに日の光があたってどうしてだか幸福な光景に見えた。その家を預かっているような威厳のようなものを感じた。それを僕は見て遊ちゃんは見なかった。その光景のよさをどう言ったら見ていない人に伝えられるのかわからなくて、話さなかった。

小田原のあたりだったか二宮金次郎の生誕の地みたいなそういう案内があってそれで二宮金次郎のことを話した。二宮金次郎の功績っていったいなんだったのだろうか、と話しだしたらまったく謎で、遊ちゃんに至っては実在の人物だとも思っていなかった。薪を背負って本を読みながら歩いているのが多分二宮金次郎像だが僕は背負っているのも本だと思っていて「すごく本を読む人」だとばかり思っていたが確認していないがたぶん薪で、なんの功績でこれだけ後世に残っているのだろう、遊ちゃんがウィキペディアを調べ始めたらいろいろが知れたがすぐに忘れた。遊ちゃんの思っていた「苦学生の象徴」というのとは全然違ってそれでウィキペディアの項目に突然「評価」というものが現れてそれで書かれているのが勝海舟による二宮金次郎というか二宮尊徳評でそれがおかしくて二人で涙が出るほどゲラゲラ笑って「二宮尊徳には一度会ったが、至って正直な人だったよ。全体あんな時勢には、あんな人物が沢山出来るものだ。時勢が人を作る例はおれはたしかにみたよ」というものだった。出典は『勝海舟全集』ということだからそのとおりに書かれているのだろうけれども本当にそうなのか。

箱根に着くと午後で電車が駅に着く前に横のところに川べりの道が見えてそこが気持ちよさそうだったからそこを歩くことにして橋を渡ってそれから下りてそれで歩いた。電車からも見えてそしてこんなにも気持ちのいいというこのスポットに人はしかし少なく不当に等閑視されているとしか思えなかった。川の水を見たり川の水に触ってみたりしながら次の橋のあるところまで歩いてそこで鴨だかなんだかがオレンジ色の足をパタパタしながらお尻をつきだしながら水の中に顔を突っ込んでジャブジャブするその動きをしばらく見ると踵を返した。

時間が2時で宿のチェックインが3時でだから時間を潰していた。適当な川沿いの細い道を歩いたりその横の路地を入ったりしながらウロウロとしてまだ時間があるからどうするか、一杯飲もうかというところで駅前のそば屋さんに入ってビールが大瓶だけでお腹は僕たちは空いていなくてなにかひとつつまめたらよかった、それでだからそうなるとビールとつまみ、というそれだけになってしかしそんなオーダーはありなのだろうか、失礼だろうか、と思って「というのでも大丈夫ですか」と確認するとまったく大丈夫そうな様子で大丈夫ということだったからそれでお願いしてつまみは「特選山茸」で「きっときのこなのだろう」と思って頼んだ。そうしたら大ぶりのどんぶりみたいな器が近づいてきてまさかと思ったがそれが我々の頼んだ「特選山茸」でたくさんの味付けされたきのこと大根おろしというそういうものでそれがよくて箸が進んだ。ビールを2つのグラスで分け合って飲みながら他のお客さんは見えるのは欧米っぽい様子の人たちがほとんどでカツ丼を頼んだりしていた。

いい時間になって出て出る前にそば屋さんのテレビで高校野球が映されていてどうやら投手戦で甲子園が始まっていることを知らなかった。なんとなくで歩いていくと歩いて10分だか15分だかで宿泊地があって養生館はるのひかりだった。最初にあった平屋の建物に入ると広々とした土間でいろりみたいなところもあったか、土間の一角のソファのところに案内されて宿の方から宿の説明を受けながら生姜シロップの飲み物をいただいた。ふむ、ふむ、と思いながら聞きながら聞いているうちから「なんだかとてもいいな」と思っていてそれでその説明が終わって別の方に館内を案内してもらいながら、ほう、ほう、と思いながらとことこと歩いて部屋にたどり着いて和洋室だった。案内の方が出ていって少しして僕は遊ちゃんに「なんだか完璧だと思う」というようなことを言って遊ちゃんもそうだった。なんだか完璧に思えた。宿の方の話しぶりもよかったしその建物もよかったしそこから宿泊の建物に続く渡り廊下もよかったし赤い絨毯というのかカーペットというのかの敷かれた宿泊の建物の階段の続いていく様子もそこで香る香の香りもよかったし部屋もよくて3階で見晴らしがよくてその広い窓に向かって籐椅子がひとつあって横には書斎があった。和洋室というものもとてもいいものだった。布団も柔らかかった。それから鍵を２つ渡されたこともそういえば僕はポイントが高いというか昨日かおとといに旅館のことを考えているときに鍵を２つもらえるとお風呂に出るときが楽でいいんだよな、と思っていたら説明のときに机に鍵が２つ置かれているのが見えたそれが「期待を超えた」という瞬間の最初だったのかもしれなくてそこからどんどんよくなるうれしく受け取るその素地ができたとも言えるかもしれない。

とにかく二人とも「これはめちゃくちゃいいな」と思って風呂に入る前からご飯をいただく前から「また来たい」と思ってそう言ってそれで風呂に向かった。向かっているとさっき案内してくださった方がいてそれで我々はもう次の宿泊のことを考えているからいつが予約が取りにくいとかってありますかと聞いていて上階が一人部屋らしく一人部屋はもうずっとキャンセル待ちという状態ということだった。

風呂は男風呂が一階で女風呂が二階で僕は男風呂に入った。全身が疲れ切っていたここ数日だったから風呂でゆっくり体を休ませることがひたすら楽しみだったから勇んで入ってそれで休ませた。ふたつ浴槽があって右のぬるめの湯のほうにずっといた。そっちだったら長い時間いられるような感じがあってそうした。それで上がると「風呂で読

む　芭蕉」みたいなそういうシリーズの世界思想社の本が何冊かあって「おもしろ」と思って出た。

外に出て煙草を吸った。そこからはロビーというか受付のその土間だったその建物が見えて藁葺きというのかたぶん藁の少なくとも葺きの三角の屋根があってレストランに続く渡り廊下があって庭みたいになっていて竹や梅とか桃とか桜だろうかというものであるとか熊笹や苔むした岩があっていくつか黄色であるとか紫であるとかの花もあった。反対を見るとすぐに敷地の終わりで塀があって向こうに山があって山の全体が夕日に照らされて白っぽくうっすらピンク色っぽくかすんでいて箱根だから遠いわけではないけれども生活からはあまりに遠い感覚で遠くに来たしそして今ここで僕は幸福だと思って立っていた。全身がうれしがっていた。

いったん部屋に戻って遊ちゃんはもう戻っていてそれで出て読書室に行った。読書室がある。そこは広めの部屋くらいの広さのところでソファが三つとか四つとかあって静かに音楽が掛かっていてコーヒーやお茶を飲めるようになっていて窓に向かって並んで置かれた一人がけのソファに腰掛けて、自動販売機で買ったビールと昨日山口くんから受け取った小説と何か感想を言うならばというところで赤ペンを持ってきてそれをだから飲み始め読み始めた。

静かで、二人の他には誰もいなくて、何も邪魔するものがない時間をそこで1時間半くらいだろうか過ごして、僕はフヅクエみたいなものを初めて体験したかもしれない、と思った。それはあまりに贅沢な特別な時間でその時間で読んでいた山口くんの小説はあまりに愛おしく、途中で驚くようなところで僕はダラダラと涙を流していてそれには気づかないでいた遊ちゃんも須賀敦子の文章を読みながら涙をこらえていた。

夕食もまたとてもよくて玄米と菜食な感じの食事でゆっくりじんわりおいしく体にやさしくうれしくとてもよくて、食べ終えて部屋に戻る前に外で煙草を吸いながら「いやー、健康になれそうだ！」と言って、それはいくらか悪ふざけの言い方ではあったがなにかの照れ隠しみたいなものなのだろう、僕はこの食事を心底でうれしく思っていた。

食後に風呂にもう一度入って今度はその風呂で読む本を読んでみることにして「西行」を取った。それでまたぬるま湯のほうに浸かりながら開くとそれは特殊樹脂がどうのこうのという紙でできていてだから濡れても大丈夫。そういう本で開くと最初に「凡例」のページがあってその最初の項目が「本書は、西行の和歌を、風呂や水辺など、いついかなる場所においても鑑賞したいと願う人のために、製作したものである。」という記述でなんだかとてもよかった。23歳で出家をした、70歳ちょっとで亡くなった、ということが知れてあとは忘れた。

すぐのところにコンビニがあってつまみと酒を買って部屋に戻って、それから「宴だね」というところで飲み飲みつまみつまみいろいろと話して夜は過ぎていって、あっという間に眠りそうだった、遊ちゃんは先に寝入り、僕はその横でベッドライトをつけてこれがいい読書灯で、それで山口くんの小説をおしまいまで読んでまた泣いたりしていた。それから椎名誠を取って最初のページを読んだというのが最後の記憶で……

3月27日（水）

8時だよ、というところで声が掛かってしばらくして起きて、昨日は11時にはたぶん寝ていてだからたくさん寝たがもっと寝たかった、眠かった、風呂に入った、朝は男風呂が二階でそこに入ったらひたすら気持ちがよかった。昨日から最初から言っていたが連泊をしたい。この宿は連泊をぜひしてほしいということを言っている宿でだから養生の湯治のそういう場所で、それにしても連泊をしたい、と昨日の最初から僕らは言っていてその思いは朝に一層強まった。このままもう一泊できたらどれだけ気持ちがいいだろうと思うと明らかに連泊をしたかった。

朝ごはんもおいしく、けっきょく何もかもが本当によかった、僕は旅館とか宿泊施設の知識とか経験値はまったくないけれど旅館とかそういう場所でこんな豊かな気持ちになれるというのは僕は知らなかった。おととしに泊まった環翠楼もすばらしいなと思ったけれど今回感じたこの感じは僕は初めて知った感覚だった。部屋に戻ってもう一時間くらいチェックアウトまであって僕は布団ですぐにうたうたと寝てそれが快感が強かった、何度か夢を見てそのひとつは遊ちゃんと踊っている夢だった。

ちょうどチェックアウトの時間になって出て、箱根湯本のほうに行きながら二人の写真を撮ってもらい忘れたことに気がついて遊ちゃんがちょっと元気がなくなって、僕らはどこかにお出かけをしたら人を捕まえて二人の写真を撮ってもらうという遊びを恒例にしていたから、それをしそびれて、そしてそれがとてもとてもよかった時間を過ごした宿だったからなおのことで、ちょっと元気がなくなって、ソフトクリームを買って食べた。僕はバニラで遊ちゃんは抹茶で、ベンチに座って食べた。足湯があって英語の説明があってそうか温泉はホットスプリングか、熱い春、熱い春、きっとスプリングは泉とかそういう意味もあるのだろうけれども熱い春、熱い春というのはいいな、と思って「欧米」という感じの男性が足湯に入っていて楽しそうにしていた。

駅まで戻り今日は強羅に行く。いくらか調べていたら箱根でおいしいコーヒーはどうやらCAFE Ryusenkeiというところで飲めそうだ、それは移動式のお店でここのところは強羅にいるそうだ、だから強羅に行こう、ということで箱根登山鉄道に乗ろうとするとすごい人だった、満員電車の様子でどうにか乗り込めて電車はゆっくりゆっくり箱根の山を登っていった。疲れた。強羅からは歩きで、強羅からのもっと上のところに行くケーブルカーは箱根登山鉄道の比ではないような人だかりがあって何度待ったら乗れるんだろうというような上に行かないといけない人だとしたら絶望しそうになるようなそういう人だかりで「すごいな」と思って、横目に歩いていった、急な坂を登って登っていたら「コーヒーというよりビールかな」という気分になりそうだったがぎりぎりのところでとどまってそれでその移動式のお店に着いた、コーヒーをいただき、それで近くに公園があることを認識していたのでそこで飲もうと出た。強羅公園は入園料のある公園で550円で、払って入って何か公園的な広場的なものがあるかと思ったら斜面にできている公園でそういう広場みたいな様子はなくて今日は昨日もそうだったが晴れていて目についたベンチに座ってコーヒーを飲んだ。コーヒーを飲むと、調べていると数分後のバスに乗るといい、ということがわかってすぐに公園を出て、なんだかすごいね、コーヒーを飲むためだけにあの電車に乗って強羅まで来て、それでコーヒーを飲むためだけに入園料を払って公園に入って、のんきな過ごし方だよね、と笑いながら、出て、バスに乗って、そのままひとつ乗り換えてバスに乗って、と思ったが強羅で下りてそれは箱根で二人の写真を撮ってもらってないというのが僕の理由で遊ちゃんは下りの箱根登山鉄道にも乗ってみたかった。それでiQOSを売っている方に写真を撮っていただいて、それから電車のほうに行った、ケーブルカー待ちはよりエスカレートしていていつか上の方に行きたいというときは事前によくよく考えたほうがいいだろうなと思った。バスが手段として正しいのだろうか。前回は大涌谷に行って僕は前日からの腹痛がまたバスで再発してヤバイヤバイヤバイとなって大涌谷に着いた瞬間に完全にヤバくなって降車する人たちにすいませんすいませんすいませんすいませんと通してくださいと通してもらって急いでバスを出てトイレに駆け込んで長い時間トイレに篭った、そしてトイレから出るともう時間もあれだしということでバスに乗って箱根湯本に戻った、というのが僕らの前回の大涌谷経験だったがたしかにそのときはバスに乗るためにとても待つということはまったくなかったからバスなのかもしれない。バスは渋滞というものがあるがそれも電車に乗るために一時間とかきっと待つことを考えたらやはりバスなのかもしれない。

とにかくそれで下りの箱根登山鉄道は平和で下りて、箱根湯本、それから電車を乗り換えて小田原。トイレに行った遊ちゃんを待ちながら小田原駅の小田急の乗り場を上から眺めているとなにか旅行の終わりという感覚がやってきて特別な時間の終わりという感覚がやってきてそれはまだ早いと知りながら少しだけ感傷のようなものがやってきてそれに身を任せた。その、ホームを見下ろす場所に突っ立った僕の隣にはロマンスカーを模したパネルみたいなものがあって入れ替わり立ち替わりちびっこがやってきて写真を撮っていた。

駅を出て時間は3時近くでお昼ご飯をどうしようか決めかねていていくらか調べたら海の近くのおでん屋さんがよさそうということでそこは夜の部が4時からでそれならふらふら散歩をして4時に早い夕飯ということでいいだろうということでふらふらと散歩をすることにしてその始めにケンタッキーに入ってビスケットを2つ買った。昨日の夜につまみを食べながらそのひとつが僕が家から持ってきたメープルで絡められたナッツみたいなやつで僕は以前それを食べておいしくてまた食べようと思って買っていたら食べなかったのでリュックに入れてきたそれをだから昨夜に食べて、それでメープルの味って好きなんだよね、という話でそれはもしかしたらケンタッキーの記憶なのかもしれない、というのでケンタッキーのビスケットの話をした。小学生のときや中学生のときに月一回であるとかふた月に一回であるとか栃木の祖母の家に家族で車で帰る週末のときでその道中の有力な選択肢のひとつがほかほか弁当だったがそれと同時にケンタッキーのビスケットの記憶も妙に残っていて、チキンを食べた記憶というのは思い出そうとしてもうまく取り出せないがビスケットはたしかに食べてそれはごちそうという感覚があって、それがメープルへのときめきみたいなものを僕に与えていてだからメープルが好きなんだよね。遊ちゃんはそれを知らなかったしビスケットと聞いて想像するものとそれは違うから想像もうまくついていなかった。それでケンタッキーが目の前にあったから、入って、ビスケットを買ったわけだった。これがそれだよ、と言いながら久しぶりに食べるそれはやはりときめきが僕はあってうれしくて風が強く吹いていていて僕たちは歩いていた。

小田原城をかすめて通り、改修工事が終わったあとの小田原城はものすごく来場者数を伸ばした。と、遊ちゃんが教えてくれた。天守閣が見えたので「みーえた」と言って満足して出て広々としたのびのびとしたいい場所だった。お堀に沿って歩いていると学生服姿の青年が前から歩いてきてなんとなく声を掛けて写真を撮ってもらった。学ランで、でも高校生とも思えない、大学生で応援部とかの人なのだろうか、でもそれにしては軽い感じがする、とてもシャラシャラと応えてくれて不可思議で面白くてよくて、それで海のほうに向かって風がよりいっそう強くなった。

その前にかまぼこ通りみたいなところを通ろうとしたらその通りの入り口のところで目に入ったかまぼこ屋さんがビールセットというのを出していて「それだ」と思って入って買った。揚げかまぼこが2つとビールのセットで僕はしらす、ネギアジ、遊ちゃんは玉ねぎ、いわしと選んでそれでそれから揚げられた熱々のそれとビールを受け取ってかまぼこ通りから即座に出て海に向かった。トンネルを抜けるとすぐにふかふかの砂浜で革靴がどう汚れるかなと思いながらもそろそろと歩き、地元の中学生だか小学生だかの女の子たちが荷物を置いて向こうで何やら楽しそうに遊んでいて、僕らはテトラポッドみたいなものがあったのでそこまで行って上がって、そこで海を見ながらかまぼこ揚げとビールを楽しんだ。海が静かに目の前に広がっていて波もほとんどない静かな海で、夕方の光が全体をきらきらとさせていて昨日旅館で見たそれは山で今日は海だった。

浜辺を離れ、おでん屋さんに向かっていたらまた一度浜辺に行き、先ほどとは様子の少し違う浜辺で、海に面して集まった岩のひとつに若い男女が腰掛けて身を寄せ合っていて肩を抱いてみたりすぐにそれをやめたりして、岩をぽんぽんと行ったり来たりしながら上からそれを眺めた。

それから海に沿ってある高速道路だか何かに沿って町営か何かのプールが突然現れてそれがおかしな光景で、つまり、海、浜辺、道路、プール、となっているのだけれども道路の車からプールが見えるような高さになっていて何も知らないドライバーはきっと驚くだろう。突然プールが現れてそして人がそこで泳いでいる！というのはきっと驚く光景だろう。水色で明るくてプールをプール足らしめているのは水色の全体と飛び込む足場だった。

おでん屋さんは小田原おでん本店でなんとなく勝手にラフなおでん屋さんを考えていてそういうラフさは僕は好きだったからラフでよかったが実際は上品な佇まいで入ったときから素敵な店に来たぞと思ってそれはいい印象だった。それで5時半からは全席予約で埋まっているから5時半までになるけれどもということで今は4時半でちょうどよかった、座り、それでビールを頼んでおでんをいろいろと食べた。これがどれも見事においしくて贅沢で二人とも感動していてだいぶいろいろと食べた。お昼を決めるとき決めかねて珍しく決めかねているねと思っていたが何かの流れでここに決められてそれは幸運だった。めちゃくちゃおいしい……と思いながら、とてもよくて、どうしてだか一時間の滞在がもっともっと長いそれでいて薄まるのではなくより濃密なものだったというようなそういう時間の感じ方であれはなんだったのだろうか。

酔っ払って眠くなって、駅に戻ってロマンスカーの切符を買って、それで電車の時間までお土産を買ったりうろうろして電車に乗ると僕はすぐに眠った。町田で一回起きて次に起きたら新宿だった。家に帰る前に、一度寝てある程度すっきりしたのか、家に帰る前にコーヒーでも、ということでフグレンに行って縁側に座ってコーヒーを飲んだ。

縁側が気持ちのいい日だった。縁側に座っているとたぶんスタッフの人と思しき人同士が縁側のところで話しているのが見え、どうしてなのだろうか、そのときに「お店のスタッフ同士が楽しくそして真剣に話している」という様子に妙に感動をして、そして同時に東京に戻ってきた、とも感じたし箱根と東京の時差というか時空みたいなものが歪んだような気もした。どうしてなのかわからない。感動したのは昨日の山口くんの小説の影響もあるかもしれないというかあとで考えてみたらきっとそうだった。次に人を雇い入れるときは僕はヤングフォークスみたいなものを見てみたいと思った。そう思ったら未来が愉快に思えてきた。僕は店長で。彼らはヤングフォークスで。

閉店時間になったら店に行って山口くんと話そう、と思って家に帰ってきた。

その時間までは眠らないようにしなくてはと思い、あと2時間半くらい、どうするか、と思い、日記を書いた。日記を書いたらちょうどいい時間になったのでそれで店に行った、今日は怒涛のように暇な日だったようで「うわ〜……」と言ってから小説の感想を話した。一時間くらい話していた。いい時間だった。帰った。

寝るまでは椎名誠を読んでいてこれもまたヤングフォークスの物語だった。

3月28日（木）

3月も28日であと少しで4月になるということがずっとよくわからなくて僕の感覚はずっと3月の10日くらいだった。そのあたりで時間が止まっているような感覚があって来週が4月だと言われても何度も「そんなはずがない」と思う。でもそんなはずはあるようで来週は4月でそれで何が変わるわけではないけれども「ちょっと待ってよ」と少し思うから何か焦っている。

朝、起きると遊ちゃんが僕から見えるところで仕事をしていて目を開けると遊ちゃんがパソコンをカタカタとしている姿が目に入って安心してまた眠る。それを何度か繰り返して起きて店に行って、店は今日も静かだった。立ち止まって考える。歩きながら考える。どちらも必要なことで必要なことだけど僕は立ち止まると本当に何も考えなくなるから体は動き続けていたほうがきっといい。

とにかく暇で、やることも大して見当たらなくてピクルスでもつくるかとゆっくり準備を始めてしかし暇で、時間が止まっているようだ。心がざわざわとする。メルマガで決済がうまく行かず請求が停止していた方が数名おられたのでそれを解決するべくカスタマーセンターに電話を掛けると解決方法を教えてくれた。どうも話し方が日本語が第一言語ではなさそうな感じがする方で明るくちゃきちゃきとしたわかりいい言葉の運びにうれしい明るい気分になった。解決した感じがあり、それで何人かの方に案内のメールを出す。

昼、2人、来られ、帰られ、3時、無人。

心細い。

ラジオをやる。誰も入ってこない。ずっとラジオをやる。やり終える。

心細い。

夜、2人、来られ、それ以降、扉は、開かない。

心細い。

遊ちゃんも今日はなんだか沈んだ日だったみたいで元気がないみたいで、それでだからいくらか前から言っていたふたりのスラックを（ワークスペースを？）立ち上げるためにスラックに登録してそれでふたりのスラックを（ワークスペースを？）立ち上げて、どうやって使うんだろうな〜と思いながら手探りで、いくつかチャンネルを作ったりして、そのことによってふたりとも少し元気になる。

10時、ゼロ。ひどい日で、ひどい日だった。4人。昨日は6人。ひどい日がふたつ続いた。ひどい日で、立ち上がることも億劫で夕飯を食べるのは結局日をまたいでからだった。

暇だし本を読もうかと思っていたが結局ダラダラと「どうにか生きる」みたいなふうにしていたら一日が終わった。こういう日もあるよ。しょうがない。

虚心に見るから覚えている

白味噌

3月29日（金）

スラックを始めたのは直接のきっかけは遊ちゃんが今いっしょに仕事をしている人が夫婦でスラックでトレロでスプレッドシートでという話を聞いて「愉快」と思ったことだがLINEに対する圧倒的な不信感というか決別したいと思ってということが最たるところで遊ちゃんが機種変更を先週したところトークの履歴が飛んだ。途中まで復元していたら途中で終わってそこでなにかゼロになった。問い合わせてみても埒が明かなかった。僕は僕で先月だったか今月だったかに機種変更したときに危うかったというか一部飛んだ。僕らそれぞれに何かしら不手際があったのだろうとは思うのだけどそういうことではなくてこの調子だったらものすごくたくさんの人たちが自分たちの宝物のような会話をあえなくふっ飛ばしている。それに対してケアをする気が全然ない。インフラみたいなものとしての自覚とか責任感とかが致命的に欠如していてだから不真面目で、僕は先日、週末だったか、遊ちゃんがデータが飛んだということを聞いたときにLINEへの怒りが「むおおおおお」と仕事中だったが上がってそれでしばらくピリピリしてしまって少しあとに横にいた山口くんを外に手招きで呼んで「ピリピリしててごめん」と言った。だからそれでそういうタイミングでスラックの話を聞いて「愉快」と思ってスラックに昨日から引っ越した。現時点でのLINEの最後の発言は僕の「ちょっと場所変えようか」で、「合コンかな？　お持ち帰りかな？」というふうで「愉快」と思って、昨夜は帰ってからも二人でスラックをあだこうだ言って布団とソファの距離で画面を見せ合うことをせずにスラック上でスクショ画面を共有して見ていたりした。

そういうことだから読書をしている暇はなくて椎名誠を少し読んだがあまり乗れなくて吉田健一に移って体も布団に移して2ページで眠ったのが昨夜で、今日は起きて遊ちゃんの姿が見えたが遊ちゃんにiPhoneを取ってもらってスラックで「おはよう！」と送って一日が始まってトレロ、グーグルフォト。今日は寒い。最初の1時間で4人の方が来られて「昨日」と思った。

それでも今日も今日だった。

やることもそうなく、それで「「本の読める店」のつくりかた」を書いたら書けたので満足した。ぼんやり、だらだらと、いた。椎名誠を長々と読んでいた。昨日の夜に読んでいたところでちょっと自分のテンションが落ちたような気がしたが今日開いたらそういうこともなく面白いまま読んでいた。数日前、『親密さ』や『ハッピーアワー』のツイートを見かけて、そうか、今どこかでやっているんだな、と思ったことを思い出した。春。春の『親密さ』。いくつかの記憶。地下室。

メルマガの登録人数が150あたりで増えも減りもしないままずっと過ぎていく。増えたら減って、150あたりをずっと推移している。今日ふと、いや、150くらいなんじゃないか？という気になった。考えてみたらメルマガ以前の読書日記のアクセス数は毎回500とかそのくらいで、たしかSNSでシェアをする前にも見に来てくれるような方というのはどうやら150人とかで、ということをメルマガを始める前に見ていたのだけれども、だから、150くらいというのは妥当なのではないか、そして、それはなかなか増やせるものではないのではないか、とふと、思った。そう思ったから増やすことを諦めるのかと思ったらメルマガページの文言を少し書き換えたりしていた。

春。野球が、始まった！

球春が本日到来した。それで一気にうれしい気持ちになった。店は静かで人は少なく、野球場にみな詰めかけていたからしょうがなかった。日ハムは上沢で対するオリックスは山岡だった。

ちょこちょこと、野球のスコアを見ながら、働くというよりは本を読んでいた、途中でごぼうときのこの山椒味噌炒めみたいなものをつくってこれがおいしかった。

暇なのは、困る。それにしても、どうしたのだろう、いつもそう思うように「なんか俺やっちゃったっけ?」と思う。なんかやっちゃったりということはありうるだろうけれどそんなことでこんなふうになるものだろうか。あるいは謳い方が急進的になっているとかがあったりするのだろうか。怖い、というような。あるいは「「本の読める店」のつくりかた」での物言いが悪かったりとかもあったりするだろうか。排他的というような。あるいは定食の変更がダメだったのだろうか。あるいは「今日の一冊」改め「今日も読書」がいけないのか。あとは1月2月に疲れたしんどいきついみたいなことを書きすぎたとか。あるいはほぼ無休でやっていると平準化されるというかその分一日あたりの数が減るとか。2月はそうならなかったが。というか2月で全員来ちゃったとかというか2月が忙しすぎて引かれちゃったとか。あるいはあるいは。とかとか。いつも思うことを思う。

他球場のスコアももちろん見ているが見ていると横浜の今永が7回まで0点で抑えていて100球くらいでその裏だか表だかに筒香が先制打を打っていて次に見ると今永は8回もマウンドに上がったらしく120球0点となっていて胸が熱くなった。今永は無性に好きな選手で今年は活躍する。どの球場も、スコアを見ているだけで胸が熱くなるいろいろがあった。山川穂高の満塁弾とか。前の打席も満塁で迎えてそれはセンターフライだった。

……と思ったら中田が満塁ホームランでサヨナラ勝ち……

泣くかと思った。今日は途中までずっと1対3で負けていてそれで近藤のタイムリーで追いついて次が中田でそこは凡退していた。そこまではずっと凡退で、というところだけ知っていたら今見たら7対3で勝っていてサヨナラ勝ちでそれは満塁弾しかありえないから「誰だ？」と思って見に行ったら中田だったときの感動。

レアードの逆転3ラン……藤原にプロ初安打……丸の4打席4三振……

野球が始まった！

閉店後、パ・リーグの試合のハイライト動画を見た。中田のホームランで鳥肌。どの試合のどの人もみんな全力でがんばっていた感動

今日も心細い一日だった　胸がザワザワしていた　一体どうした

帰宅して読書。椎名誠を開いたら椎名誠は店で読むものなのか昨日だかおとといだかも家で開いたら違っていてすぐに吉田健一に切り替えていたが今日はどうしたのか突然プルーストになって「それから私は電話口に出た、するとしばらく沈黙があったあとで、突然私はあのききおぼえのある声をきいた、いや、ききおぼえがあるというのは正しくなかった、なぜなら、いままで祖母が私とおしゃべりをしていたときは、私はいつも彼女がいっていることを彼女の顔のひらかれた譜面の上にたどっていたにすぎず、その譜面のなかに大きな場所を占めていたのは彼女の目であったのにひきかえ、彼女の声そのものをきくのはきょうがはじめてであったからである」とあって唐突によくて、途端によくて、今は一体なんの場面だったかな、どこにいるんだったかな、避暑地で乙女たちとともに過ごしているのだったかな、と思ったらドンシエールでサン＝ルーのもとにいたのだった、そして祖母と電話をしていたのだった。しかしふいに互いの声が聞こえなくなる。

私の胸に波うつ不安は、遠い過去の昔に、小さな子供だったある日、群衆のなかで祖母を見失ったときに私が感じたのと同じ不安であった、それは祖母が見つからないという不安であるよりも、祖母が私をさがしているのを感じる不安であり、祖母がさぞあの子は自分をさがしているだろうとやきもきしているのを感じる不安であった、その不安はまた、われわれが、もう二度と答を返してくれない人々に、いっておく機会がなかったあれやこれやのことを、そしてもうわれわれが苦しんでいないという安心感を、せめてつたえることができたらと思って語りかける、そんな運命の日が私にくるとき、私に感じられるであろう不安に似ていた。私にはこんな気がするのであった、私がいま亡霊たちのあいだに迷いこませてしまったのは、早くも亡霊となってしまった一人のいとしいひとであると。

マルセル・プルースト『失われた時を求めて〈4 第3篇〉ゲルマントのほう 1』
（井上究一郎訳、筑摩書房）p.224, 225

3月30日（土）

今日と明日で3月が終わって4月になったら何があるというのか。

昨日の夜のプルーストがやたら突然に充実していて気持ちがよかった。記録を調べてみたら1月11日以来で、ずいぶん間が空いたものだった。でもそう変わらないというか覚えていなさみたいなものはたぶん毎日読んでいてもこんなものだったよな、というふうでもあるしそれはさすがに言い過ぎかもしれない。打ちながらふと、範宙遊泳を見に行った吉祥寺の夜に読んでいた場面を思い出した。劇場の場面で。あれは12月だろうか。

今日は開店前の時点でご予約がずいぶん入っていたのでいくらか緊張しながら、今日はこれは忙しくなりそうだ、と思って開け、読書。

あれ？

ご予約は多いのだけれどもご予約の方以外ほとんどお客さんなく、そうするとのんびりしたもので、のんびりと働いていた。椎名誠を読んでいた。それで読み疲れて、今度は『うしろめたさの人類学』を読んでいった。それにしても昨日のプルーストの読書は、あれはなんだったのだろうか、やたらに甘美な時間で、ひたすらうっとりとしていた。家に帰ったらプルーストを読もう、うっとりうっとりプルーストを読みたい、と思いながら働いたり座ったりしていた。

今日は全試合がデーゲームのようだった、昨日ナイターで試合をして翌日昼間というのは忙しいだろうなと想像した。特にずいぶん遅くまでやっていた日ハムとオリックスの面々は疲れるだろうな、と思っていた。それから、数字のことを考えていた。開幕直後の打率だとか防御率だとか、そういうものは僕をなにかキュンとさせるところがあって打率10傑を見に行くと今永が打率5割で何位かに入っていてそういうのがキュンとさせるところがあってそれにしても今日も今日とてゆっくりとか勘弁してほしいというか本当に小休止というか、どこが底なんだ、と思う。思っていたら満席近くになっていってしばらくご予約含めて実質満席という状態が続いて、席の管理に少し混乱した。ひとり来なかった予約があり、「デポジット」と思って、自分のおこないのせいで入る機会を奪われた人がいるかもしれないということを想像することはあるのだろうか、と思った。予約不履行も5分前とか10分前とかの直前のキャンセルも、それによって店への損失だけでなく入りたかった人が入れなかったということが起きているかもしれないと、そういうことはでもよほど考えが至らないと至らない考えなのかもしれなかった。

インスタを開いたらタグ付けされた投稿があって見たら最近お気に入りのカフェで考え事をする休日、みたいな投稿で、今日こういうのお出しした方あったっけな、と思って伝票を見返すも見当たらず、昨日かな、と思っていたら目が違和を察知して、なんだろうと思ったら写り込んでいる案内書きが現在のバージョンじゃないものだった。これいつのだろう、と案内書きのフォルダを見てみたら２０１６年秋から２０１７年春くらいまでのもので、こういうものを見かけるととても愉快な心地になる。実際は何をして過ごしていたんだろうというのが気になる。どんな顔でどんな気持ちでこの投稿を作っていたんだろうというのが気になる。それでニマニマとしたあと閉店で引き分けに終わった日ハムの試合のダイジェストを見たら感動した。中田が打って追いついて、中田がまた打って追いついた。中田が打つと感動するようになっている。これは他の選手とは全然違う感覚だった。

閉店前、そしてダイジェスト動画後、その時間はエクセルを開いて皮算用をしていた。新たに皮算用ファイルを作って「ふーむ」と言いながら皮算用をしていた。どうなったらどうなるのか。全然わからない。

家に帰ってお待ちかねのプルーストを開くと「そのうちに冬もおわりそうであった」とあった。

ある朝、霰雨《ジブーレ》や嵐の何週間かのあとで、私は部屋の暖炉の奥に――海岸に行きたい気持ちをゆすぶる、形をもたない、弾力性のある、陰気な風ではなくて――鳩の鳴声を、壁のなかに巣くっている鳩の鳴声をきいた、その鳴声は、まるで季節の最初のヒヤシンスが、その球根の芯をやさしく突きやぶって、サテン地のモーヴ色の花をひびき高くとびださせたかのように、虹色で、思いがけなかった、そしてまだしめきって暗い私の部屋のなかに、一つひらかれた窓のように、季節の最初の好日のなまあたたかさ、まぶしさ、けだるさをはいりこませるのであった。

マルセル・プルースト『失われた時を求めて〈4 第3篇〉ゲルマントのほう 1』
（井上究一郎訳、筑摩書房）p.236

いきなりすばらしいところに当たった！と感嘆しながら喜んで、もう数行進んでいくとなんとなく覚えのある言葉が見えたりして、昨日寝る直前に一度はこの箇所も通っていたらしかった。読むということはどこまでも不安定ないとなみだった。楽しくうれしく読み進めて、きっと今日もまたいろいろを読み損ねながら読んで、寝た。

3月31日（日）

店に着いて仕込みをしているあいだに遊ちゃんからスラックが来ていて（という言い方でいいのか）「平成最後の日！」とあって「まだ」と思った。今日は開店前の仕込みが一生懸命の日で30分ほど早く行くつもりが15分ほど早く行ってスラックを聞きながらおこなった。スラックというサービス名を聞くようになり始めたとき「おいおいスラックかぶせてくんなよ」と思いながらスラックを聞いていたわけだけどスラックを使いながらスラックを聞くこういう日が来る。

味噌汁をこしらえて人参と椎茸とネギの入った炒り豆腐をつくってかき菜としめじを柚子とか黒酢とかで和えてご飯を食べて『Number』を開いたらイチローについての内川聖一の記事でそこで初対面の場面が語られていて練習で二塁ベース上で「ウッチー今年いくつ打ったの」と聞かれて「3割7分8厘です」と答える、それを読みながら、ある年の数字、これまでの通算の数字、選手はそういうものをどれだけ把握というか記憶しているのだろうと思って、それから、野球選手に限ったことではないだろうけれどもある種の数字というものはきっとどんどんどん内面化していくのだろうと思った。そして、例えば何かで記録が訂正されてそれが3割7分7厘だったとき、あるいは9厘でもいいけれど、1厘の差はきっと小さくなくて8厘だと思ってそれを内面化して過ごしてきたその期間が何か別の誤った世界になったような心もとない足元の崩れたそういう心地になるのだろうか、と、これは『10:04』で、だから過去が可塑的に書き換えられて書き換えられたところで収まるわけではなかった。

驚愕の暇な日曜日。暇な平日かな、というような日曜日で4時にはおひとりしかいなかった。怖くなってずっと皮算用ファイルをいじって「平気、平気」と言って、飽きて、カレーを仕込み始めたりショートブレッドをやり始めたりチーズケーキに着手したりしていた。こう暇だと仕込みのペースが難しくて下手に早くやると出しきれない。怖い。恐怖。震撼。山口くんが4時からインでそれで外で「暇だ」ということを話して僕はフヅクエスラックも始めようかなと思っていてドトール行ってくる、まさか日曜の夕方に出ることになるとは思わなかったが、と言って店を離れた。悲しい。悲嘆。慟哭。ドトールに行って荷物を置いて喫煙室に入って煙草をもくもくしていると優しい透き通った歌声が聞こえてシャザムに聴取させたところSue Gergerというシンガーなソングなライターの曲らしくてそのアルバムを聞くことにした。優しくしてほしい。甘やかしてほしい。というときにぴったりのようだった。

スラックでフヅクエのワークスペースを作ったりしていて6時で、山口くんから音沙汰がないから耐えきれなくなって「なーになーにいまだ暇なの〜!?」とLINEを送った。そうしたらしばらくして「お客さんは四名で、CCもカレーも作り上げてしまいました……ゆっくりな平日という感じです……」と来て、「ぷあ〜w」と返した。どうした。どうした。どうしたどうした。よっこいしょ！

結局ドトールでは本は開かなくて机の上にプルーストと庄野潤三があったが開かなくて寒い席で体がだんだん寒くなっていってコーヒーをおかわりしようと思ったら「8時までですけれども」となって「そうか」となって店に戻ることにした。戻ったら店も冷え冷えとした空気ということはなくそれぞれにいい時間を過ごしていらっしゃるであろう方々でしかし暇そうではあって、「そうか」と思って、しばらく厨房にいたのち、コーヒーを淹れて僕も客席に出て端っこの席についていて本を開いた、先日ふと思ってそれで読みたくなったゼーバルトの『鄙の宿』のルソーのやつを読んで、しかしあまり頭には入ってこない感じがあって漫然とした読書で、カウンターの一番奥の壁の際の席は今日は寒くてドトールも寒かったがフヅクエも寒いぞ、やはりこの席はけっこう寒いぞ、と思って僕が薄着だからというのはあった。足から体が冷えていっていってプルーストに移ってそれで読んだ。サン＝ルーの恋人というか愛人と書かれているから愛人なんであろう愛人が語り手の前に出てきて語り手が「これはあの娼家の女じゃないか」と思い出すところで「そんな場面ってすでに書かれてたっけな」と思いながら、ふと「あ、もしかしたらあの場面とかだったかな」と思って思い出していたのはプルーストではなくてアリ・

スミスの『両方になる』でだから違った。今『両方になる』を思い出したときに脳裏に浮かんだのが草津で駅から草津の温泉街までのバスに乗っているときでそれはそのときに読んでいたのは同じクレスト・ブックスではあったが『両方になる』ではなくて『帰れない山』ででではどうしてそのときの情景が浮かんだかといえば訳者の木原さんが「読書日記」で『両方になる』について書いたところを取り上げていくつかのことをツイートしてくださったそのツイートを読んだのがそのバスの中だったからでそれが印象が妙に強かったらしかった。道を覚えている。草津の、バスの走るわきの、家であるとか商店であるとかそういう様子を覚えている。

そのとき僕は一人でバスに乗っていて遊ちゃんは夜に合流した。

しかし、やはり読むことには集中できなくて背中の山口くんの動きが気になってしまう。家で読んでいるときとは本のページへの意識の持ち方がまったく違う。慣れたい。あるいは家で読みたい。

それにしてもひどい日曜日だった。今年最低のお客さん数の休日だった。困る。

というか怖い。

悄然としながら洗い物をしていたらカレー皿を割ってしまって大変なショックを受けて、そのあと、俺は元号の発表が妙に楽しみなんだよね、とヘラヘラしながら閉店後に山口くんに言った。山口くんはショートブレッドを一人で焼き切ったところだった。できることが増えていく。「安」の字をつけてドン引きさせてほしいと思うし、そんなのは見たくないとやっぱり思うし、でも今だったら「安」の字を付けないだけで株が上がりそうでおそろしいよね、そう言った。もういっそ「安晋」でいいよね。そう言った。マジで悪夢だけど悪夢だったらどこまでも可視化されてしまったほうがいいように思うよね。そう言った。

今日は僕は夕飯は食べなくて、元気がなかったというか何かやけくその気分があったからそれを彩ろうと思っていてラーメンにしようと思っていて、山口くんが夕飯を食べて片付けが終わるのを待っていたら終わったところから話し始めてしまって、最初は店のことを話していた、店のことを話していたらいつの間にか小説のことを話していて山口くんの小説のことを話したりしていたら楽しくなってしまって1時間以上話していた、2時近くになって、ラーメン屋はとっくに閉まって、どうするかな、と思いながら帰った、そばかな、そばと丼かな、と思って、迷った。煙草を買うのにコンビニにも寄りたい、そうなるとそば屋とコンビニの二箇所に寄ることになってこの「2」というのは邪魔だったというか多かった、「1」がよくて、どうしてそうなったのか、「2」は余計で「1」で、煙草の本数を改めて見てみたらこれは明日でもいいのではないか、しかもう2時で今からお腹にたくさん食べ物を入れるというのはさすがに不健康なんじゃないか、どうしたものか、とやけに悩んでいたらコンビニのところに着いていてそして自転車を停めていたから「今日は夕飯は食べないってことだな」と自分の行動を認識して煙草を買うことにした。コンビニの入り口の横には穏やかに夜中に外で話す男女3人があって段のところに座っていた。いやな感じはしなかった。ヤングフォークス？　いや違う。ヤングフォークスはあんなふうではない。

帰り、事の顛末、つまり夕飯を食べなかったということをだいたい眠っている遊ちゃんに話してそれから酒を飲みながらプルーストにして、ご飯を食べなかったことをそうくやしがることもあるまい。

「今日の一日をそうくやしがることもあるまい、この若い女のそばで過ごすこうした時間は失われたのではない、なぜなら彼女の手から、金ではとても買えない優雅なものの、ばら、かおりの高いシガレット、シャンパンの一杯をもらったのだから。」私がそう自分にいったのは、それがこれらのやりきれない時間に美的な性格をさずけ、そうすることによってこれらの時間を正当化し、救うことになる、と思われたからなのだ。しかしおそらく私はこう考えるべきであったろう、自分のやりきれなさをなぐさめているような理由を必要と感じること自体、私が美的なものを何も感じていないことを十分に証明するものであると。

マルセル・プルースト『失われた時を求めて〈4 第3篇〉ゲルマントのほう 1』
（井上究一郎訳、筑摩書房）p.284, 285

しかし僕はこの夜に理由は必要ない。彼はそのあと鏡の中に映る自分の姿にぎょっとしていて、「いま考えても、自分の目にしたその醜悪な私はおそらくこれで見おさめになるかもしれない、これから先の人生でこんな奇異な男に二度と出会うことはあるまい、と考えてちょっと悲しくなっただけであったような気がするほどなのだ」と言っていてだからずいぶんで、突然のことに僕もぎょっとした、酒で十分という夜がある。あるいは夕方にドトールで食べたクイニーアマンが最後の食事だったとして、それでいったいなにが損なわれるというのだろう？

4月1日（月）

皮膚科に入ったのが10時40分で42分には隣の薬局にいて笑った。

それで11時半からの元号の発表を楽しみにしていてトイレで中継を見ていた。発表された瞬間に興味がなくなって、「和」をこんなにすぐに入れる感じとか、きっといい意味があってそれで取られたのだろうけれども「命令」とかを思わせる「令」の字とか、というか「和」も家族の絆みたいな、家族や血縁は大事な単位でだから仲良くしろみたいな「和の命令」みたいにも思うしまた、「和」には「日本人」みたいな意味も込めていそうで、現政権の気持ち悪さと容易に結びつく二文字に見えて、ではなんだったらしっくり来たかといえば「繁盛」だった。

今日も暇でひたすら暇で、一人来られ、帰られ、一人来られ、という一人ずつしか受け入れない店みたいな様子になっていて僕はフリーでフリー以前の支出の登録作業をしていったところ済んだ。大枠の使い方というか、いろいろまったくわかっていない解決しないといけないことはいろいろあるが、基本的にはとても便利な気がする。さらに請求書の発送サービスもあって請求書を送るということが日々は一切ない働きだからたまに「請求書送ってください」と言われると恐慌をきたす「封筒……!?」という「切手

い手がなかった。

……!?」という人間だから助かる。150円だった。封筒代と切手代を考えたら使わない手がなかった。

外に出たらカレーなのかなんなのかスパイスのいい匂いが立ち込めて、その次に外に出たら洗剤の匂いがやってきた。あたたかいものをたらふく食べたかった。それにしても暇でおそろしく、昨日までの日記を印刷して赤入れをして反映作業まで済んだ。

13時10分〜14時
14時10分〜15時
15時30分〜18時

今は19時30分で、時が止まったように感じるがそうじゃないことを教えてくれるのは外で降る雨だ。強く降っている。最初のおふたりはあっという間だった。今日、フヅクエに、がっつり本を読みたいと欲望して来てくださった方は、一人。

2月までは、打つ手打つ手が全部いい方向に行っている気がする、今年はなんという勢いをつける年にしたかったから大正解だ、と思っていたが今では途端に打つ手打つ手を全部間違えていたのではないか、必要以上の人たちにそっぽを向かれてしまったのではないか、と思っているからわかりやすくうろたえわかりやすくおろかでよくて、甘いものを食べたくなりすぎて「すぐ戻ります」の貼り紙をして店を出て、コンビニに行きながら、パンを選びながら、レジに並びながら、言われたレジに向かいながら、そういえばいつだかも、多分何度も、同じことを思っていたな、と思った。今、暇であっても、突然金銭的に無理になる、続けていけなくなるということはない、ないのだけど、云々、ということをいつだかも、多分何度も、思っている、それを今、思っている。それを繰り返して今までやってきたということでそれをまた繰り返しているだけということだろうか。そういう認識でいいのだろうか、買ったのはつぶチョコクリームのちぎりパンと牛乳クリームのメロンパンで、店に戻るとすぐに開けてすぐにふたつなくなってお腹が満たされた。気持ちはもちろんむなしいままだった。

今日はもう誰も来ないのかもしれない、と思いながら椎名誠を開いた。中国に行った。食べ物が出てくるシーンが特に魅力的で、中国のホテルでの朝ごはんの話からぶっかけごはんのことが書かれた。

たとえばそれの代表は納豆であるけれど、これでは当たり前すぎて面白くない。朝のぶっかけゴハンで本当にうまいのは、大根オロシをベースに、かつをぶし、分葱のこまかく刻んだやつ、ちりめんじゃこ、青海苔の手もみをひと振りふた振り、そして時には生姜あるいは山葵のほんのひとつまみ、といったものを入れ、醤油をかけてかき回し、こいつをあっつあつのゴハンの上に乗せて食べる、というやつである。

椎名誠『哀愁の町に霧が降るのだ（上）』（小学館）p.382, 383

食いたい、と思って、雨がやんだように見えたので外に出て煙草を吸いながら、ふと、これはなにかの冗談で、中に戻ったら500人くらいの人がいて、一斉に「エイプリルフール！」と言って、一人一万円ずつくれる、そういうことなんじゃないか、という考えがよぎって階段でゲラゲラ声を出して笑った。エイプリルフールをなんだと思っているのか。

しょうがないから掃除を始めた。飽きて、なんのやる気もなくなったときに掃除のやる気が起きる。

野球のノックもへとへとに疲れて疲れ切って余計な力が抜けてから体が覚えていく、みたいなことを言う人がいるけれどそれと同じことかもしれない、どう同じことなのかはわからない。五徳の上のレンジフードのところのフライパンや木べらやとにかく吊るしているものを取ってフックを取ってフックをきれいにするためにマジックリンを薄めたところに浸け置きして、レンジフードのところの壁がまっさらな状態なのでそこをやはりマジックリンとかを使いながらきれいにした、そんなに汚れていなかった、済んで、このまま換気扇まで掃除しちゃおうかな、と思ったが冷静になって今はやめて10時になって誰もいなかったらやることにして席に戻って椎名誠を続けたところ上巻が終わったくらいのタイミングでお客さんが来られて快哉を叫んだ。

それから『うしろめたさの人類学』が読み終えられ、プルーストを開いた。10時半にはまたどなたもおられなくなって、今、明日、先。かつて。換気扇の掃除をした。前回も思ったが意外に汚れはヘビーでなくあっけなくきれいになっていった。済んでラーメン屋でラーメンを食ったらたくさんの懐かしいJPOPが流れていて懐かしく思ったり耳が鬱陶しく感じたりして野球の記事を読んでいた。

帰ってまだ12時半くらいで、シャワーを浴び、それから1時から今日から武田さんがラジオが始まるということだったので1時になって東京FMを聞いたが違う人の声が聞こえて「どうしてかな、番組表見てもよくわからないな」と思って少なくとも2時からは出そうだったので2時まで待つことにしてプルーストを読んで待機した。2時になってラジオをまたつけて、そうしたら武田さんが話していて「引き続き」という感じの言い方だったので「すでに出ていたのだな」と思って、iPhoneを布団に置いて、僕は壁にもたれて座って横に酒を置いて、遊ちゃんは寝ながら、聞いていた。

アメリカ在住の方と電話で元号のことが話されていた、それが面白くてアメリカの新聞とかで複数の解釈が紹介されていてそれが紹介されていてオーダー&ピースとか、オースピシャスなんとかとか、「へえ」と思った。オースピシャスというのは「縁起が良い」という意味らしくてそういう意味の英語があるということがなんとなしに愉快で、それからゲストの「KAI-YOU.net」の方と「KAI-YOU.net」の話がされていてサブスクリプションを始めただか始めるだとかということで、ちょうどラーメン屋で「Number Web」を開いていたら有料プランを始めたということがアナウンスされていたから流っているのだろうかと思った。そういえば先日ブックファーストで『サブスクリプション』という本を見かけた。それを思い出しながら聞いていて途中から僕は遊ちゃんのお腹の上に頭を寝かせて、それで聞いた、少しずつ眠くなっていって、武田さんの声はなめらかで絹みたいでよかった、少しずつ眠くなっていって、イ・ランの曲が流れてそれがとてもよかった、聞きながら、目をつむって、遊ちゃんのお腹の上で目をつむって、遊ちゃんは僕の頭に手を置いていて、二人してまどろんでいく、その時間はなにか魔法みたいだった。

4月2日（火）

이랑の「신의 놀이」を朝、探して、聞いて、そのままアルバム『신의 놀이』を二度聞いた。ずっとゾクゾクとよくて、わあ！と思った。初めて聞いた。イ・ランはなんとなくインタビューを読んだことがあったりしたが曲であるとかは聞いたことがなかった、トンプソンさんがそういえばライブを見に行っていた。

開店前、「全部開店してからでいいや」という感じになる。「今日も4人とかなんでしょ、全部開店してからできるわ」と思って、それはこう書くとやさぐれた感じがするが爽やかな感じでもあった、それは昨日換気扇フィルターであるとかの掃除を済ませたことと無関係ではないかもしれなかった。店を開けてからも気持ちは妙に清々しく、前向きなことを考えていた。

それから、やることがなくて、途方に暮れた。

おかずが減るペースが鈍ったから、あまり先走ってつくるわけにもいかず、何をしたらいいのかさっぱりわからなくなって、立ち尽くす、という、それは僕は珍しいことだった。立ってなにかやっているか、座ってなにかやっているか、それが僕のあり方だった。

だからうろたえて、それからポテトサラダをこしらえたりしていたところ山口くんがインして、トマトソースをつくるように指示を出した。昨日、なにかモードが変わったのか、暇なら暇で山口くんができること増やす強化月間にしたらいいじゃないか、と思ったらしく、それでトマトソースだった。がんばれ、がんばれ、と思いながら、あれ、これ今のタイミング俺、間違ったかも、と思った。なぜなら店を早く出たい。用事がある。それで山口くんは玉ねぎやセロリや人参を切ったりして僕はオーダーをこなして、5時前、出、あとはこのマニュアル通りなんだけどどうだろう、できそうかな、完成形はわかるよね、あれをイメージして、味見して、ということを言い、実際にトマトソースは切ったらもう仕事の9割が終わっているようなものだと僕は思っているから「大丈夫だろう」と思い、山口くんも「大丈夫だと思います」と言うからつまりそれが総意で、出た。

甲州街道沿いの緑道の公園みたいなところに幡ヶ谷駅までのあいだに二箇所、喫煙スペースがあって、そこで一服をしようと思っていたら近づいたら様子が変わっていて黄色いテープでキープアウトの感じでぐるぐると入り口が塞がれていた、4月1日から使用禁止になったということで、撤去されるまでのあいだこういう様子なのだろうが物騒にしか見えない。

パドラーズコーヒーで遊ちゃんと待ち合わせで桜が咲いているうちに行きたいねというところで今日にした、僕が先に着いていたが遊ちゃんと二人で建物の角を曲がって桜がぶわっと咲いているのを見て「咲いているねえ」と言いたかったから横道のガードレールのところで待った、するとやってきて、それで二人で建物の角を曲がって桜がぶわっと咲いているのを見て「咲いているねえ」と言った。

コーヒーとカフェラテを注文し、外の席に着き、「事業主貸とは」という説明を遊ちゃんにした。今日は寒く、説明をしているうちに体がどんどん冷えていったし手の中のラテは冷えていく前に飲んだ。このあと代々木公園に夜桜を見物しに行く予定で一度家に寄ってセーターとインナーダウンを着てそれは真冬の格好ということだった。真冬がそれで、インナーダウンが脱がれ、セーターが脱がれ、今に至っていた。戻った。

それで出て、寒いから、スイッチコーヒーでまたコーヒーを僕は買って、公園に着く頃には暗くなっていた。これだけ寒いと今日がお花見の予定だった、場所取り班がいて、買い出し班がいて、みたいな、人たちは、つらかろう、と思った。誰しもが今日ではないだろうと思いながらもやめるわけにもいかない、というようなところがつらい。仕事も同じようなもんだよ、と3年目の社員が言って、知ったような口を聞いてと笑っていたら2年後、同じことを言っていた。そういう人たちがたくさんいるだろうかと思いながら公園に近づいていくとにぎやかな声が聞こえた。大声でも出していないとやっていられない寒さということなのだろう。入ると、去年は赤々とした光がついて炎と煙が上がっていたような、だから屋台があったエリアになにもなく、しんと静まり返っていた。ダンスをする人たちが高架の下でおのおの体を動かし始めた。

花見エリアといっても代々木公園は今年も媚びずライトアップのようなものはないから花見エリアというよりは桜エリアのほうに行くと、人は十分な数あった。それにしても今年は屋台はどうしたのだろうか。なにかによって区がダメという決定をしたということだろうか。それでは人は、何を食べ何を飲んでこの寒い暗い場所で花の下にいるのだろうと、花見客たちのあいだを歩くことにした。いろいろな光。工夫されたものもあってそれは桜を照らしていた。そうすれば花は白く浮かび上がる。ダンボールを机代わりにして置いて、さらにこたつのようにして体を入れている人たちもいてそれは知恵だった。ビールも串焼きもないからただなんとなくうろうろとして、歩いた。去年はビールを飲んだし串焼きを食べて、この場所、この場所で立ち止まった。縁石に腰掛けて、日中に内沼さんから送られてきた『読書の日記』の唱くんによる推薦文を遊ちゃんにも読んでもらって、いいねえ、いいねえ、と言った。去年はだから、こんなふうに寒くはなかったということだった。ぐるっと歩いて歩道橋をまたいで、向こうに行って、神南のほうに出た。

丸善ジュンク堂に入って、吉田健一と『Number』を買おうと思っていたところ、『Number』が取られ、それから文芸棚の特集棚みたいなところでフェミニズム関連書籍の特集だったのだろうか、見たら『塩を食う女たち』が目に入って、そうだそうだ、と思って取った。日本文学のところで、おとといだかに滝口さんのツイートで知って「おもしろそう」と思ったやつを探した、タイトルも著者名も覚えていなかったがすぐに見つかって鴻池留衣の『ジャップ・ン・ロール・ヒーロー』だった、取って、ラテンアメリカ文学の新たな動きがあるかを見て、その裏のクレスト・ブックスとかエクス・リブリスは調子はどうだい？ と見て、それから講談社文芸文庫のところに行った、吉田健一の何かを買おう、しかし何を買おう、とわからなかった。『東京の昔』の解説で名前を見た小説群のどれかがよかったがそれがなんというものだったか、『金沢』だけは覚えていた、それ以外は覚えておらず、適当に手に取ったやつの後ろの年譜を見たりして、なるほどと思い、しかしそれは何文庫で、と思って、いくつかは中公文庫のものがありそうだった、しかし中公文庫の棚に行く気が起きない。だから目の前にあった『金沢・酒宴』にした。

遊ちゃんはお腹をすかして、それに歩いて少し疲れて、「急激に血糖値が」とエレベーターに乗るあたりで言っていて、だから僕は迅速に本を選ぼうとしていたが吉田健一のところでいくらか時間を使った。どこにいるかな、ときょろきょろすると椅子のところにいて、すぐに見つかるものだなと思った。買ってくるね、と伝えてレジに行った。買った。お金が財布から減って、あれ、これ、夜のご飯と明日の買い物と、大丈夫かな、と思った。売上が少ないとこういうことになる。

歩きながら、やはり大型書店で吉田健一を探すことは大変に難しいことだと実感した、という話をした。大型書店だと、文庫は、出版社ごとレーベルごとになっているから、困る。困るというか、俺が探したいのは講談社文芸文庫じゃなくて吉田健一で、そういうとき、困る。単行本だとこういうことが起きなくて、もうそこに行けばいいから、いいのだけど、文庫の本を探すというのは難しいものだった。

それで先日見つけて「知らなかったねえ」と言っていたタイ料理屋さんに入ってみて、僕はタイ料理というといつだかに去年の暮れくらいに行った日比谷だったか有楽町だったかのタイ料理屋さんがやたら高いというか、あそうか、それで千円超えるのか、みたいなところでタイ料理っていいお値段がするのかなという印象があったのか、入ってみたらそうでなく、たいてい750円で、そうでなかった、だから、だからというか、いろいろを頼み、外を歩いているときはあたたかいお酒が飲みたいと思っていたがビールを頼み、出てきた食べ物を食べていたらどんどん汗をかいた。頭皮から汗が湧いて首に落ちていった。

一度涼みに外に出て煙草を吸っていると、口の中はずっと熱くて、そして足先は急激に冷たくて、唐辛子で得た温かさというものは体全体とは関係がないのかもしれないと思った。生姜はそうではないように思うがどうか。

遊ちゃんの仕事の話をあれこれ聞きながら、それから、今日noteで見た店舗は物を売るんでなくて世界観を売るんだという話をしゃべったりしながら、過ぎて、お腹がやたらいっぱいになっていった、ビールを3杯飲んで出て、隣のテーブルに座った人は一人の女性で、麺のメニューを頼んでドリンクを頼んだりはしていなかった、純然たる夕飯使いで、なるほどこの価格このメニューだったらこれこういう夕飯ありだしいいかもなあ、また来よう、と思って家に向かって歩いていると遊ちゃんは「私は夕飯食べにまた行きそう」と言っていた。

まだ10時にもなっていなかったが、僕はどうしたのかビール3杯でへろへろに酔っ払っていて（先週もそうだった）猛烈に眠くて、シャワーを先に浴びて、山口くんにスラックで「そして俺はもう眠るね！　トマトソースとかもろもろ問題なかったかな」と連絡したのが10時3分だった。プルーストを持って布団に潜り込んで開いて、32分後に「わかりました～！　トマトソース、無事に完成しました！　冷凍庫に入れてあります。おやすみなさい～」と来ていたがそのときには僕はぐっすり寝ていたと遊ちゃんがのちに言っていた。

4月3日（水）

汗をかいて寝苦しくて目を覚ますと水をガブガブと飲んだ。時間を見ると1時で山口くんからの返信等がいくつか来ていて、すっかり目が覚めたため返信をして、それから「スラックってこういうときってどういうふうにしたらいいのだろう」という疑問が生じたためそれを解消するべく調べたりしていて、うまく使わないとスラックに振り回されるな、と思った。

それからプルーストを開いて読み始めた。さっきは1ページも進まずにころっと眠っていたというか失神していたことが知れて、でももう完全な覚醒状態だった、むしろ眠気を催してほしかったが、目が冴えて、長いこと読んでいた。ヴィルパリジ夫人について語り手があれやれこれやと評価というか、していて、いつまでこれ続くんだよｗと思いながら読んでいた。動きがほしかった。歩いてほしかった。

起きて、だからたくさん寝たはずだが起きて、朝、起きて、まともに眠く、ずっと布団の中にいたい、と思いながらいつものように起床した。何時だろうと朝は眠い。ぎりぎりまで寝てヨーグルトバナナ花粉症ナッツ遊ちゃんスペシャルを食べて10時5分前の自転車に飛び乗る。

店、着き、コーヒー、飲み、落ち着き。朝の準備をする。たいしてすることなし。開け、ゆっくり始動。わらびとお揚げとかの煮物みたいなものをこしらえ、味噌汁をこしらえ、それからなすのサブジみたいなものをこしらえチーズケーキを焼いた。ゆっくりしていて、そのあと感動することがあった。店冥利に尽きるというか、こういう感動をしてくれる人がいるならば、どれだけ敵を作ってでもそれは守りたいというか、敵を作ることなんてなんでもないことだなと思った。店というものは時にすごいもいたら昨日見た夢を思い出して公園で女が銃を乱射していた。最初は少し遠巻きのカメラのになりうるんだなと思った。それで泣きそうになりながらサンドイッチをつくっていたら昨日見た夢を思い出して公園で女が銃を乱射していた。最初は少し遠巻きのカメラという視点でただ凄惨なものが目に映っているというふうで、公園では小さな子どもたちが遊んでいて、撃たれた。あとでニュースで見たら死者は3人ということで、子どもたちは20人近くいたような気がしたから、今こうなっているけれど、けっこう助かったんだな、よかったな、と何か半分は安堵のようなものがあった。公園が済むとどこか次の場所に進みながら女は乱射を続けた。そのあたりから僕はカメラではなく逃げ惑う主体になり、必死に走った。しかしこういうときいつもそうであるように足は一向に進まず、泥の中を走るみたいだった。大変な危機感と恐れ。女がそのあとどこかの施設で、『チチカット・フォーリーズ』の中だと思うが、施設で、夫とともに安穏と暮らしていた。どうしてなのか、情状みたいなものが酌量されたらしかった。それでその近くだったのか、本屋イトマイにいて、喫茶スペースが無事始まったようで、お客さんもたくさん入っていた。そのうちの一人が糸井重里で、他のテーブルにも一人「これは」という著名な人の姿があって、糸井重里は最初お付きの人と一緒だったがしばらくすると一人になって、事務所が近いという話だった。夕方だったのか、全体にうっすらと暗かった。イトマイ、イトイ。ということだったのだろうか。

イトマイ、イトウ。田村伊知郎。野球の経過を見ていたら西武の試合のスコアを見たら田村伊知郎という投手がいて僕は知らなかった。タムラックス、伊知子。滝口悠生の小説みたいな名前のピッチャーで報徳学園高校から立教大学を経て２０１６年のドラフトで名前が呼ばれた。ということが知れて、夜、ホイップクリームを泡立てるので外に出ると郵便ポストに何かが入っていて取ると「三田評論」と大きく書いてあってだから先日文章を書いた『三田評論』の見本誌が届いたらしかった。母校の機関誌に文章を書くという事態が僕は全体に「ウケる」という言葉でしかどうも考えられなくて全体的にウケていた。開けたら2部送ってくださっていてだから1部は両親に送ろうと思った、「郵送」と考えたらパニックになるかと思った。

が、すぐに収まった。送っていただいたその封筒を使えばいい！と気付いたためだった。それで、一冊を入れ、マスキングテープで封をし、住所を書き換え、あとはコンビニで２５０円の切手を買えばいい、という状態まで持っていった。これで親孝行ができる……と思うと安堵のため息が漏れた。

無事それを投函して家に帰って、明日は早起きだった、シャワーを浴びながら、明日の日中は野球だった、野球を終えて、家に帰って、シャワーを浴びて、昼寝をする、その昼寝の様子がシャワーを浴びていたら思い浮かんで、なぜか、それだけで幸福になった。昼寝というものは楽しいことだなあ、というような。

だから酒も飲まずにと思ったが一杯だけウイスキーをあおって、それでプルーストを眠剤として読み、早い時間に眠りについた。

4月4日(木)

7時半、起床。コーヒー飲み、バナナ食べ、出。出る前にトイレを済ませて、それが眠る前の懸案の一つだった。つまり、野球の練習中に公園でトイレに行くことになったらことだな、家で済ませないとことだな、しかしそんな普段は腸も動かず眠っているような時間に目を覚ましたからといって腸も覚めるのか、甚だ疑問、どうしよう、考えたら不安になりそうだった、そう前日に思っていた、それをクリアした。それで次は服。先週くらいに武田さんに今度練習ありますよ、よかったら、と声を掛けてもらって、そのときに一番に聞いたのは「どんな格好をしていけばいいんですか」ということで、そうしたら「グラブと、動きやすいかっこうがあればそれでへいきですよー」「ランニングしたりするかっこう、とかでいける」と来て、「だからそれがわからないんだよ!」

と一瞬泣き叫びそうになったがどうにか抑えて「うごきやすいかっこう　らんにんぐしたりするかっこう」と返したところ、「ｗｗｗ　なんでもだいじょうぶですよ〜。あくつさん、ジム通ってたときは何着てたんですか？」「半ズボンと破れたＴシャツ」「なるほどｗ　でも、それでもいいとおもいますよ。まだはだざむいから、上は長袖Ｔシャツと半袖重ね着してユニフォームみたいにすればおっけー。」優しかった。それで光明が見えて、おととい、リハーサルをした。遊ちゃんに見せて、「どう？　野球の練習している感じするかな？」と確認して「とってもいいよ！」とお墨付きをもらって、そういう承認が僕にはとにかく必要だった、洋服のことなんて一つもわからない。だからそれもおとといに解決して畳んですぐに着られるようにしていたから着ることができてクリアできて、出て、電車に乗ると『塩を食う女たち』を読み始めて、「苦難の中に人間らしさを失わずに生きのびるには、持続する意志がなければならない」とあってそれはパンチラインのひとつに過ぎなかった。怒涛のラッシュで、これはすごい本だな、と思いながら読んでいった。

でもゴレ島に戻ったとき、あたしは突然すべてを理解した。そう、そうだったのだ、だからこそ、あたしたちは生きのびたのだ、と。彼らは特別にすぐれているのだ。あの無惨な大西洋の連行の航海を生きのび、二百年の奴隷の時代を生きのび、それからまたその後の百年を生きのびたのだから。それなら、あたしもきっとすぐれているのだ。個人としても、と思った。

藤本和子『塩を食う女たち　聞書・北米の黒人女性』（岩波書店）p.39

この「それなら」。この「それなら」の強さ。これはすごいぞ、と思いながら読む。

すぐに、梅ヶ丘に着く。羽根木公園に行くと桜がわっと咲いていて、その中を歩いていくと野球場があった。僕は新参だから武田さんがいないと何もできないよ、とビクビク思いながら近づく。そうしたら人がいなくて、そのあとに武田さんがいて、ほっとした。二人で球場の周りを走る。ジョギング！という新鮮さで、それから時間になってわらわらと人が集まってきて、こんにちは、はじめまして、隅っこで、しかし卑屈には見えないように。こういう時間帯というのは難しいもので、それからグラウンドの中に入って、ベンチで準備とかをしながら、元々いた人たちが愉快そうに話しているのを聞きながら、「しかし卑屈には見えないように」と思いながらグローブを取ったり「ふむふむ」と言ったりしていてこういうときの自分の立ち振る舞いの情けなさみたいなものをしかし33歳になった僕はわりと受け入れられるようになったのかもしれない。「まあ、そういうもんだよ」と思える自分がいてそれならあたしもきっとすぐれているのだ。個人としても、と思った。

キャッチボールの時間になってとんかつさんとボールを投げ合った。グラウンドを広々と使って、ボールを投げ合う。次第次第に、満ち足りた清々しい面白くて仕方がない嬉しい爽やかな多幸的な気持ちになっていく。それは、次のボール回しで増幅して、その次のノックの時間にひとつの頂点を極めたように思う。セカンドから見る景色。ノッカーがボールを打つ。それを前進したり、横に動いたりして捕球する。そして一塁に投じる。その連続。ある種の単調さ。その単調さが美しい。振り向けばグラウンドに沿って桜の花が目いっぱいに咲いている。ぽかぽかと暖かな4月の青い空を背景にして桜の白のピンクの花が目いっぱいに乱れるように大声をあげながら咲いている。僕は中腰に構えて、「へい!」と声を出して、打たれたボールに近づいていく、ぐっと腰を落として正面でグローブにボールを収めて、そして右手に持ち替え、一塁に放る。その一度で、キャッチボールとはこれ体の疲れ方違うわ、一瞬でなにか伸ばすわ、と思って、気をつけよ、と思った。その「ノックによる違う体の使い方は慣れない体には危険だぞ」という意識の発生すら幸福感を高めるようだった。

そのあと併殺打の練習。ショートやサードから二塁上でボールを受けて、一塁に投じる、その、あれ、え、足とかって、どう動かしたらいいんだ、捕って、えっと、あれ、足って、そして持ち替えてってあれ？　というような困惑が楽しい。今度は一塁守備について、体を伸ばしながらボールを掬う。掬いそこね、逸する。取りに行く。それも楽しい。

そのままフリーバッティングになって最初は僕はそのまま一塁にいた。一塁というのはそうか、こんなにけっこう体に負担があるものなんだな、と思う。ランナーがいたら牽制にずっと備え、そしてボールが投じられた瞬間に打者の方に向き直り構える。それを繰り返すだけで太ももが張るようだ。晴れている。空が青い。風が吹く。砂が舞う。どの動きでだったのか足が土で汚れている。声を出し、打球音を聞く。

バッティングの番になって、武田さんに借りたバッティング用の手袋をつけて打席に立った。初球、アウトコースの直球に反応し、振ると、打球はいい角度でセンターのほうに行って、最初はそれがどこに行ったどういう打球なのかはわからなかったからそれは事後的な気付きで、走り、一塁を蹴り、二塁に到達した。野球。と思った。次の打席はゆるいボールに手が出てどこかへのゴロだった。無事捕られ、無事一塁にストライクに投じられ、ゆうゆうのアウトだった。僕は一塁を駆け抜けた。この駆け抜け。野球。

と思った。

2時間の練習が終わって、それから花見だということなので僕は久しぶりの運動で疲れるし夜の予定もあるから参加しないで帰ろうと思っていたが、一杯だけ飲んで帰ることにして、そうした。コンビニ等に酒やつまみを買いに駅の方に行って公園に戻ってくると、桜のところにインコみたいな黄緑色の鳥がいることにホムラさんが気づいて、わあ、と見上げた。見上げているとおじさんが近づいてきて「最近増えている。外来種。松陰神社とかすごく増えている」ということを教えてくれて、挨拶をした。それから桜を見上げながら歩きながら、インコがいうるということを知った目はそれを知らなかったときの目とはきっともう違う。これからはインコが見えるようになるんだ。と思った。そのあとは見なかった。

ビールを一缶飲んで、それで昼過ぎに辞した。それにしてもチームの人たちは、みな、なんというか普段あまり触れることのないような優しさに満ちているような感じがあって、あれはなんだったのだろうか、しゃべるようなことも僕は今の時点では持たないけれども、それでもその輪の中にいることが変に落ち着くような感じがすでにあって、いても大丈夫、という気にさせてくれる人たちだった。少しふわふわした心地で梅ヶ丘の町を歩いて駅に着いて、それで帰った。帰りも本を開いて、「それまでは、それを運だとか偶然だとか考えていたわけだけれど、その女の中に力を認めると、自分の中にあるのもそのような力だと、初めてそれを信用することができるようになった」と書かれていて、お昼ご飯をなか卯に入って食べたが最初は670円の親子丼のセットにしようかと思ったが「もったいない。無駄遣いをしてはいけない」という恐れや怯えの混じった考えがやってきて500円のものを食べて帰ると遊ちゃんがいて、僕はさっき味わっていた突き抜けた楽しさを伝えて、汚れたものを脱いで洗濯機を回し、シャワーを浴び、パジャマに着替えて、布団に入った。この時間を楽しみにしていた。入れ違いに遊ちゃんは仕事に出て行った。アラームを掛けて続きを読みながら眠りに入ろうとしていたが1ページも読まないで目の重さが抗えないものになって、素直に眠った。

起きて夕方で執拗にスヌーズを掛けていたら遊ちゃんが戻ってきて、それで起きて、遊ちゃんが今度はヨガに出て行った。見送り、僕も出た。バスに乗り、中野に向かう車中でまた本を開いている。最初はバスの中でラジオをやろうかと思っていたがそういうスペースはないというか窮屈だなと思って本を開いた、甲州街道、普段見る景色をバスという少し高いところから見るのは新鮮で、ちらちらと外を見ながら女はミシシッピーに住んでいた時代のことを話している、ク・クラックス団に追われてミルウォーキーに移り住んだ。父はもぬけの殻になった。新中野のあたりだった。外は少しずつ光を弱めていって空は青から黒に近づいていく途中の白だった。

ある暑い夏の日のことだった。サード・ストリートを車で走っていてね。黒人のゲットーよ。接続点がここにある、って思った。でも何をすればいいのか？　修士号まで取って白人の社会で成功したあたしは、一体このサード・ストリートでは何ができるのか？　だから「モット財団」は辞めた。そこからどこへ移って何をするのか、見当もついていなかった。あたしは神にいったのよ、「死ぬはずだったあたしを死なせないでおくことにしたのはあんただから、あんたがきめなさい！」一九七七年のこと。アフリカへ旅したのはその年だった。

同前 p.53

中野でバスを下りて線路の向こう側に行くと左手に一段高いなにやら歩道があって上がっていく人の背中が白い夕方の薄暮の空の中で黒く影になっていて、それはどの姿も停止しているように映った、もちろん動いていた、しかし静止の感触はしばらく抜けずに、歩きながらそれはもしかしたらなにかあの白と黒のそして丘を歩くような場所を歩く人たちの姿が植田正治の作品を想起させたのかもしれないと思ったしそれとはまた関係のないなにかだったのかもしれない。中野ブロードウェイの2階のBar Zingaroに入ってカフェラテと村上隆印というのかのアイシングクッキーを頼んでソファでラジオの時間にした。静かで、ひっそりとした時間だった。待ち合わせの時間になって優くんが来て、そこから一時間、freeeについて教えてもらった。口座振替、それぞれ、知りたかった、なるほど！という時間で優くんは僕の一歩も二歩も先に行っていてついていったらいいように勝手に思っているというかいくらか依存しているかもしれない。「優くん教えて〜」と言えばいいと思っている節がある。

ジンギスカン屋さんに移動して、食べながらビールを飲みながら、互いの店のことや他のことを話した。それはいつだって楽しい時間で僕は店というもののことを考えるのが楽しくて仕方がないところがあるな、というのは優くんと話しているといつも自覚させられることでいくらでも話していられる。

12時近くになり、店を出てアーケードの下を歩いた。そうしたら北千住を歩いているみたいな錯覚に陥って左を曲がって少し行ったらスリランカカレーのお店があるはずだった。去年の3月。ジエン社。とんかつさんから今日ジエン社の5月の公演のことを聞いたことも作用しているのかもしれない。チームの人たちは呼吸をするように自然に野球の話をしていて阪神の話になったときに「簡単に丸を解凍した」と言っていて「解凍」という表現の上手さに唸った。僕はそれを、それは練習の始まる前の時間で、僕はそれを聞いてひとりでほくそ笑んでいた。だから北千住で、遊ちゃんで、それで思ったのか「こういうときはアイスを食べたいよね」と遊ちゃんに話しかけるように思ったらしく、優くんがお金を下ろしているあいだにアイスを買った。食べながら駅で別れ、食べながら電車を待った。食べたら、本を開いた。

4月5日（金）

山口くんから閉店後になかなか連絡がなかったので少し心配になって電話をしたらちょうど今全部終わったところでした、ということで僕はシャワーを浴びながら思いついた新たな福利厚生について発表した、それは「フヅクエで過ごし放題権」みたいなもので、僕の課題としてフヅクエで本を読みながら過ごすという過ごし方に慣れないとなということはここのところ思っていたことで、優くんは最近どうしているのかと聞いたらけっこう店にコーヒーを飲みに行くと言っていて、それからまた考えたら、僕が慣れるのもまたいいけれど、シフトとは関係なくスタッフがフヅクエで本を読んで過ごせたら、それはきっといいだろうな、ということを思いついて、それでそれはたしかに福利厚生としてというか宣言をしない限りは彼らもきっとこの場所でそういうことをしていいというふうには考えづらい、それは店の設計というか要は席料とかそういうことから、きっと発想しづらい、ということにようやっと思い至ってだからそれを宣言した。どうかな、使いそうかな、と電話口で聞いてみたところとてもポジティブなリアクションが聞こえてそれならよかったと思った。

日中に長く昼寝をしたからかそれとも帰ってから何を思ったのかコーヒーを淹れて飲んだからか、眠気がなかなかやってこなくて、日記を書いたり本を読んだりして夜は更けていって、夜にはもう体は筋肉の痛みでガタガタで、起きたらそれはより一層のものになっていた。

店に着いて今日やるべきことをとんとんとやり、大してやることもないようだった。開けてからは同期させてもどうにも反映されない銀行口座の1月分の取引を手入力して、それから昨日優くんに教わったfreeeの操作を実践して、いろいろの整合性がこれで出来上がっていっただろうか。

風が強くて斜向かいのビストロの軒先のテント生地の、調べてみたところ「オーニングテント」というらしい薄黄色のそれが激しくはため続けていて隣の建物の白い壁に映る電線の影も揺れていて夕方で、さつまいものおかずをこしらえた。

夕方、『塩を食う女たち』を読みながら、長いこと、ミックスナッツが食べたいなあ、どうしようかなあ、食べようかなあ、食べたいけどなあ、と思っていた。はたと気がついたがそれは『塩を食う女たち』を読んでいるからなのではないか。愕然とした。ナッツは、たしかに、塩分を含んでいる。そう、それはひとつの事実ね。だけどそれだけじゃない。昨日とうとうあたしたちは塩分とオイル不使用のミックスナッツを買ってきたの。それはアーモンドとくるみ、それからカシューナッツとマカダミアナッツが入っている。だから今お出ししている分が終わったら、ミックスナッツをそちらに移行させようってわけ。実際、今日もどちらを食べようかと散々迷っていたんだもの。それは塩分の使用不使用どちらを選ぶかというだけの問題じゃなかった。共同体にとって、どちらが先に減るべきなのか、それが問われていたわけよね。だってそうじゃない？　せっかく買ってきたこれからのナッツを減らして、それで平気な顔をしているっていうのもおかしなものじゃない。なのに男たちはこう言うのよね。「大丈夫だ、好きな方を食べろって」。冗談じゃない。「あんたたちがそうやって勝手にやってきたからこんな状況になっているんだろ！」ってあたしは言ってやったの。そうしたらおかしなもので、誰も何も言ってこなくなるの。「あいつは少し頭がイカれてる」とか噂を流して、それでおしまい。本当に情けないったらありゃしない。

そのまま夜も漫然と過ごして、途中でにんじんのおかずとごぼうとれんこんのおかずをこしらえた。切干大根の煮物とスパイス風味のきんぴらで、「お？」と思った。気をつけないとすぐにマンネリになるぞ、と思った。思って、あとはのんびりとしていた。金曜日。と思いながら、今週は月曜が惨めな始まりになってそのあとは火曜水曜木曜とちょうど目標値くらいの「ありがたい」という、そういう調子だったが金曜日にまた地に落ちる。地に堕ちる。だからfreeeでそういえばPayPalの入金もやはり売上として反映しないといけないんだよな、どうなんだろう、売掛金という扱いなんだろうか、そして売掛金というものは所得とかにはどう関わるのだろうか。今日までは僕はPayPalは現金化したときに初めて売上として計上されて所得の対象になる、のかな、だといいな、と思っていたがそれは甘い考えだったようでまったくそのまま売上のようだった。そりゃそうかとも思うし、そうじゃなかったらよかったのにとも思う。だからそれでfreeeとPayPalを連携させてそれで売上として反映するようにした。PayPalのお金というかメルマガのお金は手を出さないぞと思って手を出さないでいて次の店をこれでつくるんだ、いつになるんだ、と見当もつかないが、今日はとにかく暇で『塩を食う女たち』を読みながら閉店までを過ごした。貧すれば鈍するだな、と思うこともあり、「ひんすればどんする」というのはこの33年の生涯で初めて打ってみた言葉だった。ひんすればどんする。ヒンスレバ・ドンスル。

飯を食って帰ろうとしてから石野卓球のツイートを見始めたら止まらなくなって「最高だな」と思って気持ちがよくて帰れなくなって、ずいぶん見てからやっと帰った。帰ってからはプルーストにして、生きていて総じて幸せだと思うとして、それでも一日一日を眼差したときは小さい不幸や不満や不安の中を生きていることがわかる、というように思った。一日一日、今日も幸せ、と思う、そういう生き方はありうるのだろうか。布団に入り込むとき、遊ちゃんに布団を掛けるとき、毎日満たされた気持ちにはなっているから、幸福な、あたたかい気持ちになっているから、それを「今日」として認定することができたら感覚も違うだろうか。

4月6日（土）

朝から変に悄然としていて力が出ないような、出力、出力が弱いようなそういう感じ

があって頼りない。さまざまのことが特に価値がないように感じて

空前の暇

『塩を食う女たち』を読んでいて面白くてでも読むことに飽きた。この状況で読むことに飽きた。

休憩しながらツイッターを開いたら暗くなるツイートがいくつか立て続けに目に入って「嫌だな」と思ったが直後に猫の動画が目に入ってずっと見ていたかった。そういうやつを何個か見た。

鷹揚に生きたい暮らしたい

夕方、山口くんがやってきて、今日はピクルスチャレンジの日にしようと思ってマニュアルを整えた。外で今日の伝言等を話しながら、ここまで暇だともうどうしていいかわからないね、暇なのは面白くないよね、ドトーリングしてくるわ、と言った、中に戻ると山口くんはピクルスをやり始めて、お会計の方があったので僕が会計をして、片付

けながら、鷹揚な気分で暮らしたいなと思った、忙しいとか暇とかそういうことで浮かれたり疲れたり憂いたり倦んだりせずに、鷹揚な気持ちで生きたい、と思って頭上の本棚をふと見ると保坂和志コーナーで『プレーンソング』を抜いた。読もうか。

しかしもっと読みたい本もあった。『塩を食う女たち』がもうすぐ読み終わってしまいそうで、閉店まであといったい何時間あるんだ、と考えると、これでは足りない。あとは『ガルヴェイアスの犬』があった。今朝出る時に、ふと本を持っていこうかと思ったが、いやいや、土曜日、そんなたくさん本を欲するような状況にはさすがに、と思ってやめていたが、そんな状況になってしまった、持ってくればよかった。吉田健一。庄野潤三。持ってくればよかった。と思って、ふーむ、と思って、それで「忙しくなったら連絡ちょうだいね」といつもどおりに伝えて出て、自転車を担いで下りた。つまり家にいったん帰ろうという算段だった。帰宅して、それで本をピックアップしてくる、というそういう。

それで家に着くと建物の中に入ると扉が閉まる音がして誰かがいた、お隣さんだろうかと思ったら遊ちゃんで、あら、というところだった。暇すぎる。と言った。じゃあ一緒に出よう、となって遊ちゃんもいったん戻って、それで僕は文庫本を二冊、リュックに入れた。

鷹揚な気分で暮らしたいとさっき考えていた、と言ったら遊ちゃんもちょうど今日そう思っていたらしくて、遊ちゃんは今イライラの沸点が低くなっていて、そうなることに慣れてはいけないな、と思ったらしい。そうだよねえ、慣れちゃいけない、たしかに、そうだ、と思った。外に出るのが惜しいような気になったのか、5センチずつみたいなチマチマした歩き方で廊下を進んだ。遊ちゃんが後ろからついてきた。

ドトーリング。喫煙室に入って煙草を一本吸って、席に戻ってコーヒーを口に含んだ。そうしたら「あ、コーヒー、おいしぃ」という感覚がやってきて、ドトールのコーヒーにそう思ったことは今までなかった、俺のなにか、どうかしたかな、と思った。イ・ランを聞いた。

それで「「本の読める店」のつくりかた」の原稿をひとつ書くというか前にあったものがわりとそのまま使える感じがしたので整えて、アップして、向かいの席の人がひたすら貧乏ゆすりをしながらストローでズーズー執拗に吸い続ける人で、ズーズー、置いて、すぐ取って、ズーズー、というそういう人だった。見渡すと、本を読んでいる人が見えた。その人を見た瞬間に、フヅクエはあの人に選んでもらうことができなかったということなんだよな、と思った。声を掛けたい。あの、こういう店をやっている者なんですが、今度よかったら来てみて下さい、きっといい読書時間を過ごせると、思うんで。と声を掛けたいと思った。

どんどん虚しさが募っていった。本当であれば週末で、店を離れるなんて思いもよらなくて、というはずが、暇で、ドトールで、ぼけーっと、本を読んでいる。それでいいじゃないかと思うのだけど、こうあるはずではなかった時間、という感じが強すぎて、ついていけない。

それでも本は、『塩を食う女たち』はよくて、終わりになった。読んでいて、いくつかの話を聞きながら、生きていることそれ自体が恐怖をともなうという状態について想像していた。町を歩いているだけで、石を投げられうる、リンチをされうる、警官に撃たれうる、その恐怖を持たないといけない暮らしというものはいったいどれだけきついものなのか、想像していた。今までにない解像度というか切迫感みたいなもので想像していたかもしれない。昨日の夜、風呂から上がると遊ちゃんがゴミ捨てに行くところで、僕は忘れていて、そうだそうだ、俺捨ててくるよ、と言ったが「その格好で」というところで僕はまだパンツ一丁だった。それもそうだと思ってよろしくお願いして、それで驚かせようというか笑わせようと思って遊ちゃんが出てすぐに僕も出て、踊り場のところでパンツ一丁で「えっへん」みたいな姿勢で立って待っていた。そうしたら階段を上がってきた遊ちゃんがびくっとして止まって、それから僕だと気づいて、ほんとやめて、と怒られて、部屋に戻ってからこういうことは本当にやめてね、と改めて怒られた。謝った。そのときは、もうやらない、と思っただけで今日『塩を食う女たち』を読んでいて思ったのだったか、そのときにもう思っていたか、そうか、これが、女性として生きるということの恐怖というか女性として生きるということにデフォルトでついてくる恐怖ということか、と、今まで以上にリアリティを持って知った気がした。

ドトールの閉店の時間になり、店に戻る。山口くんに休憩に行ってもらい、戻ってくると、カフェオレをつくって、カウンターの端っこの席に座った、座って、しばらくのあいだ紙に文字を書いていた。考え事だった。鷹揚に暮らすためには。というたぐいの。そのあと吉田健一を開いた。書き出しからして素晴らしいというかあまりに好きだった。

これは加賀の金沢である。尤もそれがこの話の舞台になると決める必要もないので、ただ何となく思いがこの町を廻って展開することになるようなので初めにそのことを断って置かなければならない。併しそれで兼六公園とか誰と誰の出身地とかいうことを考えることもなくて町を流れている犀川と浅野川の二つの川、それに挟まれていて又二つの谷間に分けられてもいるこの町という一つの丘陵地帯、又それを縫っている無数の路次というものが想像出来ればそれでことは足りる。これは昔風でも所謂、現代的でもなくてただ人間がそこに住んで来たから今も人間が住んでいる建物が並ぶ場所でそれ故に他の方々のそうした場所を思わせることからそっちに話が飛ぶことがあるかも知れない。そのことを一々言う必要もなさそうなのはどこへ飛んで行こうと話は結局はこの町に戻って来る筈だからであるのみならず或る町にいることで人間が実際にそこにいる間中そこに縛り付けられているとは限らない。我々がヘブリデス諸島を見るのは他所に寝ていての夢の中である。

吉田健一『金沢・酒宴』（講談社）p.9, 10

読んでいたら、すっと入っていくようで、静かで、フヅクエで本を読むのはいいなあと思った。これはぜひともこういう時間を増やしたいなと思ったら、今日が凄惨に暇な日だったことは頭の奥の方というか頭の外に流れて消えて、ただ読書のいい感触だけが残っていくようなところがあってそれはありがたいことだった。チーズケーキが焼けたようでいい香りがここまでやってきた。金沢で借りた家で庭を見ながら酒を飲んでいる。吉田健一の文章を読んでいると日本酒がとても飲みたくなる。

月夜というのは静かなものである。それで遠くの川の音も聞える気がするので、又それは逆に虫が鳴くのを消しもしてその鳴くのは空に届きもしなければ遠景にも及ばず、それで月の反射が弱りもしないからやがては虫の音もその反対の一部に思われて来る。内山は酒にでなくてそれだけの光の氾濫に酔った。確かに光も一種の流れであり波であってその中に足を踏み入れれば足がその色に染まるのはそれに洗われるのである。例えば川の流れに立てば足は洗われて水は絶えず流れ去って行く。内山はそういう流れをこの庭に、又対岸の森に区切られた地平線までの空間に見てその中に足を入れるまでもなかった。何故それだけの花が一度に咲いたのか、その冴えた響がどこから聞えて来るのか、それは轟くようでもあり、そして絶えず流れてもいてそれ程静かな流れの音を内山は聞いたことがなかった。その為に内山は再び自分がそこの空間を満すのを感じた。

同前 p.22, 23

静かな月の夜に光でトランスしているちょっと見たことのない描写が続いて突如凄みみたいなものが立ち現れたようだった。うれしくなって、閉店して、山口くんと夕飯を食べて、お疲れ様ですと言って、それで一日がおしまいになった。今まで自分のためだけに店をやってきた。自分のためと、本の読める店を欲望してくれる人のためか。でも、それじゃだめだというか、次の段階に進まないといけないよなと今日、考え事をしながら思った。働いてくれる人たちの幸せを僕はもっと考えないといけないよなと今日、思った。どれだけやれるのだろうか。それを薄ら寒い底のような日に思っている。夢物語でしかないだろうか。しかしどれが夢か。

どれが夢か。

結局一日、猫の動画を見まくった。そういう日だった。

4月7日（日）

どこかに古くから生えている木に声があって人に話し掛けてもいいではないか。又それが悪意を持ってであると思って気味悪がるのは野蛮人の未知のものに対する恐怖というもので木は実際にその葉が擦れ合うだけで我々に話し掛けてその時に木が何と言ったかは木と話し掛けられた人間しか知らないことである。こうして家も人間に話し掛けて暫くそこにいなかった家の主人を迎え、そこに近づくに従って木立ちの上に見えて来るその屋根も無言ではいない。そこからは後一歩のことで家がその家に籠った生命に襖越しに、或は梁の辺から本当に声を発して話すかも知れない。もしそれが普通は起らないことだというのならばそれを幽霊とかお化けとか呼んでもいい話で、それならば我々が知っている人間の世界の延長であるお化けや幽霊がいることになる。

吉田健一『金沢・酒宴』（講談社）p.44, 45

起きてバナナを食べていると遊ちゃんが同じ言葉を何度もリフレインさせながら何かを言い上げていて何かと思う前に「ああ、ベケットを音読しているのだな」と思ってたしかにそうだった。部屋の隅の椅子にベケットはずっと置いてある。

昨日の惨憺によって今日は準備といってもたいしてなくて「今日も読書」の本をパシャパシャと撮影したりしていたら意外に時間は経っていくものでそれが時間というものだったからご飯を食べた。納豆が今朝も昨日買ったひきわり納豆で昨日スーパーでいつも買う一番オーソドックスに思っている赤い安いやつがなくて近くにあったのがそれだったから買ったのだが僕の好みではなくてちゃんと粒がいいらしかった、だから朝のご飯の時間もいつもよりも楽しいものにはならなくて元気が出ない。店の時間になって開けるとお客さんがありありがたい。

いくらかテンパるような状況になり、混乱して、あれ、次どれつくったらいいんだっけ、というふうになった。ちょっとのあいだで腕がなまったのだろうかというような。それで、しかしこれで終わったらダメなんだと思って、つい先日までとは打って変わって祈りがここにはあった。2月とかのことを思い出すとそのときは恐怖があってハイテンションで打ち返すようなそういうものだった。

しかし、止まる。今のフヅクエは、そこで止まる。すぐに凪の時間になって、そのままぼんやりと過ぎていった。吉田健一を読んでいた。うっとりしていた。うとうとはしなかった。ツイッターを見ていたら内沼さんのツイートに「現在を未来の準備ではなく本番として生きる」とあってハッとした。現在を未来の準備ではなく本番として生きる。現在を未来の準備ではなく本番として生きる。これは何か胸に刻みたいような言葉だった。けだし名言。「けだし」とは。「女性が腰巻の上に重ねて着るもの」。あれ？　これは「蹴出し」だった。腰巻きの上に重ねて着るもの。腰巻きの、上に、重ねて着るもの？　まあいいとしよう。「けだし」とは。「考えてみるのに。思うに」。そうだったのか。ちょっと黙考を経ているのか。ああ〜、なるほど、それは〜、けだし名言ですなあ、といったところか。であるならば、「現在を未来の準備ではなく本番として生きる」「けだし名言！」というリアクションは間違っているということだ。「それだ！」というのが正答ということだろうか。

しかしどれが夢か。

帰って、酒を飲み飲み吉田健一を読んでいた。酒や肴や器に酔っ払って意識が外と内と人と獣との境がなくなったような酔っ払った文章を酔っ払いながら読むのは至福で、こういうもののなかにずっといたい、というのがここのところの僕にとっては吉田健一でだからそれが目の前にあって流れていた。

4月8日（月）

イ・ランを朝から聞いていてここのところずっと聞いているし聞いていないときでも頭の中に流れているから聞いている。とにかく心地がいいようでこれまで聞くことのなかったことがもったいないようにも思ったがきっと今とフィットしたということだから今でよかった。

だからぼんやりとイ・ランを聞きながら準備をして店を開けて、とりたててやることもない、昨日印刷した日記の赤入れをしてそれから反映させてInDesignできれいにした。
貧すれば鈍する。ヒンスレバ・ドンスル。コロンビア人の商店主で54歳。先日孫が生まれた。大きな犬を飼っている……

夕方、山口くんイン。やることがほとんどないなあと思い、店が暇とか忙しいとか、どちらでも「仕事をしたなあ」という気になれるようなそういうのがいいよね、なんかやることとないかね、そういうことを話した。それから今朝の「誰かの日記」が僕はやけによくてその話をして、不安とかさみしさとかは全面的に肯定されるべきだと思うんだよ、じゃ、一生懸命働いてね、と言って出た。不安とかさみしさとか、弱さとか。なにか弱さのあらわれを上から押し込んで閉じ込めようとする様子を見ると「それは強さだよ」と言いたくなるんだよね、「それ、強さだからね、その自覚のうえで行使してね」と。ということは言わなかった。店を出て初台の通りを、人を人とほとんど感じることなくぼんやりと視界に収めながら、思っていた。しかしその強さは、僕も持っているところがあるだろうし強さでもって弱さをやっつけようとしてしまうことも多々ある気がする。とは思う。個々それぞれに、いろいろの部分で、強さだったり弱さだったりは持っていてだから弱さの体感を知っているはずだから、強さの発動には敏感でありたい。いま「びんかん」と打ったらすぐに変換を確定させたからサブリミナルみたいに残像として残った「ビン・カン」これはなんなのか、と思ったら「瓶・缶」ということか。

家に帰って、結局こう、ぼんやりとした、なんの欲望もない、そういう状態はまったく僕はダメで、というか少なくとも慣れていなくて、やることがない、と思った。きっとあるだろう。けれどないように思って、コンビニでチョコフレークみたいなものを買ってきてコーヒーを淹れてむさぼりながら吉田健一を読んでいた。忍者寺に行ったら住職と川を船に乗って進んでいて中国の建物みたいなところに入って、夜になって建物の天井がなくなったり、していた。寝た。

たくさん夢を見て遊ちゃんが帰ってきて目が覚めたがまた寝て、それで起きた。2時間以上寝ていた。虚しさ。出て、雨が降っていて、それでユーロスペースに行った。三宅唱の『ワイルドツアー』でそれを見た。主人公の一人であるタケの風貌というか顔が自己認識としての中学高校時代あたりの僕のそれとほとんど同じで、だから他人事とは思えない気分で見ていてソワソワし続けた。そしてニヤニヤし続けた。そして喜び続けた。三宅唱の映画のこの豊かさみたいなものはいったいなんなんだろうなと思う。中学生たちであるとか高校生であるとかの顔のそれぞれの密度というか、強度というか。こんなふうに若者というか子供と大人のあいだくらいの年齢の人たちをこんなふうに映した映画は僕は覚えがなかった。これまであっただろうか。どうしてこれが成立するのだろうと思ったときに中学生とかそういうあいう年齢はある種のぎこちなさみたいなものを特権みたいなものとしてまとっているというか中学生はぎこちなければないほどに中学生であるから演技という場面においてもどれだけぎこちなくてもそれが中学生をさらに中学生にさせるからだから成立するということはあるのかもしれない。というか、あの中学生のありようは中学生以外にはできない中学生のありようなのではないか。とにかくずっとよかった。ニコニコしながら、すべてが愛おしかった。映画館を出たら雨はもう上がっていた。

まだ乾いていない道は夜で光っていて歩きながら通り過ぎる店をいちいち見ているとどこも人が少なくて「そうか」と思った。今日は人が少なかった、と遊ちゃんも夕方に思ったらしかった。なにかが発令されて人は今、どこかに潜んでいるのではないか。という説を僕は持つことにして、遊ちゃんと映画の感想というか「あいつがね」「あの子がね」と話して楽しかった。話していて、というか「あいつがさあ」と話していて思い出したのが僕はこれがどうしてだかずっと印象に残っているらしくてかつて大学生のときはてなダイアリーでブログを書いていてたしかフランスの小学校の哲学の授業を撮った映画でそれの感想とかを書いたときに唱くんがコメントで「あのちびがさ！」みたいな喜んで嬉しがったそういうコメントを書いてきたことがあってその印象がずっと残っている。その「あいつのあの顔がさ」というその「いいもの見ちゃったな」というあの気分の全部が『ワイルドツアー』に結実しているというか『ワイルドツアー』はそれでそれがまったく完全な形で出力されたものに思えてあのころから十年以上が経ったのか。途中でSPBSに寄って『POPEYE』を開いて唱くんのところを読むと『ワイルドツアー』のことでそこで「演技に向かう彼らの勇敢さ」だったか「果敢さ」だったか、とにかく「敢」の字がつく言葉で彼らのことを言っていていい言葉だなと思ったしいい言葉だったし彼の視線のあたたかさが端的に現れていた。人が何かに臨む姿を見て、「勇敢」というふうに思う、その眼差しは、かっこいい。

SPBSは僕はイ・ランのエッセイ集が欲しくてSPBSはとてもありそうと思ってそれで映画の前に丸善ジュンク堂ではなくて映画後にSPBSにしたというか、ソファで眠気に勝てないで起き上がれないでいるときに「丸善ジュンク堂に行かなくていいのか？」と自問したときに「SPBSにきっとあるでしょう」と思ってそれでそうしてギリギリまで寝ていてその後のSPBSということで、見つからないな、と思ったあとに「あ、音楽とかコーナーはどうだ」と思って見たらすぐにあってだから買った。レジのところに前に家にあったエジプト塩があってとてもおいしかったそれを一緒に買った。

ビールを飲んで帰ることにしてタラモアに入るとフードのラストオーダーは終わってしまったということでポテトフライは果たされなかったがだからなのかいつもはハーフパイントで頼むビールをパイント一本勝負と思ってそれでよなよなリアルエールを頼んだ、遊ちゃんは白ワインを頼んだ。机にiPhoneを置いてボイスメモを起動させた、それは木曜日に青山ブックセンターの山下さんに「ひとの読書」で話を聞きに行くことが昨日決まったということかずっとなんとなく放っていたが昨日「えいや」と思って打診したら今週は木曜日が都合がいいようでそれで木曜日に決まって、なにかビールでも飲みながら話しましょうと前に言っていたからある程度の騒音の中でどれくらい録れるのか知っておきたくてそれで起動した。

日中は日中で備えていてデジカメを久しぶりに取ってきて充電をしてそれから試し撮りをした。試し撮りをしていたら店の中をいろいろ撮っていてなんとなくいい感じに撮れた感じがあってそれでそれをLightroomでかっこうよく調整したりしていた。さっちゃんに送りつけて「どう？　上手に撮れてる？」と聞くとかっこいいよということで、でもそのいくらかダークな感じのその感じに僕は照れのようなものと「もしや」というものを感じていて「これっていくらか中二病的な感じとかしないのかな」と聞いてみたところ「なんていうか覚えたての人がやるイメージだよね。なので阿久津くんがやるのはしゃあないよね。通り道だから」という返信があってなんというか突き抜けるような気持ちよさを感じた。自分でも不思議なくらいこのやりとりが気持ちよくておかしかった。

ビールを飲んで遊ちゃんのワインを少しもらったらワインを飲みたくなってコンビニでワインとポテチを買って、帰りながら僕は思いついた、今のこの暇はもしかして、ゴールデンウィークのせいじゃないか、という説だった。つまり、10連休というおそろしい長期休暇が目の前にあって、人は今出費を控えているのではないか、説。これは人の感覚としてはありそうなもので、もしそういうことが起きているとしたら連休によってではないかというかそもそも促すもなにも人が使えるお金は有限だ。ゴールデンウィーク、一人につき10万円支給します、だったら促されるかもしれないがたとえば初任給をもらいたての新入社員が10日休みを与えられたところで卒業旅行に行ったばかりで金もなかった。卒業旅行と言ってみたが僕はそういうものに行った覚えはなかった。

帰ってワインを飲みながらポテチを貪りながら吉田健一を開いた。12時を過ぎて山口くんから連絡が来ていて今日の勤めが終わった。伝票の写真があった。今日のお客さんは3人だった。イ・ランを読みながら寝た。

4月9日（火）

Noukijajsu 昨日ユーロスペースで前の席の

昨日ユーロスペースで前の席の若い女性が上映前にiPhoneで文字を打っていてそれがキーボード入力というのか、のやつで、QWERTY配列の、やつで打っていて、めちゃくちゃに速く打っていた、込み入ったメールだかレポートだかそういうものを作成しているようでめちゃくちゃに速く打ってそしてめちゃくちゃに速く当該箇所を選択して削除だかカットだかをしたりしていて「すごいぞ」と思って斜め後ろから眺めていて俺もやってみようと思って今打ってみたのだけれどおかしなことになったしこの小さいキーをどうやったらあんなに速く打てるのかわからない、すごい。若さなのか。大して朝、やることなく、今日からもとの納豆に戻ってそれが満足だった。僕が買っているのはタカノフーズの「極小粒ミニ3」というものみたいでそうか、極めて小粒だったのか、と思って検索すると豆の大きさにはいろいろがあるらしくて「ひきわり」がもっとも細かくて「超極小粒」「極小粒」「小粒」「中粒」「大粒」とあるらしくてはるのひかりで朝にいただいたやつはきっと中粒とか大粒で「大きいな」と思いながら食べていたんだった。極小粒で十分だけれど今度はもう少し大きいものを試してみても楽しそうだと思った、小さい方向は僕は不要だから名称としては超極小粒は気になるがそれには手を出さないで小粒中粒大粒をスーパーにあるなら見てみたい、粒粒、こんなおかしな字があっていいものか。簡単にゲシュタルトが壊れた。

それで店を開けて今日も静かでしかし早い時間に4人になってだから昨日を超えてそれで安堵するようなとても低い次元で安堵するようなそういう心地があってその設定の低くなり方が何よりもまずい感じがあった。

今日はどうしてだか、人とのコミュニケーションというか交感と言いたい、それにビン・カン間違えた敏感になっているような感じがあってお客さんとも、あるいはメッセージのやり取りがあった友人とも、何か「あ、通じ合った」みたいなそういうことで嬉しくなって清々しい爽やかな喜びを感じていた。結局、なにが一番うれしいといえばわかり合うみたいなものでそれがなければ生きていける気配がないしそれがありさえすればある程度は生きていけるように思う。

夕方に山口くんがインして今週は月曜火曜が夕方からで木曜が一日で週末だったら離れないから「一緒にがんばろう」という感じで平日だと「任せた」になってその「任せた」が三日あるとずいぶん時間がある様子でショートブレッドを焼いてもらってそれを見守っていくつかのフィードバックをおこなって店を出ると西原のスポーツセンターに行った。走ろう、というところだった。それで、だから、ランニングマシーンで走るというのはいつ以来だろうか、この感覚はいつ以来だろうか、と走りながら考えてジムを退会したのがたしか２０１７年の1月とかそのあたりでだからそれ以来だった。読書日記を書き始めて最初の少しだけ僕はジムの時期だったから覚えていないというか途端に思い出すところはないけれどきっと最初期は「走った」とか書いていたのだろうと思うとなぜそれがそうなるのかわからないが感慨みたいなものがあって時間が経った。いや違うか、ジム自体は6月くらいまでは入ってはいたのか、ただ1月くらいからほぼ行かなくなった、それは営業時間が変わって毎日12時から24時までの営業になってそうすると余裕というか隙間が見つけられなくなったからだった。

それで走って走りながら何をしたらいいのかというところで最初は音楽を聞いていて

どうしてだかtofubeatsのアルバムを聞いてそれは何を聞こうかなとするするしていたところ見えた「RUN」という文字にきっとというかほぼ間違いなく依っていてそういうことでわかりやすかった。数曲聞いて今度はラジオを聞いてみようと思ってradikoを開いてしかしラジオのことなんてわからないと思っていたが野球の中継という番組がいくつかあってそのひとつのライオンズの番組を開いた、試合開始前のようだった、それでそれが伝えるのが今日の試合が大宮県営球場での開催ということでそれはいくらかシンクロニシティというところでこのあと昼間に永山から「今日シラの家に行くけれど」と聞いて「俺も行く!」と答えてだから大宮の地元の友人であるシラと永山と会うそういう予定があったからでシラは今月赴任地のバンコクから帰ってきていつの間にかで結婚しそして子供を授かっていた。それでシンクロニシティといえば日中によく来てくださるお客さんの手元の本が見えてそれがイ・ランのエッセイ集で「あ」と言ったこともまたそういうたぐいのもので野球はまだ始まらないままで30分走り終わると汗をかいて着替えるか着替えないか考えた末に着替えないでこのまま帰るのが一番簡単な気がしたからそうした。久しぶりの走る運動はやはりそう記憶していたように気持ちがいいものでひたすらに爽やかな気持ちで自転車を漕いでいると先日遊ちゃんとパンを食べた公園の横を過ぎて盛大に桜が咲いていてそれが通りからも見えることを知って「穴場だったりするのかな」と言っていたが穴場もなにも盛大に咲く姿がこれだけ見えたら穴場にもならないだろう。しかし知るのは暮らす人だけだろうか。そうやって明るい朗らかな心地で夕方に風を切りながらゆったりゆったりと進んでいると靴を入れたビニール袋を片手にぶら下げていたそれが前輪に嵌って背負投げの格好で転倒した。

肩からおそらく行ってその次に胸と眼底を打った感じがあり「眼底」と思ったからそう打ったがそれが正確にどこのことなのかはわからないし「頬」だったかもしれないが最初に気にしたのは眼鏡で大丈夫だった。3人くらいの人が僕のその転倒を見ていて近寄ってきて安否の確認をして親切な人たちだった、引っ掛けちゃって、ずいぶんな倒れ方をしてしまいましたといくらかバツの悪い気持ちを覚えながら言って一人の淑女が「すぐは大丈夫でもあとから来るかもしれないから気をつけて」というアドバイスをくださりあとから来るのは怖いなとまず思いながらそうですよね、気をつけます、ということを言っていやあ、盛大にやっちゃいましたね、と付け足した、びっくりしました。

親切な人々の一人は犬を連れた青年で「犬を連れた青年」と思ってこの人はどういう暮らしをしているのだろう、このあたりで犬を飼える家に住んでいてそして平日の夕方、散歩をさせている、優雅だなと思ってとにかくみな親切だった。その親切さに町の上品さとか余裕とかを見た。

家に着くまでのあいだ、暗澹がとにかくあった。着替えをどうするか迷った結果着替えないで出ることを選択した。靴をリュックに入れるかどうか迷った結果ぶら下げて出ることを選択した。それはジャケットがリュックに入っていたことも要因でジャケットが入っていることによってリュックが逼迫していた。着替えていたらリュックに入れていた。そもそもリュックに荷物が多くて先日割った皿を今度どこかで金継ぎでもお願いしようかと思って店にあっても邪魔なので持って帰っておくことにしてそれを今日じゃなくてもいいしなんせ着替えとか靴とか入っているし今日じゃないほうがきっとスマートと迷った結果持って帰ることを選択した。そうしていなければリュックはもっと余裕があって着替えなくても靴を入れていたかもしれない。どちらの道から帰ろうかと思って迷った結果この道を走ることを選択した。慣れない道で見える景色のひとつひとつが新鮮で意識がそちらに軽やかに奪われて手元を緩ませたのかもしれなかった。そもそも今日は走ることを決めていたけれどそのあとにシラの家に行くことに決まってそうするとそんなに時間がなくて別に今日走らなくてもいいし明後日でもいいし来週でもいいけれどどうしようかなと迷った結果今日走ることを選択した。

そういうことを鬱々と考えた結果は日々無数の選択をしながら暮らしているわけだからひとつひとつの選択をその結果を見てどうこう思うのはナンセンスというかそうする

ならば何かいいことがあったときにもちゃんと振り返ってあの選択をしてこうなったと全部検討してちゃんと喜ばないと公平じゃない。よって、しょうがない。という結論に収めてそれはたしかにそうだった。

着き、自転車を置いて、ふっと息を吸うとなにかおかしな感じが胸であるとか顔であるとかにあるような気がして怖かった。頬のあたりもだから打っているしそれで知らないが脳震盪であるとか脳でなくともなにかしら震えて盪く盪けるこれは「うごく」「とろける」と読むようでどちらも変換しようとしても出てこないが面白いのが「蕩く」「蕩ける」とこの「蕩」の字が共通していてだからこの字の異体字というのか他のバージョンだったりするのかもしれない、「揺く」というのもいい。ともあれだからなにかしら震えて盪く盪けるそういうことがあったら怖いなと思って怪我みたいなことに慣れていないからきっと心配のしすぎだけれども人には何があるかわからないからそれはいつも怖いことでだから怖かった。

帰ると遊ちゃんはスカイプでミーティングをしていて僕は洗濯機を回してしかしいろいろ暗い心地になっていたからか首に巻いていたタオルを入れ忘れた。タオル、タオルを首に巻いていた。これもまた運転の注意を弱めさせたひとつでたしかに何度か「タオルは首にちゃんと巻かれているか」と気にしていた。しょうがない。

シャワーを浴びて着替えて遊ちゃんはまだスカイプ中で体で文字を作って知らせることにして「しらのいえにいってくる」と一文字一文字を表現というか体現して「伝わった？」とスラックで聞くと「ソグレン？」ということで少なくとも文字を作っていることは伝わっていたようで楽しかった。ちがいまーす、「しらのいえにいってくる」でした〜、と送って最初からスラックで送れば済む話だったがなにごとも最短でなければいけない理由はなかった。出て、自転車、気をつけて走ろう、と思って、気のつかないところでアクシデントは起きるからアクシデントであって気をつけることには限界があるが恐れというものは常に持っているべきではあってそれはどんな楽しさの中にいても一定の恐れがあることで行動はひとつのあるべき幅に収まるということでひとつも恐れというものはマイナスなものではなくて按田餃子に寄って冷凍の餃子を2種類買ってちゃんとリュックに入れた。リュックはもうスカスカでなんでも入るぞ、と思って自転車を漕いで進んでいった。井ノ頭通りであるとかを進んでさらに行って見慣れない景色を喜びながらだんだん静かというかひっそりとしたものになっていって夜の暗さに音が吸い取られたみたいでなぜか「大晦日」と思った、なにか大晦日っぽさがあったのだろうか、いくつかの広大そうな何かしら施設であるとかを横目にすいすいと走って人が少ない。

チャイムを鳴らすとシラがいてそれからその後ろから配偶者の方があってはじめましてのあいさつをしてすでになにか、とてもシラと馬というかリズムとかが合いそう、と思うと少しの感慨があって嬉しくもあって人生みたいなものを祝福したい心地があって小さい生き物があってちびっこが柵というのかなにか区切られたスペースの中で寝転がっていて生後6ヶ月とかだった。

少しすると永山も着いてそれでご飯を御馳走になって近くにおいしいお魚屋さんがあるとかで刺し身がたしかにおいしくてバンコクからの荷物が届いていなくて食器がまだつかない。移動の多い時期だからか詰まっていてまだ空港にあるはずだということだった。家は広々としていて途中で煙草を吸いにベランダに出ると前が区の条例とかでそうなっているらしく低層階の建物ばかりでだから見晴らしがものすごくよくて「え?」と思うくらい夜景にうっとりした気持ちになった。満腹でそれでいろいろ他愛もなく話して永山は白井家のDIYの相談を受けていて非常に役に立つアドバイスであるとかを送っているようで今度また来て今度は一緒に何かをこしらえるようでちびっこは広い寝室の大きな大きなベッドに移ってそこで寝ていてただただ愛くるしくしばらく横に座ってお腹に手を置いていて、それにしてもバカみたいに大きなベッドで正方形かな、というようで、バンコクでは最後は２００平米の家に住んでいたようでそれはそれが特別に高収入とかを表すわけではないらしくバンコクにおける駐在というものはそういうことらしく、その広さはむしろ掃除の大変さやそれから声の届かなさといった不便が起きるらしくインカムでも必要そうだと思ってそう言って、それで満腹で運動や転倒の疲れもあったのか眠くなってソファで寝た。僕はどこでも寝る。起きたらひっそりとしていてシラが一人食卓のテーブルの椅子で肘掛けに両腕を置いて頭を少しだけ垂れて毛利小五郎のやり方で静かに寝ていてそれがすごく静かな光景で、永山からの着信があったから折り返すと終電を逃した、シラのマンションも玄関に入れなくなった、阿久津さんどうすんの、ということで俺は帰るけれどシラの家に泊めてもらったらいいのでは、ソファめっちゃ快適に寝れるよ、ということで入れ替わることにしてしかし家の人に許可も得ずに俺が泊まることを勧めるというのもおかしな話で、と思っていたらえりこちゃんがどこからか出てきたので永山泊まって大丈夫かな、と確認をして大丈夫ということでそれでシラも起きて見送られて帰った。

帰り、寝ようとするが先ほど2時間くらい寝ていたこともあって一向に眠くならずプルーストを読んでいた。一度、そろそろ寝ようと思って電気を消すも、眠気は来ず、それでまた電気をつけて読んでいた。諦めて読んでいた。ヴィルパリジ夫人のところでの会みたいなものが一向に終わらず、ゲルマント夫人は品があるようには見えない辛辣さで、ブロックは滑稽な口の悪さで、みなそれぞれに何かしら滑稽みを発散させながらその時間を構成していた。この人たちはなんという阿呆鳥なんだろう、と思いながら読んでいた。

「なんという阿呆鳥！」と私は考えるのだった、私をむかえたときの公爵夫人の冷淡な態度にむしゃくしゃしていたのだ。私はマーテルリンクにたいする彼女の完全な無理解を認めて一種の辛辣な満足を味わっていた。「こんな女のためにぼくは毎朝あんなに長い道のりをてくてくやっている、まったくぼくというのはお人よしだ！　こうなったらぼくのほうからおことわりだ、こんな女は。」それが自分に向かって私のいっていた言葉であった、その言葉は私の思っていることとはあべこべだった、単に表向きにしゃべっている言葉にすぎなかった、それはたとえば、自分ひとりでじっとしていられないほど興奮しているとき、ほかに話相手がいないので、自分を相手に、心の底からではなく、他人を相手のように話さずにはいられないときの話しかたなのであった。

マルセル・プルースト『失われた時を求めて〈4 第3篇〉ゲルマントのほう 1』

（井上究一郎訳、筑摩書房）p.388

眠れず、眠れず、やっと寝たような心地になった途端に遊ちゃんが起きたようで、僕はいったい何時に寝たのだろうか、遊ちゃんはいったい何時に目を覚ましたのだろうか。

4月10日（水）

遊ちゃんは6時ということだった。ずいぶん早くてだから僕が起きた9時半とかには遊ちゃんは起きてから3時間以上の時間を有意義か何かに過ごしていたわけでそれを羨ましいことと思って外は雨が音を立てて降っていた。

なんとなくぼんやりと左側の、肩や胸はもちろんだったが、左側の頭のあたりがぼんやりと鈍い痛みがあるような気がして嫌で、悲しかった。空腹のせいだろうか。店に着いて納豆とご飯を食べて満足をしてそれから店を開けた、誰も来ないですぐに飽きた。昨日寝る前、寝られないとき、寝ること、朝を迎えること、そしてきっと雨で暇であろう店で一日をのんびりと過ごすことをどうしてだか妙に楽しみにしていてどうせ暇だ、それなら存分に本を読んでやるぞ、というような、なんの本を持っていこうかな、というような、そういうふうに楽しみを感じてそれからどうにかして眠ったわけだったがいざその時間を迎えてみたら何も楽しくなくて虚しいだけでお客さんがいない。お客さんがなかったら店は店ではない。フヅクエはお客さんがそこで本を開いて過ごして初めてフヅクエでそうじゃないフヅクエはフヅクエとは言えない。退屈だった。

昨日、自転車で転びながら、転んでいるその時間、荷物を引っ掛けて急ブレーキが掛かってあとは慣性の法則というのか惰性というのかわからないが前に進む流れに従って後輪が持ち上がって肩から地面に落ちていくそのときのことを思い出して「不可抗」というのはまったくああいう状態だったなあ、と感心したように思った。あ、あ、まずい、だめだ、と思いながらゆっくりとしかし確実に叩きつけられるその叩きつけられるまでのあの時間、それはまったき不可抗でそういう時間はいつでも味わえるものではないからだからといって味わいたいというものではなかった。

来るひとなし、やることなし。

案内書きのアップデートを、もともと年末にやろうと思ってそのまま先延ばしにしてしまっていたものをやろうとやっと着手し、InDesignをいじる時間を過ごしていた。気を抜くとすぐにふざけるというか緩める。それは悪癖でもあろうし悪くない癖でもあろうと思いながら文言を整えていった。誰も来ない。もう印刷までしちゃおうかなと思いながら、もう少し改稿を、と思ってやっているとこ5時になってやっと初めてのお客さんがあった。5時。5時になって。

それでInDesignからは離れることにして本を開くことにしてプルーストを開いていた。まだまだ晩餐か何かの会は続いていて300ページくらいから始まったからもう150ページくらい一晩で、終わる気配もなかった、今よりもかつて読んでいたときのほうがビビッドにこのあたりを読んでいるみたいで書かれた赤や緑や青のボールペンによるコメントに「なるほど」と思ったりしていた、432ページの「目にとまらないほどの微笑がゲルマント夫人の睫毛を波うたせた、そのまま彼女は日傘の先でカーペットの上に自分で描いている円を見詰めた」から449ページへの矢印が引かれていて449ページには「ゲルマント夫人は目を伏せ、時間を見ようとして手首を四分の一回転した」とあり、うつむく人としてのゲルマント夫人、うつむいて円の運動に携わる人としてのゲルマント夫人に注目したらしかったが17ページの短くはない距離を置いてそれを見つけるその目は視力がよかった。名。美しいくだり。

この名は、さまざまな名から形成されていたが、それらの名のあいだに、ドイツのある小さな温泉町の名がふくまれていた、それは私が幼いころに祖母と滞在したことのある町で、ゲーテが散歩した由緒ある山のふもとにあり、その山のぶどう畑の有名な特産酒を私たちはよく「湯治場《クールホーフ》」で飲んだもので、そのぶどう酒の銘柄は、ホメロスがその英雄たちにあたえている形容詞のように、ひびき高い合成語になっていた。そういうわけで、大公の名が一同に告げられるのをきいた瞬間に、私には、温泉場のことを思いださない先から、すでにその名はかわいらしい縮小語になり、人間味にひたされ、私の記憶のなかに自分にとって十分なだけの余地をもった小さな場所を見出すように思われたのであって、ついでその名は、家族的なもの、土地にくっついたもの、美しい風景を目に描くもの、こくのある味をもったもの、肌ざわりの軽やかなものとなって、正式に認められたもの、戸籍できめられたものとともに、仲よく私の記憶に密着したのだった。そのうえにまた、ゲルマント氏は、大公がどういう身分であるかを説明しながら、大公の称号をいくつも挙げた、すると私は、川が貫通していたとある村の名を思いだした、その川へは、夕方、治療がすむと、私は蚊の群をわけてボートをこぎに行くのであった、それからまた、医者がそこまで散歩に行くことをゆるしてくれそうもなかったほど遠くのある森の名も思いだした。

マルセル・プルースト『失われた時を求めて〈4 第3篇〉ゲルマントのほう 1』

（井上究一郎訳、筑摩書房）p.436, 437

なんだかたくさんが集結してきて、ゲルマント夫人、ノルポワ氏に加え、サン＝ルーも参戦、そして、そして、スワン夫人の登場が予告された！　というところで大興奮で、あのスワン夫人の！　ご登場！であった。

そういったあたりで眠気がやってきてお客さんは3人だった。雨が一日降り続けている。そうなると外で煙草を吸うのも面倒だったが眠気を飛ばす、気持ちをたいらにする、そういう目的で外で深呼吸をする必要があって出た。

これまで何度も、何度も、フヅクエもう終わったのかな、と思うことはあった。そのたびに、停滞を経て上昇していった。今回は、ちょっと覚えがないほどに悲惨な停滞に見えるけれど、きっとまた、どこかで上昇に転じるだろう。そう思うほかやれることはなかった。やれることはないのかはわからないが、とりあえずそう思うほかなかった。じっと耐える。それは辛い作業で、何度やっても慣れないものだった。暗然たる気持ちでただ耐える。雨が降っている。

どうしてだかここのところずっと4月の後半だと思っていて違うことに少しするまで気づかない。3月はずっと3月の前半だと思っていたのと反対のことが起きている。

現在を未来の準備ではなく本番として生きる。

なにしたらええのん？
この、誰も来ない店でどんな本番を生きたらええのん？

というほど不貞腐れてはいない。頭では「いいよ、もう了解した、今はこういう時期ということで了解した」と思っているつもりだけれども気持ちは追いつかないけれど、頭では了解したからもう不貞腐れていないしじゃあ今が暇なのであれば今までできなかったあれをやろうこれをやろうと前を向いているはずで了解して気持ちはしかし追いつかないでジムに行って走り続けたい。ジムというか区のスポーツセンターだけど、これはもしかしたら救世主かもしれんね。走っていたとき、なにもなにもうまくいかなくて、OMSBを聞きながら、どんどんスピードを上げて上げて、Think Goodと叫ぶように思う、そういう夜が何度も何度もあったね。再来かもしれんね。また勝つよ。

4月11日（木）

遊ちゃんからのスラックでというのかメッセージで遊ちゃんが最近一緒に仕事をしている人から教わったということを教えてくれて「日本語の「生きがい」が英語で「Ikigai」ってSushi的に普及していて、その訳が「朝、自分が何のために目覚めたのかを知っていること」「朝目覚める理由」なんだって」とあって、泣きそうになった。生きがい。朝、自分が何のために目覚めたのかを知っていること。現在を未来の準備ではなく本番として生きる。昨夜、下北沢店の話が決まった。来年4月。

昨日は帰って髪を刈って寝る前にプルーストを読んでいったら眠る前に4巻が終わりを迎えた。なんだかどんどん進んでいったということだった。どんどん勢いがあってそれは僕の勢いでもあったがこの4巻の終わりは動きもぐいぐい確かにあってシャルリュス男爵がやたら怪しげな話を持ち出してきてそのあと祖母と外出をして忙しかった。顔が痒い夜で面倒だった。

起きて朝で、遊ちゃんは出張で大阪に行って大阪から「Ikigai」を教えてくれて僕は店に行ってコーヒーを飲んで、昨日いじっていた案内書きを改めて検討してそして印刷して、山口くんがそれをホチキスで留めて、それから製本テープを貼るのと差し替えるのは任せることにしてそういうことをだからおこなって妙に気持ちが清々しかった。前向き、明るい、うれしい、そういう心地で晴れやかでパドラーズコーヒーに行ってコーヒーを飲みながらラジオをおこなった。ラジオをやっていたら何度も感動してなにかが敏感というか肌が薄いみたいなそういう状態になっているようだった。
そのあとカフェラテを飲みながらイ・ランを読んでいたら、何度も泣きそうになった。その薄くなった肌にそっと触れられているような。なぜ作るのか。

作り上げた後の気分がとてもいいのだ。うまく言葉では言えないけれど、おそらく「満ち足りる」という表現が一番近いのかもしれない。でも、この気分は長くは続かない。歌を百回か二百回ぐらい聴いているうちに徐々に消えてしまう気分だ。そうすると再び本来の何も作っていない状態に戻っていく。いつもの自分の状態。「なぜわたしは何もしないで流されたまま生きてるんだろう?」と自分のことがバカみたいに思える状態。創作の過程でも大変なことはたくさんあったはずなのに、そういうことはあまり思い出せない。スムーズに作れたような記憶だけがある。「これ誰がどうやって作ったんだろう?」と観たり聴いたりしながら面白がる。きゃっきゃと笑ってしまうこともあれば、泣くこともある。まったくもって滑稽な眺めだ。

イ・ラン『悲しくてかっこいい人』（呉永雅訳、リトル・モア）p.56, 57

家に帰り、何かしら作業的なことをしていたら時間が過ぎていって、外が次第に暗くなっていった。昼寝をするだろうかと思っていたが気づいたらそういう時間もなく、それで外に出た、バスに乗って渋谷の区役所のところで降りて、ビームスがあるあたりだ、ということだけ知っているあたりの路地を歩いていると前を歩くお母さんと小学3年生の男の子があって男の子はあっち行ったりこっち行ったりちょろちょろと小刻みに動き回っていて動きたくて仕方がないんだろうなあと思って、それを見ていると母子は、そのビームスとかのある、すぐ横がマーガレット・ハウエルの、シップスとかもすぐのところにあるそういうエリアの高層のマンションに入っていった。こういうところに住んでいる人というのが本当にいるんだよなあと思って、マジでいったいどういう暮らしなんだろう、と思った。毎朝、学校に行くので「いってきまーす」と外に出ると、開店前のしんと静まったたくさんのアパレルであるとかの店舗を通りながら通学する、それは本当にどういう暮らしになるのだろう。どこで野菜を買うのだろう。

そのまま歩いていくと交差点で、先日母が宮下公園はなくなる、ということを言っていたが本当なんだろうか。そしてなぜ母がそんなことを知っていたのか。と思い出しながら電車が前の高架を走っていく。車体の一部が黄色と赤に染まっていて通り過ぎるときに振り返って見るとタワーレコードが光を発していた。だから電車はタワーレコードの光を受け止めながら通過していった。

このあたりを歩くことはまれでたいてい自転車で、原宿とかというのはこういうあたりを指すのだったろうか。キャットストリート？　わからないがスケートボード。ヤングフォークスの立てる音が響く。ネオンが空気を照らす。白山眼鏡店に入って、ゆるゆるになっていた眼鏡を調整してもらった。裸眼で作業の手元をぼんやりと見ていた。レンズを外して、きっとレンズの淵もフレームの淵もたくさん汚れていて落として、それからきっと熱とか蒸気とかを発しているのであろう機械に当てながら指でぬんぬんとフレームをマッサージしていて、撫でる運動というのはそれは人は見るだけで一定の心地よさがあるというそれがここにもあるようで見ているだけでやわらかい心地になるようで、戻ってきた眼鏡はとてもフィットした。謝意を表明して店を出て、もっと暗い方に歩いていった。

青山ブックセンターに入るのは大通りのところから入るほかないかと思っていたが裏

とかのある敷地に入るとたしかに下に青山ブックセンターがあって下った。今日もまた寒い日だった。

いつもそうであるように入って最初のところでとても「うわ～」という気持ちになる。こんなのあったんだ、へえ、それも読みたい、あ、これも、というふうで、全部を読みたくなる。今日はその中でも『キッチンの歴史　料理道具が変えた人類の食文化』という本が目に入ってきた瞬間に極度に読みたくなっておかしなものだった。食に関する本をそう読むわけではないというか全然読まないが『人間は料理をする』と『食の未来のためのフィールドノート』がとにかく過剰なまでに面白かったという記憶があってそういう本をたまに読みたくなってそういう期待を突然掛けたらしかった。それは三浦哲哉の『食べたくなる本』の特設棚というのか『食べたくなる本』コーナーで、もしかしたら順当に考えたらというか『食べたくなる本』こそがそれだったのかもしれない、とも思いながら、いやこの運命の出会い、２０１４年刊行の一切知らなかったこの本を知ったこれは今日はこれということだと思ってそれでこれにして、それから山口くんの今月の福利厚生本のテッド・チャンのやつを探しにハヤカワの棚を見ていたが見当たらずその場でAmazonをポチッとして、もう一つというか今日来るときから読もうと思っていたのが「天才の」「日課」みたいなそういうあたりの言葉の入った本で山下さんのことを検索していたらフィルムアート社のページに行ってそこで山下さんがフィルムアートのおすすめ本3冊みたいなものを挙げていてそのひとつで、この一ヶ月以内で誰か友人か誰かもこの本のことをSNSで言っていてというそういう2箇所で目に入ったことで「じゃあそれ」というそういう固定した気分ができていてそれで探そうとしたがどこを探したらいいのかもまったくわからないからお店の方にAmazonの画面を見せてお伝えして、いくらか探すことに難航したのか少し時間が掛かって、持ってきてくださった、買った。

外に出て、すぐに山下さんが来られ、写真を撮った。外でABCのネオンをバックに撮ろうとしたらそれはそうだなとすぐに思ったが光が足らなく、中で撮ってもいいということだったので中で、雑誌とネオンをバックに撮ったりして、やあすいませんとか言いながら、出た。

飲む場所は決めていなくて近くだと前に滝口さんとのトークの打ち上げの二次会で行ったギネスとカレーと薬草酒のお店があったからそことかがちょうどいいかなとも思っていたが地の利というかこのあたりのことはこのあたりで働く人に決めてもらうのがよ

かろうと思って「どこかありますかね」と言っていると安い居酒屋があるんですよ、というこことでついていくと中西というところで、鳥貴族級の安さの居酒屋が閑静な青山の路地の中にあってておののいた。それで「ひとの読書」の話をうかがって、たくさん話した。210円のビールを4杯飲んでポテトとからあげを食べて、ずっと話していると注文のタイミングというのは逸するものでポテトとからあげしか食べなかった。2時間半くらい話したか。出て、礼を言い、別れ、駅に向かいながらイヤホンを出して録音したものを聞いてみたところちゃんと録音されていてよかったし録音された会話というのは聞き返してみるといつもそうだがやはり面白い。

上機嫌でそしてヘロヘロで帰り、ちょうどそれくらいで山口くんから連絡があり、今日は忙しい平日だったようで、涙が出るような嬉しさを感じてその感じ方に「ちょっとw」と思った。それから下北沢の内装のデザイン等をお願いしたいと思ったところに、遊ちゃんに文面を確認してもらってからメールを送った。そうしたら遊ちゃんCOOね、という、どういう会話だったのか、COOってなんの略だっけ、OOってなんだっけ、となり、僕はおかげさまでおだやか、と言った、遊ちゃんはおかかおにぎりと言って、そうなるとCOOはチーズおかかおにぎりだ、となり、爆笑した。

寝る前、イ・ラン。

4月12日（金）

春菊を湯がいて白和えにした。カレーを始めた。それが済むともうほとんど今やるべきということもなくなり、座っていた。「今日も読書」のやつをひとつ書き、5分で書いて、そのあと下北沢店&スタッフ募集の告知の文章を作り始めて、なんというか勢いみたいなものを感じた。現金なものだった。決まるまでにこういうことはやり始めていてもよかったというかほとんど決まっていたようなものだったから先にやっていたらよかったのに決まった途端に本当のことになる感じがどうしてもあるのか決まった途端にそういうことをやり始めてそしてその勢いがあって笑った。

働いた！

夕方まではわりとコンスタントでコンスタントに働きながら文章を書いて、それがまあ今日はここまででいいやというところになったのでイ・ランを読み出して、よくて、イタリアンレストランで働いていたときのことが書かれていた。

そんなある日のことだった。オーブンに冷凍しておいたパンを入れ、業務用冷蔵庫から材料を取り出し、オーブンからパンを取り出してパンの上に材料をのせ、またそれをオーブンに入れていてふと、自分が実にリズミカルに動いていることに気づいたのだ。まるでダンスでも踊るみたいに。それからは、皿洗いをしているときも、汚れた皿が積まれた左側のシンクの中に洗剤を入れ、右側の空いているシンクに皿を移してすすいでいるとき、知らず知らずに左側の足から右側の足に重心を移しながら自然と流れるような動きになっていることにも気がついた。それからは、お皿を手にして狭いテーブルの間を素早く歩くときの足の動きも、ホイップクリームを作るために泡だて器をまわす腕の動きも、どれもダンスみたいに思えた。そこである日、カメラを床に置いて、厨房で動き回る自分の足を一日中撮影してみた。後でそれを早回しで見てみたら、やっぱりダンスのリズムが見えた。

イ・ラン『悲しくてかっこいい人』(呉永雅訳、リトル・モア) p.60

そのあとで夜になって夜になったら忙しい夜になって文章を書いたり本を読んだりし

ていないでチーズケーキを焼いておけばよかった、どうせ焼くつもりだったのだから、といくらか後悔しながらわさわさと働いて、労働を、した！という気になれる日でお客さんが入ってくるたびに涙が出るほど嬉しかった。一日左肩が痛く、寝る前は少し頬のあたりが痛んだ。吉田健一は兼六園の中の青い壁の部屋に入ったらヨーロッパにいてフランス語を話しながら紅茶を飲んでいた。

4月13日（土）

昨日が忙しかっただけで「今日も忙しいのではないか」と緊張みたいなものを覚えていてウケる。ウケて、真面目に準備をした。イ・ランを聞きながらエジプト塩をポテサラに入れた。

それから開けて、いい調子で、うれしくて、喜びながら働いていた。いい時間が流れていて、満ち足りていた。喜んで、満ち足りながら、どうしてだか頭の中にずっとブルーハーブが流れていて、というかボスの言葉が流れていて、というかボスの姿勢みたいなものが流れていて、だから、きっとまた勝つよ。やってやるよ。というような、そういう、下剋上的な、見せてやるぜというか、いやそうじゃないな、僕はずっと怒っていたし今もずっと怒っているような気がする、というそういう気分で、笑って済ませたやつらを見返してやると、ずっと何かそういうことを思っていてそれをまた思っていた。見返してやる、というような、そういうところで、喜びながら怒りながら働いていた。ブルーハーブというかボスの言葉の奔流と一緒にイ・ランのメロディが頭の中にぐるぐると流れていてそれは不思議な感覚でイ・ランはずっと流れている。あのメロディの粘着性というかとにかく好きということらしかった。

夜、ずっと忙しくて、この感覚は久しぶりで、絶え間を持たずにずっと働いていて隙間ができたら仕込みをする、そういう動きをずっとしていてチーズケーキを焼いてうどとごぼうのきんぴらをつくって人参を、しめじとお揚げと、また切干大根だな、人参のレパートリーなんか増やしたいけれどもしりしりするか切干大根かそのあたりになっちゃっているな、と思いながら人参としめじとお揚げを炒め始めたときに「これはクルミと味噌でなんか絡めるみたいな感じにするのもありでは」ということが降りてきたため切干大根にはならずににんにくを少しすりおろしてそれでみりんとか酒とかをやってしんなりした感じになったら刻んだクルミと味噌でそれで絡めて行き当たりばったりで料理をしていてそれは愉快で夜、ずっと忙しくて、この感覚は久しぶりで喜びながら働いていて知っている、これがもし一週間続いたらすぐにヘトヘトになってダメになることを僕はもう知っている、解決策はたった一つでもっと人を雇うことでそれ以外に解決策があるとしたら暇を願うということになってしまうからそれは不健康だからだから解決策はたった一つで人を雇う。それは水曜か木曜に告知をする予定で下北沢のことがあってもなくてもやはり人をもっと入れる必要はたしかにあって下北沢のことが決まった今、ひとつのチームみたいな形を作れたらそれは僕は楽しかったしだからヤングフォークスだった。馬鹿の。それで夜、夜自体は僕が仕込みとかで忙しいだけで夜自体はそう忙しい感じではなくて穏やかなコンスタントさでそれで夜、よく来てくださる方々というかメルマガを取ってくださっている方々というか名前のわかる方々というかそういう人たちが並んで座っていてそれを知っているのは僕だけでそういう、人たちになにか、愛おしい気持ちを抱きながらふと、この人たちがもっと経って歳を重ねてもうフヅクエには来なくなって久しくて彼らが50とか60とかそういうふうになったときに若い時にフヅクエという店で本を読んで過ごしたなと、思い出すことがあるだろうか、あるとしたらそれは、すごくうれしいというか豊かなことだしすごい、それは、ことだと、思うな、と思った。どうだろうか。若い時にフヅクエという店で本を読んで過ごしたな、あれは不思議な満ち足りたいい時間だったな、変な店だったな、あの店はまだあったりするのだろうか。あるよ。あるなんてもんじゃないよ。

夜、だから閉店まで一度も止まることなくひたすらに働き続けてそういう日は久しぶりで充足感があって疲れてヘトヘトで、止まらずとも気持ちに余裕は出てきた11時過ぎだろうか、またイ・ランが頭の中に流れていてわーっと働いていた時間は止まっていたことがそれで知れてイ・ランが、なんと歌っているのかは知らんがイ・ランが、俺のために歌っていた。

終わって、ビールを、Evolution CraftのHops Limon IPAというやつを、飲みながら、イ・ランのMVを見た。「世界中の人々が私を憎みはじめた」というタイトルのついたそれでそのMVはちょっと見たことのない素晴らしいものでドキドキしながら6分のあいだ見ていてドキドキしたし酔っ払った。

何を歌っているのか知ったら微妙な気持ちになるということはありうるというところだったけれど日本語訳がついているビデオでそれを見ながら見ていたけれど杞憂で歌っているのも歌われていることもイ・ランだった。それにしても日本語の訳というものを見ながら、一瞬で読むものだなあと思った。できるだけ2人の演者とか光の動きをだから画面を見ていたいからと思ってできるだけスピーディに下の訳文を見ようと努めたら本当に一瞬で読むものだなと思って慣れ親しんだ言語というのはすごい、というふうにわざわざ感じたのは歌われている歌がまったく慣れ親しんでいない韓国語だったからだろうか。英語の歌だったらいちいちそんなことは思う記憶がないと思ったが単純に下に訳が出ている状態でビデオを見ることが新鮮だったからだった。

帰ってからは吉田健一で逢瀬を楽しんでいた。遊ちゃんと前に「金沢」のことを話していて夢幻という感じなんだよねこういう調子で、と言ったら漢文みたいだねと言ってなるほど漢文ということなのかと思ってすごくしっくりきて、でも考えてみたら僕は漢文で書かれる世界のことをほとんど知らないと思ったが漢文みたいというのはきっとそうでヨーロッパにいてそれから金沢にいた。

4月14日（日）

根三つ葉を湯がいて柚子味噌で和えて味噌汁をこしらえて時間はいつもそうなるようにギリギリになって慌てながら開店して今日はどうだと思ったら今日はゆっくりで「またこれか」と思った。でも気分はそう暗いというふうでなく昨日おととといその前日と目標値を少しずつ超える日を3つ続けてまだそのポテンシャルというかそういうのはあるということが知れたからそれでよかったのか、それとも明日は夕方で交代で週末をがんばって月曜の夜がオフになって皮膚科に行ってジムに行ってそれから遊ちゃんと晩ごはんを食べると思ってそれが楽しみで支えてくれるのかもしれない。

「ゆうちゃん」と打ってたまに「結ちゃん」というのが出てくることがあってこれだけずっと「遊ちゃん」としか変換させていないのに邪魔で、もはや「ゆうちゃん」と打ったら「遊ちゃん」以外はひとつも変換候補が出ないようなそういうことにしたいけれどそんな設定ができるとも思えなかった。「ゆうちゃ n」で辞書登録したらどうだろうか。そういうことではないだろうか。

誰を見返すのかな、と考えていた。見返すと言うけれどそんなに誰に笑われたんだったかな、と思って架空の存在のような気がしてきた。ひとつふたつ具体的な顔はあるけれどもそれだけではない怒りを自分の中に感じるからそれだけではないはずで架空のもっと大きな何かなのだろうか、と考えていたけれど二人組が入ってきてメニューをパラパラ見てヘラヘラした顔で帰っていったそれを見て「そうだった、こういうやつらだ」と思ってそうだった。意味わかんないね、やめとこっか、みたいな、ことを言って出るのか知らないしそれこそが架空というか想像でしかないけれど出ることが自分たちの選択だと思い込んでいるやつら、自分たちの想像の範疇にないものに対して笑って嘲ってみせることしかできないやつら、を俺は見返したいのだろうか。ずいぶん卑小な話に思えるけれどでもそういう場面に出くわすたびにいつもわからせたいと思ってしまうのが僕だからそういうことなのかもしれない。どうしたら見返すことになるのだろうか。でもこうやって書いていてやっぱりさすがにバカらしいというかエネルギーの使い方おかしくないか、と思わざるを得ない。ざるをえない。ザルヲ・エナイ。ルワンダ人の大学院生の女性で28歳。『WIRED』のアフリカ特集のときにちらっと写っていたとかいないとか。

2日続けて、かいさいを

そうか、だから4日続けてか、快哉を叫んだ。夕方の6時前後の切り替わる時間帯が壮絶でパニックになるかと思った。そういう難局を乗り越えてここまできた。昼間の満席はほどけたりまた埋まったりと流動的だったが夜に至った満席は長く続き、壮絶パニック後、静かに長いこと満席が維持されるというふうだった。その様子というか店にいたら猛烈に「本を読みたい」という気持ちになっていって本を読みたくてしかたがなくなった。みんな羨ましい、と思って、忙しくなったことが嬉しくて「う、う、うーれっしー」と頭の中で何度も言っていたしやっぱり今日もずっとイ・ランが流れていた。それで人参のラペを作ってエジプト塩を使ったが改めて調べてみたら最初にラペラペしたときというかいややはりラペラペしたときという言い方がもっともラペを表していてラペラペしたとき、塩を振って水分を出すのだとばかり思っていたがどのレシピもそれをしていなくてそのまま使うみたいだった。それは知らなかったことだったが塩は振って水分を出して絞った。

へとへとに疲れながら、どうしてだか殊勝なもので吊戸棚の棚のところを拭いてみたり、それから一度もやったことのなかったグラインダーの掃除というか、調べてみたところ刃のあたりを掃除できるようだったので解体というかネジを外して刃を出してきれいにする等、真面目なおこないをおこなっていた。どういう風を吹き回しているのかさっぱりわからなかった。悪いことではなかった。

帰って今日はプルーストだった、5巻を始めた。「幼いときから一方的に彼女にあずけっぱなしであった思考や悲しみを、いま彼女は私に返してきたのだ」とあって「祖母はまだ死んでいない。それでも私はもうひとりぼっちだ」とあった。

なるほどわれわれはいう、死がやってくる時間は不確実であると。しかしわれわれがそういうとき、そうした時間はある漠然とした遠い空間のなかに位置づけられている、というふうにわれわれは思いえがくのであって、そうした時間はすでにはじまった一日となんらかの関係をもっているとか、またそうした時間は死が——一度我々の一部分にとり憑くと、もうわれわれを離すことはない死の最初の占拠が——この日の午後にさえも、一日の全部の時間の割振がまえもってきめられていていてすこしも不確実ではないこの日の午後にさえも、起こりうることを意味しているとか、そんなふうにはわれわれは考えないのである。人々は、一か月後には摂取に必要なよい空気の総合量に達しようとしてせっせと散歩をする。人々は、手にもってゆくコート、呼びとめる馭者の選択に迷ったあげく、辻馬車の人となる、一日のひるは手にとるように目のまえにある、それは短い、なぜなら、女の友を自宅に呼んでいるのでその時間に間にあうように帰ろうと思うからだ。あすもまた晴天であればいいと思う、そして一向に気がつかないのだ、——舞台うらの、うかがいしれない暗黒のなかで、こちらに向かってあゆみよっている死が、ちょうどこの日を選んでいて、数分後に、馬車がシャン＝ゼリゼに到着するほとんどその瞬間に、舞台に登場するということを。ふだんから、死がもたらす特殊な変異への恐怖にとり憑かれている人たちも、おそらくこの種の死——死とのこの種の最初の接触——にたいして、何か安心のようなものを見出すだろう、なぜなら、死はこうしたさいには、見慣れた、親しい、日常的な外観を装っているからである。

マルセル・プルースト『失われた時を求めて〈5 第3篇〉ゲルマントのほう 2』

（井上究一郎訳、筑摩書房）p.10

頭の中がグラタンのことでいっぱいで、明日はグラタンをつくろうと思っていた、ルグランタン、ルグランタンはこの場面には登場してこなくて代わりに登場する医師の滑稽というかその姿が愉快で「なるほど人はそれぞれに孤独なのだ」と語られるその語りに僕は面白がりながらグラタンのことを絶えず考えていて死のことが書かれているそのところで「馭者の選択に迷ったあげく」とあったところでたぶん僕の頭は反応していて靴をぶら下げて持って帰るかリュックに入れるかどの道を通るかそういう今週の僕の選択と失敗そのことを、たぶんあれが僕が今週死に近づいた瞬間だからそのことを考えていたから「選択に迷って」でハッとなって肩は夜になると少しまだ痛むようだったし肩のストレッチ、脚のストレッチを珍しく風呂場および読書中のソファでおこなってこういうことを続けていけば健康になれるだろうかと、明日はジムに行くぞということを楽しみに思いながら思ってどれだけ本を読もうとしてもそしてどれだけ本に魅了されようともグラタンのことは眠りに落ちるまでついぞ離れることがなかった。

4月15日（月）

起きたら遊ちゃんが鼻歌を歌っていていてイ・ランだった。

店で今日は意識は夜ご飯でグラタンのことばかり考えていて家にないものは店から持っていくという作戦でカレーの肉のマリネにするときにいつもより２００グラム多く買ってきていてそれを他のタッパーに入れてというそういう調子でバターを取ったり薄力粉を取ったりチーズを取ったりしてそれで準備していてあとはブロッコリーであったり玉ねぎであったり、持って帰るものを選びながら働いていて夜ご飯はあとはおかずは定食のおかずを少しずつ持って帰ってそうしたらちょんちょんちょんと素敵な食卓になるはずだった。

開店と同時に来られた白髪の赤い靴下のグレーのスプリングコートというのか薄いコートの眼鏡のボーダーシャツの素敵な淑女というか元気淑女という感じの方が最初からウイスキーのロックで大きなソファで寝そべる体勢になって本を読まれていて他に誰もいなかったから「こんなにくつろいじゃっていいのかしら？」とはつらつと言われてむしろうれしい旨を伝えて僕はここで過ごす人にはリラックスしてもらえればもらえるほどうれしかった。大きなソファは僕は「一人でもここでも大丈夫？」と問われることがあるが僕は全部が一人席のつもりだからもちろん大丈夫だったしソファの上に『デス・プルーフ』の最初の場面のラジオのDJの女の子がソファにべろーんと横たわっているその写真でもパネルにしてどーんと貼りたいなと思ったことがある程度に大きなソファは僕はその姿勢を取られると喜ぶ人間でだから喜んで僕は清々しかった。

夕方に山口くんがインして、メモしておいた家に持って帰るリストの食材およびおかずをリュックに詰めると外に出てあれこれと話して、そういえば、というのでカレーの付け合せのおかずって特に毎回指示していないけれどどういうふうに選んでいるだろう、というので聞いて、それで「あれがこれだからこっちみたいな?」と言うと「はい」と言ったから「はいじゃないよ」と言ってそれがおかしくてしかたがなくなってしばらく笑っていた。いい加減な質問をしておいて理不尽な話だったが「いい加減に答えるな」というそういう「はいじゃないよ」でそれがおかしくてしかたがなくなってだからしばらく笑っていて山口くんとのやり取りはいつも愉快だった。皮膚科に行った。珍しく人が診察室にいてしばらく待つことになって筒抜けで聞こえてきたのが「ここの所有は私だけじゃないので」という先生の声でそれから「足がついているのは、向こう側ということで」という男性の声でどういう意味だかはわからなかったが土地であるとか建物であるとかだから不動産の話をしているらしくて診察ではなかった。珍しく待つという場面がそれが診察ではない、というのがおかしくておかしな気持ちでいたら若い女性が入ってきて「初めてなんですけど相談させてもらいたくて」と言って何か相談事があって病院にやってきたらしかった。もちろん言わないが僕は「やめとけやめとけ」と心中で思って「他の病院に行ったほうが絶対にいいよ！」と言いたくてしかたがなかったがもちろん言わなかった。数分待ってそれは前代未聞級でそれで不動産会社かなにかの男性が出ていってやっと呼ばれて、保湿剤をいつもの倍量、それからステロイドはいつもどおりに、と処方を指示してそれで処方箋を受け取った。

幡ヶ谷の方に向かい、スポーツセンターに行った、近づくと自転車が今日は少なくて前に行ったときも人がたくさんというふうではなかったというか「もっと少なかったら快適なのに」と思うようなそういうものでは全然なかったのに自転車が少ないのを見ると「お、人少ないんだな、やったやった」と嬉しがる気持ちがあってなにかしら貧しい発想というか考えだと思って、自転車をとめて建物に入ろうとすると休館日だった。予定が狂った。ひとまず家に帰るほかなく、先週転倒した道でまた転倒しないように、そしてその道を克服するように、いつも以上に慎重に自転車を漕いでそれで無事に通過してこれでもう克服したことになるだろうか。

パン屋さんに寄ってパンを買ってコンビニに寄って甘いものを買って家に帰った。走る予定がなくなった。予定が崩れた。調子が崩れる。店で途中までやっていた日記の推敲を甘いものをボリボリと食べながらイ・ランを聞きながらおこなって、赤入れが済んで、頭はちらちらとグラタンで、遊ちゃんが帰ってくるのが7時半とかだからグラタンを今からやる必要はまったくなくて頭はしかしちらちらと絶えずグラタンで、6時くらいから玉ねぎと肉を炒め始めた。玉ねぎだけ始めればよかったと思ったが肉も入れてしまったからしょうがなくてそれで塩を振って蓋をしてじっくり蒸して甘くなれと念じた。それが甘くなったらあとは調理のときの話でブロッコリーとパスタを茹でて合流させてそれから薄力粉をまぶして炒めて牛乳がないからライスミルクで伸ばしてクリーム状にして耐熱皿、チーズ、オーブン、というそれだけだったが、時間がまだあり、なんとなく「ブロッコリーも茹でなくてフライパンで蒸したらそれでいいのでは？」という気になって、ブロッコリーを入れ、それからカブと椎茸も入れて蓋をした。

しばらく時間があって、イ・ランのあとにどうしてだか久しぶりに聞きたくなってずっと流していたメレディス・モンクのアルバムを聞きながら、一時期とても好きで何枚もアルバムを買っていた、とても久しぶりに聞いて、それがあまりに心地よくて、聞きながら、プルーストを開いていた。祖母が亡くなろうとしている。その祖母の口から音楽が漏れている。

医師がふたたび祖母の脈をとった、しかし、あふれた支流が干あがった本流にその貢をもたらしにきたかのように、早くも新しい歌が中断された楽節につながっていた。またこの楽節も、新しい歌に劣らぬ元気な躍動を見せて、べつのひろい音域をとりもどしていた。苦しみのために抑圧されていた安楽と愛情、そうしたもののおびただしい量が、祖母はそれを意識しないでも、長いあいだ圧搾した軽いガスのように、いま彼女から発散されていないと誰が知ろう？　彼女が私たちのみんなにいおうとしていえなかったことのすべてが流れでているかのようであり、彼女自身が、そのように長々と、そのようにはずんで、そのようにあふれんばかりに、私たちに向かって語りかけているかのようであった。ベッドの脚もとでは、この瀕死の吐息の一つ一つに顔をひきつらせ、泣きはしないがときどきどっと涙にぬれながら、母が、雨にたたかれ風にもまれる木の葉のような、無念のなげきに身をまかせていた。

マルセル・プルースト『失われた時を求めて〈5 第3篇〉ゲルマントのほう 2』（井上究一郎訳、筑摩書房）p.60, 61

次の瞬間に遊ちゃんが帰ってきて僕は眠っていたことが知れてだから一時間、とろ火でブロッコリーとカブを蒸してしまったことに気がついた。これで全部がダメになった。蓋を開けてみたら当然、そこにはグズグズのそれらがあり、甘いかもしれないがそんなものをつくろうとしていたわけではなかった。最悪で、そもそも予定通り茹でることにすればよかった。それを、横着して、そうしないことにした。その選択から間違えていた。そもそもスポーツセンターの営業日を事前に確認しておけばよかった。そこから間違えていた。走ることも、グラタンもダメになって、結局したことといえばお菓子をぼりぼり食べて寝ることだけで、先週と同じことをやった。先週も月曜日はせっかくの夕方からのオフに寝狂っていて愚かだった。たしかに週末を経ての月曜日というのはゆっくりゆっくり体を休めるというのが正しいのかもしれない。たしかに週末で体がめいっぱい疲れるだろうからそれを週明けにただゆっくり休める日というのはあってもいいのかもしれない。でもそれは来週以降の話で今日の話ではなくて今日は僕は走っておいしいグラタンをつくることがそれが予定だった。ウキウキと準備をしていただけにそれらが崩壊して僕を支えるものはもうなにもないような惨めな心地になるしかなかった。

くだらない気持ちで焼いて、取り出して、皿にくだらないおかずを盛り付けて、カッティングボードにくだらないパンを置いた。くだらない自分の気分の落ち込みがあまりにくだらなくて、どうしていいかわからなかった。遊ちゃんと向かい合いに座って食べ始めるも、どうしていいかわからなかった、今日は夜は夕飯をだからおいしいグラタンを食べながら遊ちゃんとあれやこれやとお話しようと楽しみにしていたはずなのに、僕の中にはもうどんな楽しさもなくて、どうしていいかわからず、間欠的に言葉を発しても、それで終わってしまう。途中途中でそっぽを向いてまるでその視線の先の壁が全部悪いみたいな、そんな顔でそっぽを向いて、そうやってつまらない食事の時間がすぐに終わってしまった。パンとおかずは食べ残した。全部捨てたらいいと思った。

ダメで、とにかくダメだった。虚しくて仕方がなかった。どうにか元気に戻らなければと思って、その取っ掛かりがないかと、それでメレディス・モンクを流した。遊ちゃんも好きなのではないかと思ったためで、今日ずっと聞いていたんだ、と流して、聞けば聞くほどとてもよかった。僕がいちばん好きなアルバムは『Facing North』でそれを最初流して、それから他のアルバムも流した、僕はソファに横になって目をつむって音楽を聞いていて、ただ音楽を聞いている時間というのはとても珍しくて、これは貴重だなと思った。メレディス・モンクがずっと歌っていてとにかく気持ちがよかった。とにかく虚しかった。遊ちゃんが寝ると、イヤホンをつけて大きな音でやはり聞き続けながら、それでプルーストを読んでいた。アルベルチーヌが再登場して、それでこれまでだったら決して使わないような言葉を彼女が使ったと言って欲望を高まらせていった。いくつかの言葉があってその最後のきっかけというか押しの一手が「ムスメ」という意味の「mousme」という語であまりに「むすめ」だから「ほんとかよ」と思ったがあとで調べたら「sushi」みたいなものだった。だから、アルベルチーヌが「ムスメ」と言ったから、彼は。

しかし、「ムスメ」という語のまえに、それらの理由は瓦解して、そしていそいで私はこういった、

「あのね、ぼくは全然くすぐったくないんですよ、あなたが一時間くすぐっても、ぼくはびくとも感じないでしょうよ。」

「ほんと！」

「ほんとだとも。」

それがある欲望の無器用な表現であることはおそらく彼女にもわかったらしい、なぜなら、こちらが思いきってたのめないでいたことを察し、こちらの言葉尻を読んで、世話をやいてやればこちらがたすかるだろうと気を利かせてくれる人のように、

「ためしてみてもいいかしら？」と彼女は、女らしくへりくだっていったからである。

「どうぞ、でも、それなら、あなたもすっかりぼくのベッドにあがって寝そべるほうがやりやすいでしょう。」

「これでいいこと？」

「いや、もっと深くはいって。」

「でも、私重すぎない？」

彼女がこの文句を言いおわろうとしたとき、ドアがあいた、そしてフランソワーズがランプをもってはいってきた。

同前 p.85, 86

「ｗｗｗ」という場面で、そこからそれ自体が照れ隠しのような、バツの悪い思いをよそに逃すような、フランソワーズについての地の文が4ページくらい続いた。そして。

しかしながら、フランソワーズの予期しない闖入によってびっくりさせられた私は、声をあげた、

「おや、もうランプの灯をつけたの？　いやだなあ、こんな強い光！」

私の目的は、もちろん、この文句の後半で私の混乱をかくし、前半で食事におくれた言いわけをしたつもりであった。フランソワーズは残酷なあいまいさをこめて答えた。
「それじゃ消し消ししましょうか?」

同前 p.90

「消し消しwww」という場面で、面白がった。すぐに虚しくて、疲れを知らないメレディス・モンクはずっと歌い続けていて、虚しくて、どうしようもなく暗くて、どうしようもなく不機嫌で、酒を何杯かあおっていたら酔っ払って、酔っ払ったと感じてからもう一杯流し込んで、そのまま寝た。

4月16日(火)

起きても暗い。自分でもこの暗澹に驚く。こんなことでどうやって生きていくんだろうと思う。遊ちゃんが先に出て、そのときに僕は謝って、謝ったけれど、僕は本当になんなんだろうか。こんなことでどうやって生きていくんだろうと思う。クソみたいな気持ちで店に行き、クソみたいな気持ちのままそこにいた。

自分でも本当に驚く。何がそんなに気に食わないのだろうか。なんで「予定が狂った」というただそれだけで、「料理を失敗した」というただそれだけでこんなことになるのだろうか。こんなことでこんなことになる人間なんて人に迷惑を掛けるだけで存在していないほうがいい、というのは暗すぎる、というのはわかっている。それにしてもそれにしたってこれはなんなんだろうか。というのは全然わからない。死にたいとはひとつも思わなかったがこんな気分では生きていたくなかった。なにが起きているのか。まったくわからない。ひどい。これはひどい。

ぼんやりと働き、動き出すと少しは気持ちも軽くなるようなところがあり、軽くなったりどうでもよかったりやはり生きていたくなかったりしながら外で煙草を吸いながら山口くんの「誰かの日記」を読んだら「治りかけのすり傷を人差し指で触るようなことはもうやめようと思って昼休みにその日記をシュレッダーにかけた」とあってそれはいいフレーズだった。いいフレーズだったし、昨日もそういうところがあっただろうか、とも思った。そういうところもあったのかもしれない。けれどそんなのは、プルーストの語り手が欲望の取っ掛かりを言葉に求めるというか欲望の理由をどこかに求めようとする滑稽な身振りに似て、不機嫌や怒りや暗澹の理由を何にでも見出そうとする愚かな身振りでしかないとも思った。

腰が痛かった。走らなかったのに。苛立ちや怒りで寝ていても体が硬直していたのではないか、と思ったがどうか。不機嫌は健康に直接に悪い。

夕方、山口くんイン。今日もピクルスをお願いして、それから下北沢の告知ブログのための写真を撮って、それから出て、ドトール。大きな声で話している人がいると思ったらイヤホンをして電話会議みたいな感じのことをしているようだった、イヤホンマイクでしゃべっていて、ちょっとじゃあ、ほかりさんそれすぐに対応させます、すんません、と大声で話していた。

メレディス・モンクを聞きながら日記を書き、それで店に戻ると半分くらいお客さんがあり、穏やかな空気が流れていた、僕はカウンターの端っこの席に座って本を開いた、『キッチンの歴史　料理道具が変えた人類の食文化』を今日はフヅクエでめっちゃ読むぞ、というのがどうしてなのか数日前からそうしようとしていたことで、楽しみな予定で、山口くんに浅煎りのコーヒーをお願いして、それで読み始めた、机には他に吉田健一とプルーストも置いていて飽きたらそちらにスイッチ、という戦法だった、たくさん読むぞ、と思ってそう思うだけでウキウキするそういう日で、それで読み始めた、面白く、料理道具の変遷とそれに伴う食文化の変遷が、タイトル通り書かれていた。フォーク、のようなものが登場したことで肉の食べ方に大きな変化が生まれた、そういうことでそういうことは僕をワクワクさせた。途中でオムレツのサンドイッチも頼んで、食べた、おいしかった。3時間ほど本を読んで、フヅクエでの読書はやっぱり最高で、大満足で、それで帰った。

という日にしようと思っていてドトール。大きな声で話している人がいると思ったらイヤホンをして電話会議みたいな感じのことをしているようだった、イヤホンマイクでしゃべっていて、ちょっとじゃあ、ほかりさんそれすぐに対応させます、すんません、と大声で話していた。

メレディス・モンクを聞きながら日記を書き、それから今日「そうだ、これ今日やらないとだった」と思い出したというか思い至った、下北の件を先に伝えたいような気が起きたためのフヅクエラジオの号外を収録して、そして下北告知ブログの推敲をした。思った以上に時間がたくさん掛かったし当然だった。どうして水曜に告知をしようと思っていたのにそれの準備を半端な状態なままにしていたのか謎で、愚かな人間がここにいて、それでだから時間が掛かった。8時半くらいになったか、だから3時間くらいドトールにいたか。店に戻って、誰もいなかった。店に戻って、あ、なんで今戻ってきたかな、と思った、ラジオをまだ飛ばしていなかった、ドトールでパソコンの仕事は全部済ませてから戻ってきたらよかったのに、と愚かさを呪いながら、幸か不幸か誰もいなかったからパソコンを広げてそこでそれらをおこなった。山口くんとぺちゃくちゃとおしゃべりをしながら、エントリーのフォームを見てもらって「どうかな」とか言いながら、半年前に山口くんが応募してきたときの話とかをした。書いていて楽しいエントリーフォームでした、と言っていて、そうなのか、とうれしかった、ツイッターアカウントとかを書いてくれてもいいよ、という項目もうれしかった、ということで、山口くんはエントリーのそれもそうだったけれどツイッターアカウントを書いてくれていたことで圧倒的に応募者の情報量が豊かになってそれで会ってみたいと思ったそういう人で、お互いにとってよかったということだった。今日はさ、フヅクエで本読もうってすごい楽しみにしてたんだけどさ、でもさ、誰もいない店内で俺だけ本読んでるとか、それでコーヒーとサンドイッチ作ってもらってとか、なんか、ただのお手伝いさんみたいでバカみたいだよね、ということを言った。言ったし、もうそれはバカみたいだったからやらないことになっていたしそもそも時間がどんどん経っていった。もう家に帰ろうと思った矢先に、そうだ、と思い出し、山口くんに任せている「今日も読書」の作業風景を見せてもらうことにした。様子を見て、それで効率的じゃないところがあったらそれを効率化するというそういうアドバイスを与えられるんじゃないかと思ったためで、それでやってもらったらまさにそうだった。タッチパッドは基本的に使わないで、ショートカットをどんどん使うことを伝えていった。タブの遷移、コピーとペーストのあれこれ、環境設定でcapsキーをcommandキーに割り当てて、やりやすいでしょ？　それから、ちょっと貸して、玉ねぎのマリネ作ってて、と言って、パソコンを借りて、勝手にClipyをインストールして、それで勝手にスニペットをいくつも登録していった、ブヒブヒ笑いながらそれをやった、そうすると見違える快適さの環境ができて、大喜びで披露して、それで帰った。

それ自体は悪い時間ではなかったけれど、自分の愚かさみたいなものに完全に辟易として、僕はもうなんだかどうしようもなかった、コンビニで缶ビールを2本買って、なにも食べていなかった。帰って、遊ちゃんと話して、昨日今日の反省と申し開きで、僕は最悪で、やりきれなくて、どうしたらいいかもう全然わからなくて、なんでこんなに愚かなんだろうなと思った。遊ちゃんがシャワーを浴びているあいだにコンビニに行って缶ビールを2本買って、空腹だった、自傷的な飲み方だった、ビールをだから4本飲んで、泣きたかった。シャワーも浴びず、歯も磨かず、ぐらぐらと酔っ払った。生きていることが全部面倒だった。

4月17日（水）

暗い気持ちはまったくそのままで家を出て店に近づくと松山かつゆき、松山かつゆきの選挙カーが動き始めるところで「あれ？」と思って見ると八百屋さんのところが公明党の選挙事務所になっていて、何度も振り返りながら「え？　え？　え？」とたぶん声が出ていた。ここのところ僕は八百屋さんを鞍替えして隣の初台百貨店内の八百屋さんで買い物をすることがずっと多くなり扱っているもののバリエーションが豊富だったからで、定食が変わってからいろいろこまごま買いたいとなってそれが加速して、だから最近はもっぱら初台百貨店内の三光青果だったから、なにか後ろめたい心地があった。かつてはお中元をいただくほどに行っていた。それが選挙事務所になっていた。

店、着き、動くたびに苛つく。先週の変換のせいで「動く」に至るまでに「蕩く」「揺く」「搖く」と三度も変換し間違えて「動く」がそこまで奥にいるとは思っていなかった。動くたびに苛つく。コーヒー豆をこぼし、お湯をこぼし、灰をこぼす。そのたびに怒りが湧く。もうダメかもしれんね俺は。なんかぶっ壊れた感じがある。数日後にはケロッとしているだろう、元気になっているだろう、それはわかっているが、今、どうしたらいいのか、まったくわからない。

働いていても
途方もない悲しさ、虚しさ。に覆われている。肩が痛い。腰が痛い。これはもう死に体。なんなんだこれ。

自分の動きのひとつひとつに苛立ち、傷つけられる。

夜、元気になった。遊ちゃんとメッセージのやりとりをしていたら素直な明るい元気な気持ちになった。もう大丈夫になった。そうなるまで、今晩下北の告知をする予定でいたから、そうなるまで、このクソみたいな気分で高いテンションの告知するとかほんとバカげてる。全部どうでもいい。オープンする前に廃業したい。みたいなことを思っていたので、夜、元気になった。よかった。

夜、元気後、事業計画書をつくらないといけないことが発覚し、まるで何を書くものなのか見当もつかないなと思ってかつてフヅクエを始めるときに融資の申請のときにつくったものがそういえばあったと思ってファイルの奥の方を探してみるとあって、それを開いて、なんとなく恥ずかしさみたいなものがあって読む気にならず、さらさらさらっと後ろのページに行くと年次計画みたいなものがあり見ると「4年目　営業時間を伸ばして12時からとする」「6年目　2店舗目の出店」とあり、え、と思って1年目が2014年の10月から2015年の9月だから、とちまちま考えてみた所、実際は「3年目　営業時間を伸ばして12時からとする」「6年目　2店舗目の出店」ということになり、ほぼ計画通りということだった。いくらか鳥肌が立つような感じがあった。計画というか予告あるいは予言というふうに見えた。こんなことを書いたことはまったく覚えがなかったから一層だった。

それで9時ごろに公開してシェアしようと思っていたのでそうすることにしてそれを前にしたら妙な緊張を感じた。チーズケーキ焼いたら公開しよう、みたいなそういう調子でそうすることにして、というその直前に「あ、そうだ、お賽銭箱置いておこ」という思いつきがやってきてバカらしくてよかった。バカらしいし僕らしい。それで急いでPayPalでお賽銭箱をこしらえて、下書きをしていたやつに括りつけた。で、公開し、即座にシェアをした。

昨日の夜に「そういえば」と思い、どういう形でシェアをするのが一番いいのだろうかと、画像を貼ってURLを貼る形なのか、URLを貼るだけにするほうがやはり押されるのか。しかしＵＲＬだけにすると記事画像であるとかが小さい表示になるのでインパクトがどうか。と考えていたときにツイッターカードの設定みたいなことで大きな記事画像で大きくシェアできるということを知り、それはheadタグ内にメタタグというのか、を入れたらいいということだった、それは、しかしどうやるんだろう、と試しに他の記事に直接メタタグを書き込んでみたところそれで機能した、今朝の「今日も読書」で試しにやってみると正常に機能した、だからそれでやることにして、タイトルであるとかツイートの本文であるとか、どういうふうにしようかと考えた結果、本文は「です！！！！！！！！！」だけにした。これは、ツイートをしてシェアをされていったときに気がついたが引用リツイートのときにすごく弱くなる、引用リツイートだと「です！！！！！！！！！ http://fuzkue.com/entries/671」というふうに表示されることになるということで、失敗というかもっとやりようがあったと思った。それでもずいぶん勢いよくシェアされていって、ありがたかった。ずいぶん好意的というかほとんど待望のくらいの雰囲気があって「そんなにフヅクエってそうだったの？」と思った、そういう好意的なツイートの中に「どうして下北なんだよ（ぷんぷん絵文字）」というのツイートを見かけ、本文中にもそのエクスキューズ書いたけれどもな、と思いながら、近くにほしい、というそういう気持ちを感じてそれはそれでうれしいという捉え方もできるもので、と思ったあとにたくさんの好意的なツイートを見てきたにもかかわらず仕事をしながらチラチラと刺さってくるのがそのどうして下北なんだよツイートであることに驚いたというか、ネガティブな反応というのは本当に力を持っているものだなと改めて思った。100のポジティブに1のネガティブが、短期的なものではあるけれど、勝つ。でも元気。

帰りながら、予言された事業計画書のことを思った。その12時からとするのところには「12時から16時のスタッフを雇い入れる」とも書かれていて、それが意味していることは僕の労働はあくまで8時間くらいにしないと絶対に疲れるし持たない、と開店時に考えていたということだった、というか開店時に設定した平日18時24時、週末16時24時という営業時間は「一人で働くならこのあたりがきっと限界というか適度」という考えに基づいていたのだなと知って、その根拠は岡山のときの労働の体感だろう、それをずっと忘れていた、5年前の自分は冷静だった、ずっと忘れていた、「やっぱりそのとおりだったよ」と今、言うだろう。

帰り、元気で、ニコニコ遊ちゃんと話し、吉田健一を開いて、それで寝た。

4月18日（木）

いつもとそう変わらない時間に起きて朝から遊ちゃんとゲラゲラ笑いながら何かを話した。出て初台百貨店、同じタイミングで入っていった3人組がいなたいおっちゃん、スプリングコートのこぎれいな格好の女性、クロックスと部屋着みたいなズボンの男性、という3人組でなんの3人組なのかがさっぱりわからなかった。女性は少し距離を感じる丁寧語を使っていておっちゃんが何かを指南するようだったがなんだったのか。店、コーヒー、飲む、それはおいしい。それで出汁を取り始め、山口くんがインしたところで出汁の取り方、味噌汁の作り方を伝授する。

開店したところ定食屋みたいな様子になったため手伝っていたら1時間くらい経って、それで出、どこかで何かを食べてからか、それとも、と思い、お金ももったいない気になったため帰宅。うどん茹でて食うこれはいつ以来だろうか。

食べ、休日の今日のタスクはラジオ、文字起こし、事業計画書、だった。事業計画書、といっても前に作ったものはなんというか当てにならないというか参考にしたくない気分があるらしく見る気も起きないで、それで検索したりして「ふーむ」と思ったが何も手にはつかない。ダラダラ、ダラダラ、としていたら4時になっていた。遊ちゃんが帰ってきた。4時になっちゃったよ、事業計画書とかわからないよ、どうしよう、あ、寝ちゃう、ダメだダメだ、休日をしっかり生きなくては、活動せねば、等々あわただしく言い、事業計画書は今日は諦めた、パドラーズコーヒーに行ってラジオをやることにした。

それでカフェラテを頼んでカウンターに座り、そのときにカウンターにいた3人の人は全員本を開いていて、いいな、と思った。いい光景だな、という意味とうらやましいな、の意味で、それで僕はそのあいだに座ってパソコンを開いてそれでラジオをやった。ラジオなので音楽を流すというかリンクを貼り付けるということを忘れなければしていて今日はメレディス・モンクで、93年のライブ映像があって26分くらいの。それを聞き始めたら、それは主に『Facing North』からの演奏で、聞き始めたら、そして見始めたら、ズブズブに感動していって、涙があふれて止まらなくなった、メレディス・モンクを中央に据えて、両サイドに2人、全員女性で、それが歌っている。その様子を見ていたら「こういう人たちがいるということがうれしいしありがたいし救われる」という気になっていったのかとにかく感動していった。声。歌だけれども声。今、その場だけの身体、みたいなもの。そういうものがあるように思えてそれはそれがいいというものだった。今日のラジオはだからメレディス・モンクに気を取られたものでそういう収録になってそれにしても感動した。鼻水と涙が溢れていてずぴずぴ言いながら横に置いたiPhoneで何か映像をちらちら見ながらタイピングしている男を隣の男性がちらっと見たがなんだと思っただろうか。

出たのは閉店の少し前の時間で、ごちそうさまでしたと言いながらカップをレジのところに返して、出る、そのときにお店の方が3人はいて、すごいなあ、と思った。パドラーズはいつもそう見える。いつもずいぶん余裕を持って人が入っていて、これはすごいことだよなあ、といつも思う。常に余裕を持って働いてもらう、みたいなことなんだろうか。シフトに入りたい人がいればいるだけ入れる、みたいなことなんだろうか。いつも、店の通常営業で利益を出さなくても構わない、くらいの感覚があるのだろうか。すごいなあ、かっこいいなあ、と思う。

で、予定をしていた通りにジムというかスポーツセンターに行ってそれで走った。走りながらYouTubeのメレディス・モンクのプレイリストみたいなものを流していて93年のライブみたいなものが見たかったがそういうものばかりではなかった。今日は時速10キロにしてそれで30分、だから5キロ、それはかつて日常的に走っていたときにそうしていた設定でそれで走って、顔をあげると大きなガラスでその向こうが生け垣の壇というのかそういうものに囲まれたちょっとしたスペースでベンチがあって、というところでそこをちびっこたちがおいかけっこかなにかをしていて、走り回っていた。少年少女たちで年齢もバラバラそうでレンガの壇のところの高さが身長と同程度のちびっこもいればずっと高い少年もいて逃げる戦法の一つとしてその壇のところに上がって向こうに行くというものがあるのだがそれがゆうゆうとできる者もいればずいぶん苦労しながらできる者もいて、自力は無理だと判断してベンチを噛ませて壇の方に上がるという選択をする者もいた。ベンチの背のところに足を置いて、それで踏ん張って一歩空中を歩くと壇のところにいける、という運動で、それを見ながらハラハラする。足を滑らせたらガコンと落ちて顎とかを打つという様子が簡単に想像できるから少しハラハラする。一度その運動に成功すると癖になるのか何度もその上がり方をする者もいた。それから今度は逆に壇の方からベンチに跳ぶ者がいて、生け垣から顔と体があらわれたなと思ったらベンチに向かって跳んだから、「そこ跳ぶ！」と思ってこれはすごかった。着地面がベンチだから小さいから、きれいに跳べないと成功しないそれはジャンプで、もう一度やるよと予告されたらハラハラするだろうなと思った。だから子どもたちが延々と薄暮の中で駆け回っていた。

30分が経って、最後の10分あたりは疲れて、早く終わらないかな、と思いながら走った、とはいえどうせ走るならちゃんと5キロにしたかったので時計が30分を過ぎても距離表示で5キロになるまではちゃんと走った。どういうこだわりなのか。こういうこだわりだった。

走れば爽快な心地になる。家に帰りシャワーを浴び、それから1時間「ひとの読書」の文字起こしをして、8時半くらいだった、僕は今日はタスクを済ませたら夕方であるとかにフヅクエに行ってそれで3時間くらい本を読んで過ごすみたいなことをしたいなと思っていたがもう夜で、気乗りがしなくなった、でもどこかで本を読みたくはあって、遊ちゃんが帰ってきて、しばらく事業計画書の話をしていたというか遊ちゃんに助言をもらっていたら遊ちゃんは偉大だった。うわあ、それはすごい！　フヅクエ下北沢店の意義！　大きい！という気になって、そうしたら遊ちゃんは友だちから電話が掛かってきてその場にいるのも申し訳のないところもあったのでビールを飲めるところに行ってハーフパイントのIPAとポテトフライを頼んでそれで読むことにした、通されたのがカウンターでカウンターはとてもギュウギュウで、目の前にポテトの皿があると本は机には置けなくて片手で持つみたいな格好になって、これは疲れるものだった、疲れるものだしやはり慌ただしいというか動きの多い店にいると慌ただしい心地になるというか、ビールも終わったら終わった瞬間に、促すか促さないかは別として、ビールが飲み終えられた瞬間にお店の人はそれをそう認識するんだよな、と思うと容易に飲み干すわけにもいかない、みたいなそういうところもあり、なにか落ち着かなかった。その中で『キッチンの歴史　料理道具が変えた人類の食文化』を読み始めて面白そうだった。調理道具のテクノロジー。

ステンレス鍋が普及している今日、金属製のスプーンで掻き回しても鍋は少しも傷つかないが、何かしら違和感がある。硬い金属の角がせっかく賽の目に切った野菜を潰してしまったり、掻き回すうちに柄の部分が手にしっくり馴染まなかったりする。木のぬくもりのあるやさしい音とは似ても似つかわしくない、ガチャガチャという耳障りな音を立てる。

ビー・ウィルソン『キッチンの歴史　料理道具が変えた人類の食文化』
（真田由美子訳、河出書房新社）p.8

これから何が書かれるにせよ、こう書く人の書くことは信用できるような気がしたというか信用したいような気がした。せっかくの賽の目を大事にできる気持ちというか、せっかくの賽の目の損なわれに傷つけられる姿勢。それは僕は美しいと思うしそれが料理でなくてもそれぞれにきっと人は美しいそういうものを持っているはずだと思うと悪くなかった。ちゃんと傷つけられるものを持たないといけない、というふうにはとても思う。

どうにも落ち着かないままだったので30分で出て、路地を歩いていると斜め後ろから遊ちゃんが現れたから驚いた。電話がまだ終わっていないらしく話しているところで、片手に電話、片手に本、という持ち物だった、本を僕が持ち、そうすると電話をしている遊ちゃんと手をつなぐことができて一緒に帰り、家に着いたところで電話が終わった。長電話になって、そろそろ終わるかな、というところで家を出てきた、家を出てきたのは井の頭公園で女性の遺体が見つかったという事件のニュースを見て怖くなったからで、僕のいるところまで来た、しかし電話が終わらず、そこらへんをうろうろしていた、そうしたら僕が出てきた、という流れだった。

帰り、酒を飲み、ここまでに応募が10件ちょっとあって、すごいなあ、と思いながら読んだりしていた、面白い。それで、それにしても夕飯はポテトフライか、そして読書は30分か、まあ、いいか、特に暗い気持ちじゃないそれが何よりも大切だ、と思い、もうしばらく読み、この本はものすごく面白いかもしれない、と思い、寝。

4月19日（金）

昨日は忙しい日だったようで山口くんは遅くまで働いて、いくつか失敗があったみたいでくよくよした連絡が来ていた。そういうことを繰り返して動きの幅とか動きの可能性みたいなものが拡がっていくように僕は思っていてだから聞いた失敗はそれは別ににもいいことに勝手に思った。お客さんに半端なものを出すとか接客でいい加減というかよくない加減のことをするとかでない限りは問題なかった。

店、仕込み。セリを湯がいてごま和えにして、ごぼうときのこの味噌と山椒のやつをこしらえた。開店し、いい調子でお客さんが来られ、昨日はよかったしおといもよかったしその前は妥当でその前はダメで、というのが今週で、復調だろうか。ここのところはずっと店内に流れるドローンの後ろ側で選挙の演説の声だとかが窓を通して入ってきてその感じはいくらか面白かった、何度もそれで思い出して思い出せなかったそれが思い出せてAmmonContactの曲に日本の選挙の演説の声が使われているものがあってだからAmmonContactだった。「Aから始まったというかiPodで最初のほうに見かけていた印象だよなあ」というそれは正しかった。

よく働いた。事業計画書のことを考えたりしながら、店は終日いい調子で快哉を叫んだ。

大量にご飯を食べて帰り、『キッチンの歴史』。鍋の話がされていて、土器から銅器になって、家には大きな鍋があった、水道設備も洗剤もなかったその当時、どの程度の頻度で鍋をきれいに流していただろうか、きっと少し残り、次の料理の隠し味になっていった、というようなことが書かれて、なんというか、大昔から料理という営みが連綿と続いていたんだよなあ、同じように人は生きて、そして食べていたんだよなあ、ということが強いリアリティを伴ってやってくる瞬間が何度もあって、それはとても心地のいい膝カックンみたいな調子だった。

布団に入り続きを読んだがすぐに眠気がやってきて閉じた。珍しく遊ちゃんはまだ読んでいて、それで僕は目を閉じて、するとすぐに遊ちゃんの夢を見て「たちまち隣にいる遊ちゃんの夢を見ている」という認識があったのかそれがおかしくて眠りながら顔があからさまにほころんでいるのを感じてそれがまたおかしくて起きてゲラゲラ笑った。

4月20日（土）

ここ数日頭がずっとぼんやりしていて変調という感じがする。調子が変。体調が悪いとかではなくてなにかがずれている。よくわからない。営業しながら下北沢のレイアウトのことを考えていた。小さくなる。どうやったらできるのか。想像力が問われる。それがない。

静かで、そうやってレイアウトのことを考えたり事業計画書のことを考えたりしながら営業する程度には静かででもよくよくと伝票を見てみればそんなこともなく悪くない調子でお客さんがいらした。夕方、全員が本を、同じような姿勢で手に持って、全員文庫本だろうか、読んでいる姿が目に入って美しいと思ってそれから幸福だと感じた。少しイ・ランを読んでいた。ありがたい、と思うことがいくつも書かれている。そういえば音は鳴り止んだ。メレディス・モンクに掻き消された格好だろうか。

はじめはどこからも招待されなくて、自分からあちこちに顔を出した。今はあちこちから招待されてちょこちょこ顔を出してまわる。そうやってまた十年後には、わたしはどこをうろついているのだろう？　どこにも招待されなくなって、家で寂しく過ごして、登山にでも行くのだろうか？

イ・ラン『悲しくてかっこいい人』（呉永雅訳、リトル・モア）p.99

夜になったら疲れていた。一ミリもやる気が起きない。そう打とうとしていて何か用ができて立ち上がって、それから座るまでのあいだに「一つやらないとなと思っている仕込み」を完了させた、さらにもうひとつ、「閉店までにこれも片付けておかないとな」だった仕込みも終わらせた。やる気とかではない、必要なのは運動する身体だ。体は一つのスイッチが押されさえすれば駆動する。僕を椅子から立ち上がらせることになる外部からの要求の声、それだけが必要だった。それがあった。あとはもう、流れに任せればいいだけだった。運動、というよりも自動する身体だった。ところで僕は「身体」を「からだ」と読ませられるのが苦手で、「身体」は「しんたい」であってほしいといつも思っている。

それなりに忙しいような気がしていたが夜に止まって、そうしたら目標値には届かなかった。目標値が高すぎるんだよ、と思ったり、これくらいでいいんじゃないか？と思ったりしてから、いや、いや、と思った。だからスタッフを増やす。だから？だから。だからかはわからないがヘルシーに持続させるにはそれが絶対に必要だった。そして増員させてなお利益を確保するためには目標値を下げるわけにはいかない。必要なお客さん数だった。ということは何度も言い聞かせないとすぐに忘れてすぐに見当違いのことを思う。

どうにも体が芯から疲れていてぼんやりと終わりの数時間を『キッチンの歴史』を読んだりしながら過ごしてから帰り、遊ちゃんが熱を出していた。寝たら一気に汗をかいてそれで熱は下がりつつあるようだったけれど風邪ということでやってあげられることもなく、水を渡した。僕は吉田健一を読んだ。

4月21日（日）

起きるとまた昨日の夜もそうだったが肩がぴきぴきと痛く、骨とかの何かが遊離とかしていてそれでふわふわとぴきぴきとさせていたりするのだろうかというようなそういうタイプの痛みで面倒だったが気分は別に暗くはない。遊ちゃんの風邪はまだよくならないみたいで寝ていた。出張は取りやめて今日は休むことにしたようでどう考えても正解だった。だから布団の上で遊ちゃんに行ってきますをして、いつもは玄関だからそれは珍しいことで見慣れない光景で鍵を持っていき忘れてもう一度戻ってまた行ってきますをした。いつもよりもしっかりと靴紐を結んだ。

店で準備をしながら、昨日の夜、なんか買ってこうか？と連絡をして、特に返信がなかったこともあって何も買わずに帰ったことを思い出して、どうしてポカリくらい買っていこうという気を起こせないのだろう、そんなに何も気づかないほどに疲れていたのか、と思って、なんかやだな、自分、と思った。

悪くない調子でいたら今日も夜がぱったり止まって届かずだった。観念して事業計画書のやつを作っていた。事業計画書というかフヅクエプレゼン資料という感じになっているけれどもどうなんだろうか、と思いながら作るがフヅクエのことを簡単な言葉でまとめたりしているとこの店が本当にいいものだなと改めて思う。よくできている。

その作業をやっていたら、というか夜になるまでは忙しいふうだったので、それもあり、はっきりと疲れた。カクテルのメニューを、と、カシスオレンジが注文されてつくろうとしたところカシスが終わりかけで足りなかったあとに、カクテルのメニューを刷新したい、とふと思った。今の状態はちょっと散漫というか散らかっていて、頼むほうも頼みづらい散らかった感じがあるのではないか、ぼやっと手を広げてやるのではなくてもっといろいろを絞ってもいいのではないか、多分それはフグレンのメニューを見て「かっこいいなあ」と思ったというそういうことがあるのだろう、あんなふうにはできないというか、なんだかやたら高度なことがおこなわれている感じがしてあんなふうにはできないけれど、もう少しはできるだろう、というところだったし、そうやって「しかしお酒のことなんて全然知らないものなあ」と思って途方まではいかないものに暮れていると、専門家というのはこういうときにお金を取れるということなんだな、とよくわかった。「カクテルのメニューを刷新したいんですけど、相談に乗っていただけませんか」というわけだった。僕も何か相談されるものがあったらいい。「本の読める店をつくりたいんですけど、相談に乗っていただけませんか」というわけか。「え、じゃあ、フヅクエのフランチャイズやりません?」というわけか。じゃないか。

早い時間にお客さんがなくなり、事業計画書をぽこぽことやって効率の悪い作業を繰り返していた。よくないことで、お腹いっぱいご飯を食べてポカリを買って帰った。帰って、プルーストを開いた。口づけの場面で、ふと、この巻の表紙の絵ってなんだっけ、と思って見るとクリムトの口づけをしているもので、「あわわわ」と思った。それにしてもこの、アルベルチーヌの頬に口づけをするこの場面は異様で、筆が乗りに乗っているという感じがする。つまりノリノリというところで、「なんの話なんだよｗｗｗ」というう、めくるめく描写というか、時間がぴったり止まる、いや止まらない、超スローモーションという、だから唇が頬に、少しずつ少しずつ少しずつ近づく、それに連れてきっと目が少しずつ少しずつ少しずつ閉じられる、その途中途中のほとんど静止画と化した画面はきっと一般的な美しさとかとはまったく関係のない、ほとんどというかまったく滑稽であったりする画面の連なりで、そして唇は頬に到達する。

私の唇をアルベルチーヌの頬に向けるその短い行程において私が目に見たのは、十人のアルベルチーヌなのだ、そしてこのたった一人の少女がいくつもの顔をもった女神のようになって、私が近づこうと試みると、このまえバルベックで最後に私が見た顔は、またべつの一つの顔にとってかわるのであった。すくなくとも、私がそれにふれなかったあいだは、その顔は、私の目に見え、ほのかな匂をそこから私にまでつたえてきた。しかし、ああ！——くちづけをするには、唇のつくりがまずいように、われわれの鼻孔や目もその位置がまずいので、——突然、私の目は見ることをやめた、こんどは鼻が、おしつぶされて、どんな匂も感じなくなった、そして、そのために、待望のばら色をしたものの味をそれ以上深く知ることもなく、こんな厭うべき捺印によって、ついに私は自分がアルベルチーヌの頬に接吻しているところだということをさとった。

マルセル・プルースト『失われた時を求めて〈5 第3篇〉ゲルマントのほう 2』

（井上究一郎訳、筑摩書房）p.98, 99

遊ちゃんの風邪は快方に向かっているようだった。よかった。

4月22日（月）

にんじんしりしり（白味噌使った）、うどと舞茸のきんぴら、ほうれん草とえのきの甘酢ナムル。肩痛（時折）。皮膚病（一生）。PayPay、営業、導入、ぺいぺい。バトンタッチ（夕方）。先週山口くんに山口くんがスタッフ募集に応募してくれたときにフヅクエで働くようになったらどういう生活になりそうですかという曖昧な問いの項目に「答えも曖昧になってしまいますが」と前置きをした上で「日常が整理整頓される気がします」と答えていてそれを思い出して「そういえば日常、整理整頓された？」と唐突に送ったところ「とてつもなく整理整頓されて大歓喜してます」と答えが返ってきて喜んだそれが先週の出来事。今日はショートブレッド焼き、監督責任放棄、そのうえで注意。棚に上げろ上げろ。店出、家賃払い、事業計画書@ドトール。やる気なし。オフの時間、何して過ごしていいかわからない。そもそもこれはオフなのか。それすらもわからない。肩が痛い。暗くはない。ただいささか混乱しているだけ。それだけ。それだけ？　いや。

わからない。ドトール。喫煙室に入って煙草を吸っていると向かいの席の女が猛烈に勉強をしているらしく猛烈にページをめくりまくり猛烈にペンを持ち替えていてペンを持ち替えるそのたびにバツン、バツン、と転がるペンの音が響いて、ここはそういう場所なのはよくわかっているけれどもそれにしても本当に他者に対しての敬意が何もないんだよな。と毎回思うことを思う。自分しか存在していない。自分一人しかいない。そうあることで自分を傷つけることはないのかな。と思う。

疲れてやる気もなくなって早々と帰宅、洗濯物を回してなんとなく座る。30分、「ひとの読書」の文字起こしをおこなう。そのあとフグレンに行って飲酒。KOSKUEのホットカクテルをいただく。前は冷たいKOSKUEにアップルジュースとバニラビターズとかのやつをつくっていただいたことがあって今回はメニューにあったやつでそれはアップルジュースをあたためたものでやはりバニラビターズとかだった、ドライアップルと。おいしい、とってもおいしい。KOSKUE。FUZKUE。名前がずいぶん近い。これは、フヅクエでも出されるべき飲み物ということだろうか。コスケ。ナプエ。ナプエのキュロのジンの熟成されたものということだけれどもナプエでつくったら違うのだろうか。違うだろうけれどおいしいだろうか。おいしいだろう。カクテルのことを考えている。

それでソファで『キッチンの歴史』を開く。ナイフの章が始まった。

ある日のこと、キュウリのサンドイッチを山のように作っていた私は、キュウリではなく自分の指をスライスしてしまった。（買ったばかりの）日本製マンドリンカッターのにうつつを抜かした挙句の負傷。救急外来に到着した私は、「マンドリンカッターのご婦人、ご到着」という人の気も知らぬ陽気な声に迎えられた。この何の変哲もない調理器具でけがをする粗忽者は私が最初ではなかったのだ。調理に夢中になった挙句、血しぶきがこびりついたマンドリンカッターを永遠にお蔵入りさせてしまった人は多い。「指に気をつけてお使いください」と使用上の注意にも書いてあった。そこでピンと来ればよかったものを、向こうが透けて見えるほど薄く切れたキュウリの山にワクワクしてしまい、気もそぞろ。気がついた時には、ブレードの危険な位置にあてがった指がキュウリと一緒にスライスされていた。だがこれも不幸中の幸い。診察を待つ間、カットの厚さ調節を一番薄い設定にしていたことを思い出し、私は思わず冷や汗をかいた。

ビー・ウィルソン『キッチンの歴史　料理道具が変えた人類の食文化』
（真田由美子訳、河出書房新社）p.70

こういう記述を読んでいるとゾクゾクする。去年指を包丁でいくらかカットしたことが念頭にあるだろうか、あれ以来れんこんを切るときはよくよく気をつけるようになっているというかいくらか恐れを抱くようになっている、それとも今日もカブをそういうスライサーですらすらやっていたときに恐れていたというかそうなっちゃいけないぞと注意をしていたそれが念頭にあるだろうか。体をゾクゾクさせながら読んでそれから遊ちゃんがやってきて遊ちゃんはスパークリングワインを頼んだ。

1時間くらいちゃらちゃらとおしゃべりをして、それで出た、洗濯物が終わる時間だった。スーパーに寄って牛肉とかを買って、帰り、ご飯を炊いて、肉を塩麹で和えておいて、ビールを飲み、事業計画書をつくることをいくらかやった。12時になった。キャベツと玉ねぎを塩でしっとり蒸し炒めにしてしめじとにんにくと肉を入れて炒めて大量の肉野菜炒めをつくって、それでご飯を食べた、たらふく食べた。

休みの日はなにもわからないが特に食事のことがわからなくて普段は店が終わって店でそのまま店にある食べ物を食べるそれが僕の食事だからそうじゃない家ではなにかつくるかどこかに食べにいくかなにも食べないかというそういう3つの選択肢があってそれぞれ「面倒」「お金もったいない」「バカらしい」という3つの難点があってそのあいだで揺れる。揺れながら先週であるとかは3つめのなにも食べないことを選びがちでそれは無気力からだった。その無気力はうれしいことではなかった。慣れないといけない。なんだかなにもかもに慣れられない。生きることに？　それは言い過ぎ。

寝る前、少しだけ『キッチンの歴史』を読む。

4月23日（火）

朝、ぼんやりとどんよりとしていた、テンションを上げたくなったのかなんなのか久しぶりに□□□を聞いた、『everyday is a symphony』を流した、「クチロロ」と聞こえた瞬間になにかスイッチが入ったのか軽快に大きな声で「ワンツースリー！」と言ってて躍動し始めて笑った。それでそのまま流しながら準備等をしていたら卒業式の曲が流れてその瞬間に「あ、いけないやつだ」と思った、聞くたびに泣くそういう曲で、それが始まって、気づいたら終わっていた、他のことをしていたら耳に入らなかったらしかった。営業を始めた。

定食がとんとんと出て油断していたがカボチャの白味噌とかを絡めたおかずがそう遠くなくというかけっこう近く終わることが知れていささか慌てながら残り4分の1あっ

たカボチャを茹でて粉吹にしてベーコンや玉ねぎのマリネやオリーブやマヨネーズ等でサラダにした、昨日ツイッターで文喫のことが書かれたものを見かけてそこで「1500円で本読み放題」というふうに書かれていてそう認識されるのは多分そんなに健康的なことではないんだよな、と思ってそれを考えていた、1500円払ったらそこにある本を好き勝手読んでいいというようなそういう取られ方が多分されがちというかする人はするようになっていてでもあそこは買う本に出会う場所であるはずだった、入場料1500円の閲覧室ではなく書店だった、本はその場で開かれるためではなく買われるために並べられている、であるならば「1500円で選び放題」という認識が行き渡る方がいいはずで、それが「選ぶ」なのか「吟味する」なのか、「吟味」の方があの場所での体験をあらわしている気がする、「吟味し放題」であればそこにその先に「買う」というものが想定されやすい、想像されやすい、それは多分そこにある本への敬意にもつながる。

なんというか大きい資本がやっているところだと思うと勝手にあれこれ言える感覚になるのはなんでなんだろうか。いやそういうものか。どうだろうか。それでそのあと和え物もつくっておいた方がいいことにまた気づいて山口くんになにか緑の野菜を買ってきてもらおうかとも思ったがカブの葉があった。カブの葉は普段はなんとなく捨ててしまうのだけれども使いみちはあって湯がいて辛子酢味噌で和えたらそれは和え物だった。だからそうした。それでそれから今日やることはそんなにない、カレーの仕込みを始めるか、それとも日記の推敲を済ませるか、でも日記の推敲は山口くんインの後でもいい、カレーを進めてあげた方が山口くんもきっと楽だ、とそういう気分がつい出てしまうけれども一方で僕は僕の仕事があってそれは今日であるならば日記の推敲でそれは僕が僕の遊びでやっているのではなく仕事だった、やるべきことだった、だからまずはこれをやるのが筋というかそれはなにも店にとって後ろめたいことではないと、なんでこんなことをいちいち言い聞かせなければならないのだろうか。後ろめたいことではないと、言い聞かせ、そして納得し、それで推敲をした、先週はいつもよりも短くて早く終わった、それでそれが済んだから、まだ時間があったから、カレーの仕込みを始めた、その順番が正しかった、そうだった、なんでこんなことをいちいち言い聞かせなければならないのだろうか。店という場において、体を使う労働以外をうまく労働として認められないのかもしれない。認められるようにならないといけない。労働を矮小化してはいけない。というか自分の働きを自分で認められるようにならないといけない。

4時、山口くんイン。外でいくらかあれこれを話して昨日のその場で僕は先週忙しかったときのことを話してそういうときに後悔するようなこと、なんかお客さんに対して後ろめたい気持ちを覚えながらおこなうこと、たとえばちょっとレシピからずれちゃった飲食物を出すとか、そういうことが起こっていないか、と聞いた、そうしたらそれは絶対にやらないように守っているということを言っていて、僕はそれをとてもかっこいいと思った、それをやったらおしまいだと思っているからそこは死守している、遅くても、ちゃんと出す、それだけは守っている、そう聞いて僕は感動した、それは昨日の話で今日は今日の話をしてそれから僕は屋上に出て煙草を吸った。晴れていてドコモタワーがいつもどおりそびえていて空は明るく白かった。

店に戻り、今日はフヅクエで読書をしていくことにした、いつでもいいので、と断ってコーヒーとオムレツのサンドイッチを山口くんにお願いして入口側の端っこの席に座って本を読み始めた、『キッチンの歴史』、ナイフのこと、火のこと。肉を焼く。回転ドラムを何で回すか。一時期は犬を使った。

ターンスピットの品種は今日存在しない。犬種が絶滅したのは飼い主が良心の呵責に苛まれて、と考えたいところだが、歴史はいつもそんな風には動かない。アメリカのレストランの厨房では一九世紀に入っても、犬が回転ドラムを回していた。米国動物愛護協会の創設者ヘンリー・バーグは（クマいじめのような動物虐待と同じく）肉のローストに犬の回転ドラムを使わないよう、反対運動を展開した。ターンスピットをめぐるバーグの異議は一部の人に自責の念を起こさせたが、意図した結果には至らなかった。犬の回転ドラムの抜き打ち検査にバーグが訪れると、犬の代わりに火の傍で働いていたのは黒人の子供だったということが何度もあった。

結局、ターンスピットの犬の時代を終わらせたのは善意ではなく、機械化だった。

ビー・ウィルソン『キッチンの歴史　料理道具が変えた人類の食文化』（真田由美子訳、河出書房新社）p.120

眠くなっていった。眠い、眠い、と思い、気を取り直し、取り直し、眠い、というあたりでコーヒーがやってきて飲んだらおいしかったし目も覚めた、しばらくしてサンドイッチがやってきた、慎ましいいい味のサンドイッチだった、これはおいしいよな、と思いながら食べた、それで1時間半くらいだろうかその席にいてでもまだやっぱり客席の状況というかそういうものが気になるところがあっていくらかは気になって、でもその読書の時間は格別だった。ポテトフライのメニューへの導入を考え始めながら家に帰った。

帰り、ソファに横になった、走りに行って、それから事業計画書かな、しかし眠いな、と思っていたら遊ちゃんが帰ってきた、俺は眠い、フグレンに行って一緒に事業計画書をぴーひゃらやろうよと言って、僕は甘えている、その前に30分寝るね、起きたらフグレン行こう、そう言ってタオルケットにくるまって足を突っ張って「ミイラみたい？」と聞いたら「いつもどおり」ということでそれで寝て、寝る始まりのところで夢が見られてレフト線に打球が飛んだ、それを取ったレフトがボールに向かう勢いを利用するという体で捕ったボールをレフト側のファウルゾーンの壁に思い切り投げて、それが跳ね返ってショートのカットマンに行く、そしてセカンドにボールは繋がれて、二塁打を阻止する、というそういうプレーをしようとしていてしかし思惑とは外れてボールは明後日の方向にぽーんと飛んでいった、それをレフトの選手が深刻な面持ちで嘆くというか失敗を受け止めていて、つまりその選手はそのプレーが成功する可能性をはっきりと思い描いていたからそのプレーをしたということだった、というそういう珍なプレーが脳裏に浮かんで愉快で笑った、似た夢をもう一つ見た、それは三塁手が絡んでいる。

30分で声を掛けられて起きて、「もう少し寝るね」と言って寝て、ということを繰り返した、途中で「大丈夫、俺はもう自分に呆れ返ってるから」と言ってそれは暗くはなかった、そのあと「もう1時間半になるよ、阿久津くんこれまた後悔するんじゃない」と言ってそれで起きたそれが8時半で後悔しないように必死に気を強く持った、走るどころではない寝方だった、走っていたらいつまで寝ていたことか、というような。朝まで。今日のフグレンは10時まで。でも1時間でもやれば勢いがついてそれでいいことになるかもしれない、ということでフグレンに行って、コーヒーを大きいサイズで頼んだ、ソファに横並びになって事業計画書のことを一緒に考えてもらった、僕は甘えている、それにしてもフヅクエのその下北沢店の出店の目論見というか意義、その先の未来、それは格別に非現実的なものではなくなんというか豊かなものを指し示していて僕はその景色を見たい。10時になり閉店になり出た。スーパーに寄って「今日は乾き物の日」と言ってビールとウイスキーとミックスナッツとポテチを買った。自傷的食事に今日も淫する気らしかった。「買い物って、ちょっと未来をやってる感じでしょう?」家に帰って事業計画書をもう少し続けた。気分がどんどん暗くなっていった。「どうにか自分で生き抜くために『cook』を書いたんです。」僕はおろかで、なにもコントロールできなくて、誰も幸せにできそうにもない、そういう気になっていった。「人間と食品の間には「cook」という概念がある。「cook」で食品を変形させるわけです。この、変形させるっていうのがすごい重要。」その重要なクックを俺は放棄して柿ピーを食べてミックスナッツを食べてポテチはまだ開けない。たしかにクックは重要で手首から先を動かすことは重要で昨日が暗い日にならなかったのは遅い時間ではあったが料理をしたからかもしれない。全部を諦めて放棄して投げ捨てて投げやりにクソみたいな食事とは呼べない呼ばないそういうものを啄んでいるバカがバカな行為が俺をどんどんバカにしていくのかもしれない、ビール2缶は終わった、じゃあウイスキーね。シャワーを浴びながら、声を出さないともたないなと思った、メレディス・モンクを意識しながらずっと声を出していた、歌っていた、発声していた、声を止めたらどす黒い色の想念がどんどん溢れてきてだからそれを止めるために声を出し続けた、頓狂であれあばｔのい青いオアはおゴアおいホイホイ後のkyであれうろほど「よくてそうあなおちえいtpお僕はもうダメんいなってしまいそうでおれあうぇおぴょく知るそｍためにそのままそれは、『それ何ｍ「あｍｰあおいkbお¥そうやって声を出し続けてどうにか気持ちを保って、いやもう保てていないか。どうでもいいか。なにが不満なんだ？「その頃の俺は「過去を後悔して、未来を思い悩む」ことばかりをやっていたんです。それって、「今」がどんどんなくなっていくことなんですよ。」俺の今ってなんなんだ。いやだかｒ」あそれはお前の選択だろ。お前が選択してるんだろ。責任を持てよ。責任をちゃんと持てよ。大丈夫。まだ壊れてない。それにしても俺は壊れないな。どうしてだろうな。そうならないでいられるのはなんなんだろうな。生きることに対して根本的に不真面目なのかもしれないな。それで生きのびれる、あれ、これら抜き？ わかんなくなった、生きのびられる、伸びられる、それ？ これ・ これが他青愛？ 知らない？ 誰に聞いてんお・・？ずっと何か泣きそうになりながら生きている。パソコンを前にしながらどうしてこんなに泣きたいのかわからない。カタルシスが足りないのかもしれない。映画？ 映画が必要？わかんないなあ。バカだから。頭が悪いなんて頭が悪そうに見えるから言わないほうがいいよ、と昨日僕は山口くんに言った。俺は言うけどね。俺はバカだから。こうなんだって。言うよ。言わないほうがでもいいよ。でも俺は言うよ。バカだから。なにに？なににお前はくるしんでんの∨？？∨∨？？？。∨なんかなに？れこれ？タイピング雑にして、それでなにがかだめになってるのでも自己憐憫とともに自己嫌悪とともにくだらない自己嫌悪とともに表し点の？表現活動ｗっｗ？？？？？それ？？？？なんか心配でもしてもらいたいの？？？？？大丈夫ですか阿久津さんとか、誰かに言ってもらいたいの？？？？？アホかｗｗｗｗｗｗｗｗｗ言うな言うな。こんなクソに誰もそんなこと言うな。じゃあ岩線な！痛々しい？じゃあみんな！だめだめ。ないない・価値ないよ生き店アヤオお前hwwwwwwwwwwwwwwwwwwシャワーをだからメレディス・モンクに準じて過ごしたらメレディス・モンクをどうしたって聞きたくなって今、大音量でイヤホンで、あの素晴らしいライブの動画を流して聞いていて、彼女たちは歌っているし生きているし踊っている。爆発したみたいに歌い出す彼女たちの姿は俺を徹底的に元気づける。坂口恭平の言葉も俺を徹底的に勇気づける。俺だってまだ大丈夫だよ。まだやれるよ。というかこれからだよ。大丈夫。知ってる。全然だいじょうぶ。

4月24日（水）

寝る前メレディス・モンク後、泣きたくて「泣けるかな？」と思って□□□の「いつかどこかへ」をやはりバカ大音量で聞いた。耳壊れろ、みたいなそういう聞き方で聞いて壊れなかったし泣かなかった、いや少し泣いた、花粉のせいにした、バレていた、そのあとに「ぐるぐるかき混ぜてほしい」と思ってプルーストを開いて一心不乱というか乱れまくりながら目を強く開いて読んで読んだらいくらかグルーヴィーな様子でそれで落ち着いたというふうではなかったがともかく、ともかく。朝はいつだって来る、来て、起きてもちろん暗くて、店に行ってもずっと泣きたいような感触がお腹のところにあった。

　何にこんなに不安定になっているのだろうか。もしかして下北沢出店、スタッフ募集、そういう新たな動きが僕をナーバスにしているのだろうか。だとしたら、よちよちと可愛らしいし、まあ緊張感を持って考えるのは大切なことだとも思うし、妥当とは言わないが、ありかもしれない。実感はないが、何百万円を使うというか借りる、借りたら返さないといけないから稼がないといけない、人件費というかランニングコストもこれまでの比ではなくなる、それをずっと賄わないといけない、それはたしかに僕みたいなこれまでのようなほとんど僕だけみたいな小さな規模で完結するものを長いことやってきた人間やっと山口くんに十数万円払って「人件費はこわい」と思うようになった人間からしたら一つの跳躍であり緊張してみてもいいかもしれない。というか緊張しないでへラヘラしていたほうがいろいろの高をくくった態度でそちらの方がよほど不健全で不真面目かもしれない。でも本当にそれ？　とは思う。わからないな。でもそれだと思いたい。

　あるいはまさかゴールデンウィーク？　たしかに今年は長い。そして、休まない。それが重くというかのしかかっていたりするのだろうか。もう休めばいいのにな。むしろなんなら10連休くらい。と思った、それは欲してはいない、でも一日どこかで休むのはありだな、もし10連続の休日を前にして今のこれがあるのだとしたら、そんなんだったら休んだらいい。これなんだろうかな。ありそうな気はするけれど。

雨になるらしい。明日の野球の練習はどうなるだろうか。というか、やるやらないにかかわらず行かないでやるべき仕事をやっているべきなのかもしれない。というかきっとそうだろう。やらないといけないこと、が、たくさんなかったっけ。そんなにはなかったっけ。どこかで雨で野球が中止になることを願っているところがあることに気がついた、そうしたら「どのみち野球はできなかった」と言える。自分で決めりゃいいのにね。そんなことも自分で決められないのかね。自分の責任で。

ずぶずぶと暗いままだった。昼、夜、今日は体調不良のため7時で閉めさせてもらいます、とかにしようかなみたいなことすら浮かんできた。サボり？　アホらし。どうせ暇だし。座ってるだけの仕事だろ。そうだったかしら。閉めてどうすんの？　家で昼寝？　不貞寝？　自己嫌悪？　その繰り返し？　全体がどうでもいい。生きている全体が。

という、また変な落ち込み方をしていたけれど抜けた。それで事業計画書というかプレゼン資料というかこれはなんなんだろうか、というものが一通り終わりまでつくられたので夜は、夜は誰も来なかった、夜は、お酒のことを考えていた。考えていたがなにをどういう順番で考えたらいいのかわからない。わからないし、僕は何をやったらかっこ悪いのかがわかっていない。それはもうダサいね、というそういうところがまったくわからないから、危うい。危うい中で考えていて思いついたのが「コーヒー牛乳」というカクテルで、最初は「インセイン・コーヒー・ミルク」かなと思ったけれどここは「コーヒー牛乳」でしょ、と思ってそういう名前だった。作り方はこうだ。ものすごく濃く抽出した深煎りのコーヒーを急冷してウォッカとシロップと牛乳というカルーアミルクの代替品というかアップグレード版みたいな様子で、そういうものだった、閉店後、作ってみた。おいしい。あっはっは。と思った。石野卓球のツイッターを見始めると止まらなくなるというのがここのところでかっこいい、憧れる、真似をしたくなるがやったらおかしなことになる、それで貪り見るというか止まらなくなる。帰って、そういう時間を過ごして、それからプルーストを開いた、今日は面白くないみたいでステルマリア夫人を占有することがどれだけ楽しみなことかということが書かれているみたいだったが今日はプルーストは面白くない日みたいでだからやめて、酒は絶えず飲んで、飲んで、もう一杯、それで吉田健一にした。どうも「金沢」が終わろうとしていて酒宴の席

で大団円的にこれまでの登場人物が集ってきていて愉快に過ごしていて遊ちゃんが

「あはははは

へへへへへ

日本郵政」

と寝言を言っていてずいぶん面白いらしくしばらく笑っていたしやんだかと思ったあとも少し笑いが残ってこぼれていた。ちらちら、ちかちかしている。視野の周辺というか外側というかで本を見ている目の向こう側というか外側で遊ちゃんの青いコートのあたりがちらちらちかちか光っていてこういうことがここのところしばしばある。

4月25日（木）

特に起きるつもりもなく寝ていたが遊ちゃんが「郵便局に行ってくるね」と言って「何をしに行くのか」と聞いたのかもし聞いたとしたらなんでそんなことが気になるのかわからないが奨学金の支払いらしくそれが50万円だと聞いて目が覚めた。年に一度ぐらいずいぶんまとめて返すという返し方をしているらしい。それにしても50万円。僕は月9000円弱だから年間で10万円だから、やはりまとめて返すにしても50万円というのはちょっとどういうことなのかわからなかった。それで「じゃあついでにリトルナップにでも行こうよ」と提案したところ奨学金の支払いは銀行に行ってお金をおろして郵便局に行ってという流れで面倒になったのか今日はやめることにして「今月中じゃなくて大丈夫なの？」と聞いたら3月末が期限のものだったということでそれなら大丈夫だと言ってそれでだから家を出た。

出ると小雨がちらついていて、そんなはずじゃなかった、と思った、一瞬行くのをやめたい気になったが傘はささないで歩いた、それは「雨は降っていない」ということを自らに言うためでだからこれは晴天の散歩となった。犬が歩く。車が止まる。風が吹く。草がそよぐ。電車が過ぎる。空は明るくなっていく。リトルナップでカフェラテを頼んで椅子が雨対策で斜めに立てかけられていた外に「出ても大丈夫ですか」と確認して出て椅子は少し濡れていたが拭いてくださって感謝をして、腰掛ける。濃いピンク色の花弁が濡れた道に貼りつく。空は明るくなっていく。

家に帰って遊ちゃんは仕事に出て行って吉田健一を開いていると「もし瀬戸ものを見て綺麗だと思えばそう思うことにその説明もあるんじゃないでしょうか」とあって読みながらどうしてだか先週スポーツセンターで走り終わったときにスポーツセンターではホワイトボードがあって走るランニングマシンの台の番号のところに自分が走り始める

時間使い終える時間を書くことになっていて書いたのだが走り終わったときに消し忘れたことを思い出してしばらくすると「金沢」は終わりになった。うどんを茹でて食って釜揚げで食って釜揚げというのは洗い物が少なくていい。それから茹でている時間もしていたが「ひとの読書」の文字起こしをして今日は計1時間するぞと思っていたのでして終わったら3時になっていて「一日とは」と思った。僕は一日とかに期待をし過ぎなのかもしれない。

いつでも寝られる様子になりながら鴻池留衣の『ジャップ・ン・ロール・ヒーロー』を読み始めて、ようやく読み始めて、なんだかいい気分で、そうしているうちに遊ちゃんが帰ってきて俺は、このあとどうやって一日を過ごそうか、と思っていた。やること。事業計画書。フヅクエラジオ。メルマガ配信準備。メルマガ新規登録の方の対応。日記書き。読書。そう、読書まで俺はタスクに入れるんだなと思ってどこまでも貧しい。どうしようかと思って今日は俺の春夏の寸足らずのパンツを買いに行こうかとも言っていたがふとユーロスペースのタイムテーブルを調べると1時間半後の5時半からゴダールの『イタリアにおける闘争』が始まることがわかってやにわに見たくなったというか見に行くのが休日であるような気がした。それで、4時だ、では、と思い散々悩む。悩んだ結果フグレンでラジオ、映画、それからスポーツセンターでラン、というのが組まれて突然忙しくなった。パンツはゴールデンウィーク明けでいいということにした。そう決めてからも僕はどの予定にもなんの魅力も感じなくて僕は何かが壊れたか鈍麻したかどうかしたと思って出るよ出るよと言いながら出る気が起きずにうなだれたりしていて気分はそこまで暗くはないはずだった。でも動けなかった。どうにか出て、それでフグレンでおいしいコーヒーを飲みながらラジオをしてそうしていたら楽しくなるのが常で楽しくなって30分で切り上げてなんせ5分後が開映時間だった、ユーロスペースに行って予告編から入って僕は今日はゴダールはジガ・ヴェルトフ集団はどうせ革命のことを延々としゃべると思っていたから字幕は読まずに画面と音だけを見て過ごそうと思ってそう思ったら楽しい予定な気にもなった。それでも意外に画面に動きがなかったりしてそれなりに字幕を見たりもしてそれにしても最初の画面はとにかくあちらこちらに赤でゴダールはたしかに赤かったしセックス、そのことが話されていて革命的夫婦のあり方が討論されていて途中でどのくらいだろうか、映画が60分のものだったから15分くらいなのだろうかうとうとして最後、国営放送の女優というあれはなんの話なのかさっぱりわからないイタリアの、正面に据えられたカメラの前で話す女の顔が他のどういう角度よりもずっと魅力的でその女がなんと言ったんだったか、理論、実践、ではなかった、いい音を繰り返し発してそれで映画が終わって帰ったら俺は眠るのかな。と思った。

帰りながらいくつか俺にはタスクがあるがもうひとつ追加しなくてはならない、それは「食事」だと思って休日は食事ですらが僕はどう組み込んでいいかわからなくて平気でポテチになる、帰りながら代々木八幡駅の近くでニューポートの前を通り「ニューポート」と思ってそれはいい案かもしれないと思ったから家に帰って「ニューポートは？」と言った、そうすることにして僕はスポーツセンターに行って走ることにして今日は走る格好に着替えて行ったらそれは楽だった、走りながらどうするかが問題で音楽よりもラジオの、人の話だと思っていてそれでradikoの番組をくるくるすると野球の中継で巨人対ヤクルトの試合を流した、解説は真中満さんです、ちょうど菅野がノックアウトされたところだった、3連発のホームランを含め結局代わった高木京介もいくらか打たれて7失点をしたというのが今日の菅野でそれは異常事態でラジオの野球中継というものはいいものだと聞きながら思う、これはテレビの中継なんかに比べたらずっとずっとけっこうな技だなと思って、声だけで野球を伝えるというのはすごいことだったし十分にというか余白がある分もしかしたら映像以上に面白かったし映像以上というのはさすがに言いすぎかもしれないというよりは映像を軽んじているかもしれない。技。以前SPBSで買って買ったまま開いてもいない気がする『屋上野球』のどれかのコーナーでラジオの野球中継への偏愛みたいなそういうところがあったような気がするが、だから開いてはいるのか、それを思い出してそれで犠牲フライでまた追加点、みたいなことが起きて野球を聞きながら走るのはけっこうなところ愉快だった、23分を超えてから疲れが出てきて早く30分になってくれと思いながら巨人の攻撃が淡白なままで終わって30分も終わった。

帰りシャワーを浴び洗濯を回しそれで出てニューポートに行った、ビール、ファラフエルプレート、蒸し野菜プレート、前菜3種、白ワイン白ワイン白ワインでイエミスタ、お腹いっぱいで内装も音楽も心地よくてお店の方も優しくてありがたくてとてもいいお店だなと思って大満足の大満腹で気持ちよくなった。遊ちゃんともたくさん話してなんだかものすごくいい時間でまさか今日こんな気分で過ごせる時間があるとは思わなかったから喜びも大きかった。帰ってウイスキーを飲みながら残りのタスクのいくつかを片付けて今の残りのタスクは「読書」「事業計画書」でどうやら今日は事業計画書はやらないで寝るつもりらしい。それもよかろう。色のついたマスクをする人を見るといまだにぎょっとするのは僕の遅さだろうか。だんだん今日の走った足が疲れてきた。いいことで、走っていると「自分にも生きる力があるのかもしれない」と思えるからよくて、疲れみたいなものも「生きている証」みたいに思えるからよくて、だから走ることは精神肉体どちらの健康にもとてもいいのかもしれないし、それにしてもこのところ僕は「生きる」という言葉を使いすぎている感がある。そこまで追い詰められてなんてないだろ？

今日それでシャワーを走り終わって浴びながら思ったのが「もしかしていつもより多めのインプレッションみたいなものこそがお前を動揺させたりとか？」という新説でそれが思いつかれた。つまり下北出しますスタッフ募集しますのツイートであるとかが15万とかのインプレッションとかに達してそういういつも以上の何かというのが僕を「イチローが鈴木一郎よりも先に行ってしまってそこからは楽しいとかではなくなった。一軍に行ったり二軍に行ったりしていたそのときで楽しさというのは終わった」というあの会見を持ち出すまでもなくそのイチローと鈴木一郎の乖離みたいなものを僕に思わせてフヅクエどうしたの？という、そういうことはあるかもしれない、思えばフヅクエがいろいろな雑誌であるとかに載るようになったときにその都度いちいちちょっと緊張したり浮足立ったりしてそれが擦れていってもうなくなってそういうことはなくなって、次の僕の浮足立ちステージはここだったりするのかもしれないと思ったり。小学生の時は先生に国語の授業で書いた詩が読み上げられるだけでそうだったし図工の時間につくった切り絵が佳作未満くらいのところで校庭の全校集会かなにかで名前が読み上げられるだけでそうなった。それの今がこれなのかもしれない。これは筋がいい考えかもしれない。たとえどれだけ卑小で情けないみっともないものだとして。

寝る前、『ジャップ・ン・ロール・ヒーロー』。喜三郎。『高架線』の片川三郎を思い出しながら読んでいる。と思ったら名前のせいか。それだけではないか。

4月26日（金）

小雨で自転車、今日が休前日でここから10日休日が続くというのが想像が難しくてつまり今日から11日フルスロットルなのかなんなのか。どうなるのか。いくらか緊張みたいなものを覚えながら準備をしていた。忙しかったら疲れるだろう、暇だったら悲しむだろう。

今日の「今日も読書」の更新作業をしていたところ1年前の今日、SPBSで本を買っていて「売られているリトルプレスの、ページ数や値段や紙を見て、ほう、ほう、と思っていた、と、「野球」の文字が見えた、それは『屋上野球』で、よそでも見たことがあったし手に取ったこともあったはずだった、というかバックナンバーを見たら明確に覚えていた、これは去年の秋に出たボリューム3ということだった、特集タイトルが「野球は、ラジオで」とあり」とあり「あ」と思った。

ゆっくり、着実に、仕込みをしていく。ごぼうとひじきと舞茸と山椒のおかずをつくって、それから人参と切干大根と椎茸のおかずをつくって、それからさつまいもといぶりがっことオリーブと玉ねぎのおかずをつくって昨日食べた蒸し野菜についていた豆腐のタルタルがとてもそういえばおいしかった。なんだか昨日のニューポートでの時間がとてもよかったようで何度もじんわり思い出していて僕たちはきっとまた行くのだろう。

何をして一日を過ごしていたのかな。事業計画書を整えて、もういいかこれで、ということになったのでそれからはお酒のことを考えていた。そうしたら終わりの時間になった。暇な日になって「そうか」と思った。こういう日は本を読みたいよなと思ったがそうならない。閉店後、たくさんおかずとご飯を食べながら『Number』を読んでいた、ルーキー特集の号で今日は大谷翔平のやつと斎藤佑樹のやつと田中将大のやつを読んで、そうしたら食べ終わった。

今日はお客さんから貰ったり買ったりしただから受け取った日だった。吉田健一特集の『ユリイカ』をいただき、お賽銭をいただき、友田とんさんから『パリのガイドブックで東京の町を闊歩する』を買った。すべての交換が交感であったらいい。

帰り、じゃっぷん。

4月27日（土）

どんよりした心地。田我流の新譜を昨日の夜に続いて聞いて昨日は晩ごはんを食べながら聞いていて全然ピンと来なかったそれをもう一度聞いていたらどうしてだか泣きそうになった。

準備をしながらやっぱり1日くらい休みを入れたほうがいいよな、まだ予約入ってない日あったよな、休もうかな、と今さらまた考えていた、「大丈夫、大丈夫」と言った、もしかして声に出して言った？　言い聞かせて、それから店を開けた。スロースタート。

おかしいな。

すごい。

このなににも前向きな気持ちの湧かない状態すごい。

なにもかもが面倒。

シャワーを浴びることは面倒ではない。食事は面倒。靴を履くことは面倒ではない。おかずをつくることも面倒ではない。なにもかもというのは大げさだった。大丈夫。

まあでも、ここまでよくやったなというような気はしている。誰にも見向きされなかったような、大丈夫なのなんなのそれというような、そういう場所を立ち上げて5年近く、たくさんの人にいいように言ってもらえる場所にすることができた、次の店舗なんていう話にまでなった、個人としても、といってもそれはもちろん店ありきだけれども、本を出した、いろいろそんなまかさという場所で文章を書かせてもらった、それなりに遠くまで、思ってもみなかったようなところまで来たといってもそう間違いではないだろう。だからなんなのか知らないが。

ウケる。

陰々滅々しながら働いていたらふと見渡したらそのときにいた9人の人全員が本を読んでいてそれは相変わらず美しい光景で、救われた。それで少し穏やかな心地が取り戻されてそのあと来た方がペンの扱いがうるさい人で一度声を掛けたがあまり改善されず、他者、と思った、もう一度やっぱりそれカチャカチャ気になりますとどうして言いにいけなかったのか、言いにいかなかった以上、僕がこの場所の静けさを壊すことに加担したということだった。いくつかのくだらない場面を思い出していた。ウケる。夜はすっからかんのようだったからじゃっぷんを読んでいた。お客さんはどんどん減っていって8時、誰もいなくなった。9時からひとつご予約があって面識はないけれど知った名前の方で、フヅクエに来られるのは知らないけれど多分初めてで、少し緊張を覚えた、と同時に、やだな、誰もいない状況はなんか恥ずかしいというか、そうじゃないほうがやっぱりフヅクエなんだよな、みたいなことを思っていたらおひとり来られ、まあ、ゼロよりはよかった、と思っていたら9時を過ぎても来られず9時半になり10時になりだから無断キャンセルというかすっぽかしで「あっそ」と思った。ウケる。店の予約というのはそんなに軽いものなんだろうかな。誰かと何かを約束しているものだという意識が持たれにくいものなんだろうかな。仕事の約束とか友だちとの約束も同じようにすっぽかすのだろうかな。と思うときはしばしばあるしこちらが手をこまねいているのがいけないというのもある。それでじゃっぷんを読んでいったら読み終わった。なにがどう面白いのかわからないけれどずいずいぐいぐい読み続けていたこれはだから面白かったということだった。晴れない。楽しいことがひとつもない。フォントを買った。リュウミンR－KLとリュウミンR－KOを買ったがてっきりその場でインストールできる何かになるのかと思っていたら何かが届いてそれでできるようになるそういうものらしくて面倒というか、他にもやり方がありそうな気がするが、と思った。それから今晩もカクテルのことを考えていた。考えているだけで進まないことになるから決めたスピリッツやリキュールを何本か買った。いろいろ調べているとお酒はおもしろくてきゅうりを使うカクテルみたいなものはいまだにあるのだろうかというか格好悪くないものとしてあるのだろうか、そういう感覚がまるでわからない。数年前にフグレンでそういうカクテルが出されているのを見て僕はそんなことは全然知らなかったから「きゅうり！」と思ったのだけど今はどうなのだろうか。ベン・フィディックにまた行きたくなった。もう何年も行っていなくてあれはとにかくいつでも魔法だったし庭で森だった。それにしても夜は一人だけだった。酒とフォント。今日の買い物は今日の売上を悠々と上回るというか2日分くらいの売上だった。稼げないときはいっそのこと使っちゃいたいみたいなところはあるし単純に必要なものだったから買っただけで無駄遣いではなかった。それはよく知っていた。酒のことを考えているのは楽しかった。飲みたかった。ご飯を食べる気が起きずずっと座っていた。『Number』を開いて伊藤智仁、高橋由伸、川上憲伸、それでご飯を食べて帰った。吉田健一の「酒宴」を読んだ。ウイスキーを飲んだ。

本当を言うと、酒飲みというのはいつまでも酒が飲んでいたいものなので、終電の時間だから止めるとか、原稿を書かなければならないから止めるなどというのは決して本心ではない。理想は、朝から飲み始めて翌朝まで飲み続けることなのだ、というのが常識で、自分の生活の営みを含めた世界の動きはその間どうなるかと心配するものがあるならば、世界の動きだの生活の営みはその間止まっていればいいのである。庭の石が朝日を浴びているのを眺めて飲み、それが真昼の太陽に変って少し縁側から中に入って暑さを避け、やがて日がかげって庭が夕方の色の中に沈み、月が出て、再び縁側に戻って月に照らされた庭に向って飲み、そうこうしているうちに、盃を上げた拍子に空が白み掛かっているのに気付き、又庭の石が朝日を浴びる時が来て、「夜になったり、朝になったり、忙しいもんだね、」と相手に言うのが、酒を飲むということであるのを酒飲みは皆忘れ兼ねている。

吉田健一『金沢・酒宴』（講談社）p.196

気持ちのいい短編でそれで本が終わったのでAmazonで『瓦礫の中』をポチって楽しみでそれでそれからまた酒を飲みながらプルーストを開いた、ステルマリア夫人とのデートの準備をしたい、ディナーをどうするか考えて予約しておきたいからやってきたアルベルチーヌとそこに行って一緒に考えてもらう、挙げ句、ステルマリア夫人とのワンチャンを逃したときの保険としてその夜遅くにアルベルチーヌとの約束を取り付けておこうか、と、ずいぶん自分勝手なことを考えていて笑った。ベランダで煙草を吸いながら尹雄大の連載を読んでいてワガママについて書かれていた。ワガママ。迷惑。敬意。

4月28日（日）

重い朝。無責任なことをやりかねないような気があった。つまり寝過ごしてそのまま寝て店を開けないようなそんな様子が想像されて「危ない」と思い起きた。起きながら、連休明けに2日くらい店を閉めようかなとも思ったが、2日店を閉めるとむしろ面倒というのもあった。仕込みがわからなくなる。

朝から自分の選択のひとつひとつが自分を傷つける。肌がすっかり薄くなっていてそれでちょっとしたことでも痛みが走るそんな感じでバカみたいだった。肌といえばアトピーの調子が悪く体がはっきりと痛い。スーパーに寄ってふいに食べたくなってきゅうりのキューちゃんを買った。朝食った。

どうしてだか営業中、「そんなに〜〜〜が嫌だったら〜〜〜なんてしなければいい」というような声に対して、こういうの、不便とかは解消するものではなくて我慢するものだとしか思っていない人の考え方だよね、という反論というか揶揄というか、をする、ということが脳内で起こっていて相手は仮想の存在だった。たぶん昼頃に置いている本の扱いに関することで記述を足しましたというツイートをしてそれで思う人はきっと「そんなに本を雑に扱われるのが嫌なんだったら置かなければいいじゃないか」と思うんだろうなと思ってそれでそういう反論というか揶揄というかマウントというかそういうことを考えていたのだろう。本を置いておきたい、本を丁寧に扱ってほしい、という2つの希望があってそれをどう両立させるかをこちらは考えているのに冷静な意見でも言っているつもりなのかただの諦めでしかないどこにも前進しないそういう発言をする人はいて無意味だから黙っていてほしい、と相変わらず仮想のクソリプ者に対して僕は怒っていた。怒るというか見下していた。僕はいったいなにをしているのか。とにかく複数の希望を立ててそれを全部両立させることを考えることはそれは楽しいことでフヅクエはその結晶というかそういうものだった。今日は忙しい日になっていい時間がとにかくビシビシと流れていて充実した時間が流れ続けていた。すばらしかった。夕方から山口くんがインで二人でビシビシと働いて9時まではずっと満席でそれからほどけていって10時にあとはもう数名の方のオーダーと洗い物と後片付けといくつかの仕込みとというところになったので山口くんに任せることにして僕はコーヒーを淹れて客席についいて本を読んでいた。最初は先日いただいた『ユリイカ』の吉田健一の『金沢』についての文章を読んでもっともっと吉田健一を読んでいたくなってそれから『キッチンの歴史』に移った。火の話。それから計量の話。「一七九五年のフランス革命暦の芽月一八日の法令で、新しい計量単位リットル、グラム、メートルを制定した」という記述がありそうか、リットル、グラム、メートル、普段使っているこれらの単位は１７９５年の何月だかわからないが18日からそういうことになったそれでそれを２０１９年の今も僕も毎日使っているのか、と思うと感動を覚えてこの本を読んでいるとずっとそうだった、２０１９年の今の僕が１７９５年と同期して紀元前何千年と同期して同期というか触れ合って響き合ってだからそれらがともに現在として立ち上がって、という感じで人間は料理をする。料理をし続けてきてし続ける。歴史を人間を貫くものとしての料理。僕が1795年の彼らとともにいて1795年の彼らが僕とともにいるこの感じ。そういう感じにずっとグッと来ている。

閉店後、お酒のメニューの刷新の一環でナプエのジントニックを作ってナプエとトニックにローズマリーとクランベリーを入れるそういうカクテルをつくって山口くんと飲んだ。笑いながら飲んだ。おいしすぎて。いくつもの味がする！と僕は大喜びで僕はずっとこれ飲んでいたい！と僕は大喜びで毎日ナプエを飲めるような暮らしになるためにはどれだけ稼げたらいいんだろう！と僕はだから大喜びだった。めちゃくちゃにおいしかった。あっという間に飲んで飲み終わってからも惜しかったしまだ飲み終えていない山口くんのグラスを見ても飲みたくなったしグラスを洗う前も「もう少し味わえるんじゃないか」みたいな惜しい思いを思っていたそれだけおいしかった。

山口くんが帰ったあとはエルドラドのラムでラム・バックをつくって飲んでみた。やはりおいしかった。今回の刷新は全体にいくらか値段が上がってもいいからせっかく頼んでくれた人に「わ、おいしい」と思わってもらえるカクテルメニューにしようというそういう刷新でだからスピリッツを全体にいくらか高いものに変更する。高くなればおいしくなるというわけでもないだろうけれどもいくらかはそれはあるというかおいしいというか違うものになる線というのはやはりある気がする。

帰り、遅かった、シャワーを浴び2時40分、ベランダで一服しながらメールアプリを開くと山口くんの「誰かの日記」が1時51分に来ていて彼が帰ったのは1時少し前くらいだった、今日の日記はしかもわりと長めだった、そして多分新キャラたちだった、あの仕事を終えたあとに何をどう切り替えたらこんな文章が書けてしまうのだろうか、と思って面白がりながら今日も読んだ。彼の文章はいつだって優しい。

日ハムは有原が今日もいい投球をしていたみたいで防御率は0・51とかで、今年の有原は去年と何がどう違うのだろうと気になってダイジェスト動画を見たが僕にどう違うかなんてわかるわけもなく、ただいいピッチングをしたことが知れたし有原の投球よりも大田泰示がタイムリーを打ったときの様子というか顔つきが格好良すぎて「こんなの、惚れてしまうだろ」と思った。それからプルーストを読んで寝た。

帰宅してただひとりになったとき、その日の午後はアルベルチーヌと用たしに出かけたこと、翌々日はゲルマント夫人のところで晩餐をとること、またジルベルトに手紙を書かなくてはならないこと、私がいままでに愛した三人の女についてのそうしたことを思いかえしながら、私は心のなかでつぶやいた、われわれの社交生活は、芸術家のアトリエのように、うちすてられた習作に満ちている、そんな習作のなかにわれわれは大きな愛の欲求を定着することができると信じたひとときがあったのだ、と。しかし私は、習作があまりに古くなければ、それをふたたびとりあげて、すっかりちがった作品、はじめに計画したのよりもおそらく重要でさえある作品をつくりあげることもありうる、とは思ってもみなかった。

マルセル・プルースト『失われた時を求めて〈5 第3篇〉ゲルマントのほう 2』
（井上究一郎訳、筑摩書房）p.142

4月29日（月）

曜日の感覚は早くも失せて「まっただなかにいる」というそれだけになっていて日記のシートを新しく作ったことで月曜日なのかと感じる。朝、ぼやっと、顔が腫れぼったくて遊ちゃんに笑われてむくんでいるということだった、自転車に向かいながら頬を持ち上げたり笑顔を作ってみたりしてそれで顔を取り戻そうと試みる。

手がバキバキに壊れて左手の人差し指と中指のまたのところが壊れてそれが特に痛いし絆創膏を貼れないというのが面倒で、今日は朝は大してやることもなくきゅうりのキユーちゃんをやはり食べてそれで備えた。1時からのご予約が4つだか5つだかあったこともあって12時半の時点で実質満席になった。大変大変と思いながらがんばってこなしていって1時に来られた方の一人が何度か来たことのある方でパソコンを開いたので紅茶を持っていきがてら念のためパソコンのルール変わったんですけどご覧になってます？　あれ、静かなら大丈夫なんですよね、ということでいや全然違いますよと笑いながら答えて、ご確認を、と伝えたところしばらくして荷物を片付けてこちらにやってきてテイクアウトとかはできないですよね？　今日はゆっくり本を読む時間がなくて数時間しなくてはいけない仕事があって、ということでそれで帰ることにされたようでどうしようか少し迷ったが正規の値段というか普通にいただくことにした。それはご予約&満席だったからで、それは予約の案内に書いてある「また、いらっしゃってから「やっぱりやめた」とお帰りになる方がごくごくまれにですがおられます。繰り返しになりますが、「すごしかた」のページをご覧になり、フヅクエがどういった店なのかをお知りになったうえでご予約ください。席確保のために他の方をお断りしていた場合等は1500円を頂戴します。」というこれに該当するという判断だった。満席で、その方の4時までのご予約によって機会を奪われた人がいる可能性がある、店が利益を逸失した可能性がある、というそういうところでしかしその方はぎょっとした顔をしていてすたすた帰っていったので僕も見送ることはやめてそのあとしばらくモヤモヤしていた。モヤモヤというか頭の中でずっと反論をしていてそれで店はとにかく今日は忙しかった。今日も今日とていい時間が流れていた。昨日は平均の滞在時間が3時間48分ですごかった。今日はそう長いという方ばかりではなかったが本を読む人たちは今日も美しかった。うれしかった。

しばらくしてさっきの方からメールがあってルールが変わったなら知らせてほしかった、事前に知らせないのならチャージ込みでの請求はなしではないか、というメールで、まずは不満をこちらに向けて発してくれたことにありがたさを覚えて、それから忙しい合間を縫いながら返信を作っていってずいぶんな働き方だった。それでそれが夜に完成して「フヅクエの阿久津です。別のメールアドレスから失礼します。

いただいたこちらのメールへの返信です。

「ルール変更があるなら事前に伝えて頂きたかたったです。それでも、事後に伝える方式を取られるのであれば、その場合チャージ料の請求は不適切かと思います。一瞬の滞在で1800円の請求悲しすぎます。」

まずはご連絡をいただきありがとうございます。お帰りになったあとモヤモヤしていたところで、コミュニケーションを図ってくださり感謝です。

まずあの場で伝えきれていなかったことがひとつあって、それは今回のルール変更の内実です。

今回のルール変更はこのとおりです。

これまで「ご滞在中タイピングは5分10分程度でお願いします（それ以上の時間でも検索等はあり）」

↓

変更後「一切なしにします（検索はあり）」

今まで何度か来てくださっていたのでまさかもともとのルールをご承知でなかったとは思わずとっさに反応できませんでした。

もともとのルールは2017年の7月から適用しているものです。

つまり今日のｘｘｘさんが過ごそうと思っていらっしゃった「何時間かタイピングを伴う作業をしないといけない」という過ごし方はそもそも2年前からできなかった、

ということです。「5分10分」から「一切なし」の変更は微細なものです。ご案内のとおり外に出ておこなえば済むからです。
「静かであれば問題ない」というご認識は、恐れ入りますがｘｘｘさんの誤読です。「これまではできていた」ともしかしたら思われるかもしれないのですが、それはもっぱら僕が気づかなかったか、「検索程度」と思っていた、のだと思います。おそらくものすごく静かにタイピングしてくださっていたのだと思います。

ここまでをまとめるとこのようになると思います。
・もともとの「タイピングは5分10分まで」ということはWeb上でも案内書き上でもずっと明示してきた
・今回の変更は微細なもので、もともとが「5分10分まで」という正しいご認識をお持ちの方にとってはそれを「知る／知らない」で「行く／行かない」が左右されるものではない
・ｘｘｘさんが「5分10分まで」というご認識を持たれていなかったことをこちらが知る手立てはない
・よって事前に伝えることはできない

次に、1836円をしっかり頂戴したことに関してです。これはその場で説明できなかったことで、申し訳ありません。

まず、もしｘｘｘさんがご予約で来られていなかったとしたら、いただいていなかったです。アールグレイの代金をいただくか、もしかしたらお代自体をいただかなかったかもしれません。

しかし、今日ｘｘｘさんは13時16時の予約をされ、そして店は満席でした。

http://fuzkue.com/closed

こちらのページにもこのようにあります。

「また、いらっしゃってから「やっぱりやめた」とお帰りになる方がごくごくまれにですがおられます。繰り返しになりますが、「すごしかた」のページをご覧になり、フヅクエがどういった店なのかをお知りになったうえでご予約ください。席確保のために他の方をお断りしていた場合等は１５００円を頂戴します。」

つまり、ｘｘｘさんのご予約があることで、予約画面上で16時まで満席という状態が一定時間ではあれ出来上がっており、それによって予約を諦めた人がいるかもしれない。店としては、それによって利益を逸失したかもしれない。「知らないこと」がなにか免罪符というか、知らない人が最強になる、みたいなことは社会としてわりと不健康だよなと常々思うところもあり、ちゃんといただくことにしています。

今日もいただくかは迷いましたし自分がチンピラか何かみたいにも感じたのですが（僕自身「一瞬の滞在に対しての金額としてはバカ高い」と一瞬思いましたが、繰り返しになりますが、「一瞬の滞在」に対しての請求ではなく、「満席時のご予約不履行」に対しての請求、ということです）、いただかないほうがフヅクエという場にとっては不公正だと思い、いただきました。その場で伝えられずすいません。

いかがでしょうか。説明になっていますでしょうか。言葉が足りなくなっているところがあったらご指摘いただけたらまたお応えします。

また、これはご提案なんですが、よろしければ近々にでも、お時間にゆとりのできたときに、本を読みにいらしてみてはいかがでしょうか。その際は今日のお代と相殺させていただけたらと思います。
僕は決してチンピラみたいに誰彼となく金を巻き上げたい、なんていうわけでは当然なく、この店が提供するものに興味を持ってくれた人・ニーズの合致を感じた人がやってきて、そしていい時間を過ごしていただいて、そしてその結果、気持ちよくお金を払って帰っていただきたい、というのがフヅクエをやっていてとにかく思っていることです。

お返事いただけたらうれしいです。

阿久津」と送ってお代を相殺というのは最初はそういうつもりはなかったが穏当な落としどころというか、それで何かがほぐされるのであれば双方にとっていいことだなと思ったというか、双方にとって気分の悪くない着地点が見出されたらそれがいいよなと思ってということで詫びみたいなものでは当然ないし詫びる必要はこちらはないというのは、それも書いておけばよかったと思ったが、どう受け取られただろうか。
とにかくずっと忙しくヒイヒイ言いながらやっていて夜に落ち着いてそれで夜は落ち着いたのは客席だけで僕は終わりの2時間くらいはおかずをずっとつくっていてごぼう

と舞茸と花椒と味噌のやつとこれは繰り返しになってしまったが人参と切干大根のやつとナスを甘酢に浸したやつを一気呵成につくっていてそれはすごい働き方でよくやった。ビールが飲みたい、ビールが飲みたい、と最後はもっぱらそればかり考えていてそれで閉めたらビールを即飲んだ。雨が降り始めた。帰り、プルースト。

あ、終わった。

と眠っている遊ちゃんの声が聞こえたから「どうしたの?」と尋ねると、

ん、

んーーー、

んーーーと、

あのさーーあ、

ホテルの鍵。

と言って僕は胸いっぱいの愛情みたいなものでニコニコしながら酒を飲んでまた酒を飲んだ。

4月30日（火）

昨日よりは朝が眠くなくて起きて店で朝ごはんを食べながら「週刊ベースボールonline」を読んでいると「川口和久のスクリューボール」で川口の文章がやっぱり僕は好きというか琴線に触れるみたいで土のグラウンドが好きだった、「なぜかというと、「球のキレがいいように見える」んだ。特にナイターだね。土は暗く、芝と違って光の照り返しが少ない。でも、照明が明るいんで、地球で言えば、北半球が明るく、南半球が暗い状態。投手からすると、球がより速く、変化球のキレもよく見える」というこの「土は暗く」というのがまずよかったしここで描かれる情景を想像すると美しい。野球場を思う。それ以外にもビシエドのファーストミットが破れてボールを捕れなかったところを投手はかわいそうだと言ってそのあと「俺も困る。なぜか？　野球教室でいつも言っているんだ。」と言う、道具は大事にしようねと。それがプロ野球選手がそんなのでは困る。「俺は、ロッカールームで外国人選手がグラブを磨いているのを見たことがないが、別に自分でやらなくても、球場には用具メーカーの担当者がいつもいる。頼めばいいだけ。あれは不運じゃない。準備不足の怠慢だ」とこう言い切るこの感じというよりかは全体の流れになんだかとてもいいものを感じる。

12時になるころには12時から2時までのところで10のご予約があってそれで3時まではひとまず満席ということになってだから開店早々満席の貼り紙というかウェイティングのシートをぺったり扉に貼ってそうやって始まってそのあとも予約がパズルみたいに埋まっていって6時くらいまではずっと満席でかつすべての方が予約というそういうおかしなことになっていてその前の時間、山口くんが今日は4時からインでそれまでのあいだパタパタとだから常に満席の状態で忙しくしかしどっしりとという感覚で働きながら山口くんが4時にやってきたら俺は屋上行って煙草を吸おうと思ったらそれが何かやたらに楽しみでおかしなものだったし、腕、腰、脚が「筋肉痛?」みたいな調子で張り、痛みがありこれは10連休のまだ4日目だった。今は僕は躁状態というかきっと「まっただなか」というか気が張っていてそれでテンションが高い状態になっていて落ち込む余地がなくてそれは嬉しいことだった、このままゴールデンウィークを走り抜けたい。走っている感じがある。

それでだからそうやって屋上に上がってゆっくりして、雨はずっと降っている、山口くんが来てからは分担分担という感じで山口くんがチーズケーキを焼きピクルスを仕込みあれこれして僕はオーダーされたものをつくったり持っていったりつくらなかったり持っていかなかったりして机で事務作業というか給与明細をつくったりしていたら給与明細づくりが楽しくなって筑紫A丸ゴシックにしたら気分もよかったし絶対に間違えない給与明細という、ここの項目をこうしたら一気にこうなる、みたいなそういうものをつくりたくなって楽しくなっていたら10時になっていて先に上がらせてもらった。夕飯をどうしようかと思いこの時間の町には選択肢があるらしくて見慣れなかった、ラーメン屋さんはもちろんのこと王将も開いていたしれんげ食堂もそうでれんげ食堂に入って最初に目に入ってきたビールとチャーハンと餃子とかのセットのやつを頼んで980円だった。ビールがついて1000円以内ということに驚愕して野球の記事を読みながら待っていたが驚愕するものはまだ待っていて無料で大盛りということだったのでチャーハンを当然大盛りでお願いしたところずいぶんな大盛りで食べ終わるころにはもう十分という、米モンスターの僕から漏れるのも珍しい言葉が漏れるそんな量で巨人の今村の記事を読んだ。

帰宅してシャワーを浴びてそれからまたエクセルを開いてより完璧な給与明細書をつくっていたらまったくすばらしいものができた。DATE関数というものを知ってこのことによって日付けから名前からもちろん金額までひとつコピーしてぺたっとペーストするとたちどころに給与明細ができるようになってただ快感で、そのあとは月末ということもあって今日の売上を出してそうすると4月の売上が出てやはり低調でそれで「お金」ということを思ったらしく皮算用をしたりしていた。この低調さだとしたらどうなのか、というようなそういうことをピコピコとやっていてよくわからなかったがこの低調さでもそれが2店ならばもしかしたら十分な利益が出るのかもしれないというか皮算用上はそうなって、それは希望だった。けっきょく2時まで事務的なことをだからパソコンをポチポチとそうやっていて早く帰って早く寝るはずだったのがそうはならず仕事というのはどこまでもあった。

それで酒を飲みながらまだ読まないぞとは思いながら吉田健一の『瓦礫の中』が届いたのでその封を開けてそれでまだ読まないぞとは思いながら開いてまだ開ききっていない段階で見えた最初のページの始まりが「こういう題を選んだのは」で、冒頭がタイトルの説明って初めて見た、相変わらず最高すぎる、と思って破顔した。

けっきょく2時半。散々聞こえてくる平成が終わって令和になってということは「みんな大好きだな」とは思いながらもたしかに「そうなったな」とは思うので思って、吉田健一が『東京の昔』で「時代なんてものはないでしょう」と書いていたそれを思い出した。プルーストを読みながら寝た。

5月1日（水）

歩いていると見えないものが見えてつつじかなにかがわっさと咲いていて緑と明るいピンクと白でその先の特別養護老人ホームかなにかの前に看板があり電話番号がありおそらく0120だったのだろう、いや東京03だったか、そこは記憶の埒外でとにかく数字は453286で上に「ようこそチャーム」と書かれていて「ようこそチャーム?」と思って「ようこそチャーム」から番号を思い出す作業をしていたら「難易度w」と思ってそれでニタニタ笑いながら歩いていたし「ようこそチャームで電話番号、取りましょう」と意気込んだ人物がいたこと、「ようこそチャーム」で暗記して暗記をたよりに電話をしようとする人物がいるのだとしたらいるということとそれを想像していたらだからニタニタおもしろくなっていて登場人物全員が滑稽に見えてそれでニタニタ笑ってそのあとは富豪の家があった。敷地内に大きな木があることは知っていたが建物のわきから見える向こうがもっと若い春の明るい緑の葉でたくさんということは初めて知って家の中に森があるということか、と思ったらよりいっそう富豪になって僕はスーパーで牛肉を買っている人を見るだけで「お、金持ちだ」と思う人間だった。先日野菜炒めのために牛肉を買ったときも苦虫を噛み潰しているようなというのは言い過ぎだったが今日はほとんど肉しか買わないから大丈夫と言い聞かせた。

店に着いてから準備をしながら予約のキャンセルについて考えていて昨日11時53分に13時30分から21時という予約をしてそれを13時にキャンセルをするという方があってそのとき店はその予約があることでとっくに満席だったしキャンセルが入る直前にお断りすることになった方もあって、困るキャンセルと困らないキャンセルがあって困らないキャンセルについては何も思わないか「おっと」と思うくらいでそれはキャンセルをした方も気にしなくていいものだと思っているがこれは困るキャンセルだったし他の入りたかった方や予約をしたかった方にとって悲しいキャンセルでもあって浮かばれないキャンセルだった。誰も得をしないキャンセルだった。夜まで長い時間で予約をしたということはもともとは予定の一日ない日でそれが気が変わったか予定というか誘いでもあったのだろうか、ものすごく軽い履行する必要を感じない人の気の変わりに店も他の人も振り回されるというのはバカみたいな話だし、とまずは思ってしまうがもちろんのっぴきならない理由が生じた可能性はあるわけでだから理由をうんぬんではなくて店にとって機会を奪われたつまり損失が生じたキャンセルでそして他の来たかった方にとって無意味に機会を奪われたつまり損失が生じたキャンセルでそれについては対策を打たないとな、というほどのものではないけれども打ってもいいよなと思って考えていた。「店にとって困る／他のお客さんにとって悲しいキャンセルについてはあとでお金を請求させていただきます」という感じにするような気がしてそれはバカの、言い過ぎた、心ない予約の抑止にまず働くだろうし申し訳ない、次行くの気まずい、という心ある方のそういう精神的な負担を消すというか帳消しにすることができるから親切だった。気兼ねを取り除くというのがこういうところでも考えるべきことだった。それで今日も早々と満席になってあとはパズルでずっとほとんど名前のある方というか予約の方という状況で続いて夜まで必死だった。

そして「いや無理」と思ったが「勢いのままに」と思って一気にやることにして鞭打ってショートブレッドを焼いて氷を砕いてチーズケーキを焼いてカクテル刷新用のお酒を一気に注文してゴールデンウィーク明けくらいに新しくできたらと思うがどうだろうか。『Number』を読みながらご飯を食べてこの号の野球の記事はもうだいたい読み終わったから次の号、イチロー総特集みたいなそういう、イチロー特集3週連続という未聞のその3号目をそろそろ開ける時が来た。そして「ご褒美」というところでナプエのまたジントニックをこしらえてそれでイ・ランを聞きながらラジオを収録した。今週は曜日を外してはいけないというかスケジュールを遵守しないと自分があとで苦しむことになると思ってだからヘトヘトの深夜1時、ラジオをやってラジオはやはり愉快で今週はひたすら独語をし続けていたら30分終わってそれでおしまいにして帰った。雨も上がった。

酒を飲みながらプルーストを読んで昨日は2ページくらいで寝たその場所をまた少し戻って読んだ。それは「目に見えない天職がその姿をあらわすまでに——そしてその目に見えない天職の物語がこの作品なのだが——」というこの長大な小説についてのその自己言及があってそれだけでなにやら感動してしまうそういうところで

われわれは、日から日へとつづくその連続のなかに、過去の年月を生きなおすのではなく、凝固している回想のなかに——他のいっさいのものから離れ、孤立し、封じこめられ、じっと動かず、停止し、見失われてしまったある地点から、暗い闇の影を受けな

がら、ある朝方またはある夕方の冷気や日ざしのなかに凝固しているそんな回想のなかに——過去の年月を生きなおすのではないのか、そして、単にわれわれの外部におけるのみならずまたわれわれのぐるぐる変わる性格や夢の内部においてもまたそのように徐々に進行している変化というものは、ある時期の生活からそれとは非常にちがったべつの時期の生活へと、知らず知らずのうちにわれわれをみちびきいれたあとでは、その変化の連続性を消しさってしまうのではないのか？　もしわれわれが、異なるべつの年からひっぱってきたべつの一つの回想を生きなおすとすれば、その両者のあいだには、多くの空隙のために、また忘却の巨大な截断面のために、水深を異にする深淵のようなもの、呼吸する大気と周囲の色彩との比較できない二つの性質の不両立性のようなものが見出されるであろう。

マルセル・プルースト『失われた時を求めて〈5 第3篇〉ゲルマントのほう 2』
（井上究一郎訳、筑摩書房）p.156

この箇所を二度三度と読んでわかったようなわからないような気になりながら二度三度と読んで二度三度と読むそれがこれがなにかであることをわかろうとわかるまいと示しているだろう、そして僕はすぐに眠りに落ちるだろう。

5月2日（木）

雨が降っていると聞いて「え」と思ってグズグズしていて起きて遊ちゃんの花粉症のヨーグルトバナナを食べていたら雨がやんで「お」と思って出たら降り始めたからスーパーで傘を買った。パン屋さんに着くころにはやんでいた。八百屋さんで野菜を買うころにまたチラチラと降っていた。それから晴れていった。

開店前は仕込みというものは特になくてそれで日記を書いたりして過ごして今日はスーパーで高菜の漬物を買ってそれで朝ごはんは納豆と高菜だった。大喜び。12時開け、1時までに満席。今日は扉のところまで来て満席の貼り紙というかウェイティングの貼り紙を見て帰るという人を多く見かける日で実際ほとんどみなさんがしっかりゆっくりだったしそのあとの予約も着々と増えていっていたからそれはわりと妥当な判断だとも言えるしそうかと思えば意外にそう時間も掛からずに空きましたの電話をできたりもしたからわからないものだった。

ひたすら、がんばった。ひたすらがんばりながらチーズケーキの準備をしたりカレーの準備をしたりしてこなしてこなしていって山口くんが夕方にインした。それからは二人でツープラトンみたいな感じでとにかくこなしてこなしてがんばって途中すごく「やたら華麗に連携しているｗｗｗ」という時間帯があってそれが気持ちよくて楽しくてそうかと思ったら山口慎太朗はチーズケーキのタイマーをセットし忘れていたから笑った。僕も数日前にやって慌てた。

それにしても山口くんはどんどんいろんなことをできるようになっていって今日はトマトソースの仕込みとレモンシロップの仕込みはまるっきり任せてカレーも大半は山口くんがやってそれはあまりにも明らかに成長というもので嬉しいし頼もしいものだったし見ていて面白かった。

それで夜は僕はいつ帰ろうと思っていて今日はメルマガの配信の準備と「今日も読書」のテキストが明日から3日分空白だからそれを埋めなければならなくて、毎日続けたいなら、の話だが、埋めなければならなくて、それを書く、という仕事が残っていてそれにしても今日もしゃかりきに働いた、今日はご褒美で、おいしいお酒をフグレンに行っていただきながらそれらのパソコン仕事をしようかと思ったら突き抜けるほどの楽しみな感情がやってきてそれを考えていた。では夕飯はどうするか。夕飯を外食してさらにフグレンでお酒とかそれは無駄遣いというふうに僕には思えてしまってだからそれはダメだと思って、じゃあ夕飯をどうするか、どうするか、と考えたら店で食べたらいいじゃないかということになってジャーにあったご飯を多めによそってキュウリの漬物と高菜の漬物とおかかの佃煮をのっけて外の階段で食べた。それで10時、店を出て、フグレンに向かった、入る前に縁側に座って一服して、遊ちゃんにその旨を伝えて「るんるんるん〜！」というようなことも打っていてそれで送り終えて吸い終えて店内に入ると見覚えのない感覚がありそれは閉店作業の真っ最中であることを示していた、「ええと」とお店の方に聞くとおしまいということで僕はわかりやすく残念という顔を笑みとともにして、ゴールデンウィークは金土は遅くまでやるがそれ以外は10時で閉めているということでわーそっかそっかと思ってそれで出て、なんというかものすごく楽しみにしていて浮かれて遊ちゃんにそんなことを送ってその直後にこうなるこの流れ全体が滑稽で面白くて残念に思いながらも何か突き抜けた楽しさみたいなものを感じていてだからゴールデンウィークはずっとそうやってテンションが高くなっているということだった。どこかに寄ろうかとも思ったがフグレンに代わる場所はなかった、なんというかフグレンは最高だなというのを改めて思った、おいしいお酒、あの過ごし方、というのはフグレンに代わる場所はまったくなかった。知る限りはまったくなかった。あるのかな、あるのなら知りたい。なのでコンビニでビールを買って家に帰って配信の準備をしてそれから「今は5巻を読んでいる。驚くほど何も覚えていないもので覚えていても変わらないだろうけれどもずっと新鮮に読んでいてこの長大な小説を初めて読んでいたときのことで覚えているのは沖縄旅行に向かう電車で読んでいた場面だけだった。だから多分あれは大学4年の終わり、就職する直前という時期だったということだろうか。大学時代に2年か3年か掛けて読んだという記憶はあったけれど読み終えたのはそのまさに最後の時期だったということだろうか。とにかく履修する授業がもうなくなったのか休みになっていて沖縄に友だちと行くそういう旅行があり朝、空港までのバスが横浜にあるというので横浜に向かっていてきっと横浜市営地下鉄だったのだろう、その車内で眠けとともに読んでいた。朝の光が車内に入ってページに差してチラチラときっとまたいた。そのときにそれまでずっときっと退屈したりたまに面白がったりしながらずっと読んでいたこの小説が唐突にバキバキに面白くなって夢中になった頭が光とともにキラキラしていたその場面だけを僕はこの小説についての記憶として持っているしそれで十分だった。ところでその朝の車内を思い出すと脳裏に浮かぶのは濱口竜介の映画の場面でだから僕はその朝をその場面で考えているみたいで『親密さ』の電車だろうかと思ったがそうではないし『ハッピーアワー』の電車は夜だから当然違っていて『何食わぬ顔』だった、『何食わぬ顔』の美しい美しい電車の場面を思い描いていてだから大学卒業間近の僕のその朝の読書も甘美で美しいものだったということだった。」と『失われた時を求めて』についての文章というかまつわる文章というかを書いた。12時になった。仕事は終わらない。
それにしてもゴールデンウィークは仕事は終わらない。過酷だなと今日感じていた、仕込みがどんどん向こうからやってきて夕方にチーズケーキを焼いたと思ったら夜にもう一台焼いて、山口くんに任せたわけだけどトマトソースも今日やっとかないとまずいなという感じに今日なっていったしそれはレモンシロップもそうだったし、カレーもそうでだから山口くんに玉ねぎを買ってきてもらって急遽な感じで仕込んだわけだったしどんどん仕込みがやってきてそれが際限がない感じがあってこのハードさで日々が連なるというのは過酷なものだった。幸いテンションが高くなっているからアドレナリンみたいなものがきっと出続けているから乗り切れるというかやれているが事切れたらまったくやばいことになるだろうなというそういうところがゴールデンウィークというか10連休というものにはあった。大変なことだ。6日が済んだ。あとは金土日月の4日間。なんというか終わりが見えてきた。

曜日の感覚がまったくわからない。火曜かなと思っていた。曜日どころではなくて遊ちゃんと話していて「あれ、それ今日じゃなかったっけ」と言っていて一日の境すらわからなくなっている感じがある。連休明け、水曜日に店を休むことにした。そこまでとにかく。

やはりご飯だけだと足りなかったのかミックスナッツをつまんでいたところ1分くらいで食べ終えそれでポテチが開かれた。食ってしまった。おいしかった。『キッチンの歴史』を読みながら夜を過ごしていった。カップ計量に取り憑かれ続けるアメリカのことが書かれてその章が終わると「挽く」の章が始まった。

5月3日(金)

金曜日まで来た。という感覚で昨日、晩ごはんを食べるのでご飯に高菜の漬物をのっけて「これこれ」と思いながらるんるんしながら外に出ようとしたところぼとりと高菜が落っこちて見るも無惨で笑ったことを、朝、思い出した。昨日はだからふたつ、間際で楽しみがなくなるという事態があってでもアドレナリンなのか何も苦ではなかった、明るかった。今日は朝、何をしていたんだっけか。もう思い出せない。

店は今日も同じようにすぐに満席で昨日の夜にウェイティングの貼り紙を作り直してそれは筑紫A丸ゴシックが気に入ったのかそうして文言と内容も少し変えてというか追加することがあってそれを貼り出したらさっそく追加した項目が効果というか意味を持

ってよかった。つまりそれは「Webの予約ページを見ていただくと、「遅くともこの時間には空く」ということがわかります。もしその時間が許容範囲内の時間であれば、こちらに記入いただくとともにご予約も取ってしまうことをおすすめします。その時間までに空きましたらお電話しますし、電話がなかった場合はご予約の時間にいらしてください。「予約もしました」のところにチェックをお願いします。」という項目で、ここ数日これと似たことを口頭で伝えることが何度もあって、というのは満席は満席だけどあと30分で空くんだよな、というときにその紙に連絡先を書こうとしている人がいたら外に出て行って「あの」と言ってそのそれはそれとして予約という形でも取っちゃった方が安心ですけどそうしますか、こっちで取っておきます、というのでだからアナログな対応をしていて、でもそれはそのコミュニケーションのコスト以外にも少しの怖さがあってつまりドアの外でそのやりとりをしているあいだに予約が入ってその時間の予約が取れなくなるリスクというのがあった、だからやっぱりお客さんが自身で正式にというか、予約をWebからするというのが一番確かで、だからこういう案内にしてそれが今日何度か有効に使われた。本当に親切であろうとすると事は必ずしもシンプルにはならない、というのはフヅクエをやっていて思うことで伝達のコストを払い、そして理解のコストを払ってもらう、双方の親切というか協力によって親切というのは実現するように思う。それは僕はいいことだった。お客さんを信頼するというか、お客さんを「バカ」と措定したところではこれはできないことで、バカだと措定すればするほどに物事の形はシンプルに近づくだろう、バカにもすんなり理解してもらわなければいけないから。だからいくらかの複雑さとか迂遠さとかといったものはお客さんを「ちゃんと理解をできる人、理解をする気のある人」と措定するからこそそのものだった。この理解のやり取りだけでも何か気持ちよさがある、と僕は思っている。

それでだから今日もめいっぱいでしかし夕方くらいまでは感覚が鈍ったのか慣れたのかバカになったのか「今日はゆっくりだな」みたいなことを満席の状態でせかせか働きながら思ったりしていてどうかしていた。山口くんがインしたあとに人々が入れ替わる時間になってそこで一気に疲れが来た。それにしても昨日今日明日と山口くんは3日連続で入ってくれてそれを僕は昨日シフトを見て思い出したというか知った、1日置きくらいかと思っていたから3日連続のシフトを見て「助かる！」と思ったのだけれどもそれにしても助かる。大いに助けられている。いるとわかるだけでもとても楽になる。それでだから二人で今日もせかせかと働き今日は山口くんは味噌汁をつくった。出汁を取るところ野菜を切るところから始めて最初から最後まで全部やった。おいしい味噌汁ができあがった。山口慎太朗にできることが増えていく。うれしい。めでたい。

夜になったら僕は全身が疲れで僕は存在自体がもう疲れで、体もそうだったし頭も回らなくなっていてこの状態は危ないと思った、ひとつお客さんとのやり取りで悲しいことがあってそれで一気に気をくじかれて「再起不能（今日は）」と思って危ないというかダークサイドに落ちそうだったというかしばらくのあいだ落ちていた、疲れすぎればそれは簡単にそうなる、今日はまだ少し仕込みがあるけれど明日の朝でもいいやつで今日は危ないからもうやっぱり出るべきだ、と思って味噌汁を外階段で食べた、たらふく具を入れて食べた、食べ終えて、中空をぽーっと見ていたらそのまま意識が飛びそうになって中に戻ってやはり今日やらないと明日がきついと思って里芋のポテサラをつくった、里芋のポテサラはねっとりした食感が他の芋とは違うそれが楽しくて前もどうしてだかそうしたのだが山椒を刻んだやつを入れて醤油も少し垂らしていくらか和風な感じのあるポテサラにしたくて今日もそうした。それができ、もう出ても大丈夫だとなったので11時、荷物を持って外に出て山口くんと話すと山口くんも今日は頭が回っていなかったということでそれは知らなかったので「それは知らなかった」と言った。二人ともぼやぼやしていたということだった。それをよそにフヅクエはお客さんたちは今日もすばらしくいい光景を長い時間つくってくれて美しくてありがたかった。感謝と喜びと疲労と朦朧。

今日こそはやはり必要だと思ってフグレンに行った、それでお酒を、おいしいお酒を、というのでメニューを熟読して迷いに迷ってそれにしてもどれも飲んでみたくて迷いに迷ってジンとジンジャーのなんかとシャルトリューズとアブサンと大葉という「OISHISO」という名前のやつを頼んだ、「うまwww」と思いながら飲んで、飲みながらメルマガの配信作業をしてスタッフ募集の応募の対応というかメールを送ったりして、もう一杯お酒を飲みたかったが我慢することにしてコーヒーをいただいてから明日更新分の「今日も読書」で『天才たちの日課　クリエイティブな人々の必ずしもクリエイティブでない日々』で「とにかくフルスロットルで働き続けてここまで来たけれどスタッフに任せて店には立たない時間というものが少しずつできてくると「さてなにをしよう」という気にもなるし「とは言えやらなくてはいけないことはいくらでもある」という気にもなって、どういうふうに一日を組み立てたら僕は幸せにいられるんだろう、満足できるのだろう、というのをよく考えているし今のところ答えが全然わからない。生活を設計しないといけない。紙を広げて理想の一日を書き出してみたり、書いてみて「しかしこれが本当に望むものなのか?」と思ったりしている。「朝型の生活が本当にお望みか?」というような。

そういう課題の意識をここのところ持っていたこともあっただろうし青山ブックセンターの店長の山下さんに「ひとの読書」でインタビューというか話を聞きに行く前に「山下優」で検索して調べ物をしていたところフィルムアート社のページに当たって山下さんがそこで水野祐『法のデザイン』、ブレイク・スナイダー『SAVE THE CATの法則　本当に売れる脚本術』とともにこの本を挙げていて、見覚えがあるな、と思ったらその少し前に友人もこの本を読んでいるというのだったかSNSで書いていたか写真をアップしていたかしていて、というそういう2点での接触ということのほうがきっと購買の理由としては大きくてあそこで見てそしてここで見た、そしたらそれだ、じゃあ買おう、みたいなそういうことはよくあるそういうことで山下さんとの待ち合わせ前の時間にABCで買われた。人の日課を知ることができる本なのだろうか。健やかに暮らしたい。」と書いて更新の準備をしてソファに二人組がいてデートの振り返りみたいなことをしていて、「はい食べました」「はい行きました」みたいな、それが次第にだんだんなんかエロい感じというか、お付き合いとかをしているわけではないというか未然という感じで、でもエロい感じというか、「なんかエロい」と思いながら聞いたりしていて、そこはかとなく伝わってくる「これから」という感じというか、するか、しないか、という感じというか、ねっとりとエロいわけではない、しかし明るさだとか笑いだとかをまとわせてエロいというか、いやそれはエロではないのかもしれない、エロというよりはセックスということなのかもしれない、競技としてのセックスというのか、わからないがセックスがすなわちエロいということではないのかもしれない、社交としてのセックスというのか、わからないが、ムンムンとエロいというのではなくて型というのか流れというのか社会人というのかそれをなんと指すのかはわからないが「俺たちはセックスをしてもいいのではないか？」という、提案型セックスの香りというか、セックスについての折衝というか、商談というか、だからエロとは違う。男は眠さみたいなものを表現したりしていた、「大きな子供がいる」とトイレから戻ってきた女はソファに座る男を見て言って、それから体臭の話をして男は女の髪を触った、女は「ん？ん？」ととぼけた感じの笑いを発した、どうするんだろうか、彼らは誰もが知る有名な企業の先輩と後輩で、今日は代官山でご飯を食べた、ここからどうするんだろうか。すると男の友だちが入ってきて、通りすがりで見かけたので入ってきた、こいつの着てるTシャツは勝負Tですよ、気をつけてくださいね、僕はこれ飲んだらすぐ帰るから、明日はバーベキュー、と友人は言って、この人もまた別の超有名企業で働いている。見届けることはなく僕が先に帰ることになって帰りながら手をつなぐ二人組とかとすれ違うと安心というか、穏やかでいいなと思った、穏やかなもののほうがいいなと思った、「時間の経過とともに生まれるものの中でも特に穏やかさを俺たちは愛した」みたいなことが山口くんの小説に書かれていて『デリケート』に書かれていてそれが腹にゆっくりと落ちる「そうだよね」というものをもたらして手をつないで歩く人たちのほうがこれからするかしないかセックスという人たちよりも僕は好きというか、これからするかしないかセックスという人たちを嫌いというわけではまったくないというか何も嫌悪感とかを持っていたわけではまったくないのだけど、そのフェーズよりこっちのフェーズのほうが俺はずっと見たいものなんだろうなと手をつなぐ二人を何組か見てそう思った、するかしないかセックスには複雑な駆け引きであるとかがあるのかもしれないけれどもその実そう複雑ではないというか1＋1が2になるようなそういうもののように思えるような気がして、時間の経過がもたらす穏やかさの中で安心して手をつなぎ歩く二人のその時間に流れるものの方がずっと複雑で豊穣なもののように思った、そう思いながら帰りながらやっぱりフグレンは最高というか最高なのはフグレンだなと思ってフグレンを僕は最高だと思っている。

上機嫌で帰って寝るまでは『キッチンの歴史』。「挽く」。

だが、挽く、すり潰すといったテクノロジーを考える時、忘れてはならないのが労働の問題と産業革命前の労働形態についてである。食品を高度に加工する重労働は多くの人を慰労困憊させたにもかかわらず、いや困憊させたからこそ、金持ちたちはこうした食品を好んだ。カポンの胸肉のすり身、おろしチーズ、細かく刻んだハーブをパスタに詰めてゆで、粉砂糖とシナモンの粉を振りかけたラヴィオリのような料理を食卓に出すことは、社会的地位を顕示する手段だった。料理を食べた者はみな、妻一人でなくもっと大勢の人が木製のスプーンを手にせわしなく立ち働かなければ、こうした料理は作れないことを知っていた。電動のフードプロセッサーなどない時代、こうした料理を作るには、生地をこねて麺棒で押し広げてパスタを作る人、カポンを加熱してすり身にする人、チーズをおろしてハーブを細かく刻む人などの人員が必要だ。たんに食材だけでなく、食材から料理を作り上げる手間暇をかけることも贅沢のうちだったのだ（こうしたことは今日のミシュラン三ツ星レストランでも見受けられる。エル・ブリのフェラン・アドリアがラム酒とサトウキビのカクテルを作る時、二人の人が硬いサトウキビの茎をノコギリで切って小分けにすると、別の二人が大包丁で樹皮をはぎ取り、さらに二人から八人がかりでサトウキビを棒状に割っていく。こうした人たち全員が無給の見習い「スタジエール」［stagiaire］だった）。

ビー・ウィルソン『キッチンの歴史　料理道具が変えた人類の食文化』（真田由美子訳、河出書房新社）p.190, 191

ずっとただ「連綿」と思っていてその感触がずっと面白い。

5月4日（土）

仕込みを一生懸命しながらKID FRESINOを聞こうと検索すると去年アルバムが出ていたことを知らなかったことを知って愕然としてそれからそれを聞いた。今朝夢を見てそれがフレシノみたいな感触のある夢でアリーナでダンスで何かだった。だから聞こうと思ってそれで聞いた。

ゆっくりした始まりで「ゴールデンウィークももう終わりか」と思いながらのんびりと伸びやかな気持ちでいたが早合点ではあった、でもヒイヒイというふうではなくなにかゆったりとした感覚があってパンツのゴムが伸び切ったみたいなそういう状態だったのかもしれない。穏やかだった。

夕方に山口くんがインして山口くんがインすると思うとそれだけで救われるというか安心するような心地があるらしくそのゆったりした気持ちはさらに強くなった。二人で分担しながらオーダーをこなしつつ洗い物をやりつつチーズケーキ、カレー、レモンシロップ。

夕方、「お」と思ったらむっかんが来て岡山から東京に遊びに来ているということだった、数日前に「めちゃくちゃむっかんに似ているけれどこれはむっかんではないよな」と思ったお客さんがあってその方は『ニュー・ダーク・エイジ』を読んでいて俺の知ってるむっかんはこんな本を読む人ではないからむっかんではない、と思っていたところだった。帰り際に外で話してそれから屋上にあがって煙草を吸いながら話した。むっかんの口から表町、天満屋、内山下、シュリ、出石、プライウッド、門田屋敷、コンパンナ、そういう名前が出てきてモヤウのことを思い出すことはあっても岡山の町をぼんやりと広く思い出すようなことはなかったからそれらの土地の名、店の名、そういうものが続けて出てきてぶわっと町が立ち上がって「うわあ！」と言った。目の前に岡山があった。

10時、僕は不要な段階になったため外に出てカレーを食べて疲労困憊をしていて昨日と同じように遠くを見ていた。それで出て、今日も俺には褒美が必要だ、連休中の遅い時間までやっているのは昨日と今日だけなのだから今日行かないともうこの褒美を連休中の自分に与えることができないのだから今日行かないと、と理由をつけてフグレンに向かった。昨日と同じく途中で栗の花の香りが香ってきてこの匂いを感じるとどうしてだか大学のキャンパスの夜中を思い出した。思い出した、大学では泊まって課題なりなんなりをやることを「残留」と読んでいて「もう俺3残」みたいな、あの大学も過剰な労働を美徳とするような意識を育む場所だったのだろうか、誇らしげに彼らは言った。それでも初めて残留するようなそういう夜は特別で、1年の最初の時期になにかの課題でグループでなにかをする、どうせ大したことはやっていないのだろうけれどみんなで力を合わせてみたいなそういうことがきっとあって情報処理室なんていう言い方ではなかったか、パソコン教室だっけ、もっとカタカナだったか、そういうところでパソコンの前で何かをきっとしたのだろう、途中途中で外に出て息抜きをしてタバコはまだ吸っていないときだった、初めて見る夜の大学の様子は特別で、何か大人になったような勘違いをもたらしたそういう夜のことを、そういう夜の淡い感触を、栗の花の香りは思い出させるらしい。

それで今日はオリーブオイルとどうこうしたジンとレモンジュースと何かのカクテルを頼んでオリーブオイルとジンが相性がいい、スペイン発、みたいなことを先日なにかで見たばかりだったので頼んでみたがどうオリーブオイルなのかわからないがやはりおいしくて今日も「今日も読書」を書いて今日は『ダブリンの人びと』で「幸いまだまわりで誰が死んだとかそういう話はほとんどなくてだから死は日々を取り巻かないがこれが変わるのが実家だ。年末に帰ったときも家に着くと珍しく両親が不在で少ししたら戻ってきた二人は喪服姿で親戚の誰かの葬式に行っていたということだった。この年の瀬はもうひとつ親戚に不幸があったらしかった。夏には祖母が亡くなった。

その祖母が編んだ夫のつまり祖父の遺句集というものが、こたつを囲んで過ごしていると父の小学校のときの通信簿や叔父の大学のときのイヤーブックなどとともに出されて開くと祖母の前書きがあり祖母の文章をだから初めて読んだ。そうしていると若くして亡くなった義理の叔母が参加していた翻訳グループの文集というものも出てきてやはり初めて読んだ。そういうもうない人たちの思い出話は生きている人の最近の話や昔の話と地続きに自然に出てくるのが実家の団欒でとっくに会わなくなった知り合いなんかよりもここで話される死者たちのほうがずっと身近でずっと輪郭があるそういう場が実家で死という出来事自体は僕はまだそういうようには受け取れないが死者たちは穏やかにアンビエントに存在し続けている。幾人もの死者たちについて考えられ話されていたその晩遅く外に出て冷たい星空の下で煙草を吸っていたらジョイスの「死者たち」をわかりやすく読みたくなって、大学時代に読んでずいぶん面白がったはずだったし僕が持っていたのは新潮の『ダブリン市民』だった、もう何年も見かけていなくていつかなくしたらしかった。この夜に限らずふいに読みたくなる瞬間があってでもそれはほんのたまにだからすぐに忘れて思い出したときには手元になくてまた忘れる。
年が明けてしばらくが経って書店で見かけて「あ」と思ったので買った。まだ開いていないがテーブルの上のそれはずっとかすかな引力みたいなものを発しながら置かれていて見るたびに読みたいという欲望が湧くのを感じる。近く手に取るかもしれないしずっと先かもしれない。」と書いてソファには今日も昨日と同じような光景があった。昨日は立派な会社に勤める男女で今日は大学生だった。

クラスの人とまだ全然しゃべってない
手がめっちゃ丸だね、(手を触る)
丸？　悪口（笑い）

ハンバーガー好き？　一緒に行きたいところがある。行こ
いいよ行こ
いつがいい？　平日、課題とか多くない？

どっか行く？
でも終電何時だっけ、急に泊まっちゃうとね
（笑い） 終電より少し早く帰りたい

でも食べないでしょ？
いいよ好きなの食べなよ
一緒じゃなきゃ食べないもん
（笑い）
焼き鳥好き？
好き好き
焼き鳥行こう
行こ

23時30分だが、これから焼き鳥!?
出て行った。

昨日とは感覚は違って昨日は有名企業の先輩後輩がセックスをするしないという話し合いだったが今日はもっと好意みたいなものを感じるというか、一緒にいたいんだなという感じが伝わってきたから今日の勝ち。勝ち負け⁉

それでだからお酒もおいしくリラックスでき、感謝、感謝、フグレンに大感謝、と思いながら帰路についた。遊ちゃんは今日は飲みに行っていて今日飲む相手の人を含めで飲むとぐでんぐでんに酔っ払うんだよな、今日は大丈夫かな、と心配していた、気をつけて帰ってくるんだよと送っていたものにも返信がなかった。帰ると電気はついておらずまだなんだなと思って部屋に進むと間違った敷き方の布団のうえに頭だけのせてだいたい床の上ですうすうと眠っていてひとまず安心して、布団を掛け、僕はシャワーを浴びてそれから酒を飲みながら『キッチンの歴史』を読んだ。ずっと面白い。「挽く」が終わって次は何かなと思ったら「食べる」とあり、これはまた楽しそうだなあ！と思って今日はここまでにして、石のように眠る遊ちゃんをどかして布団を敷いて寝た。

5月5日（日）

タオルケットだけで寝ていたら寒くなったので遊ちゃんを起こして布団ごと移動して

もらってそれでやっとあたたかく眠れて、起きて、ぎぼさんと飲むときは布団敷いて行って帰りもタクシーで帰ってくることにしよう、と言った、僕もしゃけスタンドに行きたい。

店、今日はご予約も4つか5つ程度で少なく、と思ったら12時半に満席になって10人全員のオーダーを同時にこなすような状況になってそれは15とかのオーダーを頭の中に入れて最大の出力で最適な組み立てをするみたいなそういう作業でなにか怖さみたいなものがあって間違えたらいけないというような、あって、怖い、と思いながらどうにかこなしたらやることもなくなり座った。突風みたいだった。

その10人の中には日本語を解さないカップルの方もいて最初に入ってこられた男性に日本語で話しかけると日本語を解さないとわかって後ろから来た女性が「日本の人かな」と思ったので日本語を発したら同じように解さない方で僕の偏見というか先入観というか見た目でいろいろ判断しているんだなと思っていくらか恥ずかしかった。この店しゃべれないんですよ、と言うとそれは承知の上という感じで「writing and reading」みたいなことを言われて座られて、メニューを指し示しながら日本語、読めたりしますか、と尋ねるとオフコースでノーだけどトランスレイトのアプリがあるからみたいな感じで、トランスレイトのアプリで見るにはフヅクエのメニューは長すぎた、コーヒーとケーキとティーとケーキということに落ち着いて、それから席料の説明をパソコンを持っていってして、それで出した、ティーはおすすめをということだったので今の紅茶のネパールのミストバレー茶園のやつにして出すときに説明のやつを持っていって「Nepal」と言って見せたらいいリアクションをもらって清々しかった、二人は二人ともノートを出して文章を書いていた、僕のところからよく見えるのは男性で改行しないでずーっとノートに何かを書いていてそれは滞在中何ページにも渡って右ページしか使わないというような書き方だった、途中で頃合いを見て今のプライスこれね、それでもしワンモアコーヒーだとプライスこうなるね、という説明をして、いいリアクションをもらって清々しかった、途中で女性がこっちを見たのでちょっと待ってねとやってから行くと置いているエッセイを執筆した「stone」の冊子を開いていたところでこれあなただね、と嬉しそうに指をさすのでそうだよミーだよ、というふうだった。『読書の日記』を見て「もしかしてユー?」と言われ、「マイ・ブック」と答える、それでめちゃくちゃいいリアクションをしてもらう、という場面を何度か想像した、どういう虚栄心なのか。その「マイ・ブック」の発声のイメージは『デス・プルーフ』でカート・ラッセルが酒場のテラスというか店の外の板張りのところで手帳を出してスピーチする場面だった。3時間ぐらいだろうか、ガシガシにいい時間を過ごしていってもらえて、やっぱりその、言語で通じ合っていない人たちと通じ合う感じというその気持ちよさはけっこううれしいものがあった、よかった。よかったと同時にやっぱりメニューと案内書きの英訳バージョンはつくりたいなと思って、やっぱり読んでもらいたい、読んでもらって、より真価みたいなものを知ったうえで喜んでもらいたいというか、今日喜んでもらえたなら、読んだらもっと喜んでもらえるはずだ、という思いがあるのだろう。

今日はソロで、最初のその突風のあとはいったん凪いでというか着々とウェイティングのところに記入されたり予約が後ろに入ったりしながらそれが起こるまでは凪いで、座ってお酒のメニューを考えたりするような時間もあったが、入れ替わる時間とかでまた猛烈な風が吹くようなことが2度3度とあってすごかった。今年のゴールデンウィークは去年のそれとは違うような気がすると思って、お客さんも多いし、という以上に、滞在時間も長いし単価も上がっているような気がすると思って、もしそうだとしたら、それは、今日はフヅクエでめちゃくちゃ楽しむぞというようなな、読書というレジャーみたいなもの、そういうものが定着というのか、進んだ、そういう表れだと思って、それはいいことだった、と思って夜遅くになってエクセルを開いて去年のゴールデンウィークと今年のゴールデンウィークの数字を出して比較してみたところ人数は去年よりも1日5人くらい多くて、それは素晴らしいことで、それで単価もやっぱり100円ほど高かった、これも素晴らしいことでそして滞在時間も20分長い、総じてその思っていたとおりで、うれしい。と思っていたところメールを開いたらフヅクエに新しい評価がつきました星5つですというグーグルの口コミの通知が来て見ると「This is my new favorite place in Tokyo. It's not for everyone, there is no speaking inside, only gentle reading, writing, studying, mostly analog, some sounds of the slow preparation of coffee, thee and foods. The owner is a great guy who really has a vision for this place. You pay a fixed steep price for your coffee and cake, but after that extra is free of charge. It's the kind of place that still enabled or even invites contemplation, even in the middle of Tokyo, it's a true inspiration for me.」とあって今日のその方で、なんだかとっても俺はうれしいよ、と思っていた直後にラップの切るところに指をこすって血が出た。

と思ったら「steep」って法外に高いって意味なの!? と今なって笑った。

ここに来て謎の靴ずれ。

今日はどうにも開放的な気分でやりきった、がんばった、よく働いた、そういう充足感とともに、あと1日という大きな喜びがあった。もう終わったも同然だった。すごい。こんなにがんばれるものなのか。うれしい。とてもうれしい。

あと1日！

5月6日（月）

5度、げらげら笑った代母

気が緩んでる

おつかれビールとカレー

ひたすらカクテル

5月7日（火）

昨日はもうゴールデンウィークは終わったもののような気分になって臨んでいて鷹揚というかのんびりと構えていた、去年のゴールデンウィークを見たら初日と最終日が暇で、ということがわかり今年も初日が暇だったからそういうことなんだろうと思っていたのもあった。たしかに開けてみるとゆっくりしたスタートで満席になったのは2時くらいで、それからしばらくそういう時間が続いたがゆっくりとした感覚はずっとあって、昨日もまた「今日も読書」の文章をつくっていた、昨日は『新宿駅最後の小さなお店ベルク　個人店が生き残るには？』でそれを読んでいたのは2014年の5月の頭だった、と思って昔のブログを探してみると「到着予定時刻よりもいくらか早い6時すぎには新宿駅西口に着き降ろされ、小雨の降る中で喫煙所で煙草を吸っていると清掃員が三人ほど勢いよくやってきて、掃除をするから喫煙所の外で吸うように人々を促した。喫煙所の外に、簡易の灰皿が置かれた。そこに立っていると、喫煙所内に残された傘などのゴミがどんどんと外に放られ、足元を脅かされるふうだったのでまた一歩横にずれた。小雨が降っていた。6時過ぎ、それでもたくさんの人がすでにこれからという一日を生き始めているという情景を見ながら、一人、一人、一人の顔であれば、私は彼らを肯定することができるのかもしれない、と思った。思い込みでしかないだろうか。何かに属して自信を持ったり役割を演じたりする顔ではなく、ただの一人である、何者でもないその顔であれば、なんとか肯定できるような気がその朝には確かにしたのだった。

7時までうろうろとしながらどうにかやり過ごし、開店したばかりのベルクに入ってモーニングとビールを頼んだ。やはり美味しかったし、初めてベルクで椅子に座るということができた。

無性に、ナヌークのノートがほしいという気分になり、ネットで取扱店を見ると大宮のエキュート内のスミスとあり、そこが9時半オープンだったので、新宿から鈍行で大宮に行ったり、エキュート内のプロントが経営しているっぽいカフェ・バーみたいなところで時間を潰したりして9時半すぎのスミスに行くと取り扱いがないとのことだった。なぜか諦めきれず、浦和のパルコにあるスミスに電話し、ない、と言われた。私は何かさも知ったように今ナヌークだとかスミスだとか打っているが、実のところは何も知らないのであり、デルフォニックスという名前はなんとなくは聞いたことがあったぐらいで、そもそもステーショナリーという言葉ですらおぼつかなく、駅？ という感じがどうしてもしてしまうから、認識の構造を作り直さなければいけないのかもしれないし、ナヌークもスミスも、調べている中でそのときに初めて知った名称ということだった。

あのノートがほしい、から始まった、ということだった。諦めて東急ハンズでろくでもないノートを買った。そのあと高島屋にあるジュンク堂で本を買った。岩井克人の『資本主義から市民主義へ』というやつだった。

それらを持ち、24時間営業をしている古い喫茶店に行って、ソーセージの盛合せとビールを2杯。ベルクで買ったベルクの本を読んだ。たくさんの名言というか、いやー、いいことおっしゃる、ということが書かれていて、たくさんメモを取った。店を出て実家に向かったのは13時ぐらいだった。この喫茶店はどうもだいぶ老舗の雰囲気があるのだけど、なんで24時間もやってるんだろうといつも思うけれど、年末に帰ったときに初めて存在に気づき、それから何度か来ていて、メニューがやたらに豊富で、完全に喫茶の枠を超えているというか方向性がよくわからない、という感じが好ましい。私はソーセージとビールで、右隣に座っていたご婦人はアメリカンを飲み、左隣の若い、白々しい、妙なハイテンションの、ろくでもないとも初々しいとも言えるカップルというか男女はオムライスと豆腐丼なるものを食べていて、豆腐丼については「熱い、熱い」と女が連呼していた。このうえなく楽しそうに「全体的に熱い」と言っていた。

家に帰ったとてやることもなく、ソファで昼寝をした。起きれば暗くなっていた。夕飯を食べ、日をまたぐかまたがないかぐらいで眠り、翌朝8時には目を覚ました。勝手に8時に起きる、ということは私にとってはありえないことなので、「わお」といささか過度のリアクションの声を上げた。」という記述があり親しみを覚える文章でナイスな文章だなと思って、それを貼り付けてそこから「とありそのろくでもないノートを開いてみるとたしかにたくさんのメモが書かれていて「本当の接客とは、その人の不安を取りのぞいてあげることではないか（p.69）」というフレーズを引き写していて赤いペンで囲ってある。3ページにわたるベルク本のメモが終わった次のページには「自分ならこんな店がほしいを考えてみる」とあってまだ名の与えられていない今から作ろうとしている場について考えられていて、「快適な読書の場、それを可能にするには」とあってこうある。「一定以上の静けさが常にある」「時にはタバコを吸いたくなるので、吸えるか、吸いに出にいきやすい」「長く座りやすい椅子」「ノートをある程度広げやすい机」「電源の確保、wifiがあるならなおよし」「夜遅くまでやっている」「人間の安心感、共犯意識と呼んでもいいし、人間だけが生みうる空気」「一方で内輪感（悪しきアットホーム感）はない」とあってたしかにフヅクエが生み出されようとしていた。」と書いたら一丁上がりでたしかここにあったはずだと思った黒い大きいノートはたしかにあって小口じゃなくて天？でいいのかな、上のところ、ところは埃をかぶっていたから落として開いたそれはフヅクエノートだった。そのベルク本を読んでメモしてそのまま店のことを考えていたときは僕は本が読めてパソコンも使えたらありがたいというふうに思っていたようで結構パソコンのことも考えている、今とは感覚が変わっているし変化はいつだってし続けていいから違う感覚の過去を否定する気は毛頭ないがこの変化は「自分なら」だけだったところからこの場所で過ごしてくれる人たちを見続ける中でもっと主語が広くなっていって、というところがきっとあるのだろう。俺が守りたい人たちこっちだわ完全に、というような。というか、それ以前に、パソコンであるとか読書以外の過ごし方というものと本当に快適な読書というものがコンフリクトを起こすということにその場をやってみる前の自分は意識が行かなかったのだろう。やってみてわかったことだ。やってみてわかって、変化していく、それを繰り返していてそれは「いいぞ」ということで、ノートにまだ見ぬ店のことを書きつけたその5年後、ゴールデンウィークの最後の日にゆっくり読書をして過ごす、整える、そういう過ごし方を選んだ人たちを僕は美しいといつも思うように思う。

夕方に山口くんがインしてしばらく一緒に働き、席はまだ大方埋まっていたが6時半ごろだったか、見切り発車というか大変になったら呼んで、ということにしてドトールに行った、そこでお酒のメニューをずっと考えたりいじったりしていて月額1000円のWebマガジンみたいなものを知ってこういうものを見ているとトレンドを知れたりするんだろうな、と思ったけれどやっていることがそもそも複雑そう過ぎて知れたとしても無理だろうこれは、と思う、すごい世界だった。フグレンのカクテルでもバジルとかウスターソースとかみりんとかトマトとかナンプラーとか、それからいろいろのインフュージョンのものとか、とても想像がつかない、というものがたくさんあった。

そうしたら土日祝はドトールは8時閉店のようで8時に閉店したので店に戻った、ゆっくりしていた、なのでまた僕は基本的にはずっとお酒メニューに取り掛かっていた、そうしたら途中でウォッカのところでゴッドマザーも入れておこうか、と思って入れたときに日本のウォッカだし和名でどうだろうと思ってゴッドマザーって訳語は何になるのかな、名付け母親？と思って調べると「代母」とあり、代母、と思い、それでメニューに「代母」と入れたら面白さが炸裂して吹き出すのをこらえて咳をしてもぴたり。早急に山口くんを外に促してパソコンを持って出て行ってその代母を見せて、笑う、笑いが止まらなくなる、ということをやっていた。忙しく働いていた山口くんは険しい顔で外に出るように促されていったいなんの注意とか訓告だろうと思ってみたら店主の馬鹿笑いに付き合うという羽目になった。

それからも「代母」の文字が目に入ってくるたびにやっぱりおかしくて、10時半ごろに今日はお客さんがゼロになった、わかりやすくゴールデンウィーク最終日だなと思って、山口くんは締めの作業というか片付けとかをやっていて僕は引き続きお酒で、InDesignに流してうろうろして、途中途中で一人で笑いだして山口くんを見て「代母」と言う、そういうことを繰り返していてそれがゴールデンウィークの終わりでだから僕はもう開放的な気分そのものだった。

終わり、カレーを食べながらビールを飲んで、大変おつかれさまだったねえ、というところで慰労だった、しばらく話して伸びやかに元気に楽しく生きたいねと思って山口くんが帰っていって、それからもInDesignは離れがたく、遅くまでポチポチしていた、ナプエをオールド・ファッションドにして飲んでみたがよくわからなかった。

2時半、帰り、露骨に油断しているというか明日も仕事なのにゴールデンウィークが終わったことで有頂天になっている、と思いながら遅く帰り、まだ途中だったが今日の作業の分を遊ちゃんに見せたくてPDFを開いて渡して「見てみて」と言って僕はシャワーを浴びて、戻って「どうだった、どうだった」と言って感想を聞いた、遊ちゃんはそもそもゴッドマザーというカクテルのことを知らなかったからこういうお酒があるのだなあ、変な名前だなあ、そしてウォッカとアマレットっておいしそうだなあ、飲んでみたいなあ、と思ったということだった。僕は説明しながらまた笑っていた。

寝る前に『キッチンの歴史』を開き、穏やかな心地で就寝。


それが昨日で今朝は起きると遊ちゃんが出て行くところでゴールデンウィークなのに今日も打ち合わせか何かがあるのねえ、と思ったがそれは間違っていて平日だった、起き、買い物をし、店。またふいに代母のことで笑いがやってきて笑った。

今日は味噌汁が果たして足りるのだろうかというけっこう微妙な残量の始まりで明日が休みだから終わったらお手上げというか、こういう判断をすることはめったにというか、というかそもそも店を休まないから、普段はないけれど、今日に関しては10連休後ということで甘えみたいなものもあったのだろう、今日の味噌汁はこれが終わったら終わり、新たにつくることはしない、という判断をして始めてそうしたらそもそもお客さんが来なかった。

ジンジャーシロップをこしらえてトマトをオーブンで焼いてセミドライにして、というようなことをやってから日記の推敲をしていった、途中で「山口慎太郎」という表記があってこれは誤字で山口慎太郎、バックスペース、朗らか、バックスペースバックスペース、これが正しく、そのため「やまぐちしんたろう」で「山口慎太朗」になるように辞書登録をした。

推敲が終わった、さてさて、というところで今日のお楽しみという感覚がありお酒のメニューの刷新であり全体的に調整し直すというかいくらか見直したりするという作業でInDesignと向き合う時間を始めた。カクテルを考えるのはいったんおしまいというかひとまずはこの状態にすることにして他の、ビール、ウイスキー、コーヒー、そういったページを触ったりしていた、見え方も少し変えたりした、ビールは減らしたり増やしたりして、ウイスキーも減らしたり増やしたりカクテルメニューも書き足したり、ということをやっていた。ダブリンの蒸留所であるティーリング・ウイスキーのお酒をアイリッシュウイスキーコーナーに足すことにしてそれでそれを使ったアイリッシュコーヒーということで「ダブリナーコーヒー」というメニューをでっち上げた。ただ「ダブリナー」と言いたかったということだろう。そういうことをずっとやっていて夜になって夜まではお一人で夜になったら4人来られたから、5人で、休日が終わった途端にこんなふうだから笑ってしまう。味噌汁はなくなる懸念ではなく余る懸念になって珍しい面白いことに夜に来られた4人の方は「ウイスキー」「カフェオレとチーズケーキ」「アイリッシュコーヒーとショートブレッド」「アマレットカフェオレとドライフルーツ」というそういう感じでこの時間帯でこれだけどの人も食事でないというのはちょっと記憶にないような珍しい面白い事態で思うようにはいかないなというのを面白いものとして感じた。お前の都合いいようにいくわけなんかないだろう、というような。それでよかった。

それでいいのだが味噌汁が余ったらどうしたらいいのだろうか、どれだけ僕一人で食べられるのか。食べながら考えたらよかった。

それにしてもやることとってほんとにたくさんあるのな。一日中仕事をしている。オーダーされたものをつくったり洗い物をしたりなんて今日は1時間とかそんなもののような気がして、だとするとここまでで残り9時間半あってそのあいだ、休憩で外で煙草を吸っている時間以外は結局ずっとなにかしている。やることっていうのはすごいな、と思う。

それからやっと、本を開くことにして『天才たちの日課』だった。時間のことを考えて時間の使い方のことを考えてそれで手が伸びたのだろうけれど、取る前は目の前の本の山の中のあの厚めの青山ブックセンターのカバーの巻かれた本ってなんだったっけ、と思ったから必ずしもこれが読みたくなってというわけではなく、いや、「なんだっけ」と思って意識した段階できっと取ろうという意識になっていたのだろう、ともかくそれで手を伸ばして取って読み出すというか、天才一人につき一ページから数ページというそういう本で、目次を見てこの人のを読んでみよう、みたいな感じで読み出してそのまま次の人次の人と行ってまた目次に戻って、みたいな感じで読んでいた、プルースト、ヘミングウェイ、フローベール、ジョイス、村上春樹、カポーティ、けっきょく1時間は読んでいただろうか。日課について考える。早起きについて考える。習慣について考える。同じことだった。早起きも同じ？　わからないが、天才たちはけっこう早起きタイプが多く、午前中に仕事をする人が多いようだった。そういう暮らしは夢想する。起きて、歯を磨いて、コーヒーを2杯分抽出して保温のポットとかに入れておく。それで机の前に座り、何分なんだろうか、日記を書くのは何分なんだろうか、45分にしようか、45分、日記を書く。それから90分、読書をする。そうすると135分だから、2時間が120分だから、2時間15分か。日記と読書のあいだに15分の休憩を入れようか。そうしたら2時間半だ。休憩って何をするのかわからないが。2時間半だ。2時間半の日課。それが午前中で、午後は店に立って、働く。

もうここらへんでわからなくなる。仕込みはいつするんだ？　であるとか。買い物にはいつ行くの？ であるとか。買い物をして仕込みをしてということを開店前に済ませることを考えたらそれまでに2時間半を取るには7時起きとか？ 閉店何時だと思っていて？ というような。とにかく、今僕は書く時間、読む時間、一日の中に組み込まれて守られたそういう時間がほしいというか、あったらいいなと思う。それがないことで、いつでも追い立てられているような気がするというか、僕は書きたい、読みたい、なのにそれをどこでやったらいいんだ、というのがわからない、というふうになっているような気がする。休日であっても、書く時間読む時間の確保をしないと、と思うと、それ以外の予定をどう入れたらいいのかわからないというか、それ以外の予定というものがそれらの時間を逼迫するものに思えるようなところがあるのかもしれない、そんなこともないかもしれない。とにかく、書く、読む、そういう時間が運に任せられている感じというか、自分でコントロールできない感じになっている感じというのか、それがしんどいのかもしれない。

今は読むといっても店をやっているあいだに読むということはすごく少なくなっていて、ヘトヘトに疲れて家に帰って、それから眠るまでの時間がそれになっていて、頭もたいていぼやぼやしているし、いや、それでも十分に楽しいのだけれども、だけれども。というような。

明日は何をして過ごすのだろうか。とりあえず味噌汁を食べに店に来るのだろうということはわかっている。

5月8日（水）

いつまでも眠っていていいと思いながら寝ていたら起きたら13時過ぎでコーヒーを淹れた、淹れて、ソファにべたっと寝そべりながら先日お客さんからいただいたカールの西日本にしか売っていないというチーズの味の、西日本感が全然ないそういうやつを開けてカールを食べるのなんていつ以来だろうかと感じながらむしゃむしゃと食べながら『キッチンの歴史』を読んでいた、特に予定もなく、つもりと言えば走りに行くことぐらいで、あとは店に味噌汁を食べに行かないといけない、それをどう組み合わせるか、どういう服装、準備で家を出たらそれがひとまとめにこなせるか、そういうケチなことを考えていて店に行くのが億劫だった。たかが味噌汁で、と思って行く気が失せていったし常に、これじゃない、ここじゃない、という追われる感覚がどうしてもある、拭えない、何も定めずに自堕落に本を読む楽しみにしていたはずのこの過ごし方も、この時間も、足りないものに思える。やらないといけないことはある、それをやらずにこうやって過ごしているのは怠けだと責め苛んでくる。

本を、どこかに行って楽しみとして、贅沢なものとして、読む、そういう過ごし方がしたくてそれでどうするか考えて本屋イトマイに行ってみるのはどうだろうと思った。それはいいかもしれないと思った。それが3時くらいだろうか。それからもダラダラと家で腰が上がらなくてだんだんと時間は経っていって4時の時間を見たときに笑うかと思った、すごい、勝手に時間は経っていく、というような。それでやっと家を出られたのが5時で30分の時間を取りたくて明治神宮前から池袋で乗り換えるのではなくて地下鉄赤塚で乗り換えるその行き方で30分の枠組みを手に入れそこでラジオをすることにした。その30分が手に入れられるという計算もあってのイトマイだったのかもしれなかった。電車が来るまでホームのベンチでまず始めて、それからやってきた各駅停車に乗ったら夕方で帰宅者の増えつつある時間で最初の2駅座れなかったのは計算外だったが地下鉄赤塚までやり、それから下赤塚からときわ台までの10分くらいもやり、それでラジオを終えた、イトマイに行った。

本は今日は買うつもりはなくてでも喫茶の席に行く前にうろうろいくらかは見てデニス・ジョンソンのやつがあればほしかったがなかったから、なかったことにもしかしたらいくらか安堵すらして、買ったらまた読む本が増えてしまうというようなことがあった、いくらか安堵すらして、それから色川武大の『狂人日記』が目に入ってきて少し開いて、なんだか今読みたいような気もしたけれど今読むものは他にいくらもあったからまた今度にしようと思ってだから棚の前にいたのは5分くらいで喫茶のほうに行った、中二階の席が空いていたので靴を脱いで上がっていった、中二階は厚めのカーペットというのか絨毯というのかそういうものが敷かれてちゃぶ台というか低いテーブルがあって背中側には大きな大きな円筒形のクッションがあって体を預けられるようになっていて、中深煎りのコーヒーとバタートーストを注文してそれで『キッチンの歴史』の最後の章に入っていたので読み終えることにして読んでいった、ずっと目を開かされるというか啓かされるというか、そうだ、と思うことばかりで前の章か前の前の章の食べるところではカトラリーの話から始まって箸になってそれから手で食べる文化の話になって手で食べる文化では熱々のものに対しての愛着がない、という記述で「そうか!」となったりしてそれから最後の章で著者は「歴史的に有名なキッチンの実物大模型」を折に触れて見るのだけれどもそこにはおかしなことがある、それは「展示品のすべてが当の時代にぴったり当てはまるように作られている」のだが、「ところが、実際のキッチンはそんな風になっていない」。

私たちの暮らすキッチンでは、古いテクノロジーと新しいテクノロジーが重なり合い、共存している。一九四〇年に三〇歳だった主婦の両親は一九世紀に生まれたはずだ。祖父母はヴィクトリア時代の最盛期に人生を送り、フォークを使って火格子の上でパンを炙っていただろう。こうした前の世代の生活の痕跡はその主婦の台所に本当に残っていなかったのだろうか。サラマンダーも？　おばあちゃんの鋳鉄製平鍋も？　キッチンでは古いものと新しいものが仲良く並んでいる。昔の大邸宅の厨房では、新しい料理道具を取り入れても必ずしも古いものを押しのけはしなかった。次の道具を一番上に据えても、その下地となる元々の調理方法をかすかになぞっていた。まるで元の字句を消して書き重ねる羊皮紙のように。

ビー・ウィルソン『キッチンの歴史　料理道具が変えた人類の食文化』
（真田由美子訳、河出書房新社）p.332

当然のことだけれども言われてみなければ考えることもなかったというようなことはいくらでもあって調理道具の持つ時間軸の多様さみたいなものはまったく膝を打ったというか紀元前みたいなときから使われているのとほとんど同じテクノロジーもたしかに

あれば（すり鉢とか）、ここ数十年に現れたか定着したかした道具も同じようにある、ハンドブレンダーとか。その感じはちょっとこの本に通底しているというかこの本の読書に通底しているロマンというか「時間、すごい」みたいな感覚とまったく通じてそれがキッチンにいるだけで味わえるものだったとずっと読んでいたが気づきもしなかったことを教えられそうかと思ったが、僕は「鋳鉄」をずっと「いてつ」と読んでいて「ちゅうてつ」というふうには読めなかった、「金　寿　漢字」で調べないと「ちゅう」なんて思いもよらなかった、恥ずかしい、と思ったら「鋳型」は「いがた」で「鋳」は「い」でもあり「ちゅう」でもある、だから「いてつ」と読み続けてきてしまったことはもしかしたら仕方のないことなのかもしれない、「ちゅうてつ」、これからすんなり読めるようになるだろうか。

それで読み終わってトーストはオプションであんこのやつとピーナツときなこのペーストといちごジャムが付いてパンを食べ終えてもそれらがたくさん残ったからもう一枚追加しようかと思いながらグズグズしながらペロペロとそのオプション物だけを舐めていったらなくなって、それで浅煎りのコーヒーとチーズケーキを追加することにした。店内はだいたいが一人のお客さんでなんというか、町に、この場所ができた、ということであたらしい過ごし方というかQOLが上がった人たちがもうすでにいくらもいるのだろうと思うと感動するところがあった。

それで追加のものを待ちながらというか、次は何を読もう、と思って机には『瓦礫の中』と庄野潤三と『ダブリンの人びと』とあってそれから友田とんの『パリのガイドブックで東京の町を闊歩する』があって東京の町を闊歩したい気になり開いた。

これも『百年の孤独』を代わりに読む』と同じように書かれつつあることを巡って書かれていていかに書かれつつあることが書かれない状態の中にとどまってぐるぐるさまよえるかに懸けられているようなその様子がこれもとてもよくて、「こうした成し遂げられないことの繰り返しの中に、成し遂げられないことの繰り返しという一つの達成や、充足を感じること」というフレーズにハッとするものがあった。しかしもっとハッとしたのは「Sous-vide」という言葉が出てきたときでこれは真空調理法みたいな意味らしいのだけどついさっき『キッチンの歴史』で見かけたばかりで、それまでの人生で触れたことのなかった知ったばかりの言葉、をその直後にまったく無関係の場所で、ほとんど大した重要性もないような記述の中で見かけるということは面白いもので昨日も同じことがあって遊ちゃんが日々書いて送ってくれる日記の中でイングリッシュマフィンを食べたというのがあってイングリッシュマフィンなんて久しぶりにその字面見たなと思った矢先に『天才たちの日課』でウディ・アレンがその語を発していた。考え事をするにはシャワーがリラックスできていい、みたいな話でそのために着ている服を脱いでイングリッシュマフィンでも作るか食べるかしながら過ごすことで寒くなっていってそれでシャワーを浴びるんだ、みたいなほとんどナンセンスな行動が言われていた。そういうことがもうひとつあった気がしたが忘れた。

それでコーヒーとチーズケーキが来て食べたり飲んだりしていたらたちまち読み終えてしまって次回作が楽しみというか続きが楽しみというかもっと読みたかった。やり損ねることの感動みたいなこの感じというのはなんなんだろうか。

東京の町を闊歩しそこねて、それでは次はどこに、というところだった、ダブリンか、あるいは、と思って瓦礫になった東京の町を闊歩することにしようというところで吉田健一を開いた。それは素敵な順番のように思った。友田とんが歩く現代の東京、吉田健一の描く戦後の東京、僕の暮らす東京、そうやって何重写しにもなった東京、なぜかパリのガイドブックもそこにひとつのレイヤーとして挟み込まれている混乱した東京。もっとぐちゃぐちゃになればいい。

ここで人間を出さなければならなくなる。どういう人間が出て来るかは話次第であるが、先に名前を幾つか考えて置くことにしてこれを寅三、まり子、伝右衛門、六郎に杉江ということで行く。まだその名前の人物が出て来る、であるよりも寧ろ出来ている訳ではなくてただ名前の方が何となく頭に浮んだに過ぎない。これから誰か出て来る毎にこれにその名前のどれかを付けて、名前が多過ぎるか足りなくなるかすればもっと名前を考えるか、或は話の筋を変えるまでである。バルザックはパリの町を歩いていてZ. Marcasと書いた看板を見付け、これだ、これだという訳でやっと何とかいう小説の人物が揃ったそうで、そういう手間を掛けるよりも名前の方を先に考えて置くのに越したことはない。それもなるべくどこにでもありそうな名前がいいので、例えば万里小路なとという名前だとお公卿さんにする義理が生じることになり、I・W・ハーパーでは外国人にしか付けられない。

或る朝、寅三は防空壕の屋根を潜って外に出て廻りの焼け野原の風景を見渡した。寅三という名前で思い出したのか、又新たな考えが浮んだのか、これは櫟田（くぬきだ）という苗字で戦争が終るまではびくびくしながら敵性とか呼ばれた英語を教える中学校の先生だった。併しそのようなことは現にその住居である防空壕から這い出て朝日が焼け野原を満しているのを眺めている寅三と直接には大して関係がない。所謂、小説ではどういうことになるのか知らないが、こういう場合に人間の頭を掠めるのは国破山河在でもなければ家が一軒欲しいでもない。寅三が住む防空壕は当時はまだ東京の牛込区でその頃はまだ外濠が見降せた高台にあって、廻りは焼け野原でも外濠の向う側の土手には松の並木が緑色に光り、その大体の所は反対の方角の地平線に箱根連山の上に富士が浮び上っていた。今日では考えられないことであるが事実はそうなのだから仕方がない。
そういういい朝だったのである。

吉田健一『瓦礫の中』(中央公論社) p.9, 10

うっとりして引用する手を止められなくなる。なんなんだこれは。なんていう美しさと闊達さと自在さなんだろう、と思う。

楽しく嬉しく読んでいく。のびのびとしたゆるやかな焼け野原の中での暮らしが書かれていく。豪奢な防空壕に住む戦争で財を成したが終戦で全部なくして昨日だか先日だかに泥棒が入って餃子を盗まれたその伝右衛門の家に寅三が向かうと防空壕の入り口のところに座っている。というところで第一話というか次を開いたら「二」とあったので「一」が終わって、時間は9時で、帰ることにした、鈴木さんと帰り際に少し話して、帰った。けっきょく3時間いたことになりたくさん読書をしていたということなのだろう、全然まだまだ読み足りないという感じで電車で続きを読んでいた、伝右衛門の家でぶどう酒を飲んでから帰ると帰る途中というか着く直前に石に座って煙草を吸っていると妻のまり子が防空壕の入り口からひょっと現れて、二人は手を振る。という場面が描かれていて静かで美しかった。それから新橋の闇市に電車に乗って行く。電車で違和を感じる。翌日、伝右衛門を招いてご馳走をする。礼にというので伝右衛門は香合をくれる。「その香合を伝右衛門さんは出掛ける前に磨いて来て、ちゃぶ台に置くと部屋の感じが変った。」というこの一文が風として吹く。「金沢」の朱の色の底にある盃かなにかもそうだったけれど小さなものが全体を変容させるようなそういう瞬間が吉田健一の小説にはあるのかもしれなくて香合が置かれた瞬間に香合を中心にしてふっと、波紋が広がる、それで全部が変わる、というような感じがある。波紋の外がこれまでで内側が変容後で、さっと塗り替わる。つまりごくごく短い時間ではあれ変容前と変容後のふたつの空間が同時に存在する時間があるようなそういう変化の感触がある。

トーストとチーズケーキでお腹が妙に膨れた感じがあって遊ちゃんを誘ってどこかでビールでもと思ったし実際誘ったがお腹がいっぱいで、と同時に温かい汁っ気のあるものが食べたくて、それはうどんだった、だからどこかでビールというのはやめにしてスーパーで豚肉と長ネギとめんつゆとビールを買って帰った、すぐにうどんを作り始めた、机に置かれた薄い緑色の河出書房新社の刊行案内は2014年1月のもので『キッチンの歴史』のもので、ふと広げて見ると『父　吉田健一』という娘によって書かれたという本があってここでも関係ないはずのものが響き合った。遊ちゃんは眠ってしまった。おしゃべりしたかった。うどんを食べながらおいしいと思うと同時に悲しいような気に満たされて、それから日記を書いている。書き終えた。

5月9日（木）

いつもと同じ時間に起き、10時、店。仕込みをがしがしとおこなう。山口くんが11時にやってきて味噌汁をつくってもらう。口を出しながら見守る。

今日は午前中に店、出、ビームスで寸足らずのズボン購入。14時半から18時半まで映画。帰宅後ランニング。それから遊ちゃんと晩ごはん、というスケジュールで枠組みというか時間割が起床の時点で定まっていてそのせいか気分が軽い。漠然と「休み」というのではなくて行動が決まっているといいのかもしれない。というのと、起きる理由があるというのもいいのかもしれない、と思う。

思ったよりも時間が掛かり1時前まで店にいて帰宅、店から挽いて持って帰ってきたコーヒー豆を、お湯を沸かして淹れ、水筒に入れる。入り切らなかったものを飲む。それで店を出る。映画が長丁場でどうせならおいしいコーヒーとともにありたいと思いそうした。

ビームス。春夏用の寸足らずのズボンを調達しに来た。前に来たのは3年前だろうか。2年だろうか。一張羅。近くにいたお店の方に丈の少し短いズボンをほしい旨を伝え、いくつか出していただく、それで試着室で履く、洋服屋さんはいつだってアウェイで、こんな頻度でしか買いに来ない以上このアウェイ感はいつまでも消えないだろう、早く出たいと思う。前回買ったときは5分で買って出た記憶があり今日もそうしたいが、3つ履いてみたところ「なんか違う」と思い、まさかのやっぱり買わないという選択をすることになった。まるでオシャレさんのようじゃないか！　というような。買わないだけで驚くべきことという感覚になる。困ったと思いながらすぐのところにアーバンリサーチが見えたので、アーバンリサーチに入ったことはない男だったが、「アーバンリサーチなのでは？」と思い入ると入り口のところに「新しいリネン」みたいな、コーナーがあり、なにか新しいリネン素材かなにかのコーナーのようだった、そこに、そうだ、こういう素材でこんな色合いの寸足らずの、ズボン、というのが見当たり、リネンってなに？　履かせていただく、履き、「これ」となり5分で会計。今日はお休みですか？

とお店の方、あ、はい、そうです、と僕、お仕事はなにを？ とお店の方、いきなり踏み込んでくるもんだな、と僕、飲食店的な、と僕、もしかしてご自分で？ とお店の方、あ、え、まあ、はい、と僕、そうだと思いました、貫禄みたいな、とお店の方。ゴールデンウィークの健闘を互いに称えながら会計を済ませ、出。洋服屋さん。

とにかくタスクがひとつこれで消化できて気持ちは爽やかで、それでタピオカドリンクの行列を確認してからユーロスペース。ロビーはたくさんの人で今は小津もやっているようだった。だから今このロビーにいるのは小津か、ユスターシュ、ということだった。入るとやはりたくさん人があり、平日の昼間、4時間。すごい。吉田健一。章が変わってずいぶん時間が経ったのか家が建ち始めた、伝右衛門さんも資産の凍結が終わって家を建てた、寅三もチラっと家を建てることを考えないでもない、でもまだまり子には言わない。

明るい状態のまま予告編が開場以来流れていてそれが済んで暗くなったら、だから14時半から本編の上映になった、『ママと娼婦』。大学生の時に見て「うわあ」となって、大好きな、大切な、というのか、そういう映画になった、それからシネフィル・イマジカで放送があったときに実家に連絡をして録画をしてもらってそのＤＶＤを持っていた、何度も、「も」？ かはわからない、何度か、くらいだろうか、見た、たまに特定の場面だけを見るような見方もしただろうか。絶望や悲嘆を憂う大仰さが滑稽だけどね、うんざりする、それじゃあまた。レオー。レオー。レオー。僕の大好きなレオーがそこにいていい顔をしたり暗い顔をしたりしながら逍遥したり、なにをして暮らしているのだろうか。倦怠主義者、と彼は自称する。一日がただある、カフェに行く、友だちの家に行く、酒を飲む、レコードを聞く、プルーストを読む。休日をどう過ごしたらいいかわからない、時間割をつくらないとうまくやり過ごせない、そんなことを言っている僕にレオーというかアレクサンドロの生き方はなにかの学び・気づきを与えてくれるかもしれない、そうじゃないかもしれない。うつくしい人たち。

隣に座った男性が、よく笑う人だった。これが、嫌だった。ちょっとくすっとした気持ちになるのはわかる。レオーはかわいいし、滑稽だし、わかるのだけど、それって声が出るほどのもの？ と思う、いやいや、笑いなんて人それぞれで、そんなことをいちいち嫌に思っていたらダメだぞ、そう思うのだけど、僕にはこの笑いは僕にはそれは「シネフィル笑いでは？」としか思えなくて多分それがだから嫌だと思う。「笑う」というのは「わかる」の表現の一形態みたいなところがきっとあってわかっているから笑う、笑っているのは私がそれをよくわかっているから、みたいなそういう自己主張みたいなそういう形を取ることがある気がして、それをするシネフィル、というのが容易に想像がついて、僕にはどうしてもここで隣で聞かされる笑いがシネフィル笑いにしか見えない。だってそんな笑うような面白さじゃないもん！　なくね⁉ という。でもわからない。わからないのだけど少なくとも僕は笑って見る気分ではなくていくらかシリアスな心地というか「うわあ」という心地で見続けている映画だから、そのギャップというか、そういうのを感じるのはうれしいことではない。というのはたしかで、そしてそれはもっぱら僕の問題ではたしかにあって、でもやっぱりシネフィル笑いってさあ！という ような。モヤモヤして最後の最後、哄笑、絶叫、呆然、そこでも隣から笑いがあって、「うわあ」とまた圧倒されながら、「うーん」と思いながら映画館を出た。まだ空に明るさは残っていた。

いったん帰宅し、それから着替えてスポーツセンターに。走る。時速10キロで30分、走る。今日はradikoで「オン・ザ・プラネット」を聞きながら走ることにして武田さんがしゃべっていて武田さんはいい声だった。走っていて最初の3分が疲れて走るのが嫌になったがそうじゃなくなっていった。アメリカ在住のジャーナリストとのやりとりで日本は10連休だそうですね、調べてみたら日本の祝日は世界的に見ても多くて、アメリカは、うんぬん。アメリカの時給労働者の割合は、有給休暇の日数は、うんぬん。おもしろかった。それからROTH BART BARONのギターボーカルの方がゲストで武田さんとROTH BART BARONが話していた、それから曲が流れて「ホームカミング」という曲で、ROTH BART BARON特有というか「あ～ROTH BART BARONだなあ」というなんというのだろうか、ドラムが聞こえて、それから歌声があって、それから合唱みたいなところがあって、「あ～ROTH BART BARONだなあ」と思ったらランニングマシンの速度をぐっと上げたくなったしエモい気分になっていった。かつて、ROTH BART BARONを大きな音で聞きながらうわ～～～～みたいに速度を上げてだだだだだと走る、そういう夜が何度も何度もあったそれを思い出したということだった。かつて、冬、武田さんに誘われて見に行った恵比寿でのライブでこのバンドを知って、その夜は僕は楽しかったしつまらなかった。その夜からだから僕は何度もそうやってROTH BART BARONを聞きながらジムで走っていた、そういう全体を思い出してエモかった。しかし速度はそのまま据え置き、30分走り、番組の途中ですがおしまいにした。

エモ&ミュージック。

遊ちゃんと昨日から行こうねと言っていた幡ヶ谷の青い鳥に行った、入って座った瞬間に「うわあ」という、ナンバーガールの「TATOOあり」が流れて、「うわあ」と思ってそれからビールと玉子焼きとカレーを頼んだ、何度食べても青い鳥のカレーは大好きで、「何度」と言ってもたぶん4度目くらいだろうけれども、おいしくて、おいしい、おいしい、と思いながら食べた、僕はうどと豆のやつとポークビンダルー的なキーマというやつで、遊ちゃんはラッサムみたいなやつ、を頼んで、食べた。玉子焼きは重ね煮の材料をつかったとかなんとかというやつでこれもずっと食べていたいという味でずっと食べていたかった。途中でくるりの最初のアルバムくらいの曲が掛かってまた「うわあ」と思ってニコッとした。大満足して出て、ふらふらと歩いた、西原の、前からちらちらと行ってみたいようなことを言っていたワイン屋さんがあって寄った、角打ちというのかワインの売り場があって手前のスペースが飲む場所で、白ワインを飲んだ、もう一杯飲もうと思ってカウンターのところで今度は赤いのを頼んでからCDが売られていたりして見ているとなつかしい名前があって「Calm」とあった、それから他のCDのレーベルが「Lastrum」で、なつかしさがこみ上げてきた、それでお店の方に何かを尋ねてそれからカームの名前を発して、そうしたら「僕の兄です」と言われて「!」となって、大学時代に最初のやつと次のやつとかを愛聴していてたぶん次のやつが出たときのレコ発のライブを恵比寿のガーデンプレイスのところに見に行ったそういう記憶があって、でもそれっきり聞いていなかった、もうずいぶん聞いていない、今もやっていますよ、去年出したやつもよくて、いい音楽をつくっていますよ、ということをおっしゃっていて、僕はだからその、かつて好きだった、そしてそれからずっと聞いていなかった、ということをそこまでに言っていて、それが失礼な無礼な響きになっていないかというか失礼な無礼なことを言ったんじゃないかと少しそわそわして、大好きだった旨を強調した。家に帰ったら聞いてみようと思って、それでもうしばらく飲んでから帰った。遊ちゃんが途中で元気がなくなって、帰りながらあれこれ話して、遊ちゃんはすばらしいよ、くよくよするなら具体的にくよくよしなよ、というようなことを言った。帰ってからも話を続けていたら元気が戻ったみたいで、「よかった」と思った。

『瓦礫の中』を読みながら、寝。

5月10日（金）

起きた瞬間に「時間がない！」と思って慌てた。今日やっておかないといけないことがいくつかあってさらに午前中に両親が店に来るということはそれまでにやっておかないといけない。さらに昨日の夜に山口くんから連絡があって体調が悪くなっている、もしかしたら明日行けないかもしれない、ということが言われていて、もし今日そうなったとしたら今日は夕方から店を閉めないといけない、そうなったらもしご予約があったらその対応というか連絡をしないといけないし仕込みとかもいろいろ考えないといけない、というがいろいろがあり慌てた。いつもよりもわりと早めに店に行き、それで今日やっておくべきこと、メルマガの配信の準備を済ませること、スタッフ募集に応募してくださった今度会うことになっている方に連絡をすること、そういうことをとんとんと済ませていった。10時半、両親。母が来るたびにクッションがもうへたっているから新しくしたほうがいい、中身のやつを買ってきたら縫い替えるから、と言っていておととい、注文しておいた。水曜か木曜にユザワヤに行かないと、と思っていたがアマゾンでいいや、となったらとても気が楽になってそれでだから注文しておいて届いたパンヤがあって、パンヤというのか、クッションの中身があって、それを渡して母が持参の裁縫道具を取り出して糸を外して中身を出して、そして新しい中身を入れて縫っていった、それを3つやってくれた。

山口くんから連絡があり大丈夫とのこと。よかった。

またのちほど、と言って両親は出ていき、開店、さあ時間がない、と思いながら山口くんとバトンタッチするまでのあいだにどんどんやるぞ、と働いた。今週はだから水曜は店を休みにして昨日は山口くんの日で今日は山口くんが夜入って、ということで僕はずいぶん働かないという週になっているのだけれども、それはゴールデンウィーク明けということでスローダウンというところで妥当なところだったのだけど、それなのにずいぶん時間がない、追われている、全然それで休まらない、という心地になるのはなんなんだろうか。

店は妙に忙しくて休日ほどではないけれど休日に近いようなお客さんの入り方をしていて第二次ゴールデンウィークなのか、というようなことを考えながらけっこうバタバタとフルスロットルな感覚で働いた、洗い物がたくさん溜まって、それは僕には珍しいようだった、だから忙しかったということだった、今日は3時半に山口くんに来てもらうことにしていてその時間にやってきて、それでチーズケーキを焼いて洗い物を一気に終わらせて、外で引き継ぎ、4時過ぎ、店を出。

帰宅して遊ちゃんとすぐに出、コーヒーを買って電車。両家というか、僕と遊ちゃんと僕の両親と遊ちゃんの両親の6人で食事というか顔合わせというかこんにちは、という日だった、だから今日はもし山口くんが来れなかったらさすがに外せない用だったので店を閉めないといけないというそういうことだった、それで根津まで少しずつ帰宅の時間になりつつある電車に揺られて乗って、下りて、釜竹。

最初は個室とかのほうがいいのかな、ということも言っていたが、変にかしこまった場になるのもなんか必要ないよね、ということにして釜竹にすることにした、釜竹は前に遊ちゃんと来てとてもよかった、その日はどうしてなのか釜竹でご飯を食べてそれから変な経路で下北沢まで行ってB&Bに行って本を買ったという日で、B&Bはまだ2階にあるときだった。

6人が揃って座敷のところに通されて、それで歓談が始まった、僕はなにか挨拶みたいなものをしたほうがいいかなとちらっと思ったりもしていたけれどそういうタイミングもなかったのでそのままビールを飲んで出されていくコースの料理を食べて、しゃべっているのを見たり聞いたり笑ったりしていた、人は伊藤若冲が好きなんだなと思って、それで、これまで交わることのなかった人たち、僕の両親と遊ちゃんの両親、であるとか僕の両親と遊ちゃん、であるとかがあれやこれやと話しているのを見ていたら少し胸がいっぱいになるというか感動するようなところがあった。

ビールを2杯飲んでからは日本酒にして、開運という名前のやつを飲んで、それから王祿というやつを飲んだ、もうひとつ飲んだ気がする、途中でトイレに行ってそこにあった日本酒の雑誌というかムックというかを開くと釜竹も載っていてもともと大阪にあってそれが13年前とかに根津に移転してこの建物は隈研吾の建築なのだということが知れた、それから僕は「坂さん」と何度か言って「隈さんね」と遊ちゃんに訂正されて隈研吾と坂茂をごっちゃにしているらしい。ヘラヘラしたつもりでいたけれどももしかしたらいくらか緊張みたいなものもあったのだろうか、それは両家の、というよりも慣れない顔合わせの場、というものだろうか、飲みすぎたのか、途中から圧倒的な眠気に襲われていってうとうとしていてそれも場の笑いになった。父と遊ちゃんのお父さんがなんだか楽しそうになにかジェスチャーしながら話しているのが見えてなんの話をしているのかはわからなかったけれど幸福な場面に見えた。親たちはひっきりなしに話していて、すごいな、とも思った、何十年と生きていくと初対面の人たちとこんなふうにずっと軽快に話し続けるということができるようになっていくものなのだろうか、僕もそうなるのだろうか、ならなくてもいいけれど、すごいな、社会、というようなことを思いながら、どんどんウトウトとなっていって最後はもう「ただ眠い」と思っていた。デザートのシャーベットを朦朧としながら食べて、それで終わった。出て、6人で駅まで歩いて、遊ちゃんの親御さんは反対方面の電車だったのでそこで別れた。遊ちゃんの両親も僕の両親も、どちらもチャーミングな人たちで好きだなと思って、電車に乗り、僕は寝た。

両親がひと駅先に降りたが挨拶はしただろうがあまり覚えていなくて、それから僕らも降りて家に帰った、10時になる前で、僕はもう眠ることにして歯だけ磨いてそのまま倒れるようにして寝た。するとと起きて、「ん、眠気が」と思って起き上がると1時半だった。どうしよう、眠気、と思いながら、眠くないよ〜、眠くなくなっちゃったよ〜と布団でうねうねと遊ちゃんを邪魔するような動きをしながら眠れなさを体現していて何度も勝手に笑っていた、本を読もうか、どうしようか、いやでも、眠くはないのだけど眠りたい、本を読みたいというふうでもない、と思いながら『ママと娼婦』のいろいろな場面を思い出していた、エディット・ピアフの「パリの恋人たち」が流れて、マリーがそれを聞いている、その部屋にはもう二人はいない。

5月11日（土）

眠れない布団はただ曖昧な苦しさやつまらなさばかりだが眠って起きてみると布団というのは本当に気持ちのいいもので出たくなかったが8時、起き、シャワー浴び、出。

木曜と金曜の2日分の日記が書かれていなくて書く時間がなかった、それを早起きをして書こう、と思っていたからそのように行動した、店に着き、コーヒーを多めに淹れて、それでCalmの去年リリースしたというアルバムを聞きながら日記を書いた。日記を書いて、それから他の事務的なことをいくつかやっていった、面接の日取りを決めて連絡をしたり、ということをしていたら来週は開店前や山口くんと交代後や休日の午前中に打ち合わせや取材や面接が入ってなんだか慌ただしい気分になりそうだとも思ったし休日の午前中の打ち合わせというのは休日に時間割をもたらしてくれそうでそういう期待もあった。

山口くんが昨日書いてくれた「今日も読書」のテキストを今日あらためて読んでみるとせきしろの『1990年、何もないと思っていた私にハガキがあった』で「山口です。ラジオネームは「ファイヤーダンス失敗」です。2013年秋から2016年秋までの三年間、少しおかしな量のメールをラジオ番組に送っていました。その当時のことを書くと自己陶酔の空気が多めにフェードインしてきて吐きそうになるので書くのが難しいんですが、あれからたくさんの時間が経った今、あの頃の無我夢中さを取り戻したいな～と思うことが増えました。好きな芸人さんに名前を呼んでほしいというただそれだけが生活の全てで、でもそれって正しい欲求のあり方なのか？とも思います。欲求に正しかもしれないけど、人から好かれたくてメールを送っていたから、友達や恋人ができて満たされてしまいました。あれ、俺は芸人さんが好きなんじゃなくて自分のことが好きでメールを送っていたんだな、と悲しくなりました。それは言い訳する出口が全く無い、あまりにもそれでしかないことでした。ただ、それでもどんな理由だろうと、無我夢中で、無人島で火を起こすような必死さで、あんなにもたくさんの文字を書いて、孤独から自力で匍匐前進で這い出したこと、俺だけは褒めてあげよう。自信過剰にならない程度に。頑張ったな。

この表紙の写真は、今までのハガキ職人全員が見てきた、ラジオを聴き終わったあとの朝焼けです。それはせきしろさんも絶対に見ただろうし、僕も見ました。午前五時の相模大野のアパートで。」と書かれていて泣くかと思った。山口くん本当に好き。それでそれを即座に使わせてもらうことにして写真を撮ってLightroomできれいにして今日の分として更新した。開店前はけっきょく慌てた。

お酒が届いた。早く試作をして早くメニューを切り替えたい。

店、ゆっくり土曜日。夕方、味噌汁をあわててつくる。夜、フォントのインストール。

間違えたらことなので緊張する。閉店したらお酒の試作をとてもしたいのだけれども昨日もおととい もお酒をわりと飲んだし今日はのんびりだったし休肝日にしたほうがいいのでは、というところでせめぎ合う。それで夜、『天才たちの日課』を読む。時間割。

行動心理学の創始者であるところのB・F・スキナーさん。

七時ごろになると、書斎へ下りていく。書斎はクルミ材の鏡板を張った部屋で、地下にある。仕事机は細長い北欧モダン風のテーブルで、自分で作った棚がついている。その棚に自分の著作物やノートや、いま手がけている本の概要や、辞典や辞書などを並べている。机の左側のサイドテーブルには、大きな『ウェブスター国際辞典』がのっている。右側にはファイルボックスがあって、現在進行中、またはこれから書きはじめる原稿の材料がすべて入っている。机の前にすわると、特別な電気スタンドをつける。これによって、机の前にすわっている時間を計る時計のスイッチも入る。その合計が十二時間になるたびに、グラフに点を記入して、累積曲線を作っていく。その傾きが生産性を示す。

メイソン・カリー『天才たちの日課　クリエイティブな人々の必ずしもクリエイティブでない日々』(金原瑞人・石田文子訳、フィルムアート社) p.113, 114

特別な電気スタンド！

夜、ぼんやりとしている。「本の読める店のつくりかた」をそろそろ再開させたいと思うが今書く気にはならない。どうして止まったんだっけ。なにかで詰まって書く余地がなくなったことはたしかだがどのタイミングで詰まったのだったか。そろそろ再開させたいというか下北沢ができるまでには完結させたいというか、本当は夏くらいまでに完結して、という前に出版社から声が掛かって、それで冬とか春とかに出版されて「追い風！」みたいな、状況をつくれたらなとか思っていたのだけれども、そんな声はどこからも掛からない。だから、だからというか、でも、でもというか、Web上でこれが完結した状態であることはきっとフヅクエ理解みたいなものを深めるためには有用なので、やはりちゃんと終わりまでやりたい。というかそれは止まっていてもそのつもり自体はどこにも消えていなかったけれど、とにかくだからそろそろ再開させたい。今日はやる気はない。「ひとの読書」の文字起こしも終わっていないというか半分も済んでいない。

閉店後、飯食いながら『Number』。「完全保存版 イチロー戦記。」特集。出稿されている広告がイチローへの感謝とかそういうものばかりでなんだかそれを見ていたらグッと来た。ロングインタビューを読む。かっこいい。腹いっぱい食べた。帰った。水を飲み、吉田健一。読んでいたら眠くなったので電気を消したが寝ようとしたら腕とかがモヤモヤしてしばらく寝付けなかった。この感じは思えば久しぶりだった。アルコールを摂取しないと眠れないということかな！と思ってウキウキと酒に手を出そうかとも思ったが今日は自制した。

5月12日（日）

酒も飲まなかったしたぶんいくらかは早く寝た、昨日は早起きをして一日をたくさん過ごした、それを繰り返すかと思ったらそうはならず目いっぱい寝て店に向かった。

昨日、日記を「10時半まで」と決めてアラームを設定して書いたのはよかった、今日から文字起こしをそれで進めていこうかなというところで短い時間でも日々取り組むと少しずつでも進むことは間違いなくてだから今日は20分のタイマーを掛けてそれで文字起こしをした、「本屋、って、別に評論家じゃない、じゃないですか、書評家じゃないから、でもそこが一緒くたになっちゃってるなあっていう」という山下さんの言葉が今日よかった。20分やって、それから準備、開店。

今日は夜が楽しみで閉店したらお酒をつくって飲んでみるぞというそれが楽しみだった、だからそれまでがんばって働こうという気持ちは誰にも負けないくらいにあったが極端に暇だった、あれ、あれ、というような。休日の日中は仕込みは怖いからまずおこなわないがピクルスをやり始めてそして簡単に済んだ。InDesignを開いて云々していた。どうした。ゴールデンウィークで力尽きたのだろうか。人々は。

暇で、何をしたらいいのかわからなくなっている。なんかあるんだろうけれど、とは言え休日だ、いつエンジンが掛かるかわからない、と思うとそういう何かをやり始める気になれない、といってピクルスはやったわけだったが。川沿いの道が今パッと目の前に浮かんだ。なんの記憶の光景か。中野方面。誰も来ない。吉田健一を開くことにした。今朝出るときに、あ、やっぱり持っていこう、と思って持ってきたのだけど読むことになるとは思わなかった。家を建てることを考えながらも防空壕暮らしを続けていたところ仲良くしている駐軍しているアメリカ兵と飲んでいたところなにやら怪しげな手伝いをすることになってそれをした帰りに礼をする、5千ドルでどうだ、と言われ、それで家が建つだろうか、と試しに言ってみたらアメリカなら建つ、というそういうことで突然5千ドルを手に入れたからきっと家を建てるのだろう。やたら面白い。やたら面白く読みながら、営業中の読書というのも気の持ちようというか、僕はこれまで仕事中に本を読んできたんだよな、そういえば、と思った、いつから営業中はなかなか読めない時間というふうになっていったのだろう。

10時半にはどなたもおられなくなって壊滅的な日曜日となって早々と夕食にすることにして今日も『Number』を読みながら飯を食った。ずっと笑われながらそれを覆してきた、とイチローはそんなことを言っていてかっこうがよかった。ネグローニをつくって飲んだ。ジン、カンパリ、ベルモット。おいしい。これは酔う。

5月13日（月）

昨夜は寝る前は吉田健一で家の工事が始められた。『瓦礫の中』はこれまで考えたことのなかったことがずっと書かれているというか考えたことのなかったシチュエーションで戦後に防空壕の中で暮らしが続いていた人たちがいたということを僕は考えたこともなかったしその気分やそれから家が少しずつできていって町になっていく。どうやって生計を立てるというかどうやって生きていくのか寅三に関しては占領軍関係の翻訳の仕事をしていてその流れというのか縁というのかなにやら結果として暗躍みたいなことで家を建てるだけの金を得た。どうも面白くて仕方がなくてそこにいたい。まり子が伝右衛門さんの家を訪ねて家具をもらう。

まり子は大体そういう家具を想像していたが、そのうちに花梨木の箪笥の前まで来て感嘆の声を上げた。

「いいでしょう、それは、」と伝右衛門さんは自分の後ろにいるまり子の声を聞いて言った。

「これも戴けるんですか。」

「ええ、勿論。ただ運び出すことさえ出来ればね。これがなかなか面倒なんじゃないかと思う。」

まり子がもう一度その箪笥を見ると接ぎ目接ぎ目に見事な細工がしてあって、もっとよく見るとその要の所に木のほぞが差し込んであり、白木のままでそこへ運んで組み立ててからニスを塗ったことが解った。

「もう一度塗り直すことにすれば解体出来ると思います。私達の所に来る家具屋を伺わせていいでしょうか。」

「いいですとも。それじゃこういう椅子も同じことなのかな。この椅子はどうです。」「戴きたい、」とまり子は直ぐに言った。「こういうものはもう出来ないと思います。」「そうですか。それじゃそれは片付いたとして、お掛けになりませんか。それとももう外に出ましょうか。」

吉田健一『瓦礫の中』(中央公論社)p.121, 122

まり子がかっこいい。それで店に行ったものの昨日の夜にいくつか仕込みをしていたこともあってそうやることもなくてまた20分のタイマーをセットして文字起こしをして、開店してからは家から持ってきたりんごを薄切りにしてオーブンで100度で焼いてドライにしようとしていた。

誰も来ないので、それじゃあ誰もいないうちは文字起こしを進めるというのもいいことじゃないかと思ってパソコンの最大の音量で音声ファイルを流し、止め、戻し、流し、止め、戻し、という調子で再生と停止を繰り返しながら文字を起こしていった。始めた時点で残り1時間10分くらいでやるにはあと3時間も4時間も掛かるだろうというところだったが誰も来ない、それにしても誰も来ない、と思いながら猛烈な勢いでやっていったところなんと終わった。どういうことだろうか、どれだけのあいだ文字起こしをしていたのだろうか、トータル3万8千字となってとにかく終わってそのくらいで山口くんがやってきたから、誰も来ないよ！と言った。ドライアップルは首尾よくいって、まあこのくらいだろうと焼き終えてから冷ましていると最初よりもカリカリになってそうそう、こうなるとうれしい、という状態のものになった。ナブエとりんごジュースのカクテルに使う。

明日から面接が始まるというか面接を始める、明日お二人と会って、というそういうところから始まって営業時間中なので「僕のオフィスことドトールまでいらしてください」と言っているけれどドトールで向かい合わせでやるよりも散歩でもしながらやるほうが本当はいいのではないかという気がしてきた。面接、というものがわからない、なにを聞いたっけ、と聞いたら覚えているのは「どういうときに喜びを感じますか」という問いだったそうでそんなことを聞いただろうかと思いながら思い出そうとしたら恋人の話を聞いたような記憶が戻ってきて彼はたしかにそれを言ったと言った、これまで見たことのないものを見たとき、喜びを感じます、というようなことだっただろうか。日中の家で起きたら恋人はシャボン玉を吹いていて落ちた玉が太ももだかどこかに小さく乗っていてそれを気にせずにシャボン玉を吹いているその姿を見て彼は喜んだしそして感動をした。

家に帰って少しのあいだ文字起こしの文章を整えるというか誤字等のチェックをしてすぐに時間になって家を出た、コーヒーを買って電車に乗った、夕方で人が多かった、飲み終えると片手に持ちにくい様子で持ちながらもうひとつの手で文庫本を開いて瓦礫の中で立ち尽くしていた。すぐに目白まで運ばれた。

そのあいだ手がふさがっていてスマホはリュックの中で駅に着いてから取り出すと遊ちゃんももう着いているようで着いたよと送って、もう店に向かっているかなと思いながら改札を出ると向こうに手を振る素敵な女性の姿を認めてだからそれが遊ちゃんだった。目白は僕は一度か二度だけ来たことがあって一度のことしか覚えていなくて田中屋に酒を買いに来た。その田中屋を左手に見て「ここに前に来た」と言いながら過ぎてしばらく歩くとそれらしい店があって入って名乗ると二階からあずのさんが顔を出してだから僕らも二階に上がった。

かなこちゃんあずのさん夫妻とのご飯でご飯というのは後からそうすることになった話でリビルディングセンターのだからかなこちゃんあずのさん夫妻で下北沢の内装をお願いするその最初の打ち合わせというか顔合わせで二人は今は銀座の松屋の催事に出店して出稼ぎ中ということで移動は車で目白がどうしてなのかはわからなかったが来たの

は目白のなるたけだった。僕はビールを頼んで二人はジュースを頼んで遊ちゃんは温かい烏龍茶を頼んで遊ちゃんは日中はどうしてだか屋外で打ち合わせで寒かったらしかった。遊ちゃんはもう十年であるとかずっとかなこちゃんと親しくしていてそうしていたらあずのさんとも親しかったしちょびちゃんの名前を遊ちゃんが出して二人が普通に話しているのを見て僕はそういうあたりの間柄がわからないというかそうかちょびちゃんというのはこの二人にも普通に通る名前なのだなと思ったりしながらいて、遊ちゃんはかなこちゃんをとても好きで楽でリラックスしてかなこちゃんもまたそうだった。

僕はかなこちゃんはモヤウのときに知っていつだかにモヤウに来てくれてそこで帰り際にtoco.で女将をしていると聞いたのだったか。どういう動きをしていたのか今考えるとよくわからないがその前にshozoに行っていてというのでshozoのクッキーをいただいた、それでそのゲストハウスであるとかの存在を知って東京に行ったときにNui.に泊まった。そのNui.はあずのさんが手がけた。あずのさんとも岡山のときに一度顔を合わせていてとりいくぐるの工事中に休みの日に見に行ってとりいくぐるをやる明石くんと親しくしていたからで彼のことは「ぽ」と呼んでいてだからぽと野口くんがとりいくぐるで、休みなので開放的な気分があってそれを具体的にしたくてビールを飲みながら工事中の物件の中を見させてもらったりしていたらそこにそういう人がいてそれがあずのさんであずのさんはあずのさんで工事中の現場を見に来ていた。

　とりあえずみなお腹を減らしていたのでご飯を食べて、どれもおいしかった、ビールを2杯飲んで次は僕は烏龍茶にして、それからパソコンを出して事業計画書を出してすでに読んでくれていたあずのさんがかなこちゃんに見せながら説明する感じになって僕は補足したり見ていたりして、いくらかこうしたいああしたいという話をした、今日は具体的な話はそうできる状態ではなくてそれは来月に一度会合みたいなものに出席してそこで話す土台が決まっていくみたいなところで、ざっくばらんになんとなく、話した。二人はフヅクエをだいぶ好いていてくれて何度も来てくれていたし「東京で一番いい店」というパワーワードでインスタで書いたりしてくれたのも見たことがあったし諏訪でもまたそう説明してお客さんに勧めてくれたりしているらしく、そういう二人と仕事をできることをこの上なく楽しみなことに思った。

　ざっくりとしたお金の相談というか、頼んだはいいものの僕の甘々の感覚でいたら全然そういう世界じゃなくて「そうか、工事というのはお金が掛かるものなんだな」と思い知るようなそういうことになったらことなので感覚を確認しておきたくて聞いたところデザイン費込みで内装は400あるいは500くらいでいけるのではないかということだった、初台のときもその言葉がどこまでを指すものなのかわからなくて「それって」と思ったりしたことがあって「内装というと」とさらに尋ねると工事の全部とうまいことといけば冷蔵庫とかガスレンジとかそういうところまで含めて、というようなことで、それならばあと２００万くらいで物件取得や食器その他や、だから店という形にすることができるだろうか、６００あるいは７００、というところで考えたらいいのだろうか、「とにかくお金を早く借りに行かないと」となってお金を借りる話もいろいろ教わった、よくご存知だった。

店は二階は静かで吹き抜けで一階があって一階は今日は貸し切りということで、と思っていたらそれはあずのさんであるとかの知り合いであるとかの集まりらしくて上がってきて談笑をしたりしていて、話していたら遊ちゃんも仕事の縁で知っているというか文字情報として知っている人だったりした、帰り際、その一階を通って出るわけだけれどもかなこちゃんあずのさんに何人かが話してその後ろを通って外に出ていくのは場違いが歩くバージンロードみたいな感じがしておかしかった。また来月、というところで二人と別れ遊ちゃんと帰った。駅について家に向かおうとしていると向こうから知った顔があって武田さんで、「富士そば上がり」と言っていてこれからラジオのスタジオに行くということだった、少し立ち話をして、暮らす町という感じがするね、と言いながら帰った。武田さんと飲みに行きたいと思った。

遊ちゃんは気兼ねのない人たちと気兼ねのない僕とという顔ぶれでとてものびのび楽しかったみたいだけど僕は楽しい夜だったけれどいくらか疲れた。人が複数あるとどうしてもヘラヘラした顔をしないとと思ってしまうというか笑うことに疲れることがあって、今日は途中で知らない人たちが上がってきて歓談があったりして僕は人も事情も飲み込めないまま無表情もいけないからと、そうなると過剰にニコニコしてしまってそういうことで疲れる。いつも思うが無表情でもなく笑顔でもないフラットな表情というものを獲得したい、ムスッとしているでもヘラヘラしているでもない、ただの顔、それができればきっとこういう疲れはしづらくなって笑わないとと思うとダメでだからそういうことはあった。

そういうのもあって武田さんと会ったときに飲みたいと思ったのだろうしこういう笑顔の疲れ方というのは店で働いているときには起こらないものだった、笑ったときにしか笑わないからだった。笑ったときにしか笑わないで済む人間になりたい。これはわりととてもなりたい。

それはだけどまだなので僕は本があれば安心して息をすることができるから深呼吸みたいな心地だったのか縋るような、そういう心地で吉田健一を開いて酒を注いで読み飲み。この小説は、なんだかものすごく好きだぞ、という小説で、終わった。

寝る前、ちょっと一杯ウイスキーが多かったと思ったが遅かった、プルーストを開き、気づいたら眠っていたようで明かりがついていて「あれれ？」という声が出た。

5月14日（火）

早起き&ゴー。今日は11時から取材でそれまでに開店前にやることを全部やる必要があって何が必要なのかはっきりとは認識していなかったが、からこそ、早く行くことにして9時になる前に家を出て小雨だったが気にせず行った。

それで到着して冷蔵庫を見ると開店前にやることはそうない感じがわかりコーヒーを淹れてタイマーを掛けて日記を書いたが全然書ききれなかった。途中でかなこちゃんたちとの出会いというか親睦の経過みたいなものはどういうものだったろうかと思いメッセンジャーを開いてやり取りを見ることを始めてしまったからで、先日、そんなものがあったことを覚えてもいなかったかなこちゃんあずのさんとの3人のグループのメッセンジャーのところに昨日の打ち合わせのことが発せられたときにそれは見ていて2019年5月3日のかなこちゃんからのその前は2014年の10月16日で僕が先日は

現場に来てくれてありがとうございました、明日開けます、がんばります、と言ってい
てそれに対して二人がいよいよだねというようなことを言うもので、だから、フヅクエ前夜というかオープン前日があり、そして下北沢前夜というか始動がある、そういうふうになっていてこれはひとつの感慨を与えた。そのグループのやり取りはそれが全部で今回の依頼はメールで代表アドレスというのか、見知らぬ人のつもりでメールを送ることから始めて仕事の始まりはそれが正しいような気がしてそうした。知り合い顔をしたものは違うというか鬱陶しいだろうと思った。それはそれでかなこちゃんとのメッセンジャーというものを開いてみると2013年の3月に「友達」になっているようで翌年フヅクエの工事が始まったあたりでやり取りがあって僕は「というか、親切なお申し出、すごいありがとうございます。なんだか、一回お会いしただけなのに、そしてご自身もご多忙であろう中、こんなふうに言ってくださる方がいるのは恵まれていることだなあと。ぜひぜひ遊びにきてください。」と言っていて丁寧語だと思って、そのあと「なんかうまい返信ができる気がしないのですが、ブログ拝見して、端的に言って感動したなーと。この感動だけお伝えできればいいかなと。

「お客さんがなんとなくいいな、と感じてくれたそれは、お客さんがなんとなくやだな、

と感じたそれは、果たして働き手が意図したものの先にあることなのか。例えば、ツンとした接客も、その先に、働き手の信じるいい空間があるというのならそれはそれでいいし、例えば、本棚に埃が積もっていても、それが意図してあるものならまったく問題ない。空間が、作り手の信じるところを表現し運営していく場所であるとすれば、どんな事象でも意図した先にあるものなら、その先は好みというか、選ばれてしかるべきだとおもう」

いやー、ここ読んだときもうこれほんと絶対そうですわー、と膝を叩くような、すとんと全部が腑に落ちるような、「これ書いてるの俺だっけ?」みたいな、本当に全部そうだなーと思いました。不正解のものって一つもなくて、提供側がそれを良しとしてやっているのかどうか、受け手の感覚がそこにマッチするのかどうか、っていうそれだけなんだよなと、いつも思っていました。

僕は本当に意図至上主義みたいなところがあって、全部に対して「いや、うちはこれでいいんです」と言える状態がいいなというのがずっとあって、だから新しい店はそれをとことんまでに追求したいなと(潰れない程度に。潰れそうになったら迎合も辞さないですが笑)。」と言っていてさらに「モヤウのフェイスブックページでお客さんからいただいたコメントへの返信でこんなこと書いてました。

「いい接客／悪い接客という線引ですら曖昧で。多くの人にとっては嫌な接客だけど10人中1人ぐらいがそれが楽でいいと感じて、で、その10人中1人の人を一定規模集めることで経営を成り立たせている可能性だってないとも限らないですしね。逆もまたしかりで。良い接客を圧迫として感じる場合もあるでしょうし。でもまあ、正解がない分、自分はこういう接客を受けたいなあというのをいかに実践していくかということかもしれないですね」

ふーむ。ぴったし一致なのかはもちろんわからないですが、勝手に「同志じゃないか！」みたいな感じで盛り上がっちゃいました。」と言っていて「盛り上がっちゃいました」でいくらか気持ち悪さを感じながらも同じことをずっと考えているものだなと感心したというか思った。それで2014年11月に今度飲みに行こうということになっていてやり取りはタメ口になっていて、そのときに「21日、お友達も紹介できたらとおもっているので連れていくね。」と言っていてそれが果たされてそれはいっしーさんとそして遊ちゃんだった。そこで遊ちゃんと友だちになったというふうではなく長いこと特に関わりもなかった。そういうことは自動的にというか同時的に思いだされて全体で、そうか、と思っていると時間になって取材になった、あっさりした取材で簡単に終わって終わるころに僕も元気が出てきたようなそんな調子で、それから店の時間になった。

日記の続きを書いていた。

顔。だから、特に興味もないというか自分と関係ない話が展開されているときに、その興味がない関係がないというそのことをネガティブでないものとして表現するそういう態度ということか。そういう顔がほしい。ということか。どうぞ、という顔。僕は加わらないけどどうぞ、という顔。ということか。ことが複雑になってきた。こういう社交みたいなことを思うときにそれでその下手さを思うときにいつも思うのが『ハンナとその姉妹』で老画家で、ラース・フォン・トリアーじゃなくてフォン・シュヴァンクマイエルみたいな、シュヴァンクマイエルはもちろん違ってフォン・忘れるものだな、固有名詞というのはどんどん抜けていく、「もちろん違って」というシュヴァンクマイエルも本当にそんな名前だったのか自信が起きないし違っているかもしれない。とにかく『ハンナとその姉妹』で老画家でユーアーオンリーコネクショントゥザワールドだった、それはあるときまで僕にとって切実な問題だったのかもしれないし今はそれならそれでもういいやという気もあるけれど疲れるのは疲れるから疲れないものを手に入れたいということはある、昨日帰ってきてそういう疲れを感じて明日が取材があってそれから夜に二人と会って面接みたいなことをして、だからつゆ知らない人×3セットで合計3時間くらい話さなければいけないと思うと気が重くて応募してくれた人を「つゆ知らない人」というのは失礼な言い分だが知らないものは知らないのだからつゆ知らなくて知るための場がだから面接みたいなもので、散歩しながらやるのが正しいだろうか寒いだけだろうか。

昨日は結局お客さんは4人で今日も暇で誰も来ないと思っていたが僕のいるあいだに3人の方が来られたのでよかったというか「よかった」ではないだろう、暇なのはつまらない、書いたりすることが捗る、捗っている場合ではない、場合ではないというか、まあだからこれも今だからだ、そうじゃないことになる、忙しさを単純に求められるそういうことにきっとなる。山口くんが来たから「張り合いがないとつまらないよね」と言って、それから「張り合い」について考えた、張り合うというのは相撲の突っ張りのことだろうか、突っ張りをし合う、そのことだろうか、それ以外に何か張り合うようなことってあっただろうか、突っ張りしたいね、張りたい、張って張られたい、それが張り合い、そういうことを一人でべらべら喋っていて山口くんは白目を剥くか眠るかしていたかどうか。「今日もありがたいお話をしていただいた」、そう言いながら彼は店の中に戻っていったかどうか。「俺はまだ話の途中だぞ！」というような。

それでだからドトールに来て面接は6時だか6時半からだったから時間があって6時半でも6時でもいずれにしてもいるのでそこらへんで、というそういうそれが面接第一弾だった、その時間までやることはいくらでもあった、文字起こしの直しをとりあえずおこなっていた。

それで9時までの2本立てで来られたのでここでやるのと散歩しながらやるのどっちがいいですかと開口一番でお尋ねしたところ「ハーフ＆ハーフはありですか？」という素敵な答えでそうした、最初は店内で、それから外に出てそんなに時間がなかったので屋上に行った、それで別れ、次の方がドトールの前におられたのでまた同じことを聞いて今度は最初は散歩をしながらでそのあと駅まで戻ったのでドトールに入って続けた。

面接難しい。なにを聞いたらいいのか全然わからない。なにを判断材料にしたらいいのかわからない。どうやって決めていくのだろう。というよりは、どうやって違うという判断をすればいいのだろう。いや、違うか、やはりどうやって決めていくのだろうか。第一印象がとてもよかった場合、どうやってそこから精査していくのかわからない。と思ってさすがに3時間近く人と話していると疲れて、楽しかったけれど疲れて、山口くんに挨拶をして家路についた。

疲れた、と言いながら、一人決まったそのことがうれしく、遊ちゃんに早速報告だ、と思ったら「決めたんだってね」となり「えっと」となり「なみきさんが教えてくれた」となり「えっと」となり「もりなちゃんのインスタ？とかで書かれてたみたい」となってだから一人決まった、新メンバー・もりなちゃん。それでどれどれと思って開いて見たらストーリーに「あああああああああああ！！」みたいな「まさかの！！フヅクエ！！　即決採用！！！！　やったーー！！！！」みたいなことが投稿されていて「早いなw」と思ってそれはとてもいい出会いだった。その次のストーリーで「わたしがゴールデン街で働いていたときから知っていたらしく」とありそのとおりで「そもそもヘッドハンティングする予定だったらしく」とありできたらいいなと思っていたからそのとおりで「わたしの方が応募してきてめちゃくちゃテンション上がったとのこと」とありそのとおりで「遊ちゃん！　もりなちゃんが！」と応募を見たときにわーっとなった。「うれしすぎて笑いながら道端にしゃがみこんじゃった」とあり「あーーー！　人生！！」とありこんなに喜んでもらえるというのは本当にうれしいなと思った。その次のストーリーではお祝いにビールを即買ったということでエビスの6缶のやつを買っていてお祝い感があって事の次第はこうだった。

遊ちゃんがなみきさんに連れられて行ったゴールデン街のお店でそこで働いていたもりなちゃんがとてもよかった、庄野潤三を教えてくれた、帰ってくるなりで僕にもりなちゃんていう子がね、みたいな感じでたしか教えてくれたのだと思う、もりなちゃんフヅクエで働かないかな〜、というような。それでそういう人があるのだなと思っていたらある日に予約で名前を見かけて「お」と思ったけれどそれはちょうどひきちゃんの日だったから僕はいなかった、それからそろそろスタッフ募集をしていきたいよねという話をするたびにもりなちゃんがいいと思うな〜となって僕も遊ちゃんがそんなに言うなら間違いないだろうみたいな気持ちがあってお店にヘッドハンティングしに行こうかとそういうことにもなったけれどツイッターで近況をよく知る遊ちゃんはゴールデン街は辞めたみたいだよと言っていて、そうか、どうしてだか俺は会ったこともないもりなちゃんにぜひフヅクエで働いてもらいたいよ！と思っていて、撒き餌とかそんな思いもあって「今日も読書」で『夕べの雲』を取り上げたときに「年末の帰省のときに新幹線で妻が『夕べの雲』をおもしろくてうれしくて仕方がないような様子で読んでいるのを見たのが庄野潤三という作家を意識する初めての機会で彼女はいつだかに職場の同僚の人に連れて行ってもらったゴールデン街の飲み屋でお店の人と話していたら庄野潤三を教えてもらってそれで読んだ。」と書いて「釣れないかな〜」とか思っていたがそれは見られてはおそらくいなくてとにかく、そう思っていたら今回募集をしたら開始から数日後にその名前があって「！！！」となった、それで今日お会いしたその瞬間にその物腰とか全体の空気に「もう決まりでしょ」と思ってもちろんそれは言わずに話をあれこれとして、そうやって話していてもずっと清々しい気持ちのいいやり取りができて僕はどんどん自由に話していた、ドトールを出るあたりで「実はフヅクエはゴールデン街でお客さんから教わって」と言い出したから「お、この話題は」とニヤニヤしながら屋上まで話をそらしそらし上がって、もう夜で今日は肌寒くてその広々とした心地になる屋上で僕はアメスピに火をつけ、もりなちゃんはこれを巻く時間が好きなんだという巻き煙草に火をつけ、それで「実はこちらもですね」というので今書いた話をした、二人で煙草を吸いながら、あっはっは、あっはっは、と話した。

だらだらと仕事をして12時近くになってやっと夕飯を食べる気になって冷蔵庫にそろそろのほうとうがあるからということでキャベツと舞茸と豚肉を煮てほうとうを煮てそれで食べることにしたがすごい量になった。煮えるまで吉田健一特集の『ユリイカ』を読んでいて『瓦礫の中』を論じているものを読んでいて面白く、煮えたので途中だったがやめて食べたら続きを読むことはなくて寝るまではプルーストだった。途中で寝ている遊ちゃんが「指示の現実と違う」と寝言を言っていてどんな夢を見ているのだろうか。僕はパドラーズコーヒーにいる夢を見た。

5月15日（水）

昨日もおとといも暇で日曜日も惨憺だったからだからずっと暇でそうすると仕込みのペースが鈍るのが楽だが面倒でどっちが楽なのかまるでわからないが開店前は机の前に座ってやる仕事がおこなわれていっそ開店前の時間にラジオをやろうかとも思ったがそういう時間はなくなり「今日も読書」のことをしたり「ひとの読書」の文字起こし原稿をどうこうしたりして開店して少ししてそれが整え終わったので山下さんに送って確認のお願いをした。月内くらいにアップできたらいいと思うがどうか。いかんせん長い。

それから何をしていたのか、今日もまた暇な日だったということだけは確かで何をやっていたのかは定かではないような覚えていない感覚で一日を過ごしていた。途中から本を開いていて『天才たちの日課』を読んでけっこう読んだ、でももういいかなという気が起きてきた、日課はよく知った、というような、それでそれから久しぶりにイ・ランのエッセイを読んでいてやはりずっとよかった。このあけっぴろげさというか、真似できない感じの書かれ方だなと思って真似をしたいわけではないがそれは刺さるそういうものだった。けっきょく人は自分の書ける範囲でしか書けないというか書かなくて植本一子が「赤裸々」とよく言われるけれどそんなことはない、書けることを書いているだけだ、みたいなことを書いていたことがけっこうずっと残っていてそうだよなと思って僕の書く文章も「なんでも書くね」と人に言われることがあるけれどとんでもなくて穏当なことしか書いていない、書いている当人が赤裸々と思うことなんてきっとない。イ・ランもそんなふうには思っていなくて書けることが自然に書かれているというそれを僕はあけっぴろげと感じるのはつまり、人にはそれぞれ自分はここまでは抵抗なく書けるという範囲があってその範囲内で人は書いて、他人が書いたそれが自分の範囲と重ならない自分の範囲から外れたところにあるのを見るとき「すごいなよく書けるな」と感じるということだった。

途中でなんのきっかけがあったのか、ジム・オルークではなくてブライアン・イーノの記事を見かけて読んでそれでそこには「そもそも芸術や文化というのは、個人が「かなり極端でどちらかというと危険な感情を体験するための安全な場所」を提供するもの」「アートとは別にやらなくてもいいことのすべてを意味している」「芸術や文化をまということ」というのは新しい発想だということです」ということるで経済行為に繋がるものとして考えるのは新しい発想だということです」ということ

が書かれていてそれをツイートしたあとに「フヅクエは非生産的な時間の側にいたいな

ということを最近よく思います。」とツイートしたら勢いがついたのか「ただ好きでた

だしたくてあるいは名状できない必要に迫られてする読書の時間は限りなく非生産的な

時間でそれは愛の時間で生の時間でフヅクエはその時間のためにあってその時間を必要

とする人たちとともにある」とツイートして、キメキメだなと思って最初はキメキメな

ツイートというのもたまにしてもいいだろうと思ってそうしたのだけれどもやっぱりど

んどん恥ずかしくなっていって「というようなことです。（と付け足さないと耐えられ

ない恥ずかしさがじわじわ襲ってきた）」と追加ツイートをした。僕はなにかを断定と

いうか言い切るみたいなことが苦手というか美意識みたいなものとぶつかるのかできな

くて、一方で「というような。」とでもつけたらなんでも言えるような感じがあった。

すべてのことは僕にとっては「というような。」であるような気がする。「だ。」ではな

い。というような。ほらこれ。

そうやってちんたらと営業して最後まで凪いでいてなにも覚えがない。早々と閉店し

てそれで飯を食い、水曜にやるとあとが楽だということに先週だか先々週だかに気づい

てというか体感して明日は早起きだったがでもやっぱりと思ってラジオをやることにし

た。友人がフィリピンのシンガー・ソングライターを教えてくれてその動画を見ていたら『タレンタイム』を思い出して『タレンタイム』の動画を開いたら一気に泣きそうになってそのリンクをラジオに貼ったりしながらそうやってラジオをおこなっていった、閉店後はだからラジオをやることとそしてそれを酒を飲みながらやることというその2つが楽しみで酒を、最初は白バージョンのネグローニをつくって飲んでそれはジンとスーズとドライベルモットでそのあとスローテキーラをつくってみた、そうしたらそのスローテキーラがとてもおいしくてこれはスロージンとテキーラとレモンジュースでつくるカクテルでスロージンとレモンジュースの酸味が表面にあって裏面というか奥にアネホの香りがあってというその組み合わせがやたらにおいしくて感激しながら飲んでラジオをそしておこなった。

帰り、遊ちゃんとおしゃべりをしてニコニコと僕たちは仲良しでそれで明日は早い、と思ってプルーストを読みながらワンモア飲酒をして寝た。

5月16日（木）

9時起床、コーヒーを2人分淹れて飲んでおいしいねと言って、それで出、下北沢。

近い。来年からはだから初台に加えて下北沢もホームタウンというか日々行く町になると考えるとそれは楽しみというかあたらしい暮らしという感じがしてその下北沢は行く機会は普段はないけれど行こうとしてみたら近いものですぐだった。晴れていた。

B&Bのある地下におりようとしてふと1階のウェンディーズの中を見ると内沼さんがパソコンを開いて何かしていてそれで下りた、まだシャッターが下りていて清掃の方がちょうどB&Bとサイゼリヤの前のところを掃除機を掛けていてマキタの掃除機で僕が使っているやつは吸いが非常に悪いから「そのマキタはよく吸えますか?」と聞きたくなったが聞かなかった、階段に腰を下ろして僕は僕でメールでも打とうかとメールを打っていたら内沼さんが下りてきた。シャッターが上げられ中に入った、これから始まる本屋の中を進んであとで本を見ようと思って思いながら控室に入った、すぐに戸塚さんも来られた。

それで『読書の日記』の戸塚さんがつくってくださったフォーマットというのかにテキストを流し込んだやつを見ながらこれからの作業の方法を確認していくそういう時間でInDesignは楽しく1300ページ分とかのテキストが一続きに流し込まれたファイルは不安定というかゆっくりしがちでカラフルな「ちょっと待ってね」サインがたびた

び出た。

だいたいそういうことが「ではこれでやっていきましょう」ということに落ち着いてできたばかりの『なnD』の7を戸塚さんがくださった、ペラペラと見て読みたくなるものだった。それではというところで立ち上がってそれから立ち話が続いて戸塚さんのところはお子さんが1歳で内沼さんのところは2人いて父親たちがしゃべっていてそれを見ていたら「攻略の難しいゲームを毎日やっている人たち」というふうに見えてそれがおかしかった。なにがそう思わせたのだろうか。他の場面でこういうふうに思ったことは特になかったように思う、例えば店をやっている人同士が互いの店のやり方とか困っていることについて話してああだこうだと言う、それは僕は優くんとよくするそれを見ても多分それを「攻略の難しいゲームを毎日やっている人たち」というふうには思わなくて子育てには僕にそう思わせる何かがあるらしかった。ずいぶん話がそのまま流れてお昼ご飯を食べることにした、その前にデニス・ジョンソンの新しいやつを買おうと思って手に取ったそれは『海の乙女の惜しみなさ』というタイトルでこんなタイトルだったんだ、と初めて知った気になってそれで買った。もうひとつ『居るのはつらいよ』も今日ほしい本だったがそれは見当たらなかった。

お昼はトルコ料理屋さんに入った、ケバブランチみたいなものを頼んで僕はドネルケバブで戸塚さんはアダナケバブで内沼さんはミックスケバブで肉があって巻くやつがあって野菜があるそういうプレートでその前に出たスープが僕はやたらおいしくてずっとこれを飲んでいたいと思って、ケバブもケバブなんていつ以来だろうと思ったが改めて食べるケバブはおいしかった。「ケバブ」は「焼く」で「ドネル」は「回す」で「アダナ」は「ミンチ」みたいなそういうことらしかった。おそらく。

お二人とも小さい子どもがいると住まいについていろいろと考えるようで聞きながら、子どもが小さくて制御不能の時期にマンションやアパートに暮らすのはそれだけですり減るものがあるということ、都心から離れて駅からも離れたら一軒家を借りるという選択はそう非現実的な選択ではなくなるということ、カーシェアはだいぶ便利でそして遊びに多彩さを与える手段としても素晴らしいものだということを学んだ。僕は子どももいないのにずいぶん「なるほどなるほど、なるほどなあ、一軒家かあ、それはなるほどかもなあ、遠くなってもそういうのはありかもしれないなあ、ふむふむだなあ」と思って聞いていたし二人も真剣だった。途中でこういうそういう話をずっとしている状況におかしみを覚えて笑いそうになったり笑ったりしながらとてもいい時間だった。

別れ、自転車を取って静かな住宅街を通って上原三丁目、上原二丁目とそういう道を走っていって松濤のあたりに出て道の全体に変な余裕みたいなものがあるようなそういう通りで緑が多く静かで道幅もゆったりしているように感じて全体が総じて金持ちなんだろうか、と思った、上原、それから富ヶ谷、の知らない側というか僕の知るその二つの町名の裏側を通ったという感覚だった。丸善ジュンク堂に入った。

『居るのはつらいよ』と、と思ってそれから文芸の新刊のところを見たらパッと目に入ってきたのが『人喰い』でそれはB＆Bでも通りざまになにか目に入ってきたような気がしていた一冊で、というのを丸善ジュンク堂で見たときに思って、あのときの違和というか「なにか」というのはきっとこれだったんだ、と思って、たまにこういうそういうなにかショッキングなというかそういうものを摂取したくなるときがあって「めっちゃ読みたいwwwwwww」と思ってそれでそうすることにした。エクス・リブリスの特集棚があって10周年ということで冊子があってそこに断片的に表紙が散りばめられていて『通話』でしょ、『10:04』でしょ、『ポーランドのボクサー』でしょ、さっき買ったデニス・ジョンソンでしょ、とその冊子の表紙を見ているだけでどうしてだか胸がいっぱいになるような感じがあった、エクス・リブリスに対しての感謝というか、ありがとう、という気持ちはどうもすごく強い。パラパラと開いていたら緒方修一さんの文章があって緒方さんはエクス・リブリスの装丁をすべて手掛けられている。本棚の前をうろうろしながら痒いと思って左手の親指の付け根というか親指と人差指のあいだみたいなところが痒くてずっと掻いていたら血が滲んだので掻くのをやめた。

少し前に見たちくまのなにかエッセイみたいな、外国の、言語がどうという、それがなんだったかと調べたら『アイデンティティが人を殺す』でそれも気になっていてなかなか見つからず中井久夫をまた読みたくなったりしながらどうにか見つかってペラペラしてやっぱり買わないことになって吉田健一も今日はやめというか探すのが面倒で吉田健一はアマゾンでいいやという気になっている、次は『絵空ごと・百鬼の会』になるだろうか。

通るたびに鮮烈というか新鮮に毎回うんざりするセンター街を抜けてそれで日本政策金融公庫に行った。朝、電話をして突然行ってもいいものなのかお尋ねしたところいいものだということだったのでそうした。少し待つと呼ばれてそれで借り入れの相談をした。

いろいろ教わったところいずれにしても見積もりであるとかが出る秋くらいになってから借り入れの申込みということのようで、話していたら勝手な感触としてはまっとうに提出すればこれは借りられるのではないか、というような感触があったがなんの感触なのか。目の前の相手をしてくださった方はそういう決定をする人ではきっとなかったが親切というか親身というかやさしかった。5年前とかに一度行ったときに受けた印象とは違った。

しかしいくら借りようか、なにも決めていなくて、僕は設備資金もそうだけれども人件費が問題というか人件費が怖いなと思っていて、半年くらいのあいだただただ過剰な人件費を捻出する必要があった、それはつまり下北沢開店に向けて数人の新しいスタッフを育てていくその半年とかで、下北沢が開店して2箇所で売上が立つようになるまではその人件費はただひたすら過剰というそういうものでそれが怖かった。融資は、設備資金、運転資金、と項目を分けて申し込むもののようだけれども聞くと設備資金で出すほうが、それは見積もり等が必要で金額が明快であるというところで借りやすいというか金利であるとかも有利になりやすいようでいいことを聞いた。

外に出ると渋谷は夏みたいで、人がどこを見ても過剰にあって、ゴリラコーヒーだったところでローステッドコーヒーになったところはパンケーキのところになったのかそれもしかし閉まっているように見えた。

それにしてもお金を借りるというのはどういうことなんだろうな、と思いながらふらふらと渋谷を抜けていった。借りたお金を使って店を作ってそれで売上が上がってお金を返済してというお金に色はないその借りて使ったお金というのはいったいなんなんだろうな、実在するものなんだろうかな、変な感覚になりそうだな、と、だから金を借りるということをよくわかっていないということでそれだからこそ一度借りて返すということをやってみたいというそういうところがけっこう強かった。フグレンで本を読むか日記を書くか、そうだ日記を書こう、と思って寄ろうとしたが人が多そうでそうだよなと思ってすごすごと家に帰った。それで遊ちゃんももう帰っていたのでまた2人分のコーヒーを淹れて日記を書いた。気づいたら6時になっている。一日。

走る。

7番レーン。

今日もタイムフリーで「オン・ザ・プラネット」を聞きながら走る。

今日のというか今週のゲストは「She is」の編集長の方で「ひとりひとりが、無敵かもしれないと思える夜を増やす」というのがアバウトページに書かれていると言われてそれから夜中に書いた手紙の恥ずかしさとしかしそこに宿るたしからしさ、ということが言われてそれはそれで僕はジーンとしながら聞いていた。走っていると胸のあたりが肋骨のあたりが疲れるような感じが今日はあって変な疲れ方、と思って汗だくになって帰ってシャワー&洗濯。

それからパソコンを開いてメルマガの対応とメルマガの配信準備の作業をして、9時、どこかで本を、と思って『人喰い』を持って外へ出る。歩いていると頭上から音楽が聞こえてドビュッシーの「アラベスク」を誰かが弾いていた。タラモアは今日もたくさんでカウンターに座ってチキン&チップスとよなよなリアルエールのハーフパイントのものを注文してそれで『人喰い』。ロックフェラー家の御曹司がパプアニューギニアのあたりで失踪した。1961年のこと。殺され、食われた。そうやって始まった。読んでいたら人間が人間を殺して剥いで切って焼いて食べるということがそう不自然なことに思われないような気になっていって動物を殺して剥いで切って焼いて食べることとどこまで違うことなのか。それがふだん目にすることのない白人の人間であったらいよいよほとんど異種というか動物を眼指すことと変わらなかったりするところがあるのではないか、と思いながらビールを飲んでテレビではラグビーの試合が放送されていて同じ選手が何度もトライを決めていた。2杯めにギネスを頼んでそれで読んで飲んで出た。

帰ってからももうしばらくつまんだり飲んだりしてそれで読んで著者がその土地を訪

れた。

5月17日（金）

起きようとすると胸と背中が痛くて昨日走っているときにいつもと違う感触の疲れが胸のあたり肋骨のあたりにあったそれがそのまま過度になったらこうなるというそういう痛みが胸と背中に走ってしばらくうめいていたが遊ちゃんが反応を見せないので「痛いよ〜」と言って呼び寄せてそれで聞いてもらった。起きた。

早く出て10時には店に着いていたか、仕込みが今日はたくさんというかまとめてあってそれをガシガシと、久しぶりにERAを聞きながらおこなっていた。ライフをうまく積み上げられない。それは聞くたびに寄り添ってくれるようだった。

一生懸命準備をしたところ万事整いそれで店を始め、それからもオーダーをこなしつついろいろと仕込みであるとかをやり「仕事」という感じがあった、夕方からInDesignを触り始めた。昨日の打ち合わせであれこれを調整して見え方をきれいにするその作業を僕が受け持つことになってそれでいろいろと触っていた。昨日は僕は口を開けば「文字スタイル」「段落スタイル」と言っていてなんでもスタイルを適用することを好む男だった。そうすればあとでまとめて変えられるということに魅せられるのだろう。それをやっていていくつか「おや?」ということもありながらやっていって夜になって、「あ」と作業の効率化について思いついた瞬間から忙しくなって閉店まではとにかくがんばって仕事をした。忙しい金曜日になって先週も金曜日は忙しかった。それ以外は低調だった、同じような一週間になった。なぜか営業中にiPadのソフトウェアアップデートを始めてしまった。お会計が危ぶまれたが大丈夫なタイミングだった。

閉店するとすかさずInDesignに戻って昨日もその作業を受け持つことにしたときに僕こういうのすぐやっちゃうんですよね、優先順位とかお構いなしにやり狂っちゃうんですよね、と言っていたがその通りになっていてよくないとは思わないがいやよくないというか、優先順位はちゃんと考えてほしい。考えても強行突破するから手に負えない。たくさんご飯を食べて、ひさしぶりに野菜をちゃんと食べられたような気がしてここのところ野菜の摂取量が少なくなっているような気がして改めたい。

帰り、今日は無飲酒。ツイッターを見ていたらダラダラと見てしまって気づいたら3時だった。作家と出版社がもめていて出版社が総スカンを食らっていて美をまず目的にしたい。「人喰い人喰い」と歌いながら布団に入ってしばらく読み寝。

5月18日（土）

曜日がわからなかった。週末が昨日で終わったんだっけ、だから月曜だっけ、というような。遊ちゃんはココアとはちみつと酒粕でなにかをしたらおいしいと見てそれをやってみたら酒粕でほろ酔いになってしまった、と言っていて焼いていた。その焼く前のものがどういう状態のものでどんな食べ物なのかが想像がよくつかなかった。

店、行き、ツイッターを開いたら昨日の夜にそこで終えたツイートがあって「さっきから一生これみてる」という文面とともにTik Tokで「杭城街拍」というアカウント名だろうか、のやつで、白と黒の美少女二人が歩いていて白はショートカットで笑顔で黒が肩までの髪の長さでクールな構えで、歩いていて、その動画がちょっとびっくりするほど完璧だと思って僕もこれさっきから一生見られると思って見ていた、7秒の動画で、たくさんの情報が完璧に組み合わさっているように感じた。アイドルかなにかなんだろうか、二人で歩く、黒が白の顔を見つめながら話す、白が外に気を取られてなにか人があったのか笑顔で手を振ろうとするその刹那というかその瞬間に黒の手が白の後頭部を包んでそっとしかし確かに自分側に向き直るようにいざなって、そのタイミングでいくらかのスローモーションに動画はなって、黒はそのとき視線は白ではなくうつむいていて睫毛が黒くて、唇が赤くて冷たく結ばれていて、そして白の顔が向き直って向き直りながら頭部に置かれた手はなめらかにうなじに回り再生速度は通常に戻されて残り1秒、手がもう少し下りて細い指が喉のほうまで到達するようだ、動画の最後の最後にクールな黒の赤い唇がかすかに上がるというかかすかにほんのかすかに微笑みがそこに生じるような気配があってほとんど未然で、そして動画は始まりに戻る。なんだか、すごい、と思ってそしてそのツイートの「さっきから一生これみてる」というのも一生見ていられるようないい一文だった。

今日はご予約が全然入っていなくて昨日の夜、気づいたらご予約がたくさん入っていて満席になるという場面があってiPadに通知が来ていなかった、それでおかしいなと思って見ていたらソフトウェアアップデートを営業中におっぱじめてしまったわけだったのだけど一方で翌日の土曜日はご予約が全然入っていなかった。これはエアリザーブがなにか障害とかでも起きているのだろうかと思い昨日の夜自分のアドレスで予約をしたら無事予約できてだからただご予約が入っていないというだけだった。

それは今日も変わらなくてここのところでは見た覚えがないほどにご予約がない週末で「そうか」と思いながら「でもこういう日に限って」と希望も捨てないで開けたら暇だった。暇で、座っていた、InDesignの作業を進めた、起きているアルファベットのところを「ベタ」という文字スタイルを適用してベタ組みにしていくという、ベタ組みという言葉で合っているだろうか、そういうチマチマとした作業でもう少し探す方法がありそうなものだけどわからないので「数字は除外する」みたいな正規表現をつかってアルファベットのところを検索して目視して必要なところをベタにするというそういうことを繰り返して午後を過ごしていた。休憩しながら山口くんの「誰かの日記」を読もうとメールアプリを開くと今日は山口くんから2通来ていて片方はこれまでの分のPDFファイルということで、そのメールの冒頭が「毎日、夜分遅くに失礼しております。」でとてもそれがよかった。毎日、夜分遅くに失礼しております。いいフレーズ。

それで3時くらいからようやくポツポツという感じで始まってそこからはだいたい一生懸命働いていた。そうしたらわりと悪くない数字に着地してそれを僕はシンプルに喜んだ。なんでだか、もうダメだと思っていたところがあったというかもう今の目標値にはきっと到達しないんだろうな今後は、とどうしてだか思っていたところがあって、ゴールデンウィークは到達していたのに、それが明けてからの低調を見ていてもうそういう数字には行かない、そういう地力はこの店にはないということだ、みたいな悲観というつもりはないがそういうふうに思っていたので、しかし到達はしなかったが、それに近い数字になってシンプルに喜んだ、まだ行けるじゃん、みたいな。これで今日のスタートがよかったら行けていた、というのは無意味な仮定だが。

5時から10時までおられた方が「読書日記」のメルマガで配信しているPDFファイルを印刷したものを、たぶん5時間のあいだそれだけを読んで過ごされていて、最初は「お、読書日記じゃん」と思ってうれしくてそれで飲み物をお持ちしたときに「今週分ってあります？　今週からフォント変えたんですよね、あ、きれいに出てる、きれいに出るもんだなあ」とか言ってうれしく思っていたが目に入るたびに「読書日記」が引き続き読まれていて、だんだん「これはすごいことだな」と思うようになっていったというか、いつも、何を読まれているかはもちろんわからないけれど本を読まれていた方が、今日読むものとして「読書日記」を選択された、というのは、なんというか比肩というか、もちろん、それはこれまでに書籍になったわけだしこれからもなるはずでだからなんらかの点において商業出版に足るなんらかではあると言ってももはやいいというかそう言わないとなんらかの点においてフェアではないというそういうテキスト群ではあるから比肩もなにもないのだけれども、それがいざ自分の目の前というか自分のいる場所で数時間を掛けてまるで読書のように、そうまるで読書のようにというこの感じ、読まれている、と思うと、それはなんだか最初に感じたうれしさとは違うあまり体験したことのない新鮮なうれしさと喜びとなにか、なんだろうか、自信みたいなものを与えてくれるなにかがあった。またそれが『読書の日記』ではなくて僕が書いて推敲して流しただけの生原稿というか、に近いというか、書籍にするにしてもほとんど変更しないから生のままだから、変わらないとはいえ、僕が自分だけがチェックして送りつけている、より生な感じのする文章がまとめて読まれているというのもまた、おかしな新鮮な面白さがあった。何週間分くらいあったのかわからないが今日のその時間はどんな読書の時間だったのだろうか。

そういうことを思いながら落ち着いたらInDesignで自分の日記を、読むとは違うが見る、そういう作業を続けていてこれはけっこう疲れる作業で肩がだんだん重くなっていった。あまり長い時間やっていてはいけない。

閉店して、ご飯を食べたらツイッターを開いたら猫の動画に釘付けになっていた。猫も犬もパンダもみんな本当にかわいい。それで立ち上がって、疲れた日というのはそういう日に限ってどうしてそうなるのか、それはエンジンが掛かっていたということで説明が付くことだろうけれどもシンクをとてもきれいにする掃除をした。

ゴダールの新作が4月20日公開で上映されている、ということをここまで知らずに来たということに愕然とした。

5月19日（日）

最近自分が間違った感じに頑固というか怖い感じになろうとしているような気がするときがあって気をつけないといけないという気はするが店を続けていくためには多かれ少なかれ頑固さみたいなものが必要になるような気がしていてその表出のしかたは考える余地はある。二人連れの方が来られて入ってきて男性と女性で男性の手にはスマートフォンがあった、好青年というふうで入り口のところで立ち止まったそこにつかつかと近寄っていくと「しゃべれない感じですか？」とやはりにこやかといえばにこやかな口調で言われて僕は真顔のまま「まったくダメです」と言ってそれで踵を返しておしまいにした。そのあと振り返りながら、え、なにが気に食わなかったの、と思ってちょっと今の対応はないんじゃないかな、あんなはねつけるようにしなくてもよかったんじゃないかな、と思ったが昨日二組、しゃべれない旨を伝えてオッケーとか知っていたというふうで一度席についてからメニューを見て帰るということがあって「面倒」と思っていたのがあったのか、それとも、と考えて笑ってしまったが手にスマートフォンを持っていたことがひとつあるのではないか。つまり、なにか調べてやってきた、しかしおしゃべりができない店という認識には至っていなかった、そのことに対して「リサーチ不足！」というそういうダメ出し的な心地が作用していた、というような。デートなんでしょ、ちゃんと調べなさいよ、お手元のそのくだらないフォンはいったいなんのためにあるんですか、というような。だとしたらいよいよ怖いというか頑固というか偏狭というか「それはどうなんだ」というところがあってだからそこにおかしさがあった。それほど間を置かずに二人組の今度は女性二人で少ししゃべりながら入ってきた方があったので「満席です」と伝えて満席ではなかった。

夕方山口くんイン。二人でちゃきちゃきと働いて山口くんには今日はトマトを焼いてセミドライにしてというそれを伝授する日にすることにして空いた時間でトマトを切って見せ、切ってもらい、焼き、待った。途中、ソファに座っている方にご飯を持っていったときに僕は「もしここ食べにくそうだったらご飯のときだけあっちとかでも大丈夫ですけどあっち行きます?」みたいなことを言うのだけど山口くんの持っていく様子を見て「掛けている言葉が短いな」と思ってああいう場面ってなんて言ってるの、と聞いて、それで言われたのを聞いて「それだと情報足りないと思うんだけどちょっと考えてみて」と宿題を出した。トマトは100度くらいで2時間3時間と焼く、途中途中で見て検分して、最初僕が「これはよし」というのを選んで取って山口くんに触らせて「このくらい」というのを伝え惜しいやつも渡して「これはまだここがこうだからまだ」というのを伝え、トマトは一気には焼き上がらないというか最初2時間くらいやったらそこからは20分刻みくらいでオッケーになったやつを取っていくという感じで次からは山口くんに選ばせて僕に渡して僕が「よし」みたいな感じで瓶に入れたり「これはここがまだこうなんじゃないかなもう少し」みたいに返したりしてそうやって手探りでトマトを焼く、ということをやっているとサリヴァン先生の水遊びみたいな気持ちを覚えて新鮮だった。その場合山口くんは山口・ヘレン・慎太朗という格好で、9時になって面接の方が来られたので外に出た。

夜でも寒くなかったしどちらでもいいと思い今日も開口一番で歩きながらとスタバ入

って差し向かいとどちらがいいですかと委ね、歩きながらということになったので歩きだした。今日はまず坂をくだっていき、日曜日の9時台の初台というのは人があるようなないようなまばらでこの町はたいていそうだった。昼12時と夜7時は例外できっと朝7時とかも人はわんわん歩いているのだろう、見たことがない。歩きながら話すことのよさは間が空いたときの耐久力が持てるということで向かい合っていたらなにか言葉を足さなければ、あるいはなにか言葉を差し出さなければ、というプレッシャーが強くなって言葉を発するということが目的になってしまって思ってもないことを言いやすくなる、不要なことを言いやすくなる、それで肝心のところにたどり着けない、ということになりやすい気がするが並んで歩いていると意識は風景に飛ばせるから無言の時間を放っておける。放っているというよりも夜の空気全体に横たわる音を聞くというか感じたりあんなマンションがあったのだなと目を遊ばせたりしていて放るというよりは満ちている。だから坂を下りきると右に折れてまっすぐ行ってまた坂を上がれば左に郵便局やスポーツセンターがあってどんつきは甲州街道という道を我々は歩いていた。それからスポーツセンター入り口の横断歩道を渡って、この初台の方向に小道を歩いた、この横断歩道のある交差する道は川みたいで下流が今歩いてきた方向で他の三方は全部その道に向けて下っていて溢れた水はその横断歩道のところで合流して太い流れになって初台坂下の交番に向けて下っていって山手通りに出る。その支流に当たる道を歩き、グネグネと歩いていると僕もまったく初めて通る道になって大邸宅があった。高い高い生け垣があってどこまでも敷地らしく、ぐるっと歩いて忘れたころに同じ表札があってさっきが裏門でこちらが正門ということがわかって建物が見えたが隣のそれなりに立派なマンションみたいな建物よりも大きい家があってとんでもない家だった。「とんでもない家ですね」と言った。それから右手の家の表札で名前が「これが名前なのか？」という珍しい名前があったので「これが名前なのか？」と言った。「そうです、これが名前です」という答えがどこからともなく聞こえた。

けっきょく1時間20分ほど歩いていたことになる。駅前で別れて戻り、山口くんが働いていた、手伝ったりInDesignをいじったりしながら残りの時間を過ごして疲れて外階段に腰掛けて煙草を吸っていると電線の「U」の字を逆さにした形になったところのてっぺんに小鳥が止まってカクカクと首を動かしてなにをしていたか。閉店してご飯を食べながら山口くんにさっきの宿題の答えを求めた。それでなにか言うとそれもそうだね、と答えたりしながら、でもまだ核心に行っていないんだよな、というところで待った。山口くんは考え続けた。今日の振る舞いがお客さんに対してネガティブな印象を与えたわけでもないから今日のそれ自体はまったくの些事でどちらかというと「考え方を身につけよう」というそういう趣旨の課題で、だからお客さんが考えうることを考えてもらった。途中でお客さんごっこをやって「いらっしゃいませ〜」とか「お好きなお席へどうぞ〜」とか「定食、たいへんお待たせいたしました〜」とか言いながらごっこをやってさあ想像しろ想像しろと煽った。いいところまで答えが出たのでカクテルをつくる時間にしてネグローニをつくって「ふむふむ」と言ってからジンの飲み比べ、ラムの飲み比べ、ウォッカの飲み比べ、テキーラの飲み比べをしてそれがたいへん愉快でラムは言わずもがなに違ってジンとテキーラは苦味やブワッとくるアルコール感が違うような、気がするけど、どう、と言うと「そう」ということで「あ、やっぱりそうかな」と言って「そう」ということだった。奥飛騨ウォッカがすごかった。ウォッカなんてどう違うんだろうと思ったら僕も山口くんも味はよくわからなかったけれど口当たりが全然違って奥飛騨ウォッカは灯油かなにかみたいで唇にねっとりと触れて驚いて笑った。それでは次はさっぱりと、というところでスローテキーラにしてやっぱりすごく好きでおいしいでしょう、おいしいでしょう、と言いながら飲んでいて、さっきの宿題の話をしてなるほど〜という話になった。帰った。

遊ちゃんにその今日のそういう話をしていたら遊ちゃんは今日は下北沢に『柄本家のゴドー』を見に行っていて昨日の段階では下北でベケットを見てくる、ということですっかりベケットだなと思っていて聞くと場所はトリウッドということで、トリウッドって映画館だよな、でも映画館で演劇とかもありうるかもしれないな、と思って、柄本兄弟の、と言っていてそうかあの映画の演劇の公演を映画館でというのはあるかもしれないな、と思ってそれで行ったら映画で、さらにてっきり『ゴドーを待ちながら』の映画だと思ったらその公演をつくるドキュメンタリーだったということで、何重にも勘違いをしたままトリウッドに行ったというのが遊ちゃんらしくておかしくてよくて見たらそれがとてもよくて演出の凄さというかひとつの意識の持たせ方で演技がまったく変わる瞬間があってずっと楽しくてずっと見ていたい映画だった。ひとつひとつの動きや発話に全部意図を張り巡らせる演技というものはすごいものだと思った。同じことだね、という話をして店に立つということもどこまで身体の運動や言葉に意思を乗せ続けられるか、それは可能な限りどこまでもで、そういうことだったし接客という言葉で考えると間違えるところがあってただ心地よく過ごしてもらいたい人に心地よく過ごしてもらうためになにか手伝いができることがあるか考えるだけ、なにか生じうる不安や懸念を汲み取ってそれを取り除く手伝いをするだけ、それがすべてで思いやりというか思いを遣る、それがすべてだった。

遅くなった。3時だった。寝ようと思い『人喰い』を店に忘れたためプルーストを開いてゲルマントの家の晩餐会に招かれていた。

5月20日（月）

イングリッシュマフィンを買ったのが数日前で夕方にお腹が空くからそこで食べようという算段でおとといひとつ食べた、バターと蜂蜜を塗って食べて絶品で超熟だった。今日は昨日でご飯の冷凍しているストックがゼロになってしまったためそれで朝ごはんということになって3つ食べた。半分に割ってトーストするから6つとも言えた。2つというか4つはバターと蜂蜜で1つというか2つはベーコンとチーズでこれは挟んで食べた。そうしたら超熟がなくなった。それで店を始めてやることは全部営業中にやればいいと、平日を舐めきっているのでそういうことにしてそれでおかずをつくったりしながら営業していた。ごぼうをささがきにしていると雲が速く移動しているらしく店内に入り込む光が波みたいになって寄せては返してというふうでほんの数秒のあいだに「薄暗い」から「パッと明るい」に切り替わって一度切り替わるとしばらくそのままだが何度か切り替わるということが起こって明るくなるたびになにが見えるわけでもない窓の外に顔を上げて視線を移して「光」と思う。

つまり、夕方の空腹時に食べるイングリッシュマフィンはもうない、ということだ。

朝から腕が疲れている。なにをしたっけ、と思うが思い当たらないが疲れていて重い。上原浩治が引退したとの報せ。パワプロで使ったことのある選手たちがだんだん減っていくんだな、と思った。

そう忙しい日でもなかったが一日中なにかしら働いていた、主にInDesignを触っていた、そうしたら一通り調整が済んだ感があった、あとはざっと見て、内沼さんにパスをする、肩が凝った。

夕方に鈴木さんが来た、途中で「あたかもイトマイで払ったお金を返してもらうかのようだ」と思って、僕がイトマイで過ごしてお金を払って、鈴木さんがフヅクエに来てお金を払う、それで相殺みたいなことが起きる、と考えたときに、待てよ、それって僕がイトマイに行かなくて鈴木さんもフヅクエに来ないというのとどう違うのだろう、いっそそちらのほうがいいのではないか、と考えていたずらに混乱してそうなった場合は僕はイトマイで数時間のいい読書の時間を過ごしていなかったし鈴木さんもフヅクエで数時間のいい読書の時間を過ごしていなかったということになるからだから違った。自明のことなのに一瞬意味がわからなくなってそれが愉快だった。夜になって少し雨が降った。

明日の分の「今日も読書」のやつを書くことにして『人喰い』で書くことにして「たまになにか「センセーショナル」みたいなそういうものを読みたくなるときがあるらしくて本屋に入って黄色い表紙とそのタイトルが目に入ってきたときに「！」と思った。「人を食べる」みたいなことはそういう「センセーショナル」みたいなそういう気分のときにはおあつらえ向きの感じがあって「いやいやwww　ダメでしょ食べちゃwwww」というところで「どうしてどうしてwwwww」となってだからそそられる。「なにがどうしてそうなったwwwww」というそういう調子で気になる。それで裏側の帯を見ると「この時点で、マイケルが「いかに」殺され、食べられたのかは、一連の調査や文献からすでにはっきりしていたのである。著者ホフマンにとってどうしても解せなかったのは、「なぜ」マイケルが殺され、食べられなければならなかったのかということだった。（解説より）」とあって「ダメダメwwwww　マイケル食べちゃwwwwwww　ダメだからwwwwwwww」と思ってただただ貪るように今晩これを読みまくりたいと強烈に欲望してレジに持っていった。」と書いて、すでに読んでいる身としてはそういうセンセーションみたいなものよりもむしろ、ある民族が人肉食の習慣を持つその背景や彼らの生き方そのものみたいなもの、そういうことが書かれていると思って読んでいてそしてそれが面白いからこの不謹慎な好奇心は作品のことをなにもわかっていないんだよなとも思ったけれど買った時点でのそれだからそれで構わなかった。

肩が凝りに凝って閉店してアカプルコをつくった。これはダイキリにホワイトキュラソーを加えたものだそうでとにかく初めてつくって初めて飲んだ、おいしくて酔っ払った。前向きな日だった。本を読みたい。

バリエム渓谷のダニは未開のままで文明に触れていなかったが、ここは違っていた。ダニ同士は互いに戦っても、死者が出ることは稀れだったし、それにダニは農耕民だ。彼らの作るサトイモが、時の流れという感覚を、ものは移ろうという意識を芽生えさせた。そしてもっとも大事なことは、ダニには豊富で確かな食材があったことだ。マイケルと行動を共にしたアスマットは純粋な狩猟採集集団で、人肉を食べた。ダニよりはるかに不可解な文化を持ち、マイケルにはそれが感じられた。「ここは野蛮で、僕がこれまで見てきたどの場所よりはるか遠くに来た感じがする」と彼は書いている。男たちの中に、白人を見たことのない、別の村から来た男たちがいた。彼らは、ゲルブランズが与えた釣り針やナイロンの釣り糸を見たことがなかった。マイケルによれば、彼らは白人に会ったことを祝福して夜通し歌を歌った。しかし、本当に祝福してのことだったのか、それとも別のもっと複雑な意味があったのか。外の世界から来た奇妙な超存在、肉体を持った祖先かもしれない者と遭遇するという、とてつもなく不安な経験をなんとか理解しようとしてのことなのか。

カール・ホフマン『人喰い』(古屋美登里訳、亜紀書房) p.162

「結局、彼らの歌の多くが過去のおこないを思い出させるものであり、習慣的な生活全体はその行為を基盤としているわけだから、人肉食は意識のなかにしっかりと根付いているのだ。」とあり、歌が生活の基盤としてある、ということが美しいことのように思えた。歌の在りかは消せはしない。

マイケルが買ったというビス柱というものが気になって柱は「まだ復讐を遂げていない死者の魂が入っている」ものでどれも上部にペニスの彫刻がされているという。マイケルが購入しようとしたそれは「ポールの上部から飛び出したペニスの部分には、二匹

のカマキリが向かい合う姿が彫ってあった」とあって、ペニスに二匹のカマキリ？っ
てなに⁇というかビス柱っていったいどうなってんの⁇⁇となって検索をしたらこ
れがすごかった。思ったよりも細いというか、人が人の上に立っているのが４人分くら
い重なってそれで一番上の人の股間から天使の羽みたいなものが突き出ていて、という
もので、なにがこんなに驚かせたのか、柱といって想像する直立した感じのものではな
く人間のそれぞれが柔らかく彫られているというか尻や肩や膝の丸みだったり顔の目や
鼻や口の様子だったりそういうものに意表を突かれたということだろうか、長いこと見
ていた。ジェウと呼ばれる建物の中では50人の男たちが「おおおおおおお」と歌いかつ
て隣村の男たちに殺された人物について思い出していた。

5月21日（火）

雨で、それは覚悟していた、それよりも予期していなかったのがやたらに眠いことで
ぼやーっとしながら傘をさして歩いた、強く吹いている風の方向が掴みづらくて二度、
傘がぽっこり裏返った。

店に着き、今日は事前にやることはなくてだから昨日の段階ではパドラーズコーヒー
に朝行きたいなと思っていたのだけれども昨日の夜の段階で今日がこういう雨になると

いう予報を見てしかもだいぶ強く降るという予報を見てそれでパドラーズはやめにしていてだから特にやることもなくて皮膚科に行こうかと思った。それがどうしたのか腰が重く上がらず行こうか行こうかとグズグズ考えていたら時間も迫ってきて行かれなくなった。今日も腕が疲れている。これだけの雨で完全に暇だろうと思うと気持ちも弛緩しきっていてなんのやる気も湧かないようだった。

昨日書いた『人喰い』のやつをアップする前に、やはりあれだけではあまりに足りないと思い、

もし誰彼かまわず人肉食について尋ねたら、彼らはきっと認めるだろう。ああ、昔は人間を食べていたよ。でも、いまは食べない、と。彼らはそれについては話したがらない。いまもまだ、複数の妻を娶ったり、カトリックの神が登場しない儀礼をおこなったり、精霊の世界を信じたりする人々がいるが、みなカトリックだ。教会の影響で学校に通い、過去におこなっていたのは悪いことだと思い込まされている。そしてせめて西洋人と話すときには、その行為を恥だと思っていると言うように教えられている。西洋人がいないところで彼らがどう思っているのかは知りようがない。結局、彼らの歌の多くが過去のおこないを思い出させるものであり、習慣的な生活全体はその行為を基盤とし

ているわけだから、人肉食は意識のなかにしっかりと根付いているのだ。

カール・ホフマン『人喰い』（古屋美登里訳、亜紀書房）p.171

人肉食という発想に魅了されるのは、われわれがそれを絶対に見ることができないからだ。しかしそのことこそが、彼らと共にいる間ずっと、彼らと私とを隔てているものだった。

同前 p.173

この2つの引用を加えることにした。開店してからは日記の推敲をしていた。今週から、戸塚さんにつくっていただいたフォーマットというのかいろいろの設定をメルマガ添付のPDFでも使い回すことにしてそうなると級数が13Qから12Qに下がって少し小さくなった、これがこれからの『読書の日記』の本文サイズとなる。それでそれを推敲していて雨がザアザアと強く降っていた。先週に書いた自分の文章のリズムみたいなものに今日の体はついていけないみたいな感じがあっていつもよりも推敲しづらかった。読みづらいな？というような。それでずいぶん時間が掛かって、お客さんもこの雨を思えばというか平日の日中にしては上々で天気なんて関係ないのかもしれない。

雨がいくらか小止みになって外で煙草を吸うことにした、15時のことだった。階段の踊り場というか踏むところは当然びちゃびちゃに濡れているので靴が濡れることは嫌で、なので朝履いてきたレインシューズに履き替えて外に出て煙草を吸い、中に戻ると靴を履いた。屈んで、強く靴紐を結び直して、結び直しながら、靴紐というのは強靭な紐だよなとふいに思った。毎日毎日、これだけ強く結ばれて、元気なままなんだからすごい。途中で、冷蔵庫の電気が消えて、あれ、そうか、電気がついていたということは電球というものがついていたということで電球というものがついていたということはそれはいつか切れることがあるということか、と得心しながら、暗いのもまたよかろう、と思っていたらそのあとどうも、庫内の温度に違和を感じた。もっと開けるとひんやりしたの来なかったっけ？　と思って、どうだったか、どうだったか、と、こういうとき自分の感覚というのはあてにならないとも言えるし違和を感じているということが自分の感覚をたしかに物語っているとも言えてぬるくなったら嫌なものをしばらくもうひとつの冷蔵庫に退避させた。しかしどうしたものか、と冷蔵庫を見ているとなにかしらのボタンがあってそこを長押しすると強冷運転になるということだったのでそうしたところファンが回ってたしかに冷たい、いつも感じる空気が、そこにあった。この強冷運転をデフォルトで続けるということはやってもいいことなのだろうか。5年。そもそも中古。壊れたりするんだよな、と思ってそういう場面を想像するとげんなりした。お金。

推敲が終わったのは夕方を過ぎてだろうか。これからはこのフォーマットを使ってやっていくということで、だから本番フォーマットと同じだから、ここで全部を整えて、それを最終的に書籍用のやつに流し込み流し込みとしていけばそれでほぼ使える状態になる。これからはそれでいい。これまでの分、今やっている本が2018年の9月までだからはそこまではよくてだからそこから、2018年10月分から先週分までの、それは30週分くらいか、これをそれをしなくてはならない。ならない、と打ちながら思ったがそれはまだまだ先のことだからなにも近々でやるとかしなくていいからな。頼むよ。優先順位を考えてよね。

夜になった。いったん誰もいなくなった。雨はもう上がった。誰も来なかった。8時にやっとおひとり来られ今晩はこれで全部のようだった。天気なんて関係ないのかもしれない。

夜は今度はその『読書の日記』のその2とかの原稿の確認というか昨日までInDesignでポチポチ修正したものをPDFに書き出したものをPDF上で今度は目視しておかし

なところが見えたら直すということをやっていた。途中でズッキーニのおかずをつくることにして昨日八百屋さんで安かったこともあり4本買っていてしかし何をつくろうと思っていた、塩を軽く振ってじっくり炒めるとズッキーニはとろとろとして甘くて好きだった、でもどんな味がいいのかわからなくて2種類つくることにしてひとつはにんにくとごま油で炒めて味噌と紹興酒と砂糖を絡めるというやつでもうひとつがにんにくとオリーブオイルで炒めてクミンとエジプト塩とローズマリーとたくさんの黒胡椒で味を付けたものにしてこれは冷えたときにおいしいものなのだろうか、熱々はとてもいい味だった。大降りの雨の日でやることもそうないように見えてだから今日は『人喰い』の日かなと思っていたが結局今日はもうよそうとPDFの確認作業をやめたのが10時でやることはなくならないものだった。際限がないものだった。

広島が勝って試合がなかった巨人を抜いて首位に立った。記事のコメント欄を見ているとウケる。4月につまずいたときに非難轟々の威勢のいいコメントをしていた人たちはどうしているのだろうか。

けっきょく夜はお一人だけで、お帰りの際に「下北に作るんですってね」という話で、その方はかつては初台に住んでいて今は東東京で、仕事でこっち方面に来たら来てくださっているということでありがたいなと思いながら「いつか東東京にも作りたいっすね！」と威勢のいいことを言った瞬間に今日の惨憺が浮き上がってそれで笑った。

早い時間に誰もいなくなって飯を食ってそれで今日は「スロオレ」と名付けたスロージンのオレンジジュース割でカシオレ代わりにみたいなそういうスロオレでこしらえたらすいすいと飲んで美味しいけれどスロージンの感じを堪能するんだったらロックとかストレートとか1対1くらいのソーダ割りとかそういうほうがよさそうだなとは思ったがカシオレの代わりなんだからこれくらいがいいということもあるだろう。ソファに座って『人喰い』を読みながら飲んでいていろいろ聞き回っている白人ジャーナリストの来訪に村人がおびえていると現地の通訳の人が言うのでどうしてだ、私が聞き回っているのは50年以上前のオランダ人による殺戮なんだが、と聞くと村人たちはその件だとは思っていなくてかつて彼らが白人を殺したことだと思ってそれで怯えている。白人？通訳はもごもごと名らしきものを言った。はっきりと、もう一度、と要求すると通訳は「マイケル・ロックフェラー」とたしかに言った。彼の前でその名を出したことはなかった。というところで「わー！」と盛り上がってティーリングウイスキーを開けてロックで飲んだ、ミックスナッツをつまんで、おいしかった。

「（…）彼らは、夢の中で見たことと現実で見たこととの区別をつけないんです。夢は、現実にその目で見たことと同じ有効性を持っています」。しかしアスマットは完全に精霊の言いなりになっていたわけではない。自分たちの必要に応じて解釈を変えたりしていた。「サワ・エルマの上流では、紐の付いた木片を回転させて音を出す『うなり板』を使う人々がいました。それで出る音が精霊の声だったのです。ある日、私が参加したある祭礼で、彼らがその板を回して、良いことが起きるか、野豚を捕まえられるかどうか確かめました。彼らがうなり板で音を出すと、みんな悲しそうな顔になった。『どうしました？　イノシシはうまくいかないのですか』と私は言いました。すると彼らはうなり板を削り出した。出す音を変えるために形を変えたんです。そうしてまたうなり板を回転させると、今度は全員が嬉しそうな顔になった。その日は狩りにうってつけの日になったわけです」

同前 p.214, 215

5月22日（水）

マックス・フォン・シドー！

思い出した。思い出すものだ。

早く出た。眠かった。自転車に乗っていたらアラームが鳴った。止めた。晴れていた。今日は大学時代の同級生が今はコーヒー屋さんで働いていて飲んでみてほしいから持っていくということだったので「はいよ」というそういう日でやってくる11時までにいろいろを済ませる必要があってそうしていた。

それで「おひさしぶり」で2種類持ってきてくれたコーヒーを淹れて飲んでそれはとてもおいしかった。とても品質がいい豆だそうでそうだろうと思った。でも僕はオブスキュラだからお願いすることはないよというのは事前に言っていたことで今日もそう言ってそのコーヒー屋さんは浅煎りでしか焙煎しないところでそういうところは多いように思うけれど僕は深煎りも大事だと思っていてというかどちらもおいしいのがいいと思っているからその点で僕は完全にオブスキュラだった。オブスキュラほど浅煎りも深煎りもおいしい豆を提供してくれるところを他に知らなかった。

それにしてもその2つ持ってきてもらったそれらはおいしくて、100グラムずついただいたので「ラッキー」と思い、それで今日はだから晴れていた。店を開けてからはのったりのったりと働いて体が妙に疲れている感じがあった。銭湯！と今思いついて今晩は店を終えたら銭湯に行こうか、それはいいアイディアに思えて明日の分の「今日も読書」を書かないと穴を開けてしまうと思って友田とんの『パリのガイドブックで東京の町を闊歩する』で書くことにして「『百年の孤独』を代わりに読む」は書かれていくこと（あるいは書き損ねられていくこと）がそれ自体サスペンスとなるような貴重な面白さに満ちた本で次のやつが出たと知って「それは読むわ」となっていた。ただ僕の書店での行動を考えたときに、「これいつどこで買えるんだろう」と思っていた。『百年の孤独』を代わりに読む』はB&Bで、あれはたしか保坂和志さんとのトークの夜に終わったあとに「あーっはっは！」と思いながら買ったような記憶があって、今回のもやはりそういう個人出版物であるとかの扱いが豊富なところに置かれるのだろうか、今回はご自身で立ち上げた出版レーベルからのリリースということだが、どうか、と思って、僕はたいてい渋谷の丸善ジュンク堂で済ませてしまうし丸善ジュンク堂でもたいていレジ前の新刊のところを見て外国文学の棚に行って日本文学の棚に行くか行かないかしてくらいしか歩かないから、本屋に行って、なんか買って、あとで「あ、忘れてた」となって、ということを何度も繰り返していくそれを「こうした成し遂げられないことの繰り返しの中に、成し遂げられないことの繰り返しという一つの達成や、充足を感じること」とするそういう体験として僕はもしかしてこの本と関わることになるのだろうか。そちらが「まだ歩きだささない」ならこちらは「まだ買わない」で対抗するよ、というような。

と思っていたところ友田さんがフヅクエに来られたのでこれはしめたものだと思いお帰りの際に「ちょいと」と言って売っていただいた。

今書きながら「実際どこで取り扱いがあるのだろう」と調べたらアマゾンにあった。アマゾンにあるということはと丸善ジュンク堂の在庫を調べたら渋谷店にもあったしどうやら大型書店も含めていろいろなところに置いてあるらしかった。

なお渋谷店は『地図 2：国内ガイド（関東）』の棚にあります。」と書いた。それにしても『地図 2：国内ガイド（関東）』というのはよくて、元々がバグった本なのにここに置かれることでもっといろいろがバグる感じがある。『『百年の孤独』を代わりに読む』はちょうど昨日とかに何度も書名に触れていて原稿の修正というか調整でこの『』の2つめの『を小カギというのか小さいやつにする必要があってそれで何度もチマチマとやっていて、これについては小カギの状態をスタイルに登録してもそれで反映されるものでもないみたいでいいやり方がないだろうか。

今日ものんびりした日で今週はずっとそうでダメで、それはそれとしてそれならのんびり読書でもと昨日も今日も思うのだがなかなかそうはならなくてやることが目の前から消えないのはなんなんだろうか。

原稿を見ていたら『失われた時を求めて』の引用部分で「ここどうなってたかな」と思ったところがあってそれでそれを確認するべく本棚から取ってきて開いたところ、1巻、途中までドッグイヤーが直されていた。うわ、と思い、それから言いようのない悲しみが胸に広がった。昼間、目の前にずっと積まれている『ウィトゲンシュタイン哲学宗教日記』の帯に少しコーヒーをこぼしてしまったときに言いようのない悲しみが胸に広がって、そのときに「俺は本当に本が汚れたりするのが悲しいのだな」と改めて思っていたところだったがドッグイヤーが戻されているということも同じような感情になるものだった。人の読書の履歴をなんだと思っているのだろうか、と思う。人の歴史を、と言ってもいい気がする。本を好きに扱うのは自分の本でやってくれよと思うのだけど、それにしても『失われた時を求めて』で、だからこれは一年前に読んでいてそのあとということだった。

この、ドッグイヤーが直されるという事案はいくつか見かけたことがあって、『10:04』

や『オープン・シティ』でそうなっているのを見ていちいち言いようのない悲しみが胸に広がっていたのだけど、もう来ていない人だと思っていたが、違うのだろうか。それで、というか、気になって、本棚を調べていった。面白いことにけっこう当たるんだ。『かなわない』『断片的なものの社会学』『東京を生きる』『まじめに生きるって損ですか?』『触楽入門』『カメラの前で演じること』『紋切型社会』『ストーナー』『通話』『2666』『なかなか暮れない夏の夕暮れ』『高架線』。確認できたのはこのあたりでがする。なんかわかる、わかるんだわそれ、という本で、読んでいた時期であるとか、「これとかそうなんじゃ」と思って取ってみると打率3割くらいでそうなっていた感じ僕が読んでいたときに言及していた感じだとか、なんかわかるよそれ、という本で、少し不思議に思ったのは保坂和志は免れていたということで、『遠い触覚』あたりそうなんじゃないかと思ったがそうじゃなかった。

ただ外れ値があって『高架線』と『失われた時を求めて』がそうだった、時期が違う。ということは、一人ではない、ということなんだろうか。ドッグイヤーを見ると直したくなる人というのがしばしばいる、ということなんだろうか。そういう人は頼むから自分の本だけ読んでいてほしい。気持ち悪い。悲しい。

そういう悲しい検分をしていたら時間が遅くなってイライラした。なんでこんなことで予定というかつもりが狂わせられなければならないんだ、というような。今日は閉店したらラジオをやろうと思っていたがもう1時で、これからやってそれで帰ってと思うとちょっと遅くなりすぎる。あ、明日に及ぶような悲しみが、いま向こうからこっちへみゅーんという感じで入り込んできた感じがあった。出て行ってくれ。

あれ……? 『収容所のプルースト』も……?

『収容所のプルースト』は最初の2つだけドッグイヤーが元に戻っていた。この「直す人」は読んだところまでのドッグイヤーを直すようで、『2666』も最初の数十ページだし、『通話』はたぶん最初の一編「センシニ」だけだったりする。というかやっぱり複数の人なんだろうか。

イライラする。

『『ハッピーアワー』論』も『ピダハン』もか。

見覚えのない鍵。

え

なんでもない

なんでもないなんでもないなんでもない

登場する本

アブゥドゥラマン・アリ・ワベリ
『トランジット』 213, 230, 241
アミン・マアルーフ
『アイデンティティが人を殺す』 627
アリ・スミス
『両方になる』 356
アレホ・カルペンティエル
『失われた足跡』 185
イ・ミンギョン
『私たちにはことばが必要だ フェミニストは黙らない』 98, 117, 130
イ・ラン
『悲しくてかっこいい人』 405, 408, 411, 426, 427, 432, 433, 473, 619, 620
ウィリアム・ギャディス
『JR』 247
ヴィンフリート・ゲオルク・ゼーバルト
『鄙の宿』 355
エドゥアルド・ハルフォン
『ポーランドのボクサー』 626
カル・ニューポート
『大事なことに集中する』 5
カール・ホフマン
『人喰い ロックフェラー失踪事件』 626, 630, 633, 645, 647–652, 655–657
クロード・レヴィ=ストロース
『野生の思考』 139
ケイト・ザンブレノ
『ヒロインズ』 147
サミュエル・ベケット
『ハッピーデイズ』 30, 124
『ゴドーを待ちながら』 644
ジェイムズ・ジョイス
『ダブリンの人びと』 258, 550, 576
『ダブリン市民』 551
ジェームズ・ブライドル
『ニュー・ダーク・エイジ』 548
ジャック・ケルアック
『オン・ザ・ロード』 314
ジュノ・ディアス
『オスカー・ワオの短く凄まじい人生』 220, 221
ジョゼ・ルイス・ペイショット
『ガルヴェイアスの犬』 231, 239, 263, 265, 282, 285, 314, 392
ジョゼフ・チャプスキ
『収容所のプルースト』 663
ジョナス・メカス
『フローズン・フィルム・フレームズ 静止した映画』 210
ジョン・ウィリアムズ
『ストーナー』 662
ジョン・マグレガー
『奇跡も語る者がいなければ』 82

ダニエル・L・エヴェレット
『ピダハン』 663
ダニエル・ヘラー=ローゼン
『エコラリアス』 166
ダン・バーバー
『食の未来のためのフィールドノート』 429
デニス・ジョンソン
『海の乙女の惜しみなさ』 624, 626
ティエン・ツォ
『サブスクリプション』 291, 365
テジュ・コール
『オープン・シティ』 662
テッド・チャン
『あなたの人生の物語』 429
トルーマン・カポーティ
『ここから世界が始まる トルーマン・カポーティ初期短篇集』 291, 314
トーマス・ベルンハルト
『凍』 26–29, 34–36, 40, 41, 62, 68, 78, 79, 87, 88, 117, 136, 140, 145, 148–150, 160, 161, 163, 164, 298
パオロ・コニェッティ
『帰れない山』 139, 356
ビー・ウィルソン
『キッチンの歴史 料理道具が変えた人類の食文化』 429, 455, 456, 469, 470, 472, 475, 481, 483, 486, 487, 512, 513, 538, 545–547, 553, 566, 571, 573–576, 581
フアン・ホセ・サエール
『傷跡』 203
ブレイク・スナイダー
『SAVE THE CATの法則 本当に売れる脚本術』 543
ベン・ラーナー
『10:04』 171, 172, 187, 189, 191, 192, 194, 195, 200, 202–204, 208, 212, 217, 218, 224, 226, 227, 231, 241, 242, 267, 353, 626, 661
ホセ・ドノソ
『夜のみだらな鳥』 314
ボブ・ラングレー
『北壁の死闘』 203
マイケル・ポーラン
『人間は料理をする』 429
マリオ・バルガス・ジョサ（マリオ・バルガス=リョサ）
『マイタの物語』 203
マルセル・プルースト
『失われた時を求めて』 536, 661, 662
『失われた時を求めて4 第三篇 ゲルマントのほう1』 347–349, 351, 352, 355, 358, 359, 364, 365, 373, 374, 377, 390, 417–419, 421–423, 425

『失われた時を求めて5 第三篇 ゲルマントのほう2』 441–443, 448, 451–453, 477–479, 492, 495, 510, 514, 515, 523, 528, 531, 532, 609, 618, 622, 645, 661, 662
ミゲル・デ・セルバンテス
『ドン・キホーテ』 185
メイソン・カリー
『天才たちの日課』 430, 542, 568, 569, 577, 596, 619
リチャード・セネット
『クラフツマン 作ることは考えることである』 166, 169, 170, 173, 175, 178, 180, 185
ルートヴィッヒ・ウィトゲンシュタイン
『ウィトゲンシュタイン哲学宗教日記』 88, 92, 93, 661
レベッカ・ソルニット
『説教したがる男たち』 147, 160, 163, 172, 173, 183, 185
ロベルト・ボラーニョ
『2666』 662, 663
『通話』 626, 662, 663
阿久津隆
『読書の日記』 142, 148, 200, 220, 307, 370, 555, 623, 637, 652, 654
雨宮まみ
『東京を生きる』 662
『まじめに生きるって損ですか?』 662
井野朋也
『新宿駅最後の小さなお店ベルク 個人店が生き残るには?』 559
色川武大
『狂人日記』 573
岩井克人
『資本主義から市民主義へ』 561
植本一子
『かなわない』 82, 662
内沼晋太郎、綾女欣伸、山本佳代子
『本の未来を探す旅 台北』 258, 269–271, 273, 276–279, 296, 297
江國香織
『なかなか暮れない夏の夕暮れ』 662
小山田浩子
『庭』 267
川上弘美
『東京日記5 赤いゾンビ、青いゾンビ。』 142
『東京日記4 不良になりました。』 142
『東京日記3 ナマズの幸運。』 142
木澤佐登志
『ダークウェブ・アンダーグラウンド』 51–56, 58
岸政彦

『断片的なものの社会学』 662
鴻池留衣
『ジャップ・ン・ロール・ヒーロー』 370, 498, 503, 505, 507, 508
坂口恭平
『cook』 58–60, 145, 489, 490
佐久間裕美子
『My Little New York Times』 3, 4, 7, 9, 20, 47, 50, 58, 199
椎名誠
『哀愁の町に霧が降るのだ〔上〕』 300, 301, 315, 320, 330, 338, 343, 347, 349, 362–364
庄野潤三
『ザボンの花』 12, 63, 291, 314
『プールサイド小景・静物』 63, 67–69, 72, 75, 88, 89, 94, 97, 100, 101, 108, 110
『明夫と良二』 97, 115, 116, 118–120, 131, 165, 166, 232–234, 243, 250–253
『夕べの雲』 10–12, 21, 22, 33, 36, 42–44, 48, 49, 62, 79, 89, 115, 116, 617
せきしろ
『1990年、何もないと思っていた私にハガキがあった』 594, 595
滝口悠生
『高架線』 503, 662
武田砂鉄
『紋切型社会』 662
東畑開人
『居るのはつらいよ』 624, 626
友田とん
『パリのガイドブックで東京の町を闊歩する』 505, 576, 659
『『百年の孤独』を代わりに読む』 576, 659, 660
仲谷正史、筧康明、三原聡一郎、南澤孝太
『触楽入門』 662
乗代雄介
『本物の読書家』 230, 235–237, 241, 243, 246–249, 266
羽生善治
『大局観 自分と闘って負けない心』 221
濱口竜介、野原位、高橋知由
『カメラの前で演じること』 662
藤本和子
『塩を食う女たち』 370, 378, 379, 383, 384, 386, 388, 390–392, 394, 395
保坂和志
『遠い触覚』 662
『プレーンソング』 392
松村圭一郎
『うしろめたさの人類学』 97, 98,

110, 117, 299, 303, 312, 349, 364
三浦哲哉
『食べたくなる本』 258, 429
『『ハッピーアワー』論』 663
水野祐
『法のデザイン』 543
三村晃功
『風呂で読む西行』 329, 330
村上春樹
『風の歌を聴け』 213, 214
山口慎太朗
『デリケート』 545
吉田暁子
『父 吉田健一』 581
吉田健一
『絵空ごと・百鬼の会』 627
『瓦礫の中』 510, 527, 576–580, 583, 588, 598–602, 604, 608, 609, 618
『金沢・酒宴』 311, 370, 371, 395–401, 403, 408, 434, 438, 463, 475, 495–498, 509, 510, 512
『時間』 63, 84–86, 94, 120, 133, 267, 268, 311, 322, 343, 347
『東京の昔』 258, 261, 264, 265, 267, 270, 271, 288, 289, 293, 295, 302, 304, 305, 310, 315, 370, 528
ワタナベマキ
『旬菜ごよみ365日』 147, 163, 245
『Number』 311
『Number 968・969号〈スポーツブーム平成史〉熱狂を超えろ。』 92, 229, 258
『Number 974号 イチローを見よ。』 258, 353
『Number 975号〈引退緊急特集〉イチローを見たか。』 370, 504, 509, 530
『Number 976号〈完全保存版〉イチロー戦記。1992–2019』 531, 597, 598, 600
『POPEYE』 229, 315, 320, 405
『WIRED』 440
『ウィズダム英和辞典』 26, 27, 28, 29
『屋上野球』 500, 503
『界遊』 297
『海舟全集 第十巻』 324
『群像』 267
『ことりっぷ』 143
『すばる 2019年1月号』 143
『ソトコト 1月号 特集「明日への言葉、本」』 143
『三田評論 2019年4月号』 376
『なnD 7』 624
『ユリイカ 2006年10月号 特集=吉田健一』 504, 505, 512, 618

※本書は、著者が経営する「本の読める店fuzkue」のウェブサイトやメールマガジンに掲載されていた「読書の日記」のうち、２０１９年２月３日から２０１９年５月22日までの分をまとめ、加筆・修正を加えたものです。
※本書は、日記は著者の思い違いも含めてなるべく日々記録された生のままのものでありたいという考えから、事実誤認や言葉の誤用についても、敢えてそのままにしている箇所があります。予めご了承ください。

メールマガジン「読書の日記／フヅクエラジオ」は左記のQRコードからお申し込みいただくことで、ご購読いただけます。
https://fuzkue.com/mailmagazine

阿久津隆（あくつ・たかし）
1985年、栃木県生まれ。埼玉県育ち。慶應義塾大学総合政策学部卒業後、金融機関に入社。営業として3年間働く。退職後の2011年、配属地の岡山に残ってカフェを立ち上げ、3年間働く。2014年10月、東京・初台に「fuzkue」をオープン。著書に『読書の日記』シリーズ、（NUMABOOKS）、『本の読める場所を求めて』（朝日出版社）。趣味はサッカー観戦です。https://fuzkue.com/

読書の日記
予言／箱根／お味噌汁

2023年12月22日　初版第1刷発行

著　者　阿久津隆
編　集　内沼晋太郎、久木玲奈（日記屋 月日）
装　丁　戸塚泰雄（nu）
装　画　内山ユニコ

印刷・製本　株式会社広済堂ネクスト
発行者　内沼晋太郎
発行所　NUMABOOKS
〒155-0033 東京都世田谷区代田2-36-12
BONUS TRACK SOHO 9 日記屋 月日2F
MAIL: pub@numabooks.com
http://numabooks.com/

ISBN978-4-909242-11-2